Rodas em Rede

CECÍLIA WARSCHAUER

RODAS EM REDE:

oportunidades formativas na escola e fora dela

PAZ E TERRA

Capa: Isabel Carballo

Projeto Gráfico e Diagramação: Acqua Estúdio Gráfico

CIP-Brasil. Catalogação-na-fonte
Sindicado Nacional dos Editores de Livros, RJ.

W261r

Warschauer, Cecília
Rodas em rede: oportunidades formativas na escola e fora dela / Cecília Warschauer. — Rio de Janeiro : Paz e Terra, 2001

Inclui bibliografia.
ISBN 85-219-0396-0

1. Professores – Formação. 2. Warschauer, Cecília. 3. Professores e alunos. 4. Prática de ensino. I. Título.

01-1078

CDD-370.71
CDD-371.13

011168

EDITORA PAZ E TERRA S.A.
Rua do Triunfo, 177
CEP: 01212-010 — São Paulo —
Tel.: (011) 3337-8399
E-mail: vendas@pazeterra.com.br
Home Page: www.pazeterra.com.br

2001
Impresso no Brasil / *Printed in Brazil*

Sumário

Agradecimentos

Esta é uma obra coletiva. Tese de doutorado que resultou de partilhas com muitas pessoas, cujos caminhos de vida, felizmente, se encontraram com o meu. Minha família, cúmplice de várias histórias que conto e de muitas outras; meus amigos, alunos, professores, colegas de trabalho, co-autores dos episódios que reúno, rede de histórias. A todos esses parceiros, que alimentaram a coragem, fica registrada minha gratidão, pelo que me ensinaram neste percurso de vida.

Meu orientador, Luís Carlos de Menezes, que, com respeito e cumplicidade, deu-me força nos momentos de insegurança e subsídios nos momentos de dúvida. Admiro-o como educador, intelectual e pessoa. A você, dedico a alegria que estou sentindo.

Hercília Tavares de Miranda que acompanhou com afetividade, disponibilidade e generosidade intelectual, em parceria, a orientação, mostrando, pela prática, que o *fazer junto* na academia é a grande oportunidade.

Ana Mae Barbosa e Mitzuko A. Makino Antunes, que, na "Roda da Qualificação", convidaram-me a ousar e encontrar para este trabalho uma forma coerente com o conteúdo. Incentivo que me motivou a valorizar a dimensão estética desta pesquisa.

Regina Cândida Gualtieri, amiga atenta, que me ajudou a enfrentar "de frente" os obstáculos do caminho, iluminando-o com sugestões preciosas. É a "madrinha" que possibilitou o precioso encontro com meus orientadores.

António Nóvoa e Christine Josso, que me abriram portas na Europa, mas sobretudo dentro de mim, ampliando a rede de partilhas intelectuais e afetivas. May Poirier, Maria do Loreto Couceiro, Maria da Conceição Moita e Reginaldo Soares integram essa rede.

Marisa Moreno, cuja presença cedo em minha vida deixou marcas em meu jeito de ser e que, durante a escrita deste trabalho, me acompanhou nos detalhes, refletindo comigo sobre as experiências de vida e propiciando que esta pesquisa fosse intensamente formativa do ponto de vista também pessoal.

Maria Cristina Ribeiro, com quem tive o privilégio de conviver no ambiente de trabalho, criando uma intensa interlocução e nutrindo minha prática com sua experiência democrática. Partilhas que prosseguiram, extrapolaram o espaço profissional e me brindaram com sua leitura da primeira versão dos textos deste trabalho, enriquecendo-os com suas sugestões.

Colegas da Escola Novo Ângulo, em especial, Suely, Miriam, Stella, Valéria, Sílvia, Tatiana, Léa, Silvinha, Eliane, com quem convivi, aprendi e troquei experiências preciosas em minha formação profissional e pessoal.

Colegas de trabalho, Nilza, Marieta, Marilda, Eugênia, Cecília, Lindaci, Maria do Carmo, Laura, Regina, Marli, Eliane e todos os professores com quem, por vezes, dividi as dúvidas e ansiedades, e deram-me apoio durante a elaboração deste trabalho.

Minhas amigas, Elisa, Luciana e Márcia, pela longa amizade e disposição em refletir sobre nossas experiências vividas no tempo da animação de festas infantis.

Teobaldo Boldarim Neto, cujo ombro forte foi precioso. Responsável também por inserir-me em um novo grupo, onde pude partilhar com Kátia, Maria Cecília, Lemi e vários outros a pesquisa interna que fazia.

Suzana de Camargo Ribeiro e família, pela intuição afiada e manutenção da sintonia, mesmo tantos anos depois da Cedibra ter sido professora do Marcellinho. Sua participação foi preciosa na confecção desta tese.

Agradeço imensamente a todas as pessoas cujos depoimentos estão aqui registrados, sobretudo aquelas a quem não fiz a devida identificação por ter perdido o contato, mas espero poder, um dia, reencontrá-las e agradecer pessoalmente. Dentre elas, Zilpa Folco, Silvia Zanzini, meus ex-alunos do CEFAM, do CRIE, os adultos, funcionários da USP, os professores da EEPSG "Prof. Isaltino de Mello", alunos da Escola Novo Ângulo e participantes da "Roda das Histórias de Vida".

A meus pais, Claus e Aurora, agradeço as várias experiências formativas que me proporcionaram, incluindo a casinha de bonecas e a coleção de selos, que trago nesta tese, símbolos dessa educação. É com orgulho que os vejo ainda hoje, interessados nas pessoas, no autodesenvolvimento e na cultura, o que é, no mínimo, uma lição de vida.

Minha irmã, Alice, meus irmãos, Paulo e Marcos, mas também Andréa, Ana Célia, Flávio, Daniel, Beatriz, Pedrinho, Gabriela e André, que souberam compreender minhas ausências durante o longo período de dedicação a este trabalho.

Prefácio

Quem educa o educador

*Luís Carlos de Menezes**

Compostos numa geometria rara, que os dispõe em paralelo e em sequência, os três livros deste livro oferecem, à mesma pergunta, três respostas diferentes e não contraditórias, respostas a um só tempo pessoais e universais.

Quem educa o educador? Educa-o a vida, que é construção de quem vive. A vida humana, dupla construção de si mesma e do mundo, ensina a ensinar quem, na vida, aprende a aprender. Cecília Warschauer mostra isso, revelando na sua própria vida este processo. Este descortínio da *auto-formação* é feito com notável capacidade de registro e de análise, com a candura de que são capazes as almas transparentes, com a lucidez que caracteriza as boas inteligências. Este é o *Livro da Noite*.

Quem educa o educador? Educa-o quem o precedeu em seu labor. Porque somos seres de cultura e nossa vida é construção histórica, a humanizadora missão de educar se funda na elaboração de outras experiências, na história do educar, não a memória neutra do outro, mas sua análise crítica e propositiva. Educar, enfim, exige teoria. Cecília mostra isso, revelando seus pressupostos, com generosa e ecumênica pluralidade. Ao expor os autores de sua *hetero-formação*, ela não está simplesmente demarcando filiação teórica, mas reunindo, com vocação humanista, uma combinação surpreendente de diferentes pensadores da educação de sentido humanista, de hoje e de sempre. Este é o *Livro da Manhã*.

Quem educa o educador? Educa-o seu trabalho, sua meta de formar, recíproca e coletiva, diálogo permanente no espaço escolar e em outros espaços. A escola, na acepção ampla ou estrita, é o palco de uma dança, em que educado-

---

* Luís Carlos de Menezes, doutor em Física e educador, é professor da Universidade de São Paulo.

res e educandos continuamente trocam seus papéis, quando questionar é questionar-se, desequilibrar é desequilibrar-se, educar é educar-se. Só ensina quem aprende e, porque aprende, aprende a ensinar. Cecília mostra isto revelando, no espaço do seu trabalho, desafios permanentes e respostas transitórias, papéis e jogos, dissenso e encontro. Nesse espaço de múltiplas relações, não pode o educador ver-se independente, nem mesmo como parte em construção, pois integra um tecido e um tecer, em que se é fibra e em que se é mão, e há muitas mãos além das suas. Esta *eco-formação* tem por cenário uma escola realmente existente, com seus professores, alunos e dirigentes específicos, únicos como cada ser humano, mas revelando a universalidade da tese, da escola como lugar de formação de quem educa. Este é o *Livro da Tarde.*

Para muitos professores, o exercício proposto nestes três livros pode constituir uma árdua revisão de trajeto, quando sua formação tiver sido dura na vida, carente na teoria e perversa na escola. Nos impasses da educação no mundo e na batalha da educação brasileira, onde as questões pedagógicas são também éticas, sociais e políticas, a educação do educador tem sido pouco tratada, restrita quase sempre aos temas de um centro formador, alheio à história de vida de cada um e distante dos fazeres escolares. Parecem abismos para se transpor, mas talvez estejamos começando a compreender que transpô-los é aproximar o específico do universal, a história de cada um e a construção coletiva, o aluno que ensina e o professor que aprende, para que os projetos de vida de cada professor e de cada aluno sirvam à realização de uma escola e de uma sociedade solidárias, e também vice-versa.

Lançando os fios

No futuro não se tratará tanto de sobreviver como de saber viver. Para isso é necessária uma outra forma de conhecimento, um conhecimento compreensivo e íntimo que não nos separe e antes nos una pessoalmente ao que estudamos.

Boaventura de Sousa Santos

Para os alunos e para os professores a escola pode não ser a única instância educativa, mas certamente tem responsabilidade na formação e um papel especial na oferta de experiências de aprendizagem. E não poderia esta instituição conjugar nesta oferta oportunidades para o desenvolvimento da sensibilidade solidária, implementando uma lógica da cooperação? Ao pensar na instituição escolar como um espaço de formação da e pela colaboração, somos surpreendidos por alguns problemas.

Um deles é a organização do trabalho docente na escola, pouco facilitador do convívio, por conta da gerência dos tempos e espaços, obedecendo a outros objetivos que não os de vivência e reflexão partilhada. Outro problema é o preparo dos professores[1] para tal tarefa, pois os cursos de formação docente seguem, de maneira geral, as mesmas concepções de aprendizagem e formação da escola fundamental e do ensino médio, isto é, de transmissão de conhecimentos,

[1] Opto pela forma genérica "professores", ditada pela norma de nossa gramática, evitando a repetição de "professores e professoras" a toda vez, o que tornaria o texto repetitivo e poderia prejudicar sua fluência. Mas lembro que se trata de uma maioria de mulheres nesta profissão, principalmente no caso da escola de ensino fundamental, o que quase faria merecer a substituição de "professores" por "professoras".

desarticulados em disciplinas, pouco contribuindo com a formação de competências para a profissão.

Refiro-me à noção de competência, concordando com a maneira de pensá-la de Guy Le Boterf (1994), também partilhada por Philippe Perrenoud (1996), segundo a qual a construção de competências se opõe à transmissão de saberes, pois a competência não é um estado, é um processo, é um saber-agir. A competência implica o *uso* de um repertório de recursos, por exemplo, as capacidades cognitivas e capacidades relacionais, mas a noção de competência não exclui os conhecimentos, pois tanto os saberes acadêmicos ou do senso comum, partilhados ou privados, também fazem parte desses recursos.

Portanto, a tarefa de formação de professores não pode se reduzir à transmissão de conhecimentos acadêmicos, mas poderia (ou deveria?) propiciar oportunidades para a construção de outros recursos, tais como as capacidades relacionais e afetivas, de importância vital na profissão docente, mas também na vida das crianças, dos jovens e dos adultos em sua atuação nos mais diferentes espaços. A revisão do currículo de cursos universitários é possível e desejável, o que não pode se resumir à substituição de algumas disciplinas por outras, mas incluir uma transformação da relação que professores e alunos estabelecem com o conhecimento e entre si, assim como a transformação dos papéis de professores e alunos: educador que se educa no ato de educar e de alunos que ensinam no ato de aprender, como Paulo Freire já ensinava há trinta anos.

A maior parte dos cursos na área da educação traz uma forte tendência à racionalidade técnica, com excessiva preocupação com os exames, tomados muitas vezes como objetivos da vida escolar. Marcas deixadas por alguns professores que ainda humilham seus alunos fazem parte do cotidiano de muitas escolas, do nível fundamental ao universitário. A singularidade dos processos de aprendizagem, a *convivialidade*[2] como objetivo e a formação como processo que se constrói em comunhão são freqüentemente desconsideradas num contexto de séries de atividades escolares a serviço das notas "para passar" de ano, numa lógica alienada, ou seja, alheia aos desígnios humanos.

Poderíamos pensar na criação de oportunidades formativas nas quais o *aprender a aprender* fosse propiciado e estimulado, seja nos cursos universitários ou nas iniciativas de formação contínua de professores, de modo que eles pos-

---

[2] O termo convivialidade existe em inglês (conviviality) e francês (convivialité) e tem sido usado por um autor português, António Nóvoa, mas foi introduzido inicialmente por Ivan Illich. Localizei-o no famoso livro desse autor, *Sociedade sem Escolas*, publicado em português pela Vozes (1973).

sam aprender segundo a mesma lógica que pretendem propor a seus alunos. Oportunidades nas quais haja o estímulo à pesquisa a partir de problemas vividos pelos professores e por sua comunidade, debates sobre as implicações éticas e origens históricas dos conflitos, vivências grupais, corporais e estéticas, análise de práticas dos professores-em-formação, proporcionando que eles se apropriem dos saberes de que são portadores e possam trabalhá-los do ponto de vista teórico e conceitual (Courtois & Pineau, 1991). Oportunidades que possibilitem a *alegria na escola*, propiciando um *acréscimo de vida* (Snyders, 1993: 42), um *ser mais* que se processa com a crescente *humanização dos homens* (Freire, 1982), ao invés de ser um espaço de frustração, alimentando o círculo vicioso da marginalidade e da violência, inclusive entre os próprios alunos, como atestam as cenas a que temos assistido nos pátios e salas de aulas de escolas no Brasil e em outros países do mundo.

É necessário e possível investir em espaços para a reflexão partilhada dos professores em substituição a uma formação abusivamente acadêmica, que pouco resulta em competências para seu futuro profissional, no sentido referido por Perrenoud e Le Boterf. Profissionais que, pelas poucas oportunidades de autoconhecimento e de vivências comunitárias, correm o risco de, ao se inserir no mundo competitivo do trabalho, acabarem excluindo uns e formando outros para atuarem dentro desta mesma lógica de exclusão, entendendo, por exemplo, que a projeção individual é o único caminho para a sobrevivência. Lógica que tende a ser reproduzida entre seus "colegas" de trabalho e "logicamente" também entre os alunos que formarão. Mesmo que fosse possível esperar o tempo de formação de uma nova geração de professores, o problema não se resolveria, pois quem formaria os professores?

A escola, como o espaço de transmissão de saberes, precisa ser repensada, assim como a concepção de aprendizagem e de ensino, pois aprender significa questionar certezas pretensamente conclusivas e manter aceso o fogo da curiosidade, da criatividade; chamas da vida. Por ser o local onde vivem os professores, a escola pode ser proposta como espaço privilegiado para sua formação. Apesar da usual programação restritiva do cotidiano escolar, há ainda brechas à inovação, à criação, oferecendo oportunidades muitas vezes insuspeitadas, palco de ruptura de círculos viciosos como os apontados acima, oportunidades para a transgressão das práticas opressivamente racionalistas.

A complexidade faz parte do mundo e de nossa relação com o mundo, em razão tanto de nossas próprias contradições e ambivalências, instabilidades e limites pessoais, quanto das divergências e conflitos entre as pessoas, entre suas visões de mundo.

> Falar da complexidade é, portanto, falar de si e falar dos outros em face do real. É se perguntar sobre nossa *representação* e nosso *domínio* do mundo, principalmente do mundo social. É, portanto, medir nossos instrumentos de compreensão, de antecipação e de ação (Perrenoud, 1996: 24, grifos do autor)[3].

Mas falar de si e das próprias relações com o real em propostas de formação é enfrentar uma tradição científica que tem privilegiado análises da exterioridade dos fenômenos, tratando-os com a objetividade que caracteriza a ciência moderna, a ciência cartesiana, que fragmenta os fenômenos para observá-los "de fora", partindo do pressuposto de que o cientista, enquanto observador, dispõe de objetividade e neutralidade perante o observado. Trata-se, portanto, de reintroduzir o autor, enquanto sujeito e pessoa, explicitando sua *representação* do mundo e seus *instrumentos de compreensão, antecipação e ação.*

Esta defesa já tem sido feita por vários autores, como Boaventura de Sousa Santos, pesquisador português, que analisa a crise do paradigma da ciência moderna e algumas características do que chama de *paradigma emergente*. Suas reflexões apontam para a necessidade do autoconhecimento, da criatividade e da satisfação pessoal, introduzindo a sensibilidade e a dimensão estética nesse fazer.

> No paradigma emergente, o caráter autobiográfico e auto-referenciável da ciência é plenamente assumido. (...) A ciência do paradigma emergente é mais contemplativa do que ativa. A qualidade do conhecimento afere-se menos pelo que ele controla ou faz funcionar no mundo exterior do que pela satisfação pessoal que dá a quem a ele acede e o partilha. (Santos, 1988: 68)

E a escola, como espaço privilegiado para a formação, pode viabilizar a construção dessa nova relação com o conhecimento, consigo própria e com os outros, ao rever sua estrutura organizacional e inaugurar em seu cotidiano práticas sistemáticas de encontros, de trocas de experiências, de cultivo do belo e da sensibilidade solidária. Espaços para partilhas que proporcionem humanização e emancipação, na medida em que "ninguém educa ninguém, como tampouco ninguém educa a si mesmo: os homens se educam em comunhão, mediatizados pelo mundo" (Freire, 1982: 79).

Rotina de encontros. Rodas de partilhas, onde a relação com os conhecimentos pode ganhar outro sentido: o do cuidado com o Outro e com o Ambien-

---

[3] Esta tradução para o português, assim como todas as outras que aparecem nesta tese, de referências bibiográficas em língua estrangeira, foram feitas por mim.

te, enfrentando as contradições, os antagonismos e a complexidade do real, o que só pode ser feito coletivamente, através de múltiplos pontos de vista, do diálogo e do aprender a conviver com o diverso.

Analisar oportunidades formativas presentes no cotidiano escolar, para favorecer esses aprendizados, pode cooperar com a construção dessa perspectiva de educação, em sintonia com o paradigma científico emergente. É o que pretendo fazer neste trabalho, que se divide em três partes que se complementam, mantendo cada uma delas um grau de autonomia.

Inspirei-me em Rousseau, para quem a educação é complexa porque depende de três mestres: a natureza individual, os outros e as coisas, o concurso das três educações é necessário para a perfeição delas (Rousseau, 1995: 9). Mas foi através de Gaston Pineau, pesquisador francês, que me aproximei desses três mestres, pois este os atualizou, propondo uma teoria da formação baseada neles: a auto, hetero e ecoformação. É a autoformação que permite tanto a emancipação do peso dos outros, de sua influência normativa na formação, quanto a descoberta de uma relação pessoal com as coisas, de maneira que, à semelhança do que diz Rousseau, é o plano de formação do homem natural, a autoformação, que deve se sobrepor às lições dos homens e das coisas (Pineau, 1987: 140).

Em cada uma das três partes deste trabalho desenvolvo uma dessas perspectivas que se complementam. No *Livro da Noite*, da autoformação, analiso episódios de minha história de vida, oferecendo reflexões de caráter autobiográfico que desvelam algo de minha natureza individual. No *Livro da Manhã*, da heteroformação, revelo o que aprendi com os Outros, desvelando os bastidores teóricos que dão suporte ao vivido, narrado nos outros dois livros. Já no *Livro da Tarde*, da ecoformação, faço uma narrativa da história de uma escola, revelando como o ambiente escolar pode oferecer, pelo contato direto *com as coisas*, uma formação pela experiência e pelas partilhas, reconstruindo os caminhos enquanto seus atores caminham, ora encontrando-se, ora enfrentando suas diferenças, mas sempre deparando consigo no movimento reflexivo constantemente partilhado nas Rodas de conversa e nos textos de análise do vivido.

O leitor poderá escolher a seqüência de leitura destes livros, sem perder o fio da meada, visto que eles mantêm uma autonomia, mesmo que dependente. A construção de seu próprio percurso de leitura enfatiza seu papel co-criador, ao atribuir significados próprios, nos quais sua própria história de vida ajudará na construção da trama, enquanto se dá a "flutuação através da página, metamorfose do texto pelo olho que viaja, improvisação e expectação de significados induzidos de certas palavras, intersecções de espaços escritos, dança efêmera" (Certeau, 1996: 49).

Os cinco capítulos de cada *livro* se relacionam com os capítulos correspondentes dos outros dois *livros*. Mas, como numa rede, as possibilidades de interação não se esgotam e o tecido final revelará mais do que a somatória de suas partes, assim como a rede de significados da autora, traduzidos pelos olhos, pelos ouvidos, pelo coração e pela razão do leitor, da leitora. Está feito o convite.

LIVRO DA NOITE

Do projeto de vida... ao projeto da tese: uma história que começa com a aluna que fui

Guia da Noite

1. A construção da autoria
- Uma história que começa com a aluna que fui
- Das redações da aluna às redações de meus alunos

2. O projeto da animação de festas infantis
- As partilhas no grupo
- Jogo de cintura e bricolagem

3. Cavando espaços para a pessoa na escola
- Das táticas da aluna...
- ... às estratégias da professora

4. Rodando os Registros, registrando as Rodas
- Reinventando a roda
- A academia vai à escola

5. Por que o doutorado?
- O retorno à academia
- O sentido formativo do doutorado

LIVRO DA MANHÃ

O que eles me ensinaram: tecendo o contexto teórico

Guia da Manhã

1. A construção de conceitos
- Aprender e formar-se
- Condições favoráveis à formação

2. Formar-se pelos projetos
- Distinguindo tipos de projeto
- Lidando com ambigüidades

3. A escola como espaço de formação
- Uma nova configuração do professor
- A escola como organização onde se aprende e que também aprende

4. Rodas e Registros como estratégias de formação
- Rodas e partilhas
- A escrita como oportunidade formativa

5. Separar formação e pesquisa?
- A reflexão sobre a prática como prática de formação
- Desafios do novo paradigma da formação

LIVRO DA TARDE

Uma escola em (trans)formação: apesar dos antagonismos e graças a eles

Guia da Tarde

1. A construção de parcerias
- Conhecendo a escola
- A identidade da coordenação pedagógica
- Construindo parcerias
- Formar-se formando

2. Projetos em (trans)formação
- Antagonismos e paradoxos
- A estrutura escolar e a formação
- Os primeiros projetos com os alunos
- A Roda dos professores de Roda

3. Formação no trabalho
- A partilha de espaços e a formação
- Uma nova coordenadora: mudanças à vista!
- Um projeto, muitos olhares
- Uma escola que aprende e muda

4. Rodas em Rede
- Teias, tecidos e cestos
- Novas conversas, outros pontos de vista
- Mais alguns nós na rede de conversas
- A Roda das histórias de vida

5. "Como me tornei o que sou?"
- A história de nossas histórias
- O difícil caminho da autoformação
- Entre a liberdade de formar-se e a institucionalização da formação
- Uma história sem fim

LIVRO DA NOITE

Do projeto de vida... ao projeto da tese: uma história que começa com a aluna que fui

Do projeto de vida... ao projeto da tese: uma história que começa com a aluna que fui

Quem pretende se aproximar do próprio passado soterrado deve agir como um homem que escava. Antes de tudo não deve temer voltar sempre ao mesmo fato, espalhá-lo como se espalha a terra, revolvê-lo como se revolve o solo. (...) E se ilude, privando-se do melhor, quem só faz o inventário dos achados e não sabe assinalar no terreno de hoje o lugar no qual é conservado o velho.

Walter Benjamin

Guia da Noite

O desejo de fazer trabalhos "arqueológicos", procurando marcas de minha história de vida e seu significado, e "antropológicos", tentando compreender as diferenças entre as pessoas, iniciou-se cedo, quando havia ainda pouca história a ser contada. O primeiro diário, escrito com 11 anos de idade revela essa busca, onde, além da descrição de acontecimentos e registros de pensamentos e sentimentos, ia colecionando marcas do vivido, colando-as cuidadosamente em suas páginas: um guardanapo de hotel, bilhetes trocados com meus irmãos e amigas, o caco de vidro de um acidente, boletim de notas da escola, lista do que levaria na mala de viagem, artigo de jornal sobre a epidemia de meningite... Uma prática de pesquisadora que se esboçava, sendo eu a decidir acerca dos "instrumentos", ao mesmo tempo que construía o objeto a ser pesquisado: eu mesma.

Fazer um "diário de campo" é uma prática comum entre as meninas, sobretudo as adolescentes, deixando entrever os constantes conflitos entre os espaços da interioridade e os espaços sociais, sobretudo o familiar e o escolar, com as tentativas de inserção e as dificuldades ante a necessária convivência nesses "espaços culturais" estranhos a uma "cultura interior" em processo de construção.

Hoje, escavando esse material, descubro outras lembranças, que ajudam a re-conhecer-me na menina, retomando seus sentimentos, desejos e expectativas. São pistas que permitem agora me aproximar daquele universo, buscando outras pistas: a de um projeto de vida que já se delineava.

Entretanto, é com o olhar de hoje que construo o sentido dessa história. O distanciamento permite um olhar panorâmico e a descoberta de ligações entre vivências até então sentidas como circunstanciais, quase aleatórias. Mas essa pesquisa não é algo confortável, nem fácil, demanda um esforço que envolve além do racional, um trabalho com a subjetividade e a sensibilidade. Mas como há outros que empreendem escavações semelhantes, conhecer o relato de suas experiências pode ajudar a construir um afastamento e ampliar a compreensão do vivido. Identifico-me com Magda Soares quando conta a experiência de escrita de seu memorial[1] e percebe que "a (re)construção do meu passado é seletiva: faço-a a partir do presente, pois é este que me aponta o que é importante e o que não é; *não descrevo*, pois; *interpreto*" (1991: 40, grifos da autora).

Algumas lembranças esparsas e os registros daqueles primeiros anos de escola ganham sentido à luz de minhas buscas atuais, por exemplo, a de procurar caminhos para a formação de professores de modo que estes possam desenvolver a sensibilidade para perceber as diferenças individuais entre seus alunos, ao mesmo tempo que possam promover a socialização e o espírito de coletividade e cooperação, "habilidades" que percebo terem faltado a alguns de meus professores. Mas, para isso, é importante que eu esteja prosseguindo em meu próprio processo de formação nessa mesma direção. Daí a pertinência de tomar minha história de vida como material de pesquisa e formação, o que tenho feito através de algumas abordagens: análise pessoal durante alguns períodos de minha vida; participação em grupos de formação e práticas autoformativas, como a escrita de um diário; a elaboração de uma linha do tempo de minha vida, identificando os acontecimentos marcantes e as etapas por eles definidas; narrativas de minha história e sua partilha em grupos, além de estudos teóricos a respeito de abordagens autobiográficas.

A percepção que tenho hoje sobre minha história de vida é fruto do olhar sobre o passado. Identificando-me mais uma vez com Magda Soares: é como ir conhecendo o risco sobre o qual bordamos a nossa vida, sem conhecê-lo por

---

[1] Memorial apresentado como requisito para a inscrição em concurso de professor titular na Universidade Federal de Minas Gerais.

inteiro, isto é, desvendando o risco que veladamente nos guiou[2], a lógica que não se percebia quando se viveu. O fio que, tal como o da aranha, sai de nós mesmos e compõe a teia que lhe dá forma. Uma opção consciente e refletida que nos guia silenciosamente. Um fio condutor?

Um bordado que não é feito só, mas partilhado com outros, tecido também com seus fios. Daí a necessária responsabilidade ao lidar com nossa história passada ao reconstruir, no presente, seu trajeto[3]. Uma postura ética que se alimenta desse trabalho de reconstrução necessária para ter em mente e nas mãos ao darmos os "pontos" que seguirão no bordado: nossos próximos passos na vida.

Muitas pessoas que leram o memorial de Magda Soares insistiram que ela o publicasse para socializar sua experiência, o que ela fez após dez anos de sua apresentação na universidade, pois aí percebeu que a experiência passada trazia a vivência de outras pessoas, de modo que o que escreveu não lhe pertencia: "convenceram-me de que os dias não são meus, são nossos, e que não só eu aprendi, mas outros poderão aprender deles e com eles" (1991: 16).

Sua conclusão é complementada pela questão da exemplaridade de que fala Boaventura Santos (1988), ao referir-se ao paradigma emergente na ciência, mostrando que a concepção de generalização através da quantidade e uniformização é substituída pela da qualidade e exemplaridade, na medida em que se "incentiva os conceitos e as teorias desenvolvidos localmente a emigrarem para outros lugares cognitivos, de modo a poderem ser utilizados fora do seu contexto de origem". A narrativa de uma experiência singular, vivida em contextos particulares, pode servir de exemplo, ou de conselho, como diz Walter Benjamin, a outras pessoas, em seus contextos próprios pois, apesar de as histórias não se repetirem, os contextos se ligam, compondo uma rede pela qual transitam seus significados.

> O narrador é uma espécie de conselheiro do seu ouvinte. E se hoje esta expressão "conselheiro" tem um sabor antiquado, mesmo neste sentido, então é porque diminuiu muito a habilidade de transmitir oralmente ou por escrito algumas experiências. (...) Um conselho, fiado no tecido da existência vivida, é sabedoria. (Benjamin, 1975: 65)

---

[2] Magda Soares refere-se a obras de Autran Dourado: "Deus é que sabe por inteiro o risco do bordado" (in: *O risco do bordado*. São Paulo: Difel, 1976) e "...o caminho da gente é a gente que abre. Conforme o risco de Deus" (in: *Ópera dos mortos*. Rio de Janeiro: Civilização Brasileira, 1972).

[3] No *Livro da Tarde* faço uma narrativa de minha história numa escola, inicialmente como coordenadora pedagógica e posteriormente como assessora. Uma narrativa que envolveu outros personagens além de mim, os professores, as diretoras e os alunos, o que me mobilizou a consultar vários deles no percurso da escrita para ouvir seus pontos de vista a respeito da pertinência do que eu narrava.

Retomando o fio de minha história, com algumas das lembranças de minhas experiências, vividas aos 11 anos, quando ingressava na 5ª série do ensino fundamental, posso identificar ali algumas vivências que deixam entrever o "risco do bordado". A primeira é de uma brincadeira no pátio da escola, num lugar proibido de entrar, um depósito subterrâneo com cadeiras e mesas, muitas quebradas e todas empoeiradas. Ali passava os recreios, junto com outras "arqueólogas", munidas de vários instrumentos de trabalho (papéis, barbantes, canetas, fita crepe...), desvendando mistérios de tempos remotos, inspiradas no que estudávamos acerca da Pré-História na sala de aula. Construíamos as paredes da caverna, onde estavam as marcas deixadas pelos povos primitivos acerca de sua vida cotidiana, com cartazes onde desenhávamos e colávamos a partir de nossa imaginação, alimentada pelas imagens dos livros que líamos "à luz do dia" na sala de aula ou na biblioteca, por exemplo, o livro sobre as aventuras de "Maria na Caverna de Altamira"[4]. Lembro-me da magia daquele lugar e das expedições cautelosas, por causa dos perigos e surpresas que poderíamos encontrar naquele mundo desconhecido (entre eles, muitos pregos).

Vejo-me hoje imersa em magia semelhante, ao descobrir que temos chaves importantes de nosso presente "escondidas"' em nosso passado e que o movimento de entrar na "caverna" pode ajudar a descobri-las. Uma "aventura" que precisa, ao menos em parte, ser vivida em grupo, em razão da dificuldade de interpretação dos indícios e das "armadilhas" do caminho.

A 5ª série traz muitas novidades e freqüentemente é vivida pelos alunos com ansiedade e/ou insegurança em razão, por exemplo, da substituição de uma professora polivalente por vários professores, por volta de oito, cada um responsável por uma das disciplinas curriculares. A segunda vivência daquele ano refere-se à escrita, à autorização para escrever. A autoria é construída com a apropriação criativa da língua e necessita de coragem para expor nossas diferenças, ou seja, a singularidade de nossa forma de expressão que se constrói nesse processo, mas também da coragem para expor seu conteúdo, principalmente se a autorização se estende a falar de si próprio.

Mas a construção da autoria está ligada também à qualidade da autorização que recebemos dos outros, professores, pais e colegas. Liga-se à maneira como vivemos a heteroformação. O professor tem papel crucial: acolhe, permite, estimula, orienta ou, ao contrário, desencoraja, goza, tolhe o desenvolvimento. Muitas vezes, tem atitudes ambíguas, tornando ainda mais complexa a relação que estabelece com seus alunos. Tive a oportunidade de resgatar episódios sig-

[4] Creio ser esse o título, não tenho mais idéia do autor...

nificativos de meu processo de construção da autoria com o convite para escrever um texto com base na temática do Congresso, organizado pela psicopedagoga argentina Alicia Fernández, em outubro de 1996, "Nossas escritas na escola e as escritas da escola em nós". Nessa oportunidade, escrevi sobre a lembrança de uma redação da 5ª série e da intervenção da professora, estabelecendo uma relação com minha história profissional e descobrindo nessa reflexão um sentido de continuidade das buscas expressas em trechos diferentes de meu "bordado". Inicio o primeiro capítulo deste *Livro da Noite* com parte do texto escrito baseado na temática do Congresso e prossigo refletindo a partir dele sobre meu processo de construção da autoria.

Como conclui a professora portuguesa, Maria da Conceição Moita, a respeito das histórias de vida de professoras que entrevistou, "a identidade pessoal e a identidade profissional constroem-se em interação":

> Numa perspectiva diacrônica pode notar-se uma influência muito forte de um tempo "passado" na vida profissional – o tempo da infância. As experiências feitas durante a infância projetam-se na relação com as crianças. É significativo ouvir educadoras explicitarem as marcas das suas experiências de crianças nas suas relações educativas. Estas explicitações tornam menos opacas zonas obscuras dos percursos e das práticas (1992: 138).

Pude desvendar interações entre minha identidade pessoal e profissional não só na oportunidade de escrever o texto para aquele congresso, mas em outras, participando de grupos de formação com metodologias diferentes, mas ambas tomando a própria história de vida como material de pesquisa e formação. Por caminhos diferentes, que se complementam, ajudaram-me a resgatar o passado, provocando a ressignificação do vivido, o que não se refere a uma memória necessariamente precisa, fidedigna e "real" dos acontecimentos, pois o que está presente e faz parte de nós é o *sentido*, ou o significado, que atribuímos àquilo que pensamos ter ocorrido, e não os acontecimentos propriamente ditos.

Além disso, sabemos que não existe *uma* realidade, existem maneiras de enxergá-la, fruto da visão de mundo de cada pessoa, também construída no percurso da história de sua vida. Visão de mundo em constante reconstrução durante seu processo de formação. Por isso, para tentar olhar para a realidade, é preciso fazer o esforço de olhar para aquele que observa, procurando conhecer sua atual visão de mundo. O biofísico Heinz von Foerster diz que a objetividade é a ilusão de que as observações podem ser feitas sem um observador, "a única maneira de ver-nos a nós mesmos que lhes posso sugerir é ver-se através dos olhos dos demais" (1996: 73). Vemos aqui uma das justificativas para os trabalhos formativos se realizarem em grupo, sobretudo na perspectiva da autoformação.

Um dos grupos de formação de que participei, de 1994 a 1998, dando subsídios para a pesquisa sobre minha história de vida, era coordenado por Alicia Fernández, que desenvolvia seu trabalho com o psicodrama analítico[5]. Nesse grupo, pude não apenas contar e interpretar acontecimentos, como revelar sentimentos que guardava da menina que fui, principalmente a partir de cenas escolares: como enfrentei as situações e qual o significado que construí a partir delas. Interpretar essas cenas em grupo, com outras educadoras que também revelavam suas próprias cenas e maneiras singulares de gerir os conflitos, possibilitava que percebêssemos que havia outras maneiras possíveis de enfrentá-los e não apenas aquela que experimentamos no passado: podíamos perceber que esta foi uma opção, *uma escolha* e não a única alternativa. Não somos simplesmente o resultado do que os outros fizeram conosco, mas o resultado de nossas escolhas e *do que fizemos* com o que quiseram fazer de nós como propôs Sartre (1993).

Trabalho sobre minha história de vida feito com o grupo de psicodrama analítico.

A outra abordagem de trabalho sobre minha história de vida foi inspirada na Metodologia das Histórias de Vida em Formação, perspectiva desenvolvida por um grupo de professores da Universidade de Genebra, sobretudo por Christine Josso e seu colega Pierre Dominicé, ligados a uma rede de profissionais que trabalham com abordagens biográficas, geralmente em países francófonos, mas já utilizada há alguns anos também em Portugal. Há algumas variações na maneira de encaminhar o trabalho com essa metodologia, conforme o local onde é desenvolvido, por exemplo, se num seminário optativo no curso de Ciências da Educação ou em sessões no exterior da universidade, como evidencia o relato

[5] No *Livro da Manhã*, no primeiro capítulo, explico no que consiste, em linhas gerais, o psicodrama analítico.

de um dos seminários de formação em Portugal, sob a orientação de Christine Josso e Maria do Loreto Couceiro. Resumidamente, essa metodologia compreende quatro etapas:

- a *apresentação* do trabalho pelo formador e das expectativas dos participantes do grupo. Momento em que cada participante explicita seus interesses de conhecimento, fazendo-o por escrito preferencialmente para melhor viabilizar a reflexão e a implicação de si próprio numa postura de pesquisa, emergindo aí questões singulares para cada sujeito;
- *introdução, trocas e negociações,* em que ocorre, por exemplo, a introdução pelo pesquisador-formador a respeito da emergência das histórias de vida no campo da educação de adultos, dando origem a discussões acerca das noções de implicação, co-responsabilização, distanciamento, trabalho intersubjetivo e de produção de conhecimentos;
- *fase da narrativa oral,* em que cada participante do grupo relata, em sessão de mais ou menos duas horas, seu percurso de vida. É um primeiro esforço de auto-organização diante da multiplicidade de sentimentos, vivências e acontecimentos que se encontram misturados na pessoa e que ganham uma ordem e sentido na narrativa tecida. É este um tempo de escuta, mas também de questionamento para tornar mais precisa alguma passagem da história que não ficou clara. É finalizada com discussões que preparam a escrita do relato;
- *fase dos relatos escritos,* quando se dá a leitura dos textos que evidenciam o sentido atribuído à própria existência, o que possibilita a construção de um pensamento próprio ante os saberes vindos de fora da pessoa. A emergência do sujeito ganha forma na narrativa escrita, que proporciona a vivência dialética entre centração e descentração, podendo encaminhar à reflexão sobre o que foi formador, o que orientou as escolhas e a maneira de se colocar no movimento da vida, assim como a abertura da experiência pessoal à dimensão social (Couceiro, 1994).

Vemos que essa abordagem de trabalho sobre a história de vida não se refere apenas à utilização de um registro psicanalítico ou psicológico, os quais têm exercido certo monopólio teórico na explicação de fenômenos humanos. Trata-se de buscar também as contribuições da Sociologia, Antropologia, Epistemologia, Ciências da Educação, dentre outras, para fazer face à complexidade dos fenômenos da realidade e interrogar os conhecimentos da experiência, mas com espírito crítico, de modo a questionar o que parece evidente.

A abordagem de Christine Josso (1997a) é uma opção teórica de investigação da epistemologia do sujeito, ou seja, de sua subjetividade, e também uma opção metodológica de co-produção de conhecimentos. Trata-se de um trabalho biográfico de pesquisa da *atividade de um sujeito*: ele próprio a empreender uma viagem ao encontro de si, um *cheminer vers soi* (1991a), reconstituindo seu itinerário, as encruzilhadas, os acontecimentos, as explorações e as atividades que lhe permitiram não apenas tomar consciência do "sistema de coordenadas" que lhe facilitou seu posicionamento no espaço-tempo do aqui e agora, mas ainda compreender o que as orientou, fazer o inventário de sua bagagem, rememorar seus sonhos, fazer o relato das cicatrizes deixadas pelos acidentes de percurso, descrever suas atitudes interiores e seus comportamentos.

Ela procura mostrar através desse trabalho biográfico como seres humanos ordinários neste fim de milênio estão em busca de uma sabedoria de vida que se revela através da maneira como eles "gerem" sua existência e das maneiras de manifestá-la. Pretende evidenciar como o itinerário de vida é atravessado por essa busca ou, até mesmo, é a ela inteiramente consagrado, pois a peregrinação que fazemos durante a vida revela a pesquisa pessoal de um saber-viver e mostra uma pesquisa essencial: a de encontrar o nosso lugar na comunidade, satisfazendo um sentimento de integridade e autenticidade. Apesar dos relatos de vida não falarem explicitamente de uma busca de sabedoria, as trocas reflexivas sobre eles levaram-na a compreender que as pesquisas de saber-viver que atravessam os relatos mostram uma orientação para além do "valor de uso", mas em direção ao "valor de sabedoria", ao que Gaston Pineau também se referia em *Produire sa vie* [Produzir sua vida] (1983).

A partir de estudos a respeito dessa metodologia e encontros com Christine Josso, empreendi a partir de 1996 algumas atividades de pesquisa-formação, buscando alimentar meu processo autoformativo, assim como poder contribuir com o processo autoformativo de outros educadores. Para tal, propus em 1997, na escola em que prestava assessoria pedagógica, um trabalho com o grupo de professores, o que foi desenvolvido durante todo aquele ano letivo. Faço um relato do vivido na "Roda das Histórias de Vida" no *Livro da Tarde*, bem como uma análise dessa experiência.

Em continuidade àquele trabalho, e com a intenção de aprofundá-lo, convidei os professores que quisessem prosseguir o processo iniciado na escola e que tivessem disponibilidade fora de seu horário de trabalho para montar um novo grupo, ultrapassando alguns fatores limitadores da experiência na escola, como o número excessivo de participantes, pouco tempo disponível e a "obrigatoriedade" de participação dos professores da escola.

Quanto à metodologia do trabalho utilizada nesses dois grupos de formação, na escola e fora dela, parti da proposta do trabalho dos professores de Genebra, mas também aproveitando, em alguns momentos, recursos e conhecimentos adquiridos a partir do psicodrama analítico vivido no grupo de Alicia Fernández.

Nesse novo grupo sem qualquer vinculação institucional, partindo da opção individual, com seis participantes e reuniões mais longas e próximas umas das outras, pude trabalhar minha própria história, sendo uma das participantes, além de sua coordenadora. Este duplo papel foi também foco da reflexão partilhada no grupo, o que facilitou a ultrapassagem do modelo de ser conduzida por outros, introjetado em cada uma de nós. Dessa maneira, durante o trabalho, a apropriação progressiva do poder sobre a nossa formação era acompanhada da percepção de nossa responsabilidade sobre ela.

Uma das primeiras atividades desse grupo foi a elaboração da "linha do tempo", um gráfico com registros dos acontecimentos mais importantes da vida, destacando aqueles que, pela sua significação, foram considerados como "divisores de águas"[6], pois delimitam etapas da vida, em que passamos a nos comportar e/ou pensar de uma maneira diferente, cada uma podendo ser nomeada em função de suas características e significações particulares no contexto da vida como um todo.

Em minha história de vida, identifiquei três desses momentos que delimitam quatro etapas: a primeira, do nascimento aos 18 anos (1980), com o término da escolaridade básica e o "fracasso" no primeiro vestibular; a segunda, dos 18 aos 30 (1992), com o término do mestrado e a vivência de uma enchente; a

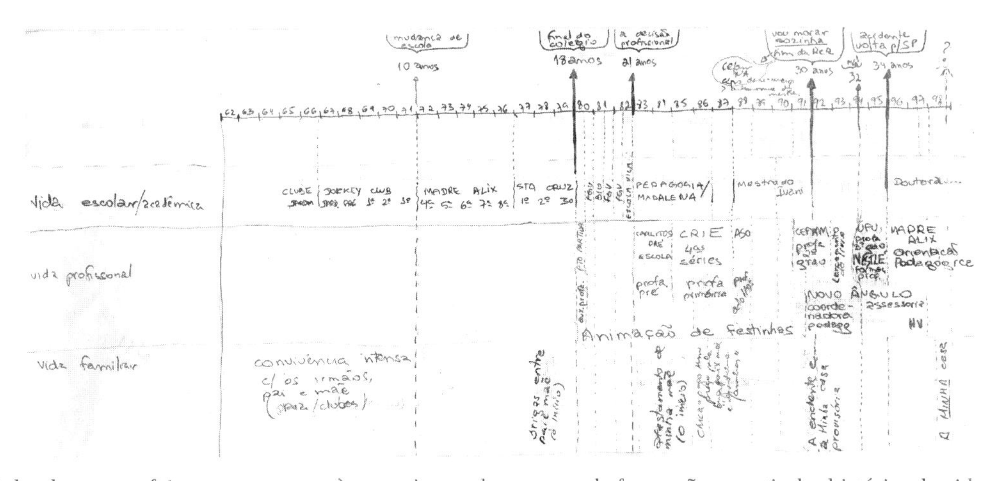

Linha do tempo, feita como suporte à narrativa oral no grupo de formação a partir das histórias de vida.

---

[6] Na literatura a respeito das histórias de vida, esses acontecimentos que marcam a passagem entre duas etapas da vida são chamados de acontecimentos ou momentos-charneira (Josso, 1988; Moita, 1992), pois charneira é uma dobradiça, algo que, portanto, faz o papel de uma articulação.

terceira, dos 30 aos 34 (1996), quando vivi um acidente automobilístico e voltei a morar em São Paulo, iniciando aí o que defino como quarta etapa, que vivo até hoje.

Não vou fazer a narrativa do trabalho com esse segundo grupo, deixando-a para um texto futuro. Neste *livro*, destacarei alguns dos aspectos de minha história de vida que se relacionam ao conteúdo do *Livro da Manhã* e *Livro da Tarde*. No segundo capítulo, por exemplo, farei uma análise da experiência de ter animado festas infantis, que foi uma oportunidade formativa significativa em minha vida, com repercussões em minha formação profissional, revelada como tal durante o relato oral de minha história de vida nesse grupo.

Através dessas abordagens de trabalho sobre minha história de vida, pude (re)descobrir em mim, hoje profissional da educação, algumas marcas da menina e da adolescente, com suas maneiras de ver o mundo e de vivê-lo, um trabalho de análise que prossegue. Mas também prossigo, tendo experiências em minha vida que constróem um contexto mais amplo, fundando novas visões de mundo, através das quais posso olhar as experiências de um passado remoto ou recente e fazer novas descobertas, que por sua vez vão (trans)formando-me enquanto desvelam os riscos do bordado sobre os quais teço os fios de minha história. Um movimento que deixa entrever a lógica e talvez a sabedoria que permeiam o percurso: um processo que possibilita apropriar-me dele, como sua autora. Uma trilha, portanto, que, sendo investigada, permite entrevê-la.

Selecionei cinco temas referentes à minha história de vida, que compõem os capítulos a seguir, relatando algumas cenas de minha história, analisando-as, enquanto oportunidades formativas, mais como exemplo do amplo processo de reflexão e análise que tenho feito de minha história. A seleção dos temas e cenas foi feita privilegiando o caráter formativo das experiências do ponto de vista profissional e em relação aos eixos da proposta de formação apresentada no conjunto dos *livros* que compõem este livro. Como é impossível separar o eu-pessoal do eu-profissional, não faço um corte entre essas dimensões, entretanto, não aprofundo a análise do ponto de vista pessoal nesse texto.

1

A construção da autoria

O texto que escrevi a convite de Alicia Fernández para o Congresso "Nossas escritas na escola e as escritas da escola em nós" ajudou-me na pesquisa do processo de construção de minha autoria:

Uma história que começa com a aluna que fui

As lembranças de minhas primeiras experiências com escrita na escola não são boas. Fui aluna retraída, com grupo pequeno de amigas, letra miúda e "muito feia", segundo "parecer psicológico" feito quando completava 8 anos e iniciava a 2ª série. Tinha dores de barriga sempre que a professora de português falava em redação. Não sabia sobre o que escrever. Lembro-me na 5ª série, com 11 anos, portanto, de ter me dirigido à professora com uma redação "corrigida" nas mãos, perguntando por que ela havia riscado alguns trechos, pois, por mais que eu procurasse, não encontrava ali um erro. Com uma gargalhada, na frente dos colegas da classe, explicou-me a professora que algumas coisas são óbvias e que, por isso, não devem ser escritas. Ela referia-se aos seguintes trechos daquela redação: "a teoria é diferente da prática" e "a meu ver", pois era também óbvio que se eu estava escrevendo, tratava-se da minha opinião. Na época acatei, obviamente, a correção, já que ela era a professora. Hoje, a meu ver, a única obviedade está no fato daquela gargalhada ter-me retraído ainda mais e alimentado a dor de barriga para escrever.

Foi naquele período que comecei a escrever Diário, contando para mim mesma o que gostava, o que não gostava, o livro que lia, as brigas entre os irmãos, as expectativas na escola...Tenho até hoje aquele caderno e os que se seguiram, onde não só me permitia escrever, como o fazia com prazer. Aquele era o meu espaço, onde vivia a permissão de dizer o que pensava. Hoje, como pedagoga, posso reler aqueles pensamentos, descobrir os desejos ali expressos, assim como perceber o que sentia e tentava expressar naquela redação escolar, tão criticada pela professora. A "diferença entre a teoria e a prática" que vim a sentir durante o curso de Pedagogia foi o centro de minhas preocupações, pois a prática de muitos de meus professores não condizia com o que defendiam teoricamente. Além disso, muito pouco do que estudava na Universidade me auxiliava a pensar no trabalho com as crianças das classes de pré-escola e das séries iniciais do 1º grau, onde trabalhava naqueles anos em que fazia o curso de graduação.

Não me parece desprovido de significado, ao fazer esta breve releitura de "capítulos" de minha história de vida (escolar), o fato de ter-me dedicado, como profissional da educação, à busca de uma aproximação entre o que pensamos e o que fazemos, à criação de oportunidades na escola para a escrita da própria vida, com suas múltiplas possibilidades, e que essas buscas tenham se dado através do Diário. Felizmente, a escrita, como expressão de meus pensamentos, antes escondida, agora pode ser mostrada e a menina, retraída e insegura, pode permitir-se falar e até escrever, porque não precisa "acertar" sempre. Esta transformação foi lenta, sem dúvida. E outras lembranças da vida escolar poderiam dar algumas pistas de como se processou, mas basta por ora dizer que algumas professoras e educadoras foram decisivas neste caminho. E isto demonstra que é possível ressignificar experiências, reaprender, transformar-se, crescer. E a escola, aquela mesma responsável por tolher, pode ser a responsável por fazer desabrochar. E um dos caminhos para isso é permitir e incentivar a fala dos pontos de vista de cada um de nós, alunos(as) e professores(as), mesmo os óbvios, como este (Warschauer, 1997: 42-3).

O que me chamou muito a atenção, enquanto escrevia esse texto, foi a vontade incontrolável de rir e a alegria que me invadiu, em oposição à angústia daquela época, como se eu estivesse, com essa escrita, conversando com aquela professora, explicando, agora como pedagoga, o que eu "queria dizer" naquela época, quando o "risco do bordado" ainda não era perceptível. Invadiu-me um sentimento de liberdade, como se me desprendesse daquelas cenas vividas, como se seu caráter imóvel e ameaçador ganhasse movimento e eu estivesse conseguindo, através de um tipo de jogo ou atividade lúdica[7], dar um outro fim àquela história, possibilitando sua elaboração numa atividade estética, pela escrita. Libertação do imobilismo daquelas cenas, mostrando o "truque" de fazer o mesmo com outras cenas que deixaram como significado minha incapacidade ou inadequação ao que era esperado de mim, em vez de percebê-las como manifestação de minhas maneiras e singularidades de aprender.

A escrita desse texto foi situação formadora para mim, pela oportunidade de re-significar aquelas dores de barriga, a "incompetência para a escrita" e a menina tímida e insegura, aparecendo aí uma das possíveis origens do desejo de dedicar-me à educação e à formação de professores através de conversas que passassem pela escrita da própria história de vida, por perceber que ali se "escondem" chaves para o entendimento de si próprio, necessárias para o entendimento dos outros.

Outra experiência com a escrita na escola, que marcou minha formação, passou-se aos 16 anos, no 2º ano do ensino médio. De uma maneira geral, até esse momento, as experiências de redações escolares haviam sido dolorosas e significavam mais um "jogo de notas", no qual a regra era escrever um determinado número de redações num certo período de tempo, com correção ortográfica e gramatical, além de uma "originalidade" no tratamento de um tema. Não eram oportunidades de interlocução com o professor e com os colegas a respeito de pensamentos e imagens criadas e expressas através da escrita. Portanto, não eram oportunidades de partilha entre pessoas, nem vistas como uma possível *arte de evocação* e de *construção de sentidos.*

Naquele ano, os estudos da língua e literatura ganharam um sentido importante para mim, ao encontrar nos contos de Clarice Lispector um eco para meus diálogos internos e olhar intimista. A proposta de redação feita pelo professor Úmile foi desenvolvida num clima de ateliê de escrita e leitura em sala de aula, onde trocávamos idéias com os colegas para escrever e discutíamos sobre o simbolismo e estilo dos contos que líamos. A produção de textos no ateliê inaugurava uma nova relação minha com a escrita no ambiente escolar, diferente do que vivera nas experiências anteriores não só pela oportunidade de interlocu-

---

[7] No *Livro da Manhã*, no primeiro capítulo, abordo o lúdico, a alegria e o humor como condições favoráveis às aprendizagens e à formação, pois permitem uma diferenciação da dor, criando uma fronteira que a torna pensável, o que possibilita olhar a situação dramática sob outros pontos de vista e abrir, assim, o universo de significações possíveis.

ção, como pela possibilidade de vivenciá-la com prazer, pois o processo era tão importante quanto o produto.

O clima da classe nesses ateliês confundia-se com o das leituras de vários textos de estilos, épocas e autores diferentes, no qual mais do que a "nota" o que importava era a magia, a percepção das nuances, a descontração das sérias discussões. Lembro-me de duas propostas de produção de texto que consistiam na escrita de um conto e um poema, havendo grande espaço para a *escolha individual* do tema. Uma liberdade de escolha que era diferente, entretanto, do tradicional "tema livre", quando me faltava um estímulo e sensibilização à escrita, estando presente apenas a expectativa de um produto bom para ser aceito pelos professores.

Hoje percebo a ambigüidade presente nessas experiências: de um lado, a necessidade de um espaço de livre escolha para a manifestação da singularidade, do projeto individual dos alunos. De outro, a necessidade de estímulo, acolhida, acompanhamento e orientação do professor. Uma alteridade fundamental, mas que, dependendo de como se davam as relações pessoais e também com o conhecimento, podiam resultar em experiências formativas ou desastrosas do ponto de vista da autoria. Não há receitas para a "justa medida", mas, certamente, ela demanda a reflexão do professor quanto a buscá-la, mesmo que seja sempre relativa e limitada, dadas as diferenças individuais e modos singulares de aprendizagem de cada aluno.

Guardei o produto daquelas produções de texto por muitos anos como um troféu: o poema "Resíduo"[8] e o conto "A paz". E agora, lendo-os, procuro o sentido que tiveram para a adolescente, que deve vir menos do fato de ter encontrado alguma qualidade textual propriamente dita, mas por ter conseguido "vencer" o jogo proposto de maneira diferente do que o fazia anteriormente. Pude fazer uso das "regras", produzindo algo com sentido para meu interlocutor e *também para mim*, uma experiência lúdica que significou a tradução, através de um *canal estético*, da melancolia que sentia diante de várias experiências de vida que causavam angústia e/ou perplexidade, comuns na adolescência, mas para quem a vive "de dentro" é experiência única.

Lembro-me dos conflitos familiares, das aulas de História e Filosofia com o estudo sobre as guerras, das primeiras reflexões acerca das contradições e movimentos dialéticos que acompanham a história humana, da *Náusea*, da impotên-

---

[8] Homônimo não intencional do poema de Carlos Drummond de Andrade com o qual só me deparei durante a escrita deste livro e cujos excertos aparecem ao final Amarrando as pontas. ("Resíduo". In: *A rosa do povo*. 9.ed. Rio de Janeiro: Record, 1991. pp. 92-5.)

cia humana perante inimigos desconhecidos do *Processo*, das discussões em classe sobre Sartre, Kafka, Camus; mas também da esperança pela existência de tentativas, ao menos no plano das idéias, de solucionar impasses, como entre os blocos socialista e capitalista; da convivência com caiçaras nos acampamentos-missão, onde, nas férias, como atividade optativa, conhecíamos a angústia dos pescadores que se viam ameaçados com a chegada da estrada e dos loteamentos que os expulsavam de suas casas e ameaçavam sua subsistência, mas também suas alegrias e prazeres simples, como o de nos oferecer com orgulho o biju que tinham feito com a mandioca que plantavam.

Resíduo

Brohnhnhnhn! A tempestade se anuncia.
Para suas lágrimas abafar o cansaço do homem e o mormaço do dia.
O caminhão que caminha. O vento que venta, o dia que passa.
O homem que vegeta, oco.

O sol queima e descora. O sol é luz, mas mata. Vem a água.
A água molha e alaga. A água despoja e mata.

O dia chora, e com ele a cidade.
Em cima, o preto das nuvens.
Embaixo, o preto da terra e no meio...

E no meio?
No meio o Homem queimado e molhado, descorado e oco.
O homem cansado, morto.

O sol e a chuva brigam, se fundem
E deles uma luz nasce.
O arco-íris.

Amarelo, laranja, violeta e lilás,
Uma janela que se abre.
Uma flor que nasce.

O fato de estar ressignificando as experiências vividas na escola, percebendo-as de outros pontos de vista e enfatizando que, a despeito das intenções dos professores, é o aluno que atribui sentido ao que vive na escola, não significa que as práticas escolarizadas sejam ilegítimas. Digo apenas que, enquanto adultos, uma via privilegiada de formação é lançar esse olhar para o passado. Mas isso também não quer dizer que todas as práticas escolares sejam igualmente formativas ou deformativas e o que vale é o esforço que cada aluno faz ou que ele fará, quando for adulto, para ressignificá-las. A *arte de ensinar* (Woods, 1999) está justamente em descobrir, a cada nova turma de alunos, o que lhes oferecer enquanto oportunidades potencialmente formativas, uma pista é dada pela *pedagogia diferenciada* (Perrenoud, 2000), que pressupõe as diferenças e singularidades ao mesmo tempo que abre espaço para a história e para o projeto pessoal do aluno, isto é, deixa espaço para suas *escolhas*[9] e para sua singularidade.

Pesquisando o sentido formativo dessas e de outras experiências do ponto de vista da construção da autoria, da autorização (interna e externa) para escrever, identifico situações que a facilitaram: a escuta sensível (Barbier, 1993) e o cuidado (Boff, 1999) dos professores, orientadores, formadores; a possibilidade de jogar com as palavras; as interlocuções seja com o professor, com os colegas da classe, com meus alunos; mas também as oportunidades de organização dos textos em forma de livro e sua divulgação, tanto em grupos restritos (alunos, pais, comunidade escolar, grupo de formação), quanto para um público mais amplo, através de sua publicação[10] em revistas especializadas. As publicações ampliam a possibilidade de partilhar o que pensamos e somos, assim como a de conhecer o que outros pensam e são através de seus textos.

Ao analisar minhas experiências com a escrita, encontrei algumas oportunidades significativas de construção da minha autoria ao participar de grupos de formação que tinham em sua rotina de trabalho a proposta de produção de textos reflexivos sobre a prática de cada um e sua leitura, seguida de discussão pelo grupo. Grosso modo, essa era uma rotina comum entre os grupos de formação de que participei: de 1983 a 1986, sob a coordenação de Madalena Freire, e de 1990 a 1991, na Pontífica Universidade Católica (PUC-SP), com os alunos de Ivani Fazenda, no período de elaboração da minha pesquisa de mestrado.

---

[9] Nas notas 4 e 5 da página 149 do *Livro da Manhã*, dou alguns exemplos provenientes de práticas escolares, nas quais oportunidades de escolha puderam favorecer a implicação dos sujeitos em seu processo de aprendizagem e formação.

[10] No *Livro da Manhã*, no quarto capítulo, analiso oportunidades formativas através da escrita, favorecidas também pela publicação dos textos de análise da própria experiência.

Partilhar o próprio texto, enraizado na próprias experiências profissionais, ajudou-me, num e noutro caso, a estabelecer uma relação com a escrita diferente da que tivera nos primeiros anos da escola básica, como a experimentada na 5ª série, abordada anteriormente. Essa partilha favorecia enfrentar a ansiedade, e às vezes a angústia, que acompanhava a construção do texto, pois a troca era estimulante. Justamente por poder enfrentar essa ansiedade num ambiente que considerava a produção de cada um de maneira diferente do que a comum nas experiências escolares, identifico terem sido fundamentais em meu processo de construção de idéias próprias e de autoria[11].

Das redações da aluna às redações de meus alunos

A autoria é construída na relação, nas oportunidades de partilha, na percepção de que o outro também viveu situações semelhantes, podendo aprender com ele outras maneiras de reagir às situações, por exemplo, facilitando que saia da queixa imobilista, enquanto amplia sua bagagem pelo conhecimento da bagagem experiencial de seus colegas. No grupo de formação de Madalena, os textos que escrevíamos para cada encontro, quando eram lidos e discutidos, ficavam de posse de seu autor. Mas pela riqueza das trocas estabelecidas no grupo, que se refletiam nos textos escritos, tivemos a idéia de retomá-los, relê-los, agrupá-los em capítulos temáticos e fazer cópias para todos do grupo. Essa foi em si uma experiência formativa, pois para isso tivemos várias reuniões sem a coordenadora do grupo, o que proporcionava a oportunidade de pensar sua autoridade e seu papel, assim como o de cada uma de nós, que assumia a direção daqueles encontros em parceria.

Além disso, essa experiência foi formativa por nos fazer rememorar o percurso do vivido, a história do grupo, refletindo também sobre nossas reflexões e sobre as transformações individuais e coletivas daquele período. A obra coletiva ofereceu a oportunidade de alargar as partilhas com educadores que não participavam do grupo, assim como ajudar-nos na apropriação do vivido de forma mais intensa. O "5ª feira", como foi batizada nossa produção, dava-me a sensação de uma concretização dos processos individuais e coletivos, das autorias em construção, não só pelo resultado na articulação dos textos em capítulos temáticos, mas pelas discussões para aí chegar. Motivo de orgulho para todas.

---

[11] No *Livro da Manhã*, no primeiro capítulo, discuto o papel dos Outros na construção da autoria. E, dentre eles, certamente que um lugar central é ocupado pelos professores e formadores, em razão do poder institucional e social que carregam.

INDIVÍDUO X GRUPO

Acho que um dos maiores desafios é viver verdadeiramente em grupo, desenvolver-se individualmente dentro do grupo de maneira que este, propiciando a troca de Vivências diversas, alimente a busca e o caminho individual. Mas como?

Acho que várias condições concorrem para o caminho nesta direção. Em primeiro lugar, é necessário que os integrantes do grupo tenham feito a Opção por Crescer (reflitam sobre o seu crescimento, seus limites, seus desafios em sua vida pessoal e profissional). Em segundo lugar, há a necessidade de uma autoridade que coordene, que consiga enxergar os indivíduos e não um grupo abstrato. Autoridade que alimente as buscas individuais, que garanta o lugar de todos, de modo a não surgirem tiranias individuais.

Para mim está sendo um desafio entender nosso grupo como um "grupo de individualidades inter-ligadas". Pois até agora estávamos muito ligados à Madalena individualmente.

O "5ª feira" trouxe a percepção do crescimento. A percepção do nosso grupo trouxe uma mistura de prazer e dor, já que despertou a possibilidade de fortificarmos os fios que nos unem (o prazer) e o consequente afrouxamento do cordão umbilical que nos liga individualmente à Madalena (a dor).

Acho que vivemos no grupo um momento de opção. Opção por crescer enquanto grupo e portanto arriscar-se no novo, assumir as responsabilidades (o pedaço de cada um) e o medo que nos acompanha. Assumir a reflexão para o grupo (devolver sobre o momento do outro e não mais só o próprio). Neste sentido cabe a cada um pensar o que significa o "5ª feira", o que significa este grupo, o que buscamos aqui.

Cecilia 5/9/85

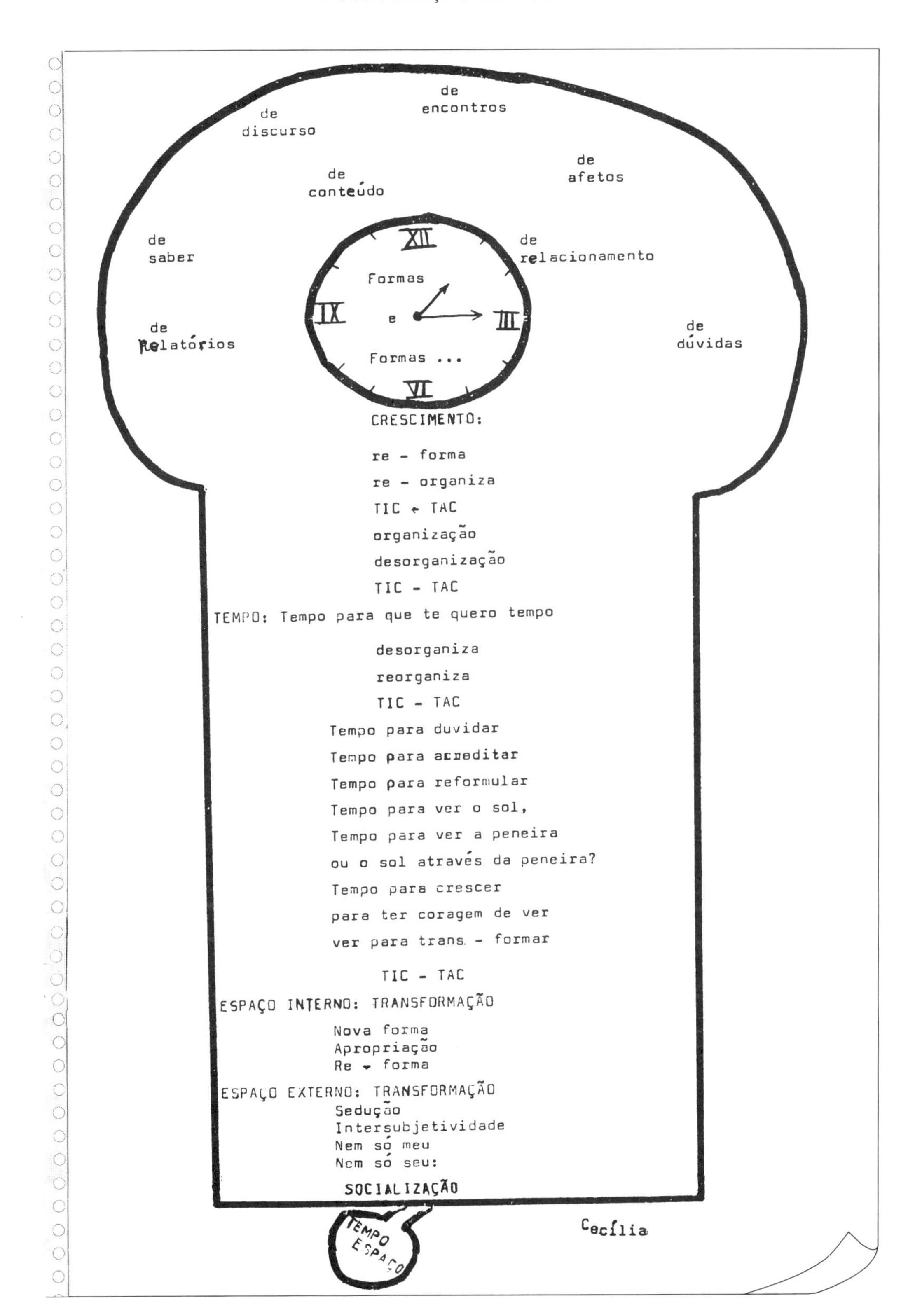
de
encontros
de
discurso
de
afetos
de
conteúdo
de
saber
de
relacionamento
Formas
XII
IX
e
III
Formas ...
VI
de
relatórios
de
dúvidas
CRESCIMENTO:
re - forma
re - organiza
TIC - TAC
organização
desorganização
TIC - TAC
TEMPO: Tempo para que te quero tempo
desorganiza
reorganiza
TIC - TAC
Tempo para duvidar
Tempo para acreditar
Tempo para reformular
Tempo para ver o sol,
Tempo para ver a peneira
ou o sol através da peneira?
Tempo para crescer
para ter coragem de ver
ver para trans. - formar
TIC - TAC
ESPAÇO INTERNO: TRANSFORMAÇÃO
Nova forma
Apropriação
Re - forma
ESPAÇO EXTERNO: TRANSFORMAÇÃO
Sedução
Intersubjetividade
Nem só meu
Nem só seu:
SOCIALIZAÇÃO
TEMPO
ESPAÇO
Cecília

Como professora de classes de 4ª série, tendo em minha própria bagagem experiencial a dimensão do potencial formativo daquele tipo de experiência com a escrita, procurava criar oportunidades que tivessem potencial formativo semelhante para meus alunos. Não se tratava de copiar uma receita e reproduzi-la, mas de descobrir, a partir da vida do grupo e das individualidades de meus alunos, estratégias que pudessem abrir caminhos para que eles avançassem em seus processos de construção da autoria, mesmo sabendo que cada pessoa atribui sentidos diferentes ao vivido e que não há certezas quanto ao melhor caminho.

A reprodução da experiência não daria certo não só porque a experiência matriz tinha contextos muito diferentes do novo. Já não se tratava de experiência formativa de adultos que participavam por escolha individual de um grupo fora de qualquer instituição formativa com todos os constrangimentos que a acompanham, mas sim de crianças na formação básica obrigatória dentro de uma escola cheia de regras, programas e prazos a cumprir. Entretanto, estava disposta a procurar frestas na regulamentação e no cotidiano, para permitir e encorajar projetos "cheios de vida", como me referia no Diário que escrevia na época. A reprodução não daria certo também porque cada classe é uma classe. Foi o que percebi, ao tentar reproduzir uma experiência "bem-sucedida" com uma classe de 4ª série, em uma outra, no ano seguinte. A maioria dos alunos de uma classe tinha uma relação positiva e significativa com a escrita, assim como uma certa facilidade para conversar e argumentar na Roda, o que repercutia na possibilidade de partilhar com eles a criação de rotinas e projetos de trabalho em parceria, experiências de autoria na condução do cotidiano e na escrita de textos. Alguns contavam episódios da história compartilhada, chegando a produzir alguns livros e coletâneas com esses textos durante o ano.

Já a classe do ano seguinte evitava escrever, só o fazendo quando eu determinava sua obrigatoriedade. Minhas expectativas de vê-los escrevendo com prazer e fazendo coletâneas eram frustradas. Minha sensação era de ter de iniciar da estaca zero novamente, descobrir e propiciar experiências significativas para *esses alunos*. Eu não podia importar uma experiência estrangeira e imaginar que os novos alunos se comportassem como seus autores...

Após várias hipóteses, reflexões e tentativas, conseguimos a construção de caminhos próprios: os conteúdos do currículo da 4ª série eram os mesmos, mas a maneira de vivê-los foi muito diferente. Foi somente após ter-me lançado na linguagem desses alunos, dramática e lúdica, que conseguimos conversar realmente e construir uma história cujos personagens eram também pessoas em formação, além dos papéis que exercíamos ali, de professora e alunos. E somente

LIVRO
DE
ESTÓRIAS
E DESENHOS

ESTÓRIAS FICTÍCIAS, VERÍDICAS E DESENHOS LEGENDADOS.

Estórias feitas por: Alexandre, Âmata, Ana, Fábio, João, Marcelo, Ricardo, Dami, Thiago, Cecília e Yan.

4ª série/86.

Introdução — Dami

Toda a idéia surgiu quando, no semestre passado, fizemos um livro de avaliações (todo dia avaliávamos por escrito como foi o dia). Tivemos a idéia de montar um livro de desenhos. Para cada desenho, fazíamos uma redação e pensamos em montar um livro de desenhos e redações.

Não estávamos nos dedicando muito ao livro. Começamos a trabalhar para valer só em outubro.

Foi um correria! Todos fazendo redações super caprichadas! No fim de novembro "demos tudo"! Não deu para colocar todas as boas redações. Tinham redações do começo do ano que estavam ótimas. Mas não foram corrigidas e não deu tempo de corrigir. Aliás, o livro já estava imenso e não dava para pôr mais.

Escrever, desenhar, recortar, colar... Era divertido ver como conseguimos trabalhar tão rápido! Conseguimos!

E apresento agora, o "Livro de Redações e Desenhos da 4ª série!!!

aí ganhava sentido o registro escrito para poder contar a história que era preciosa porque única e responsável por elevar cada ator à condição de autor.

Com essa classe, foi o projeto de realização de uma peça de teatro, *O segredo do castelo do drácula*, que criou essa oportunidade de sentido para a escrita, repercutindo, posteriormente, no clima das aulas obrigatórias de redação semanal, nas quais eram produzidos textos pouco significativos para seus autores. Nas aulas de redação coletiva, em que criavam e elaboravam a peça de teatro, eu percebia o brilho nos olhos e uma empolgação crescente. Ao relembrar o processo vivido, analisando as inúmeras fotos tiradas durante a apresentação, percebi que, mesmo com o término do texto, a produção dos cenários e apresentação da peça para toda a escola, o assunto e a empolgação permaneciam. Foi a partir daí que o desejo de nova escrita surgiu: colocar a peça no papel, ilustrando cada passagem com a respectiva foto. Um novo projeto surgia e envolvia a escrita, para a alegria da professora.

Lembro-me ainda do dia em que, durante a escrita do que seria o livro do teatro, um aluno sugeriu a escrita de outro episódio no livro, que não fazia parte da história do Drácula, mas de outra, a vivida na classe. Ele propunha escrever sobre a Cedibra, a professora que me substituía.

A Cedibra era eu mesma, interpretando o papel de uma substituta, dando vida a um modelo de professora diferente da que eles tinham, "tímida e mais boazinha", como a descreveram. Criei essa personagem, aproveitando a linguagem dramática e lúdica deles, também expressa na peça de teatro que escreviam coletivamente, mas também para desafiar-me na maneira como eu exercia a autoridade na classe, exageradamente diretiva. Apesar de perceber isso e querer mudar, não conseguia, presa em meus modelos internos e levada pela dispersão dos alunos com relação às atividades do currículo. Essa diretividade dificultava a parceria e a emergência dos projetos deles, assim como a realização dos que eu propunha, que envolviam a escrita, a não ser quando realizavam o que eu pedia como uma redação escolar obrigatória e pouco significativa do ponto de vista da formação, podendo ser até mesmo deformativa, como as que eu tinha nas lembranças da aluna que fui.

Aproveitando a oportunidade da sugestão de incluir no livro a Cedibra, perguntei se não havia ainda outras coisas para contar. Daí surgiu uma lista de episódios da história da classe que foram acrescentados ao projeto do livro, que ia sendo ampliado na medida de sua realização, ao fazer das "aulas de redação" um momento de produção diversificada e interessante para os vários autores, alguns decidindo incluir outros tipo de texto: a narrativa de histórias que inventavam. Esse projeto permitia *espaços para a escolha* individual, envolvendo não só a escrita como desenhos, seleção e distribuição de tarefas diversificadas, organização no espaço e tempo, compondo os vários talentos e preferências de cada um. Quando decidiam que um texto ia para o livro, ele era escrito, reescrito, passado a limpo e revisto, atividades essas não mais motivadas pela obrigação escolar, mas pelo orgulho de ver seu texto admirado, lido e apresentado para um grande público: os pais na festa de formatura.

Para dar conta do projeto e enfrentar o pouco tempo disponível para ele, as demais atividades do currículo da 4ª série eram desempenhadas com maior desenvoltura. Mesmo que não fossem carregadas de sentido como o projeto do livro, fazê-las rapidamente para ganhar tempo, para realizar esse último, ganhava um sentido.

Assim foi durante o ano, com a trama de vários episódios, que conseguimos a parceria para pensar e gerir nosso cotidiano, para partilhar a autoridade sobre ele e construir a autoria, representada pela concretização do livro, que surgiu sem ser fruto de minha programação antecipada, mas da atenção aos *momentos oportunos* de estimular, sugerir e desafiar que surgiam às vezes de maneira inesperada.

Foi assim que surgiu o *De Repente: um livro, uma lembrança e um pouco de poesia*, em três capítulos, cada um formado por vários textos, sobre o teatro, a construção da cortina da classe, as poesias e redações, sobre a "dupla personalidade" da professora, ora Cecília, ora Cedibra, o amigo secreto, a Roda, a caixa de idéias, dentre outros.

A cada nova experiência como professora, na educação de adultos, em 1988, no curso de magistério, em 1991 e 1992, e também na universidade, em 1994 e 1995, a redescoberta de que não havia um caminho certo e seguro era acompanhada de desconforto. Em cada uma, conectar-me com minha autoria era fundamental para autorizar e favorecer a autoria dos alunos.

Algumas vezes não consegui aceitar plenamente o convite, pois nem sempre encontrei dentro de mim, e fora, todos os recursos de que achava necessitar, como a coragem para expor-me, diferenciar-me, ousar descobrir outros lados de mim, como aconteceu com aquela classe que me convidou a traduzir uma parte de mim, meio esquecida, em Cedibra, uma parte que hoje carrego um pouco mais harmoniosa com a "professora titular" em minha bagagem de experiências: parte necessária para brincar, ousar e para escrever.

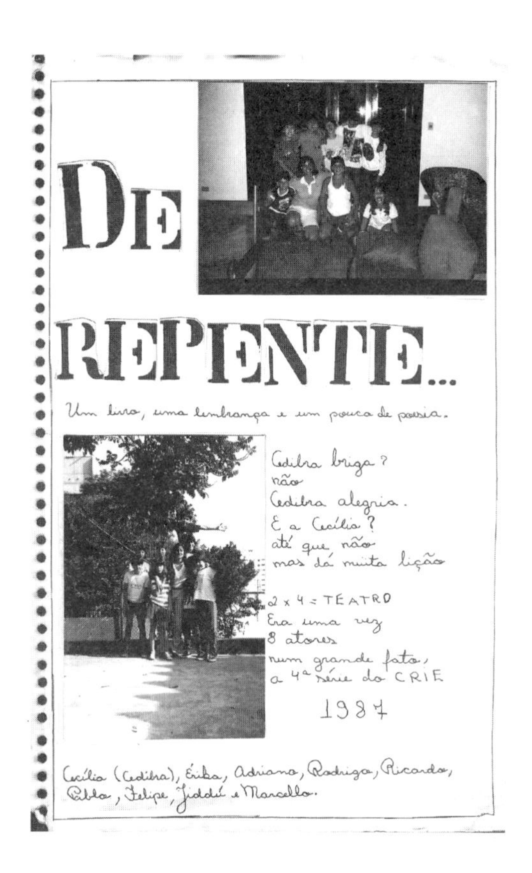

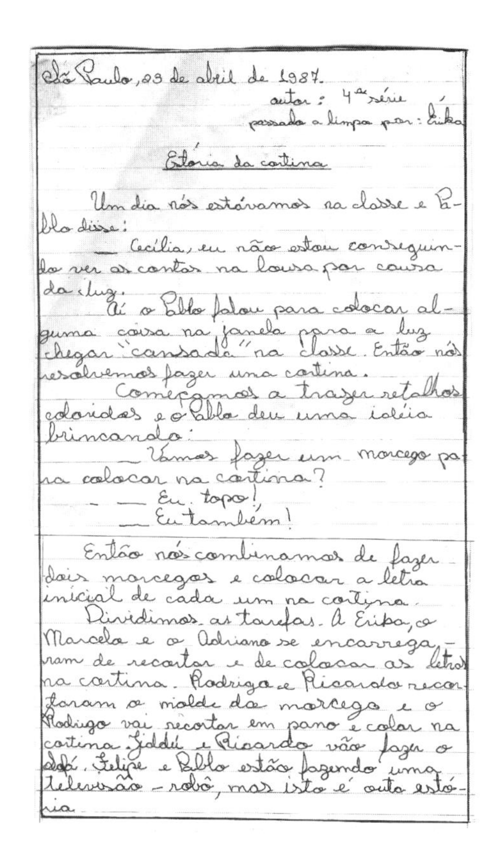

São Paulo, 23 de abril de 1987.
autor: 4ª série
passada a limpo por: Érika

Estória da cortina

Um dia nós estávamos na classe e Pablo disse:

— Cecília, eu não estou conseguindo ver as contas na lousa por causa da luz.

Aí o Pablo falou para colocar alguma coisa na janela para a luz chegar "cansada" na classe. Então nós resolvemos fazer uma cortina.

Começamos a trazer retalhos coloridos e o Pablo deu uma idéia brincando:

— Vamos fazer um morcego para colocar na cortina?

— Eu topo!

— Eu também!

Então nós combinamos de fazer dois morcegos e colocar a letra inicial de cada um na cortina.

Dividimos as tarefas. A Érika, o Marcelo e o Adriano se encarregaram de recortar e de colocar as letras na cortina. Rodrigo e Ricardo recortaram o molde do morcego e o Rodrigo vai recortar em pano e colar na cortina. Jiddú e Ricardo vão fazer o sofá. Felipe e Pablo estão fazendo uma televisão-robô, mas isto é outra estória.

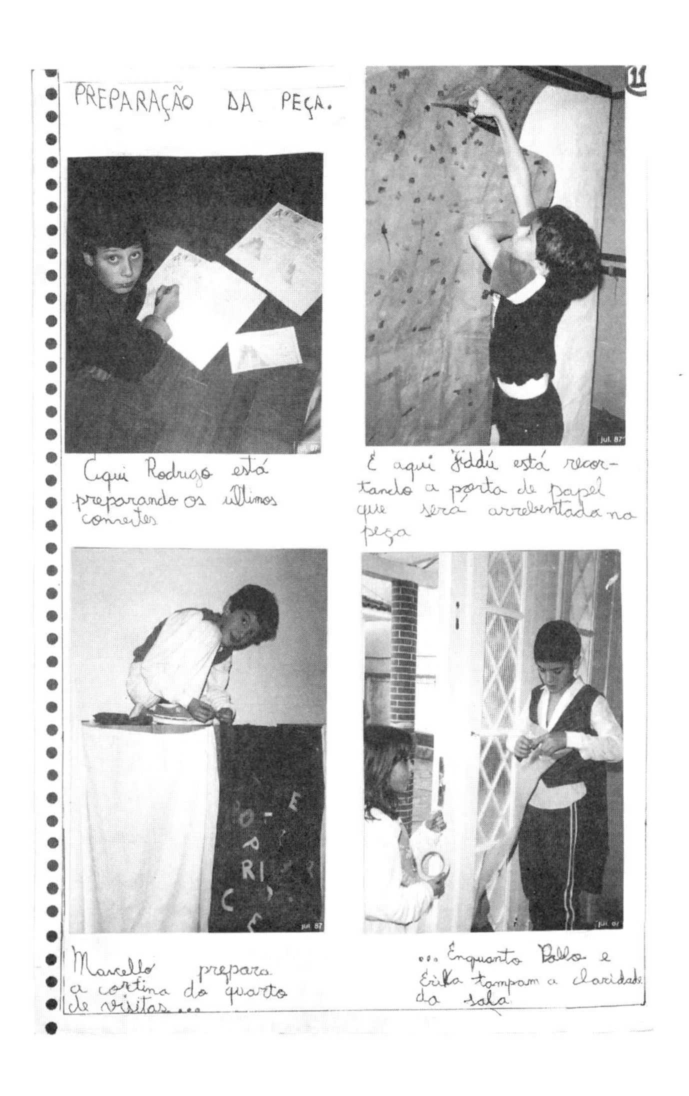

(Quando a cortina se fecha, Cecília fica distraindo o público enquanto eles lá dentro mudam o cenário.)

autor: Juliu
Cedilra   passado à limpo: Erika

Foi num dia em que o Pablo chegou na classe com um novo apelido para a Cecília: Cedilra. Gostamos, e todos começamos a chamá-la de Cedilra.

Um dia, Cecília disse:
— Bom, agora eu vou na secretaria, mas já volto. Fiquem quietos, viu.
Alguns segundos depois, a Cecília entra na classe super diferente, tímida e mais boazinha. E fala:
— Eu sou a Cedilra, a Cecília mandou eu tomar conta de vocês.
Ela era outra mulher, mas era idêntica à Cecília, e ao mesmo tempo super diferente, ou melhor, idêntica fisicamente e diferente interiormente. Nós pensamos que ela era a Cecília e estava brincando conosco, mas não, era Cedilra mesmo.
De repente ela abre a mão com um monte de brigadeiros. Ela distribuiu e depois foi embora. A Cecília chegou, e nós não contamos nada para ela.
Desde então, nós só pensávamos em: Cedilra, Cedilra, brigadeiro, brigadeiro, Cedilra e brigadeiro. E toda classe ansiosa, esperando o dia da Cedilra nos visitar.
Certo dia, depois do recreio, a Cecília entra na classe super diferente:
A Cedilra senta e põe algo embaixo da mesa. O Pablo, rapidamente olhou debaixo da mesa e começou a falar:
— Ela trouxe brigadeiros!
Todos correram, e fizeram uma fila para ganhar brigadeiros. Ela distribuiu, ficou um pouco na classe, e depois foi embora.
Ainda ontem, eu estava escrevendo este texto, e tive uma dúvida. Quem podia esclarecer era só a Cedilra. Então eu pedi pra Cecília chamá-la. A Cecília saiu da classe e quem voltou, foi a Cedilra, ela esclareceu a dúvida e ficou até todos irem embora.
Estranho é que, sempre que a Cedilra aparece, a Cecília sai. Mas nós cobramos pra Cecília que nós queremos ver as duas "juntas", na festa de formatura.

— Cecília?! — Um aluno falou e logo foi interrompido.
— Eu não sou a Cecília, ela me mandou tomar conta de vocês. A propósito, eu sou parecida com a Cecília?
E toda classe respondeu ao mesmo tempo.
— Parece!

Traduzir-se

Uma parte de mim é todo mundo;
outra parte é ninguém: fundo sem fundo.

Uma parte de mim é multidão;
outra parte estranheza e solidão.

Uma parte de mim pesa, pondera:
outra parte delira.

Uma parte de mim almoça e janta;
outra parte se espanta.

Uma parte de mim é permanente;
outra parte se sabe de repente.

Uma parte de mim é só vertigem;
outra parte linguagem.

Traduzir uma parte na outra parte
que é uma questão de vida ou morte
será arte ?
Ferreira Gullar (1980)

2

O projeto de animação de festas infantis

Além das oportunidades formativas oferecidas pelos projetos com fins educativos[12], outros também podem oferecer essas oportunidades. Na adolescência, a transição da infância para o mundo adulto provoca a imaginação dos jovens, freqüentemente investidos de preocupações idealistas. Boutinet (1999: 90-4) se refere aos projetos relativos a essa etapa da vida, enfatizando a necessidade dos jovens de fazer uso do pensamento formal recém-adquirido na exploração de novas relações entre o possível e o real, um período em que deparam com a necessidade de fazer várias escolhas que vão definir as várias perspectivas de seus projetos: o escolar, o profissional e o projeto de vida.

Foi nessa etapa da vida, mais precisamente com 18 anos, tendo terminado o ensino médio, que eu e três amigas da mesma idade decidimos animar festas infantis. Nessa etapa de transição, elas estavam iniciando o curso de Psicologia e eu prestando vestibulares para várias áreas na procura de um caminho profissional; uma procura que durou três anos, tendo iniciado os cursos de Administração Pública, de Biologia, além do vestibular para Medicina. Mas durante dez anos, período que incluía esses três de dúvidas quanto ao meu projeto profissional e os quatro da faculdade de Pedagogia, assim como toda a formação das amigas psicólogas e os primeiros anos do exercício profissional, desenvolvemos o projeto de animação de festas. A motivação inicial, que era verbalizada pelas quatro, era de ganhar algum dinheiro, o que significaria naquela etapa uma maior liberdade para realizar os próprios projetos (viagens, passeios, compras etc.) de maneira a depender menos da disponibilidade financeira de nossos pais.

[12] Cf. *Livro da Manhã*, no segundo capítulo, no qual descrevo diferentes tipos de projeto em meio educativo, seguindo a proposição de Boutinet (1999).

Naquela época, essa atividade não era vista por nenhuma de nós como uma oportunidade de formação, muito menos de uma formação profissional. Entretanto, ao analisar minha história de vida no "grupo das histórias de vida", deparei com a importância das experiências vividas com "o grupo das festinhas". E passei a analisá-las com maior profundidade para descobrir em que haviam sido formativas para mim.

Nossa proposta de trabalho era de proporcionar variadas brincadeiras e jogos de modo que as crianças participassem ativamente da festa e de maneira alguma ficassem sentadas assistindo a algum show por nós preparado. Assim, também não pretendíamos nos fantasiar, pois o centro da festa estaria no brincar e não nas organizadoras. Esta proposta nos levou a pesquisar e catalogar brincadeiras segundo diferentes critérios: a necessidade ou não de materiais especiais (que nós confeccionávamos), faixa etária, brincadeiras calmas ou agitadas etc. Além dessa bagagem de pesquisa, levávamos um caixote com o material das brincadeiras e as experiências que acumulávamos de uma festa para outra.

Em 1998, oito anos após a experiência de animação de festas, portanto, ao fazer sua narrativa no "grupo das histórias de vida", precisei descrever o que fazíamos e como agíamos. Explicitava também, no encadeamento da narrativa, o porquê das decisões e escolhas, o que me levava a refletir mais sobre seus significados, ao mesmo tempo que tentava contar com detalhes a maneira como eu atuava, pois a narrativa tinha como objetivo desvelar como se deu o processo de formação. Assim, percebi que aqueles foram anos de grandes mudanças em meu jeito de ser e de enfrentar situações e identifiquei nesta atividade, ou melhor, no "como" a vivi, uma grande oportunidade de trabalho sobre minha timidez, por exemplo.

Nos primeiros anos de nosso grupo, eu preferia cuidar das crianças bem pequenas, reunindo-as num canto da festa para atividades com bola de meia ou outras adequadas à faixa etária delas, pois ainda não participavam das brincadeiras com regras das demais. Também dedicava-me à preparação e arrumação do material para as brincadeiras com as crianças mais velhas, de quem minhas companheiras se ocupavam. Nos últimos anos, entretanto, minha desenvoltura era outra, chegando a ir sozinha em algumas festas, lidando com todas as crianças de forma dinâmica e extrovertida. Uma conquista valiosa do ponto de vista pessoal, mas também para minha atuação profissional como professora.

Sei que essas transformações não se deram unicamente pelas atividades ligadas às festas. Nesse período de dez anos, tanto as aulas de dança quanto o início da atividade docente proporcionaram outras experiências importantes, que não só repercutiam no trabalho nas festas, como ocorria o inverso. Entretanto, identifico nas atividades do grupo de festas as maiores oportunidades para as transformações pelas quais passei naquele período. E para perceber isso foi preciso analisar as experiências vividas, o que teve início com a narrativa oral para as participantes do "grupo das histórias de vida". Esse relato ajudou a *ver-me através dos olhos delas* e descobrir, através do espanto gerado nas ouvintes, que o hábito de deixar "pistas" da minha história também se manifestava no que se referia às festas infantis.

Para mim era natural ter registrado nas fichas das 171 festas os dados pessoais do aniversariante, de sua família, o número de convidados, as características do espaço físico, assim como nosso planejamento, uma avaliação após a festa, comentários de algumas ocorrências e providenciado uma encadernação com essas fichas após o encerramento de nossas atividades no fim dos dez anos.

"Mas então você já "sabia" dos Registros naquela época!?", perguntaram-me. Esta pergunta fundamentava-se no fato de que a tomada de consciência do potencial formativo dos Registros só deu-se posteriormente, durante a prática docente, iniciada três anos depois das festas. Assim, a partilha de minha história parecia indicar mais um trecho do risco do bordado de minha história, uma busca que já havia antes de ter dela tomado consciência.

Com essa descoberta, fui procurar aqueles registros para analisá-los e procurar responder "o que foi formador para mim naquela experiência". Depois, também procurei minhas antigas sócias, fazendo duas reuniões (como nos velhos tempos) para discutir a questão: "Qual o sentido daquelas vivências para cada uma? Seriam semelhantes aos meus"?

As partilhas no grupo

Essa pesquisa levou-me a identificar algumas características daquelas experiências que favoreceram minha formação e também a delas, algumas mais importantes para umas do que para outras, mas, no geral, pude perceber um conjunto de motivos que se aproximavam e se complementavam. A *maneira como funcionávamos enquanto grupo*, por exemplo, foi um aspecto destacado por todas, cada uma destacando um aspecto daquela convivência marcante para si em seu processo. Para mim, o respeito aos meus limites iniciais, isto é, a insegurança de conduzir o trabalho com as crianças mais velhas. Esse *respeito às diferenças* se manifestava também na maneira que procedíamos ante as circunstâncias particulares e singulares da vida de cada uma, desde as ausências por saúde, viagens prolongadas, gravidez, dentre outras. A partilha do dinheiro ganho, por

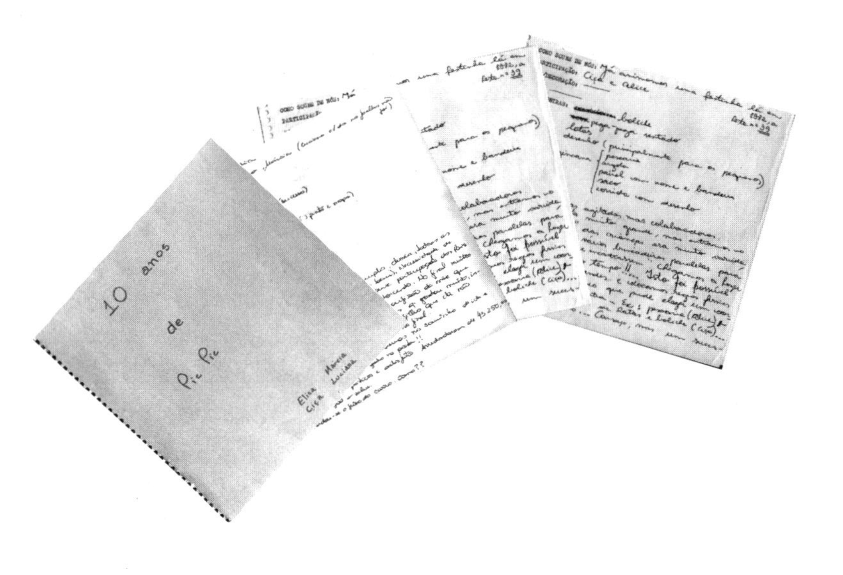

Como soube de nós: Claudia

Participação: Elisa/Ciça

Som/ Decoração: ——

Tema: —

Brincadeiras: Lá vai o ganso → mtas vezes.
Escravo de Jó
Borboleta
moça
Pescaria
Rabo no gato
Dança - estátua
~~Fazenda~~
O que levar p/ China (iniciativa delas)

Observaçoẽs: Festa que só comportava presença de duas. Como todas as Quatro podiam ir, optamos por iniciar um sistema de rodízio de 2. (Após mtas discussões e + propostas, por telefone!). Elisa e Ciça foram Sorteadas ∴ a próxima festa p/ 2 pessoas irão por direito Luciana e Márcia.
→ independente do "rodízio de 3".

Qto à Festa: mto boa. Crianças muito companheiras e simpáticas. Nós nos sentimos mto à vontade. NÃO sentimos clima de competição e agressividade por parte das crianças (mto sensíveis). As 2 (Elisa e Ciça) entraram cansadas e saíram de alto moral e + animadinhas.
Pais pouco presenciaram nossa atuação. Simpáticos pais.
Mandar cartazinhos em 1 carta p/ Fernanda.

exemplo, era feita, não só levando em conta a participação no dia da festa, mas buscando *critérios de justiça*, pois o trabalho não se resumia somente àquele dia, mas envolvia todo um preparo do material, várias reuniões para conversas, trocas de idéias, socialização das novas brincadeiras descobertas ou inventadas, pesquisa de preços de matéria-prima, preparo do material etc.

Essa preocupação ligava-se a um ideal que permeava a realização dessa atividade. Investíamos muito tempo em conversas, em busca da descoberta de soluções justas a cada nova situação. Por exemplo, inventávamos fórmulas para o rateio do dinheiro, conforme a situação. Quando muitas não podiam ir à festa, e era necessário convidar alguma colega ou irmã para ajudar naquele momento, outra fórmula era aplicada. Nem sempre era fácil chegar a uma solução que fosse consenso, mas as conversas prosseguiam.

Um *idealismo* também estava por trás da motivação e foi formador "ter um sonho e poder realizá-lo, pois ele era do tamanho de nossas pernas". Isso não era percebido dessa forma naquela época, mas agora o entendemos como uma *busca de justiça*, por exemplo, e do desejo de agir, o que é algo que falta à maioria dos jovens atendidos nos consultórios psicológicos de minhas companheiras, pois eles "não abrem mão dos finais de semana em função de um projeto de trabalho ou de um ideal" como fazíamos. Idealismo importante naquela etapa de adolescência e de início da vida adulta, com algumas daquelas expectativas e valores ainda presentes em nós na maneira de gerir a profissão e a convivência familiar. Percebo que esse idealismo estava em consonância com o desejo de um mundo mais justo, tendo na democracia um valor, temas que discutíamos muito nos anos anteriores no "colégio" onde as quatro estudaram juntas, algumas partilhando o convívio com os caiçaras nos acampamentos-missão e todas participando das reflexões filosóficas daqueles anos. "Instituir algo, dar origem a algo dava um sentimento de potência diante do mundo." "Estávamos a fim de fazer uma coisa de verdade." "Era uma sociedade igualitária, foi a sociedade de que participei onde melhor se deu o entrosamento entre as pessoas, com grande número de participantes e durante tanto tempo, era um grupo construtivo."

Foi identificado um *clima do grupo* que contribuía para seu caráter formador: "tinha uma leveza em tudo", havia um "prazer em estar junto, prazer na convivência, criando um espaço independente dos pais, de convivência entre iguais". "Prazer de partilhar a vida." "Como uma aproveitava o jeito da outra, a experiência de grupo foi muito marcante." "O significado comum estava acima das individualidades", o que era mais intenso sobretudo nos primeiros anos, quando a unidade de propósitos era mais forte. Com o passar do tempo e as mudanças nos rumos da vida de cada uma, os interesses foram divergindo, mas a importância das conversas permanecia em busca de adequar as novas necessidades.

Foram anos de grandes transformações em nossas vidas. Os encontros sistemáticos para conversar, discutir, encontrar soluções extrapolavam os assuntos das festas, passando pelos namorados, os medos, os conflitos familiares. Foi uma maneira de "forjar uma saída para o impasse que é a adolescência do tipo "quem sou?", achar um lugar no mundo etc.". Era uma transição de nossa infância para a vida adulta: nós brincávamos enquanto preparávamos as borboletas de papelão, o bingo com cores e texturas, as máscaras.

Foi importante e formativo estarmos nos acompanhando naquela época de tantas transformações e vivências novas. Por exemplo, nós quatro aprendemos a dirigir naqueles primeiros anos e o grupo acompanhava as primeiras saídas de carro de cada uma, dando dicas, hesitando e rindo dos tropeços, além de ter ido a lugares da cidade de São Paulo onde sozinhas não iríamos, pelo desconhecimento da região e pelo medo. Uma experiência interformativa nesse sentido. "Na época não sabíamos o quanto era importante para nossa formação o que vivíamos naquele grupo."

Além desses sentidos comuns entre nós, uma das integrantes do grupo disse que para ela o mais importante foi a *experiência de grupo*, porque havia mudado muito de escola e de cidade até então, permanecendo pouco tempo em cada lugar. Por isso, tinha dificuldade para se apegar às pessoas, enquanto no nosso grupo aconteceu diferente, dando uma continuidade ao que se iniciara nos anos de colégio, onde permanecera três anos. Disse ter percebido ali, naquela conversa, o quanto o nosso grupo das festas foi fundamental para essa continuidade e vinculação às pessoas.

A experiência do grupo também fazia-nos enfrentar conflitos, não só durante como no momento da dissolução. Conflitos umas com as outras e contradições dentro de si. Apesar de sua dissolução ter se dado aos poucos e ter sido motivada pela difícil conciliação com os outros interesses e atividades, sobretudo as profissionais, já intensas àquela época, alguns conflitos internos apareciam. "Foi desconfortável a nossa separação porque o grupo era como uma mãe para nós", isto é, era um espaço de acolhida e proporcionava suporte a vários desafios com os quais nos deparávamos nas situações novas de nossas vidas: espaço de partilhas.

Poder ter uma experiência de trabalho naquela época proporcionava lidar com situações ambíguas (prazer versus cansaço, poder da independência versus peso da culpa da autonomia), cuja percepção era facilitada pelas conversas sobre o que vivíamos. Acredito que aquelas partilhas e tomar consciência dos antagonismos das situações e contradições em nossos sentimentos (e de nossos pais) possam ter proporcionado algum amadurecimento para enfrentá-las posteriormente na vida.

Jogo de cintura e bricolagem

A "negociação com o mundo lá fora" foi também formativa: discutir preço e condições de nosso trabalho com os pais dos aniversariantes ou com empresários que queriam que trabalhássemos na festa de Natal da empresa. Lidar com situações novas e imprevistas era freqüente, tanto nas festas, sempre diferentes umas das outras, quanto nos contatos com quem nos contratava, o que demandava jogo de cintura. Até uma intimação judicial recebemos, dizendo que estávamos fazendo uso do nome de uma empresa que já existia nesse ramo, o que provocou mais alguns aprendizados a respeito do funcionamento de sociedades na convivência com outras.

A *formação dos valores* também foi significativa naquela experiência com o grupo de festas. Algumas situações provocavam posicionamentos diferentes, o que gerava conflitos, constrangimentos e novas conversas, que nem sempre davam conta de resolver essas diferenças, mas geravam soluções que possibilitavam a continuidade dos esforços do grupo e de seus propósitos. O ocorrido numa das festas é um bom exemplo: a festa era numa casa imensa, no quintal que "parecia um parque de diversão, com minigolfe e tudo", conforme registro na ficha. No final da festa, descobrimos que era a casa do mais conhecido apresentador de TV, que apareceu e cumprimentou-nos. Na hora do pagamento houve uma confusão da esposa dele, que pagou o dobro por achar que o preço que havíamos dado era por hora e não pelas duas horas da festa. O posicionamento que prevaleceu no momento foi de deixar por isso mesmo. Entretanto, no dia seguinte, a mãe da aniversariante achou o papel onde anotara o preço combinado anteriormente, descobriu o engano, e foi cobrar-nos, gerando constrangimento perante ela e entre as integrantes do grupo que haviam tido posições diferentes. Na avaliação escrita na ficha dessa festa, consta após a descrição do ocorrido: "conclusão: o crime e a cobiça não compensam".

A lembrança dessa festa e desses constrangimentos foram imediatos quando propus pensarmos o que havia sido formativo naqueles anos do nosso grupo. Apesar dos 16 anos transcorridos, o tema dos valores de cada uma voltou à tona, podendo agora perceber o sentido daquela situação e de outras semelhantes no contexto dos valores atuais da vida de cada uma.

Apesar de todos os dados possíveis coletados ao telefone e uma previsão anterior de brincadeiras para selecionar o material a ser levado (o que por vezes era fundamental, pois tínhamos duas festas no mesmo horário e nos dividíamos, assim como o material das brincadeiras), muitas situações imprevistas aconteciam. Aliás, o inesperado era a regra, pois cada festa compunha uma diversidade de condições que influenciava diretamente nosso trabalho e que só era descoberta na hora do evento. Por exemplo: as características do espaço físico reservado às brincadeiras, às vezes muito pequeno ou muito grande e dispersivo pela existência de *playground*; a chuva inesperada no horário da festa que obrigava a buscar um outro espaço; a agressividade ou agitação exagerada das crianças etc.

Acostumar-se com o inesperado, com limites de diferentes ordens, provocando sempre a recriação do planejado, foram oportunidades significativas que identificamos como importantes em nossa formação. Eu, para a atividade docente nas escolas, percebo que fui "preparada" por essas características daquelas experiências. Era necessário ter "jogo de cintura" para lidar com as pessoas, negociar com as crianças e com os adultos na festa, que às vezes "invadiam" o espaço das brincadeiras. Essas negociações desenvolviam nossa flexibilidade enquanto pessoas. Criar a partir de recursos que apareciam na hora, improvisar e inventar novos usos para materiais que leváramos para outro fim era comum, fazendo que a atividade fosse como a de um artesão que faz bricolagens, compondo obras coletivas que proporcionaram ganhos em termos de formação profissional, além da pessoal para todas nós.

As oportunidades para improvisar foram preciosas para minha formação como professora e é algo que raramente encontramos nos cursos de formação profissional, pela pouca (ou nenhuma) ancoragem nas experiências. Perrenoud destaca a importância da "formação em bricolagem" para o professor, isto é, o desenvolvimento dos "talentos da improvisação". Mas enfatiza que não basta oferecer uma profusão de meios e de situações didáticas para que os professores escolham segundo seus interesses.

> Não basta reconhecer a necessidade de bricolagem e confiar no bom senso e na imaginação de cada um, para tirar o melhor partido de todos os recursos disponíveis, incluindo os que não foram criados com fins pedagógicos: a imprensa, as emissões televisivas, os acontecimentos ou os objetos quotidianos. Na realidade, escolher e adaptar estes recursos não resulta sem uma competência que alguns desenvolvem de ano para ano, à medida que vão adquirindo experiência, mas poderia ser *construída* durante a formação inicial. (1997: 110, grifos do autor)

A criatividade não se encontra na quantidade e variedade de recursos. Às vezes, pelo contrário, podem causar desordem e provocar pânico nos professores, como diz Perrenoud, levando-os a se concentrarem nos materiais aprovados. Eventualmente, esses materiais, se utilizados de maneira diferente da prevista, fazendo sua crítica, aproveitando partes, desprezando outras ou comparando vários entre si, podem propiciar um uso mais criativo e adequado à situação. Os limites também oferecem oportunidades criativas, pois as limitações não são apenas restritivas, "o ilimitado emerge dos limites", diz o arquiteto György Doczi (1990), em seu livro, *O poder dos limites*. No prefácio, diz que as forças que tecem nossas vidas e forjam nossos valores têm sua matriz em processos que operam dentro de limites restritos e criam variedades ilimitadas de formas e harmonias.

Também o psicanalista Rollo May escreve sobre essa questão:

> A luta contra os limites é na realidade a fonte do produto criativo. Os limites são tão necessários quanto as margens dos rios, sem as quais a água se dispersaria na terra e não haveria rio – isto é, o rio é o resultado da tensão entre a água corrente e as margens. A arte também exige um limite, fator necessário para seu nascimento. (1982b: 118).

Na situação das festas infantis, era formativo depararmos com o antagonismo: variedade e multiplicidade de recursos de um lado e, de outro, limites e situações inesperadas. Essa situação não nos colocava em pânico, causava ansiedade, mas uma ansiedade típica de enfrentamento do novo e que podia ser saborosa porque, apesar da falta quase total de experiências desse tipo no início, a enfrentávamos juntas, partilhando a ansiedade, o que resultava numa cumplicidade confortante. Além disso, tínhamos alguns rituais que davam uma estrutura, uma rotina, àquele trabalho sempre diferente: fazer a ficha antes, trocando idéias e planejando juntas a festa, fazer uma rápida reunião logo após o seu término (apesar do cansaço), realizando sua avaliação por escrito, rateando o dinheiro ganho e arrumando o material. Entendo que esses momentos de reflexão, antes e depois da experiência, davam-nos uma tranqüilidade para enfrentarmos a profusão de variantes e a ansiedade que a acompanhava, certa sensação de termos algum controle sobre o vivido, apesar de tudo. Mas, sem dúvida, nos ajudavam a construir um poder sobre nossa formação.

As psicólogas, exercendo a profissão já há 16 anos, identificaram como oportunidade formativa a necessidade constante de estar observando e sentindo o ambiente, as crianças e os pais nas festas, ao mesmo tempo que atuavam com elas. Isso favoreceu o desenvolvimento da sensibilidade presente na atual prática da profissão. Nas festas era necessário ouvir muito as crianças, acolher suas propostas, o que proporcionava não só uma maior abertura delas para as brincadeiras que não conheciam e receavam experimentar, quanto para nosso próprio aprendizado. Algumas vezes nosso papel era apenas de organizar o espaço, outras, mais presentes na sugestão e acompanhamento das brincadeiras, um posicionamento que requeria sensibilidade e participação no duplo jogo de acolher e ser acolhido como partes de um mesmo agir, que por natureza é interformativo. Esse *agir em formação*[13] se manifestava não só na relação com as crianças, mas ao mesmo tempo entre nós, que trocávamos sugestões, conversávamos por olhares ou nos revezávamos na condução das atividades.

Buscando em nossas histórias de vida, percebemos que cada uma já trazia na sua "bagagem" alguma experiência criativa e a vivera com prazer, apesar de não se aproximar da complexidade, do desafio e da responsabilidade que a animação das festas infantis representou para nós. Dentre essas experiências anteriores foram lembradas: a confecção de enfeites para festas juninas desde pequena, acompanhando a família; cursos de artesanato; participação na Escolinha de Artes; acompanhamento das bricolagens do pai na criação de soluções para os problemas no dia-a-dia; ou até mesmo participação nos preparativos das próprias festas de aniversário animadas pela mãe. Nossas atividades de animação de festas não só davam continuidade àquele tipo de experiências como ajudavam a de-senvolver mais as habilidades envolvidas.

As experiências formativas que tivemos no grupo de festas evidenciam que a formação não é privilégio do contexto escolar e que há repercussões entre as dimensões pessoais e profissionais, de maneira que podemos estar atentos para aproveitar os vários momentos oportunos (*kairós*), tomando as experiências originadas em diferentes contextos da vida como potencialmente formativas.

[13] Bernard Honoré (1992) refere-se ao "agir em formação" como uma experiência que comporta características permanentes e indissociáveis: a atenção, a acolhida, a observação, a compreensão e o engajamento.

3

Cavando espaços para a pessoa na escola

A instituição escolar, conforme sua organização, a maior ou menor estruturação de seu projeto de escola, assim como a maior ou menor participação de seus atores em sua constituição e gestão, promove maiores ou menores oportunidades para sua ação como sujeitos ou sujeitados. Estas não são, entretanto, posições fixas nem puras. Há sempre frestas para a ação de sujeitos, que precisam ser aproveitadas e/ou criadas. Suas proporções são, entretanto, variadas e variáveis, assim como a maneira como cada ator se insere nelas e faz uso do programado, tirando proveito para sua formação e favorecendo a formação daqueles que estão sob seus cuidados.

Analisando minhas experiências como aluna e como educadora, identifico oportunidades que me favoreceram, umas mais outras menos, tanto nas experiências como aluna, no caso da formação básica, quanto no caso de minha formação em serviço, atuando como professora, situação que repercutia no maior ou menor favorecimento da formação de meus alunos. As oportunidades mais favorecedoras foram aquelas em que eu dispunha de um *lugar próprio*, na acepção de Michel de Certeau (1996), um lugar suscetível de ser circunscrito como tal, funcionando como base a partir da qual podia gerir as relações com o *exterior* através de *estratégias* de ação, em oposição às situações nas quais precisava construir *táticas*, por me inscrever em campo sob controle de outros[14].

Como professora, ser responsável direta por uma classe, mesmo que não a única, possibilitava-me o *lugar próprio*, a partir do qual podia gerir meu trabalho com um determinado grupo de alunos e horários determinados para nossos

---

[14] Cf. definições dadas por Michel de Certeau a estratégias, táticas e lugar próprio no guia do *Livro da Tarde*.

encontros. Este espaço garantia certa margem de autonomia, mesmo que dependente das relações com as outras instâncias da escola.

Nas experiências como professora de educação infantil, das séries iniciais do ensino fundamental e de educação de adultos, esse espaço próprio era mais marcante graças à estrutura do trabalho menos fragmentado, cabendo-me como professora polivalente grande parte da definição das estratégias de ação. Mesmo assim, dependendo do tipo de controle exterior sobre minha prática (geralmente exercido mais diretamente pela coordenadora pedagógica que representava a instituição), esse *lugar próprio* era mais ou menos espaçoso, mais ou menos confortável. Como professora na habilitação específica do magistério ou na universidade, meu espaço de ação era menor, pois os encontros com as classes não eram diários, a duração de cada aula era menor, às vezes de 50 minutos apenas, assim como eram inseridas numa gama de disciplinas sob a responsabilidade de outros professores com quem, a não ser excepcionalmente, mantinha alguma troca. Nos casos em que isso pôde ocorrer, percebia que minha ação tinha um alcance maior, em razão de sua inserção num projeto coletivo mais amplo e coerente. Na primeira experiência como coordenadora pedagógica[15], apesar dos constrangimentos de várias ordens, foi possível ir estruturando um espaço de ação mais bem definido para mim, assim como para os demais atores da comunidade escolar, através de uma estruturação do trabalho coletivo, definição de rotinas e delegação de poder nos diferentes níveis de ação. Como orientadora pedagógica numa experiência mais recente, essa construção vem se dando, porém de maneira mais lenta.

Nas minhas experiências como aluna, não só na escola básica como também na universidade, posso dizer que eu não dispunha de um *lugar próprio*, senão raramente, pois agia em território de outros, dos professores, sobretudo, representantes diretos da instituição. Por isso minha maneira de agir era principalmente do tipo tático. Apesar de a pedagogia tradicional já ter sido amplamente criticada e muito se ter proposto a respeito da importância da *centração sobre o aprendente*[16], nas instituições de ensino ela continua a ser a dominante, mesmo que tenham assimilado algumas técnicas dos movimentos progressistas que a criticaram. A hierarquia de poder, a definição dos papéis e do que ensinar continuam, de uma maneira geral, centradas no professor e no modelo tradicional, de maneira que os alunos acabam, grosso modo, se submetendo às regras impos-

[15] Esta experiência está relatada no *Livro da Tarde*.

[16] No *Livro da Manhã*, no primeiro capítulo, faço algumas referências históricas quanto ao surgimento dessa centração no aprendente na história da educação.

tas ou fracassando na escola, ou ainda buscando as frestas para desenvolver atividades com sentido para si.

Das táticas da aluna...

Como aluna das séries iniciais, agia mais em conformidade com o que me era proposto, muito preocupada em ser bem-sucedida em termos de notas. Mas também muitas vezes os assuntos que estudávamos me interessavam, de modo que me acompanhavam na vida fora da sala, como foi o caso do estudo sobre a Pré-História na 5ª série, com as aventuras com Maria nas cavernas de Altamira ou nas discussões familiares acerca de propostas alternativas ante a oposição capitalismo x socialismo, dentre outros. Mas o que vivia fora não voltava à sala para socializar e aprofundar. Naquele espaço a programação já estava pronta e seus rumos não se alteravam dependendo da maneira como a vivíamos ou do sentido que aqueles e outros assuntos faziam para os alunos.

Foi nos anos da faculdade que passei a assumir mais minha formação, procurando formas alternativas de lidar com o que me era proposto. Provavelmente, esta mudança se deu a partir dos contextos de minha vida fora de sala: os três anos de questionamento quanto aos rumos de minha vida, voltados para a definição de uma carreira *que me fizesse sentido,* enfrentando os passos para alcançá-la, a começar por mais um vestibular, ao lado do desejo de uma independência financeira, que me levaria a buscar trabalho. O início de um trabalho psicoterapêutico nessa época estimulava esse questionamento e a disposição para assumir a responsabilidade sobre o que fazia de minha vida a cada dia.

Além disso, depois do fracasso no vestibular para Medicina e dos dois cursos universitários iniciados e abandonados, Administração Pública e Biologia, o modelo da aluna "bem-sucedida" caiu por terra. Esse "fracasso" representou um divisor de águas em minha vida, pois a partir dali o caminho não estava traçado, o que deveria ser feito por mim. Estava com 18 anos. Na nova etapa, abria-se um campo de opções muito grande em todas as dimensões de minha vida, assim como a consciência da responsabilidade sobre minhas escolhas e suas conseqüências. Possibilidades, abertura e insegurança.

Foi com o conhecimento do trabalho de uma escola de educação infantil que, em 1982, defini a Educação como carreira profissional. Lá, a paixão por aprender e a *centração sobre o aprendente* se refletiam nos olhos brilhantes dos alunos e dos professores: havia sentido a vida na escola para todos eles, manifesta por um vai-e-vem entre a vida da escola e fora dela. No estágio de seis meses que fiz nessa escola, realizado em três tardes por semana, estudávamos e discutíamos seu projeto pedagógico, analisando a prática que eu registrava num tipo de diário de campo, acompanhada de estudos sobre *Piaget e a educação escolar*, em livro de Constance Kamii e Retha Devries. Esse estágio dialogado criou um contexto de expectativas quanto à profissão, de modo que passei a centralizar minhas escolhas com relação à formação profissional e pessoal pelo prisma da alegria, da paixão por aprender, do sentido da aprendizagem para os alunos, o que incluiria minhas próximas experiências como aluna. E nelas, as leituras não dependiam mais do que seria indicado por professores, necessariamente, mas do sentido que faziam a partir das observações da prática.

O curso de pedagogia foi desanimador por causa dessa expectativa com relação à profissão, pois a maneira de ensinar era muito acadêmica, demandando, de maneira geral, uma postura passiva dos alunos. Nas diversas disciplinas a pedagogia tradicional era a dominante, salvo raras exceções em que a escuta dos alunos e a consideração do sentido que o conhecimento lhes fazia tinha importância e era relevante no rumo do trabalho em sala de aula.

Se por um lado a frustração era grande, por outro, o fato de ter sido contratada logo após esse estágio por uma escola de educação infantil, cujas donas pareciam partilhar da mesma busca, estimulava-me a prosseguir o curso de pedagogia. Dos quatro anos de curso, dois trabalhei nessa escola e outros dois em outra, dando aula para a 4ª série do ensino fundamental. Como não fizera o curso magistério, trabalhava sem habilitação legal e buscava recursos para o trabalho tanto na bagagem experiencial de diversos contextos, como das lembranças de minhas experiências como aluna do primário, da animação de festas infantis e da participação num grupo de formação de educadores, no qual podia discutir minha prática profissional e estudar a partir dela e das trocas com o grupo. Os estudos propostos na faculdade eram de maneira geral muito teóricos e esvaziados de um sentido para minha formação profissional. Entretanto, procurava oportunidades para aproximar o que vivia como professora ao que vivia como aluna na sala de aula da faculdade.

Lembro-me de aproveitar as oportunidades oferecidas por alguns professores para fazer trabalhos com temas a serem escolhidos por nós. Nessas ocasiões, aproveitava para trazer as questões nascidas de minhas experiências na escola para desenvolvê-las em forma de pesquisa, o que dava continuidade ao movimento de procurar sentido nos estudos teóricos através de sua relação com a prática, ao mesmo tempo que procurava entender melhor o significado do que fazia na escola. E o pesquisar nessas ocasiões alimentava minha prática, dando-lhe mais consistência e a mim mais consciência crítica. Cito três exemplos a seguir:

Na disciplina Sociologia da Educação, deveríamos apresentar um trabalho no final do semestre sobre qualquer tema que tivesse alguma ligação com a Sociologia. Foi a oportunidade: fazíamos uma proposta e a professora a analisava, indicando uma bibliografia. Foi um trabalho de pesquisa de grande importância para entender o que vivia em meu cotidiano naquela pré-escola "alternativa", que buscava fugir da alienação e autoritarismo da pedagogia tradicional, mas onde parecia haver incoerências, com as quais eu não sabia lidar. Naquela época, faltava-me um maior "jogo de cintura" para lidar com os antagonismos e contradições, mas para isso precisava identificá-los e compreendê-los.

Para o trabalho de pesquisa "Por que a escola alternativa é ideológica?", fiz registros das reuniões coletivas semanais dos professores com as diretoras, anotando diálogos e prestando atenção aos argumentos utilizados. A partir das leituras indicadas pela professora (*O que é ideologia* de Marilena Chauí e *Para onde vão as pedagogias não diretivas* de Georges Snyders), pude compreender melhor o que vivia na escola. O resultado da pesquisa foi uma análise da ideologia subjacente ao discurso, o que me permitiu melhor identificar as incoerências que percebia e, assim, poder situar-me melhor diante delas. Para isso, o *espaço para a escolha* foi fundamental.

Essa possibilidade de levar à sala de aula do curso de Pedagogia as experiências de minha prática profissional intensificou o caráter formativo desta última e mostrava que o contexto universitário também podia contribuir de alguma maneira para minha formação, alterando o radicalismo inicial de minhas críticas. A reflexão na ação e sobre a ação fazia parte de minha prática profissional, através da escrita no Diário e das partilhas no grupo de educadores, mas as oportunidades de reflexão a partir dos referenciais teóricos, oferecidos na faculdade, também podiam enriquecer minha prática e meu processo de formação. Era necessário, entretanto, estar alerta para encontrá-las e investir esforços para aproveitá-las.

Naquela época, começava a tomar consciência da importância da diferenciação do ensino para permitir uma aprendizagem com sentido para os alunos. Perrenoud (2000) é um dos autores que têm defendido esta posição atualmente, cujas reflexões ajudam-me nessa "escavação" em minha história para melhor compreender as experiências daquela época, permeadas pela busca de sentido no que vivia nas salas de aula, à tarde como professora e à noite como aluna. Ele refere-se a uma *pedagogia diferenciada*, que abre espaço para a história e para o projeto pessoal do aluno.

Outra situação significativa em minha formação, ao contrário, não se baseava numa diversificação do ensino. A tarefa a ser realizada na disciplina Medidas

Educacionais tinha tema sorteado, abordagem, roteiro e bibliografia definidos previamente pela professora. Cada grupo de alunos deveria seguir a proposta conforme descrita e apresentá-la para a classe no dia estipulado. O tema sorteado para meu grupo era sobre medir a inteligência de crianças através de métodos quantitativos pela análise de seus desenhos: quantos dedos havia no desenho feito pela criança etc. Lembro-me da revolta que me invadiu com essa proposta, pois convivia diariamente com o desenho de crianças, meus alunos, e estudava a respeito no grupo de formação no qual a abordagem era oposta à de classificação e medição: buscávamos compreender os desenhos através do estudo das fases do desenvolvimento infantil e das etapas de seus desenhos, não me interessava medir a inteligência, nem utilizar tabelas com pontuações. Também a avaliação de nosso aprendizado naquela disciplina contava com a pontuação de nossa presença nos seminários dos outros grupos.

A tática criada foi inverter a proposta: analisar a bibliografia obrigatória para criticar a abordagem de medição e fundamentar a de compreensão dos desenhos, tentando nos aproximar de uma compreensão dos desenhos e de seus autores. Foi a ocasião para uma pesquisa na escola em que trabalhava, pedindo aos professores desenhos de seus alunos para analisá-los a partir de outros referenciais. Aproveitamos para discutir também o potencial terapêutico e revolucionário da arte, como o desenvolvido por Nise da Silveira num hospital psiquiátrico. Levamos livros, imagens e desenhos das crianças, de modo que nosso seminário foi feito com prazer e acompanhado da mesma forma pelos nossos colegas de classe que, mesmo após o encerramento da aula, queriam prosseguir manuseando os desenhos e livros e discutindo o espaço do desenho na prática pedagógica à qual nos referimos.

Foi uma oportunidade formativa na medida em que, com "astúcias de consumidores" (Certeau, 1996), invertemos o uso previsto, criando táticas de resistência e nos reapropriando daquele espaço formativo. Tática de penetrar por uma fresta, podendo construir uma aprendizagem para nós significativa: "O homem pode sempre abrir as frestas na forma, se assim o desejar, com sua vontade consciente, pela fresta enxerga a totalidade, pela fresta pode efetivamente se comunicar com o outro" (Santo, 1998)[17].

Outra oportunidade que identifico como relevante para minha formação foi oferecida na disciplina Metodologia e Prática de Ensino de 2º Grau, quando deveríamos fazer estágio em classes do curso magistério. A professora sabia que

[17] A íntegra do texto "Frestas" de Ruy C. do Espírito Santo está no final do *Livro da Manhã*.

eu trabalhava durante o dia com uma 4ª série e que praticamente dispunha de pouco tempo para fazer estágios. Mas sabia também que eu desenvolvia um trabalho de reflexão sistemática sobre aquela prática, apesar de não ter habilitação legal para lecionar por não ter cursado o "Magistério", de modo que possibilitou um estágio diferente: refletir sobre minha própria prática docente, questionando o fato de não ter formação na HEM (Habilitação Específica do Magistério). Dessa maneira, minha pesquisa poderia estar ampliando as modalidades de estágio, sendo ao mesmo tempo significativa para mim e para a classe no momento da socialização dos estágios.

Este estágio "Refletindo sobre uma prática na escola de 1º grau a partir da experiência de um professor em formação em nível de 3º grau", em 1986, estimulou minha "reflexão sobre a ação e sobre a reflexão na ação", promovendo um grau de distanciamento ainda maior do que o da reflexão cotidiana e estimulando o caráter de pesquisa de minha prática profissional. Ao diversificar as possibilidades de estágio, estimulando meu projeto pessoal-profissional, também alimentava o meu próprio projeto de pesquisa sobre os "estágios supervisionados na habilitação específica de segundo grau para o magistério" (Piconez, 1988-89). Formação e pesquisa juntas, para professora e aluna, ao haver a negociação entre nós e uma interface entre nossos projetos[18].

Além do aprofundamento de minha reflexão, essa oportunidade ampliava a possibilidade de interlocução entre aquela prática e a reflexão sobre ela. Interlocução que é fundamental para vê-la sob outras perspectivas, de outros pontos de vista, que a possibilidade de partilhá-la oferece. Essa partilha com as colegas de classe da pedagogia, tanto na discussão oral, quanto nos registros que fizeram individualmente logo após minha apresentação, estimularam-me a prosseguir pesquisando.

Perrenoud (1997) destaca a importância da formação inicial proporcionar a partilha da reflexão sobre a prática, o que não é muito aceitável ainda segundo as normas do pensamento científico.

> A reflexão sobre a prática não pode tornar-se um modo de existência profissional permanente, a não ser que seja o modo dominante de construção de competências em formação inicial, é pois ao experimentar a reflexão sobre a prática ao longo de sua formação inicial que um professor aprenderá a aprender desta manei-

---

[18] No *Livro da Manhã*, no segundo capítulo, discuto a necessária imbricação entre os projetos individuais do professor e dos alunos para viabilizar um *projeto pedagógico* na escola.

ra, analisando a experiência e o seu próprio funcionamento pessoal e profissional (1997: 186).

Esse estímulo à pesquisa durante minha formação acadêmica inicial foi a matriz de minha pesquisa do mestrado, no qual, dois anos depois, retornei a refletir sobre aquela mesma prática e a do ano seguinte, também com a classe de 4ª série do ensino fundamental, para analisá-las. A pesquisa do mestrado levou-me a identificar dois instrumentos metodológicos que permeavam aquele trabalho: a Roda e o Registro.

A Roda, enquanto atividade diária, era o encontro entre todos da classe, momento em que sentávamos no chão, em círculo, para conversar. Era, no entanto, uma conversa organizada, para podermos planejar o dia, avaliar as atividades, discutir assuntos polêmicos (ou não), organizar projetos, dividir as tarefas entre nós, ler poesias ou partilhar acontecimentos significativos para algum dos participantes. Desse modo, era um momento privilegiado para o exercício da participação e o aprendizado da cooperação, tendo a experiência dialógica como seu eixo. Desempenhava papel importante no aprendizado da atitude interdisciplinar na medida em que exercitava a espera para ouvir o outro e ajudava a inscrever a própria fala no contexto coletivo. Ao mesmo tempo, construía-se uma relação pedagógica diferenciada, baseada na relação entre professor e alunos e na aprendizagem significativa.

O Registro refere-se tanto ao meu Diário, onde sistematicamente refletia por escrito sobre o vivido, descrevendo-o, relacionando acontecimentos aparentemente isolados, avaliando o ocorrido e planejando a continuidade do trabalho, quanto aos registros dos alunos, que eram feitos ora individualmente, ora coletivamente. Identifiquei este como um valioso instrumento metodológico, na medida em que cooperava para a construção dos conhecimentos, dando-nos segurança para ousar e desvendar o novo, refletir, perguntar-se, conhecer-se e conhecer o outro, o que é fundamental para a convivência solidária.

Claro está que a Roda e o Registro como frutos da análise daqueles anos de prática profissional foram também frutos das oportunidades de vivenciá-los em alguns grupos, tanto fora de um enquadramento institucional, como o caso do coordenado por Madalena Freire, quanto no grupo de alunos de Ivani Fazenda sobre a pesquisa interdisciplinar, na PUC-SP. Nessas duas experiências, a formação e a pesquisa andavam juntas. No primeiro, o educador pesquisando sua prática e, no segundo, a pesquisa sobre a própria prática profissional, desenvolvendo a autoformação partilhada do pesquisador. Nos dois casos, os estudos teóricos baseavam-se nos "saberes nascidos da experiência". Ao mesmo tempo que a experiência refletida e partilhada ganhava um *status* teórico, a formação passava a ser percebida como autoformação.

> Devolver à experiência o lugar que merece na aprendizagem dos conhecimentos necessários à existência (pessoal, social e profissional) passa pela constatação de que o sujeito constrói o seu saber ativamente ao longo do seu percurso de vida. Ninguém se contenta em receber o saber, como se ele fosse trazido do exterior pelos que detêm os seus segredos formais. A noção de experiência mobiliza uma prática interativa e dialógica. Dominicé (1990: 149-50).

Esse tipo de aprendizado ajudava-me a gerir as experiências em diferentes contextos, mais ligados ou mais afastados à profissão, uns repercutindo nos outros. Foi o caso dos aprendizados experienciais nas disciplinas do curso de pedagogia, algumas delas com uma programação tal que parecia não deixar brechas para os projetos dos alunos. Entretanto, o nível do vivido oferecia algumas oportunidades para transformar a programação através das táticas e parcerias, com colegas e/ou professores.

... às estratégias da professora

Após os anos de docência na 4ª série e a formatura na faculdade de pedagogia, iniciei o mestrado e tive outra experiência profissional significativa. Também nessa, houve a predominância de estratégias para táticas de ação, pois percebia a existência de um lugar próprio, na acepção de Certeau. Ainda nessa experiência, enquanto procurava criar melhores condições para a formação de meus alunos, as condições para minha formação eram também intensificadas.

Trata-se de um trabalho com educação de adultos, num convênio entre a Faculdade de Educação da USP (Universidade de São Paulo) e a Prefeitura da Cidade Universitária, denominado Projeto ASO, que posteriormente foi ampliado, dando origem ao PEA (Programa de Educação de Adultos), atualmente desenvolvido pela Faculdade de Educação com alcance em todo o campus da Universidade. Naquela época tínhamos duas salas, da qual participavam pintores, pedreiros, marceneiros, jardineiros e outros funcionários com pequena ou nenhuma escolarização. Em 1988 trabalhei com a classe cujos alunos tinham algum conhecimento de escrita, com uma professora-auxiliar, estudante da Faculdade de Educação, que através dessa prática cumpria o estágio obrigatório na disciplina Metodologia e Prática do 2º grau[19]. Também na outra sala o trabalho era feito em dupla, de modo que nosso quarteto podia trocar experiências diariamente. Além disso, a professora da Faculdade de Educação que coordenava o Projeto ASO estimulava e oferecia subsídios teóricos para pensarmos a experiência, com quem podíamos discutir o vivido e aprofundar a reflexão em reuniões mensais.

Os espaços reservados para as duas salas de aula não eram programados originalmente para essa finalidade, nem adequados para tal. Um era uma copa para refeições e o outro uma sala de reuniões com poltronas estofadas, com braço para as anotações, cadeiras de braço pesadas e grudadas umas às outras. Eram salas no prédio da Administração da Prefeitura da USP. O fato de não serem adequadas não impedia o trabalho, pois o inusitado da situação aliado à abertura dos funcionários da prefeitura, que trabalhavam nas salas vizinhas para as necessidade da escola e o interesse do prefeito, nos ajudavam a ir construindo pouco a pouco melhores condições de trabalho. Condições que, ao serem partilhadas com os alunos, nos faziam participar e criar alternativas com as professoras. Foi o caso do projeto das mesas de madeira que os próprios alunos da escola construíram na marcenaria da USP para viabilizar um apoio mais apropriado para as mãos pouco acostumadas com o lápis, a borracha, assim como viabilizar discussões sobre as hipóteses sobre a escrita, debates sobre assuntos diversos ao sentarem-se em Roda.

Além disso, a falta do contexto institucional se, por um lado, dificultava a construção de uma estrutura mais propícia e exigia de nós sua construção nos mínimos detalhes, por outro, era acompanhada de uma maior liberdade quanto à programação, que não sofria o comum controle institucional.

A busca de recriar naquele contexto uma concepção democrática de educação, baseada em grande medida em Paulo Freire, levava-me a pesquisar maneiras de reinventar o que havia aprendido nas experiências anteriores com as crianças, ao mesmo tempo que tinha a preocupação de analisar as especificidades dessa nova experiência.

Os Registros da prática no Diário foram também nessa experiência o instrumento básico de trabalho, facilitando a reflexão, a análise e a criação de estraté-

---

[19] A professora desta disciplina, preocupada com a ampliação das modalidades de estágio de seus alunos e com as poucas oportunidades de aprendizagem escolarizada que os funcionários da universidade tiveram, oferecia essa possibilidade de estágio, ampliando também, nessa mesma ação, as condições para viabilizar o Projeto ASO, do qual era a coordenadora. Esta era a mesma professora que, anos antes, possibilitou-me o estágio sobre minha própria experiência com a 4ª série, Stela C. B. Piconez.

gias em sintonia com as necessidades percebidas. A cada dia, fazia inicialmente uma breve descrição do vivido, comparando com o que havia previsto. Fazia em seguida sua análise e encerrava a escrita com um planejamento do dia seguinte. Além dessa rotina, fazia relatórios semestrais do trabalho, olhando-o de uma perspectiva mais afastada. Nesses, a maior preocupação era a de narrar a experiência e documentá-la com vários objetivos, dentre os quais, favorecer minha reflexão do vivido e a apropriação da experiência, assim como documentá-la para propiciar sua socialização, tanto entre os alunos quanto nas instâncias administrativas, que viabilizavam e custeavam o projeto.

As experiências partilhadas durante aquele ano foram muito significativas para minha formação, pois vivi intensamente o caráter do professor como analista simbólico, como artesão, como profissional da relação e como produtor de sentido (Canário, 1999)[20]. Tratava-se de recorrer aos recursos construídos nas experiências pessoais e profissionais anteriores, discutir com os alunos e com as colegas professoras os problemas que enfrentávamos, elaborando soluções para enfrentá-los e estratégias para deles tirarmos partido, produzindo aprendizados com sentido para nós.

A enorme força de vontade dos alunos, superando o cansaço de um dia de trabalho, estimulava nossa criação. Era recompensador vivermos juntos o encantamento de novos aprendizados, com intensa troca. Os alunos eram portadores de histórias de vida muito diferentes da nossa, a maioria vinha do nordeste brasileiro e freqüentavam universos culturais muito diferentes dos nossos, de maneira que a curiosidade era mútua. Apesar de os objetivos que nos levaram a compartilhar aquela sala de aula terem sido diversos, as experiências ali vividas permitiam atender uns e outros: as professoras em busca de uma prática e formação profissional e os alunos, o acesso aos conhecimentos escolarizados de que necessitavam. Mas a convivência, da maneira como se processou, propiciou aprendizados e sentidos não previstos naquele espaço, deixando marcas na formação da pessoa. Recentemente, mais de dez anos depois, reencontrei um dos alunos no campus: a conversa e o brilho nos olhos teveram ares de cumplicidade numa aventura partilhada.

Em razão da grande heterogeneidade de conhecimentos em relação à matemática e à escrita, as atividades eram freqüentemente diversificadas. Havia na

[20] No *Livro da Manhã*, no terceiro capítulo, refiro-me a uma nova configuração do professor, cuja competência é construída no nível do uso e não na circulação de informações descontextualizadas e da certificação. Ao aproveitar as oportunidades presentes no contexto de seu trabalho na escola, o professor pode favorecer sua formação, desenvolvendo-se como analista simbólico, artesão, profissional da relação e produtor de sentido, exercendo um papel de agente ativo e sujeito de sua formação.

rotina de nosso trabalho um momento reservado para o trabalho com fichas guardadas em pastas[21], nas quais os próprios alunos escolhiam a que melhor correspondia à sua necessidade.

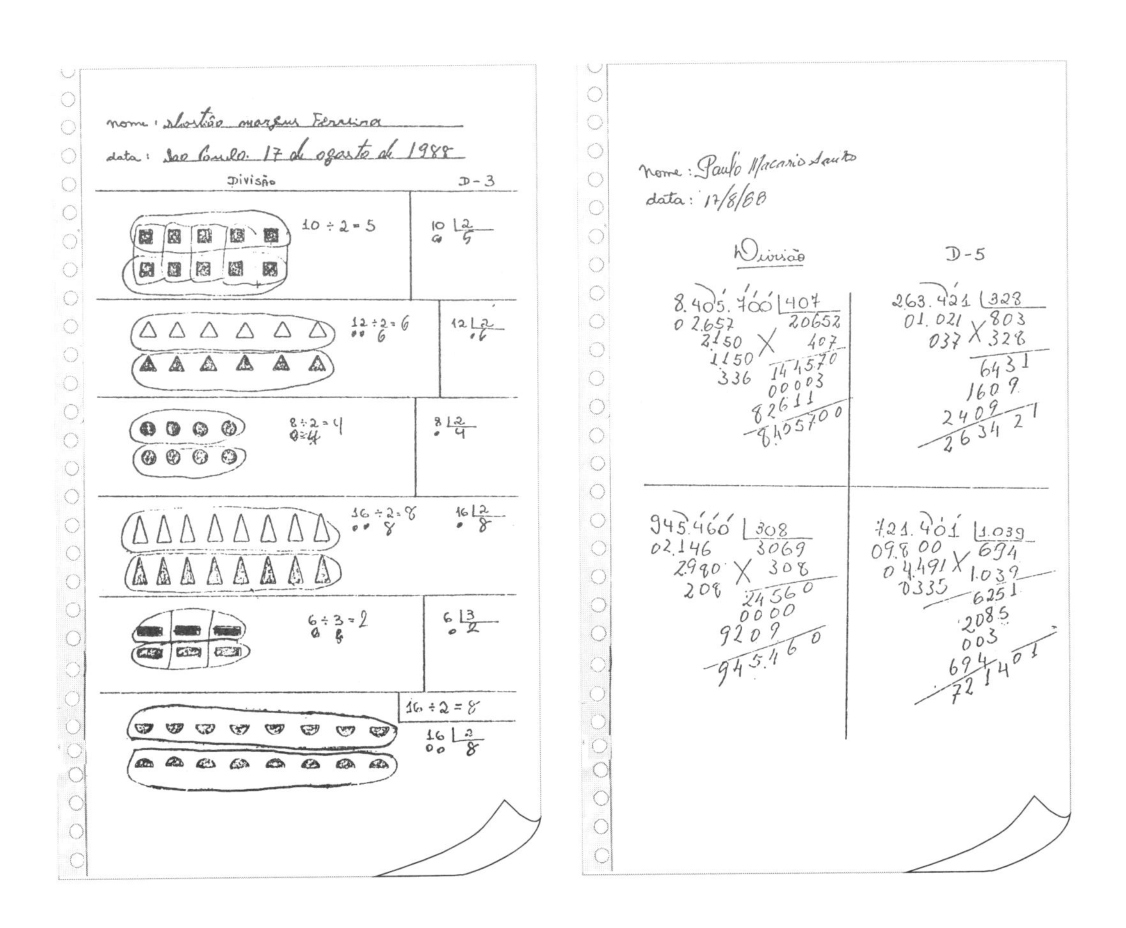

Fichas da pasta de divisão: trabalho diversificado.

[21] Associo essa idéia de diversificação do trabalho ao que observei no estágio que fiz numa escola que se inspirava em algumas das estratégias propostas por Celestin Freinet. Naquele estágio, acompanhei a rotina de uma classe de 1ª série, da qual fazia parte o momento do trabalho diversificado e das fichas a serem escolhidas pelos alunos de acordo com suas preferências.

Trabalho diversificado: em duplas, trincas ou individuais.

Mesmo quando se tratava de necessidade de boa parte dos alunos, como ocorreu com relação à *compreensão* do Sistema de Numeração Decimal, procurávamos diversificar os materiais e envolver os alunos na sua construção, como foi o caso dos ábacos, confeccionados com diferentes materiais e levados para a sala, viabilizando a comparação das operações feitas com sua ajuda e através dos algorítmos.

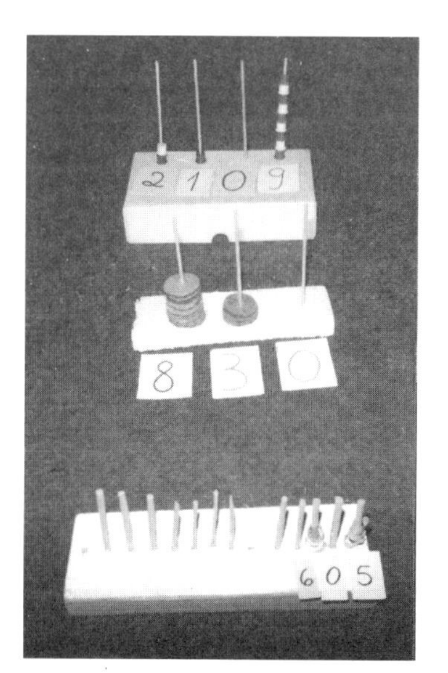

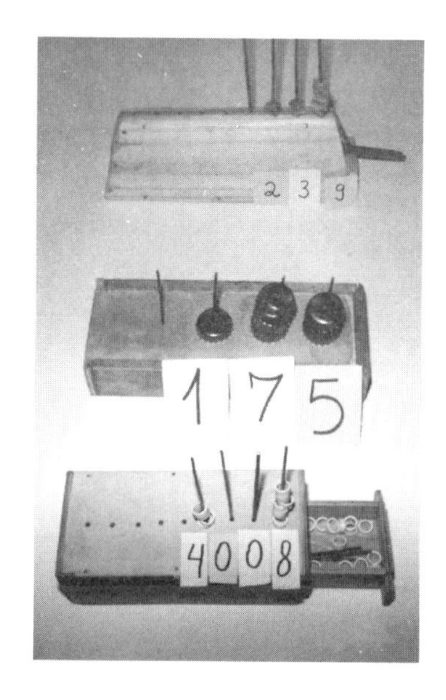

Além do trabalho diversificado, propunhamos várias atividades para o grupo todo, nas quais o confronto de pontos de vista possibilitava a construção de conhecimentos. Eram os momentos de discussão de temas significativos para o grupo, que criavam oportunidades para a escrita de palavras, frases ou pequenos textos, conforme o nível individual de conhecimento da linguagem escrita. Essas diferenças não impediam os debates, visto que a oralidade era partilhada. Um desses momentos foi a respeito do significado da escola. A partir da discussão, fizemos uma listagem de palavras que ela nos lembrava. O mesmo foi feito com a palavra doença, pois os alunos estavam assistindo a várias palestras sobre a AIDS, promovidas pela USP, e esse assunto estava sendo muito discutido fora e dentro da classe. Depois, em grupos pequenos, no momento de escrita, a discussão era a respeito da ortografia. Nesse momento de interformação dos alunos, nós, professoras, podíamos pesquisar e aprender sobre a construção de hipóteses ortográficas dos alunos anotando suas conversas.

O grande inspirador desse trabalho era Paulo Freire. A pedagogia dialógica inspirava-me desde as Rodas com as crianças pequenas. Com os adultos, não sentávamos em círculo porque as cadeiras eram, em sua maioria, grudadas umas às outras e tínhamos de improvisar apoio para o trabalho coletivo com papelões (até o momento em que alguns alunos que trabalhavam na marcenaria da universidade projetaram e construíram mesas de quatro lugares, desmontáveis). Mas o diálogo era a base de nossa relação e da construção dos conhecimentos.

O trabalho com a língua era, portanto, baseado no diálogo e se processava em torno de temas e palavras geradoras, inspiradas no que líamos do método original de Paulo Freire sobre aquela realidade de trabalho.

SÃO PAULO 20 DE JUNHO DE 1988

O QUE LEMBRA ESCOLA

PROFISSÃO, CASTIGO, CLASSE, CADERNO, LÁPIS, ESCOLA, CAFÉ, PASAR DE ANO, PROFESSORA, MESA, ALUNO

AULA PARTICULAR, EDUCAÇÃO ESPECIAL, LÁPIS, ESCOLA, BORRACHA, CANETA, CLASSIFICAÇÃO, TREINAR, CADERNO

lista de palavras lembradas a partir da palavra ESCOLA copiada da lousa por um aluno.

Depois que a lousa era apagada, distribuíamos conjuntos das letras do alfabeto feitos em cartolina para que, em grupos, formassem as palavras novas a partir do tema.

Ex: Conversa entre J. S., S., A. enquanto montavam palavras com as letras de cartolina a partir da palavra geradora DOENÇA:

J. S. escreve DROTOR

S: "Prá mim tá drotor. O O tinha que tá pegado no D."

S. tira o R ficando DOTOR.

A: "Agora precisa pôr um U grande".

J.S: "Não, é um N.", e escreve DONTOR.

S: "Agora ficou dontor prá mim."

A. corrige, ficando DOUTOR.

Em razão dos diferentes pontos de vista, às vezes surgiam conflitos nas discussões em classe. E, para lidar com eles, precisávamos também ampliar nossa compreensão por meio de outros pontos de vista, como o da coordenadora do projeto na FEUSP (Faculdade de Educação da USP). A visão das estagiárias que acompanhavam as aulas, observando e registrando o que viam, davam também outra perspectiva para nós, que estávamos envolvidas com os alunos e imersas nas situações. Conversas que chamavam mais conversas. Um trecho do relatório de uma estagiária pode ilustrar um desses momentos:

> Um dia, em uma aula de Linguagem, na qual a palavra geradora era "homem", surgiu a discussão sobre este tema e cada aluno disse seus conhecimentos a respeito. Um aluno, com posição religiosa definida, defendia a posição bíblica sobre o tema. Outro comentava que havia ouvido falar que o homem tinha vindo do macaco. E assim a discussão se formou. Acabou o horário da aula e ficou combinado de continuar o assunto na aula seguinte. No outro dia, a professora relembrou a discussão, procurou definir o que havia sido discutido e apresentou vários materiais a respeito (livros, enciclopédias, fotografias, folhetos, jornais etc.). Um aluno levantou o problema de se estar "perdendo tempo" com isso, que ele queria ler, escrever, e fazer contas, mesmo porque até agora a professora não havia dito de onde tinha vindo o homem e estava se divertindo com as "bobagens" que cada um falava.
>
> A professora procurou mostrar que não estavam falando bobagens, que esta discussão ainda existia entre cientistas e pesquisadores da área. E que ela não poderia falar com certeza sobre a origem do homem, por isso que ela havia trazido aqueles materiais para eles consultarem. Propôs que fossem ao museu aqui da USP para verem o que tinha a respeito do tema.

Os momentos de discussão coletiva ajudavam a construção do grupo, para além das diferenças de toda ordem que nos separavam uns dos outros. Uma unidade na diversidade. Pontos de vista algumas vezes antagônicos que demandavam negociação constante. Alguns temas dessas discussões foram a AIDS, o trabalho e a vida no campus universitário, evocados no "material didático" *Jornal do Campus*, *Jornal da USP* e *Jornal da ASUSP*, temas de história e ciências lidos em textos dos livros da Fundação Educar, histórias da vida de cada um que eram narradas para a classe e escritas na lousa ou escritas pelos próprios alunos etc. Os registros escritos eram feitos de maneiras diversas, dependendo do nível de conhecimentos da língua portuguesa e da "língua da matemática". Mas a oralidade representava um espaço partilhado por todos nas conversas diárias, era uma língua comum que permitia a todos contar e ouvir histórias da vida pessoal, do cotidiano do trabalho e opinar sobre os acontecimentos do mundo próximo ou distante.

Conversar e registrar o vivido tanto na "Escola da Prefeitura" quanto na vida fora dela era não só prazeroso, como um trabalho: *o trabalho de pensar o trabalho.*

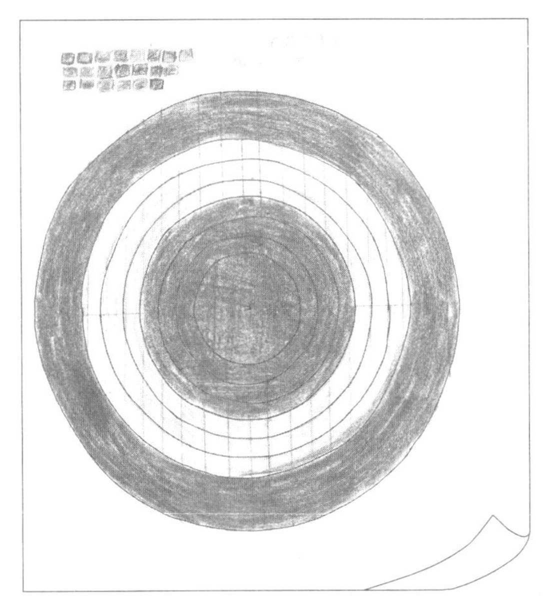

Desenho do chafariz, feito por um aluno que trabalha nessa obra, e...

...sua equipe de trabalho.

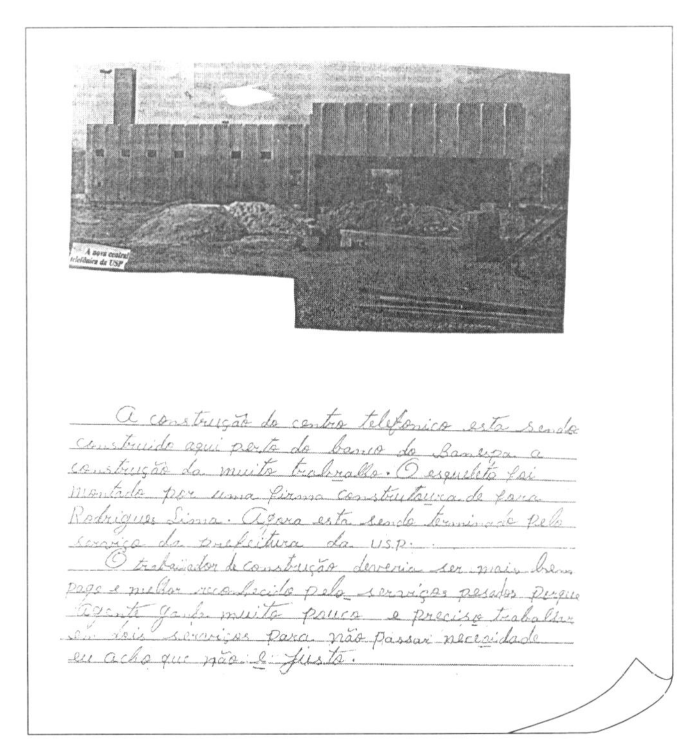

A nova central telefônica da USP

A construção do centro telefonico esta sendo construido aqui perto do banco do Banespa a construção da muito trabralho. O esquelêto foi montado por uma firma construtoura de fora Rodrigues Lima. Agora esta sendo terminado pelo serviço da prefeitura da U.S.P.

O trabalhador de construção deveria ser mais bem pago e melhor reconhecido pelo serviços pesados porque agente ganha muito pouco e preciso trabalhar em dois serviços para não passar necesidade eu acho que não é justo.

NOME:
DATA: São Paulo - 25 - de - Abril - de 1988

SOBRE A VIDA DO RAIMUNDO.

MINHA VIDA É BOA PORQUE TENHO SAÚDE. ME ALIMENTO BEM.

CORAGEM E FORÇA PARA TRABALHAR EU TENHO MUITA, GRAÇAS A DEUS. TRABALHO TODOS OS DIAS. EU ME ADMIRO DE MUITOS QUE SÃO NOVOS, TÊM SAÚDE E NÃO QUEREM TRABALHAR. EU JÁ TÔ DE CABEÇA BRANCA DE ESTRANHAR ESTA DE MUITOS NÃO QUEREREM SABER DE TRABALHAR. MUITO ME ADMIRO DELES.

LICENÇA, POIS POR HOJE É SÓ BOA NOITE.

ME PARECE QUE A PROFESSORA TAVA MUITO NERVOSA, EU PERCEBI, PODE SER ENGANO.

ALIMENTO	alimento	
VIDA	vida	
BOA	boa	
DEUS	deus	
SAÚDE	saúde	
LICENÇA	licença	
PERCEBI	percebi	
SÃO	são	
QUEREM	querem	
PODE	pode	

desenho representativo da vida antes de vir para São Paulo ...

... e em São Paulo

9-03-88

Estória do Lampião

Conta o Xandu que em Cansanção (cidade onde ele nasceu), por volta de 1934, Lampião invadiu o arraial.

Ele entrava nas casas de comércio de fazenda, levava o que achava de melhor e depois vendia.

Dos pais do Xandu, ele levou um burro e dinheiro.

Lampião deu uma chibatada num empregado de seu pai porque ele queria um rifle e as pessoas negaram que ele tivesse.

Vivíamos um vaivém entre a história de cada um e a do grupo, construída através das partilhas das histórias individuais, das discussões que delas partiam e seus vários tipos de registro, os quais se transformavam em outros "materiais didáticos" para o estudo da língua: das histórias que ouviram sobre Lampião, de sua vida na cidade natal ou da vida na escola.

O modelo escolar que a maioria dos alunos trazia, baseado nas cópias da lousa e nas contas até "sair fumaça da cabeça", mesmo que não tenha gerado aprendizagens e fosse permeado de lembranças de fracasso naquela escola da infância, era pedido pelos alunos, pois esta era a representação de escola e da maneira de aprender que traziam. Enfrentar esse modelo e propor outro demandava "jogo de cintura", negociação e estarmos atentas para descobrirmos oportunidades de conciliação, para incluirmos aquele modelo e poder transcendê-lo.

Uma oportunidade preciosa para isso surgiu com a conversa sobre os constrangimentos por não saber preencher cheques. Era a revelação de um desejo. Contou o Sebastião: "Outro dia eu recebi um cheque mas escreveram meu nome errado, Sebastiana. Peguei uma fila danada, quando chegou a minha vez, eu não pude receber por causa disso". O preenchimento dos cheques envolvia a escrita por extenso dos números, de modo que fomos "convencidas" da importância dos ditados e cópias de números. Mas criamos uma situação significativa em sala para esses exercícios: o preenchimento de cheques do BANESCO (Banco da Escola) e o dia da feira, dia em que os talões do BANESCO seriam utilizados para comprar petiscos, esses de verdade: atividade que envolveu muita escrita individual nas folhas dos talões, contas e mais contas para fazer o levantamento das "vendas" de cada barraca, além da escrita de carta coletiva. Com essas experiências era flagrante que não perdíamos tempo com os momentos de conversa, pois era possível conciliá-la com muito estudo, espaços para a pessoa e para a *alegria na escola* enquanto reconstruíamos nossos modelos anteriores.

José: "Viu como nossa classe é boa"?
Estagiário: "É, é alegre"...
José: "Aqui é como passarinho no campo"!

RELAÇÃO DE PREÇOS

BOLO DE CENOURA	1.294,00
BOLO DE LARANJA	468,00
BOLO DE CHOCOLATE	756,00
ROSCA	593,00
SANDÚICHE DE SARDINHA	2.847,00
SANDUÍCHE DE PRESUNTO	4.326,00
SANDUÍCHE DE GALINHA	6.251,00
SANDUÍCHE DE CEBOLA	282,00
PIPOCA	945,00
SANDUÍCHE DE GALINHA	6.251,00
SANDUÍCHE DE CEBOLA	282,00
PIPOCA	945,00
BISCOITO DE CHOCOLATE	3.417,00
BISCOITO DE MORANGO	5.698,00
BOLO DO ALEXANDRE	7.215.00
TANG DE LARANJA	456,00
TANG DE UVA	739,00
REFRIGERANTE	128,00
CAFÉ	8.792,00

Tabela de preços dos produtos "vendidos".

Preenchendo os cheques...

... vendendo, comprando e comendo.

4

Rodando os Registros, registrando as Rodas

Um galo sozinho não tece uma manhã
Ele precisará sempre de outros galos.
De um que apanhe esse grito que ele
e o lance a outro; de outro galo
que apanhe o grito que um galo antes
e o lance a outro; e de outros galos
que com muitos outros galos se cruzem...

João Cabral de Melo Neto

Reinventando a Roda

Como aluna, são poucas mas expressivas as lembranças de experiências grupais na escola, cujas condições foram criadas pelos professores e envolveram toda a classe. Referem-se a oportunidades de encontros sistemáticos cujo eixo era o conversar: ouvir e falar, refletir e socializar, pesquisar e registrar. Nessas ocasiões, a classe era organizada em forma de Roda, configuração que facilitava as múltiplas interlocuções, responsáveis pelas partilhas sistemáticas e a construção coletiva de conhecimentos. Experiências diversas mas que deixaram marcas em mim quanto ao poder da troca de experiências, da afetividade na aprendizagem, mas também de *espaços para a pessoa na escola*.

Minhas lembranças mais vivas de experiências sistemáticas de trabalho coletivo e dialógico são de momentos que se passaram, paradoxalmente, na universidade, e não na escola primária, onde geralmente encontramos melhores condições, em razão do convívio diário com um mesmo grupo de alunos e a possibilidade de desenvolver trabalhos em várias áreas de conhecimento, além da maior sensibilidade para a importância da formação quanto às relações humanas na escola.

As duas experiências de Roda na universidade se deram, com surpresa e prazer, durante o curso de mestrado, realizado entre 1988 e 1991. Uma delas foi ao participar por três semestres de disciplinas de pós-graduação sobre interdisciplinaridade na PUC-SP, oferecidas pela professora Ivani Fazenda. Havia ali um ambiente propício para o estudo das abordagens de diferentes autores que podiam subsidiar a fundamentação teórica da interdisciplinaridade e, de forma integrada, para a reflexão coletiva sobre elas, assim como sobre os projetos de pesquisa dos integrantes do grupo, trocando experiências. Apesar de não ser aluna matriculada naquelas disciplinas, nem ter qualquer vínculo institucional com aquela universidade, fui acolhida no grupo como participante regular, encontrando um ambiente favorável para avançar em minha dessertação de mestrado, subsidiada pelos estudos teóricos e enriquecida pela prática pedagógica daquela sala de aula: organizada em Roda, portanto fundamentada nas interlocuções e na afetividade e prazer da convivência entre as *pessoas* a cada encontro semanal.

A outra experiência de Roda na universidade se deu no Instituto de Psicologia da USP, ao cursar a disciplina "Fábulas, lendas, mitos e contos: o poder da imagem na educação". O próprio conteúdo dessa disciplina já facilitava a emergência da questão do sensível na educação. Mas a professora responsável, Ronilda, Ribeiro, aproveitando a oportunidade, acrescentou ao ambiente formal da academia seu toque pessoal, facilitando a convivência e a interação entre as pessoas, com repercussões no clima do estudo sistemático dos temas do programa proposto: o café da manhã coletivo era um ritual de encontro, abrindo a manhã de trabalho. Mesa posta com toalha xadrez e petiscos, levados ora por um, ora por outro dos participantes, seguindo a iniciativa da professora nos primeiros encontros.

A partir da análise de diferentes abordagens – psicanalítica, junguiana, antroposófica, análise transacional, zen e sufi – sobre os contos, mitos e lendas, íamos discutindo a importância do imaginário e da narrativa de histórias não apenas na educação infantil, mas também na dos adultos, que necessitam do alimento de fontes arquetípicas[22] em seu desenvolvimento humano. Os mitos e os contos dão expressão a processos inconscientes, de modo que, escutá-los, propicia a conexão das dimensões consciente e inconsciente, o que é fundamental também para os adultos de maneira geral, sobretudo os educadores.

---

[22] Os arquétipos, na terminologia junguiana, são padrões ou modelos que fazem parte da estrutura herdada da psique, de maneira que essa base psíquica comum a todos os humanos permite compreender por que em lugares e épocas distantes aparecem temas idênticos nos contos de fadas, mitos, rituais religiosos, nas artes, filosofia e nas produções do inconsciente em geral, como é o caso dos sonhos.

Além dos estudos, seminários e discussões semanais nas aulas, como atividade prática extra classe, individualmente ou em pequenos grupos, deveríamos desenvolver pesquisas a serem apresentadas nas aulas finais do curso a toda a classe, e não somente à professora, pois não se tratava de atividade para a avaliação dos alunos, apenas, mas de outras oportunidades de trocas e aprendizagens para todos, enriquecendo o processo grupal. Essa maneira de propor o trabalho final propiciava um *espaço para a escolha* em função dos interesses de pesquisa de cada um, espaço para a singularidade.

Aproveitando essa oportunidade, eu e uma colega que também se interessava pela repercussão das histórias de fadas nos adultos, elaboramos nossa pesquisa contando com a participação de todos da classe que se dispuseram a assistir ao filme *História sem fim*[23] de Wolfgang Petersen, em vídeo, e responder ao questionário que elaboramos, verificando as diferentes associações e interpretações que faziam dos símbolos e momentos mais marcantes do filme, assim como do impacto emocional causado. O conceito psicanalítico de identificação projetiva ajudava na análise do que se passou: não só as crianças, mas também nós adultos deslocamos as emoções que sentimos, atribuindo-as às personagens das histórias e facilitando, assim, falar do sentimento *da personagem*. Essa experiência de pesquisa foi registrada numa revista de psicologia (Trinca & Warschauer, 1990).

Vivi com intensidade não só a experiência daquela Roda, mas também desse trabalho de pesquisa que me propicia ainda hoje subsídios para refletir sobre a importância dos personagens das histórias que podem nos ajudar no processo de integração de partes de nós mesmos, ao mesmo tempo que alimentam nosso universo imaginário, onírico, mas também emocional e relacional.

Por exemplo, ao refletir sobre as experiências com a classe de 4ª série de 1987, aquela da peça de teatro do Drácula e da Cedibra[24], percebo que elas propiciaram um resgate de minha infância, redescobrindo o lúdico, a alegria e integrando-os ao dever, que podiam interagir em mim e no ambiente escolar, pois dever pode rimar com prazer. Mas foi aquela história partilhada e refletida que me ensinou isso. A Cedibra ajudou-me a liberar a Cecília criativa, espontânea e alegre escondida na professora, apesar de ser uma personagem criada por mim mesma. Diálogo interior propiciado pelos encontros e confrontos com os alunos, o que deu uma nova forma a mim mesma como profissional e pessoa.

---

[23] Filme baseado no livro de mesmo título, escrito por Michael Ende.

[24] No primeiro capítulo deste *Livro da Noite*, refiro-me à essa peça de teatro e à história da Cedibra, a professora substituta que inventei e interpretei, ao tentar construir outro tipo de relacionamento com os alunos dessa 4ª série. Uma narrativa detalhada dessa experiência foi feita em minha dissertação de mestrado (Warschauer, 1993).

Retomando as reflexões na época de minha estréia como professora do ensino fundamental, três anos antes, registradas no Diário de 1985, encontro a expectativa de ser uma professora diferente da *bruxa*, representação do modelo autoritário, mas me debatia com a impossibilidade de ser *fada*, aquela que consegue resolver todos os conflitos num passe de mágica, satisfazendo os desejos de todos. O debate interno *fada x bruxa* acompanhou-me por alguns anos e fez parte do processo de integração das polaridades em mim, de maneira que essas personagens puderam coabitar. Como professora, fazia parte ser fada *e* bruxa, não apenas por ter em mim mesma essas contradições, mas porque minhas ações teriam sentidos diferentes para cada aluno, graças a seu processo, seus contextos singulares, à sua história de vida. A polaridade Cedibra-Cecília foi outra manifestação desse processo de integração, que prossegue através de diferentes tipos de diálogos e conversas. Comigo mesma e com os outros.

Entendo que esses diálogos abrem possibilidades inusitadas. Diálogos entre o que precisamos e o que queremos fazer, entre os vários personagens que habitam em nós, entre o imaginário e o racional. Conversas com o Outro que é sempre diferente, conversas entre os antagonismos que fazem parte da realidade. Convivência com as contradições.

Escutar e contar histórias é fonte dessa arte do diálogo, da dialética das contradições, porque os arquétipos que as histórias mobilizam incluem polaridades, abrangem o ódio e o afeto, o bem e o mal. No arquétipo do mestre-aprendiz, o professor aprende com seus alunos enquanto ensina. Eu aprendi a imaginar e a viver as histórias de minha imaginação com aqueles alunos.

> Uma aula é um ágape, uma fagulha da comunhão da inteligência do mundo com a luz da consciência (...). Sem o brilho dos olhos dos alunos e sua concentração fascinada, desaparece o espírito na fala do professor. Seu carisma depende da ativação do Arquétipo, aquilo que os gregos chamaram a presença do *Daimon*, e que requer a vivência no ensino para animar o processo da relação professor-aluno. (Byington, 1996: 115-16).

E ágape, do grego, é afeto, amor, refeição de confraternização. Foi esse o sentido para mim do café da manhã e do clima de trocas na sala de aula da Ronilda e da Ivani, ainda mais poderoso pelo antagonismo presente, porque imerso no ambiente acadêmico, tradicionalmente sisudo e disciplinado pela razão.

A passagem de 1991-1992 representa o segundo divisor de águas em minha vida. Em vários aspectos terminava uma etapa e iniciava outra: o término do mestrado; a saída da casa de meus pais e o início da etapa de procura e construção de um espaço pessoal e de autonomia financeira; o início de duas experiências profissionais que exigiam uma re-criação das experiências docentes anteriores, a coordenação pedagógica de uma escola particular[25] e a docência no curso de formação de professores numa escola pública, assumindo a disciplina "Didática e Prática de Ensino"[26] no CEFAM. Experiências diversas, mas todas exigindo uma autonomia para gerir os problemas de diferentes ordens até então assumidos por outros ou partilhados cotidianamente.

Nesse momento de virada, acompanhado pela experiência de uma enchente na casa onde morava, a criatividade foi algo fundamental para construir recursos a partir do que tinha à mão. A bricolagem, a reflexão sobre o vivido, assim como enfrentar o sentimento de solidão[27] desse momento, que se manifestava tanto na vida pessoal quanto profissional, foram fundamentais para aproveitar essas experiências, algumas inusitadas e adversas, como oportunidades formativas.

Quanto à experiência como professora no CEFAM, iniciei refletindo sobre as experiências significativas em minha própria formação, identificando o papel central da *prática*, tanto a profissional, iniciada antes de ter uma habilitação específica para tal, quanto a prática de reflexão sua e da partilha dessas reflexões com um grupo de educadores, no qual pude exercitar o falar, ouvir, esperar, propor, viver conflitos e enfrentá-los através da análise de vários pontos de vista, experiência que percebia terem sido também significativas para a formação de meus alunos das 4ª séries.

Se acreditava na experiência em sua reflexão como matrizes da formação, assim como na importância das aprendizagens com sentido para as crianças, pensar na formação de professores significava favorecer aprendizagens significa-

---

[25] No *Livro da Tarde*, faço uma narrativa do processo que vivi nessa escola, desde a entrada em 1991 como coordenadora pedagógica, até 1997, quando desenvolvi um trabalho de formação com os professores a partir das histórias de suas vidas.

[26] Essa disciplina era parte do projeto de formação de professores em nível do Ensino Médio, cujos alunos se dedicavam à sua formação em período integral, recebendo uma bolsa de estudos e desenvolvendo atividades teóricas e práticas em projetos interdisciplinares e estágios, orientados pelo grupo de professores, também com grande carga horária de dedicação para viabilizar os projetos coletivos. Tratava-se do CEFAM (Centro Específico de Formação e Aperfeiçoamento no Magistério) na E.E.P.G."Dr. Edmundo de Carvalho".

[27] A experiência da solidão e a capacidade para estar a sós são também recursos formativos, oportunidades para aprendizagens diversas, sobretudo por criar condições para um contato direto com os movimentos internos, fisiológicos, afetivos, intelectuais etc., quando o sujeito volta-se sobre si mesmo em busca de seus recursos, movimento este de autoconhecimento, de autoformação, como abordo no *Livro da Manhã*, no primeiro capítulo, ao analisar as condições favoráveis para a formação.

tivas a eles também: centrar na prática em sua reflexão. Uma prática que pudesse ser significativa do ponto de vista da formação profissional, mas sobretudo para aqueles jovens como pessoas, pois a dimensão pessoal liga-se diretamente à profissional.

Pensar, portanto, no que e como trabalhar com as quase 90 jovens (havia apenas um rapaz), por volta dos vinte anos de idade, demandava *reinventar a Roda*, de maneira a trabalhar tanto numa perspectiva teórica com os conteúdos propostos e discutidos com o grupo de professores da disciplina, quanto prática, pois esta daria sentido àquela, sendo a Roda o símbolo para viabilizar o diálogo, a troca de experiências, a construção de conhecimentos com sentido para seus sujeitos, a relação entre o que fazemos e o que falamos, entre teoria e prática: espaço para a formação profissional em sintonia com a pessoa e seus valores.

No período da manhã, cada disciplina do currículo dispunha de uma carga horária fixa, no nosso caso, duas aulas semanais de 45 minutos. No período da tarde, a negociação dos tempos e espaços era coletiva entre os professores, priorizando os projetos interdisciplinares. Mas, em alguns meses, conseguíamos dispor também de momentos à tarde para dar continuidade ao trabalho específico das aulas de Didática e Prática de Ensino.

O primeiro desafio foi viver com cada classe a construção de uma rotina de trabalho que permitisse momentos de trocas de experiências de estágio e de discussões teóricas a partir tanto dessas experiências quanto da leitura de textos que podiam subsidiar as reflexões. Mas para isso era importante também a integração e a formação do grupo, de modo a viabilizar um clima propício para as interlocuções, o respeito aos diferentes pontos de vista, a argumentação, a coragem para colocar-se no grupo, falar, ouvir, esperar, distanciar-se para perceber o vivido de outra perspectiva, observá-lo à luz dos textos teóricos.

A rotina de trabalho inicial articulava dois momentos: *as Rodas*, nas quais as experiências de estágio, registradas num diário, eram discutidas, geralmente ocorriam à tarde, quando dispúnhamos de mais tempo; e *as aulas teóricas*, as do período da manhã, quando discutíamos a leitura de textos e temas da Didática, dentre eles, autoridade e autoritarismo, a relação professor-alunos, disciplina, a reflexão do professor, transmissão e construção dos conhecimentos, planejamento e avaliação, os "métodos" e contribuições de grandes educadores etc.

Se, por um lado, a escolha dos textos de leitura para as aulas da manhã, baseava-se em minha "leitura" do que seria importante para desenvolver a reflexão das alunas com base em sua maneira de ver e analisar a prática pedagógica nos estágios, discutidos nas Rodas, por outro, a discussão dos textos fazia retornar às práticas pedagógicas, analisando-as, tanto aquelas observadas nos estágios, quanto as próprias experiências de cada um como alunos, lembranças antigas ou vivências atuais. Também minhas experiências como aluna e como professora de educação infantil, de 4ª série, e educação de adultos e a atual experiência como professora do CEFAM entravam na Roda e alimentavam a discussão e interlocução a partir dos textos.

Minha dissertação de mestrado, por exemplo, que terminava de escrever naquela época, foi lida por algumas alunas que se interessaram por se tratar de reflexão sobre a prática com crianças. Tanto para mim quanto para o grupo, a partilha de seus pontos de vista, ajudou a pensar sobre as dificuldades e possibilidades que as Rodas e Registros apresentam no nível da educação infantil, do ensino fundamental e médio, comparando as condições para reinventar essa metodologia nesses diferentes ambientes formativos e, sobretudo, ajudou a refletir sobre as dificuldades que enfrentávamos na construção partilhada dos conhecimentos em nossa própria sala de aula. Dificuldades que faziam parte de um processo de construção da relação com o conhecimento e com a escola, fruto das experiências anteriores de cada um, motivo que justificava a retomada das próprias experiências de vida como objeto de análise, oportunidade para sua ressignificação.

As reflexões que a leitura da dissertação suscitou foram registradas:

(...) A meu ver é um bom caminho para a construção dos conhecimentos. Porém, essa prática depende e muito dos alunos. Por isso eu não consigo imaginá-la empregada no 1º grau. Ela precisa ser empregada desde os primeiros anos de escola para poder ser bem aceita no 1º e 2º graus. Vou tentar explicar por quê.

No primário as crianças levam muito em conta a vontade do professor, mas no ginásio o "bonito" é sempre discordar do professor e como conseqüência nunca colaborar com ele. Por isso acho mais fácil a realização da Roda e Registro no primário. Mas se os alunos já estão acostumados, eles colaborarão no ginásio.

Com esse tipo de "método", eu acho que as crianças serão mais autônomas e sempre expressarão, sem medo, suas opiniões. (...)

(...) Para dar certo, acredito que a Roda deveria ser feita desde a pré-escola e continuar se a criança tiver interesse até a 8ª série, o que eu acho difícil principalmente para aqueles que não estão nem aí com a escola. (...)

Nas horas de estágio fico imaginando como seria a Roda em pequenos detalhes. Acredito que as crianças se dariam melhor do que a minha classe, por isso falo que é melhor começar desde uma fase em que a criança está descobrindo coisas do que depois que ninguém faz nada por livre e espontânea vontade, a não ser por nota. (...)

(...) Hoje, no segundo grau, recebemos a devida orientação para fazermos nosso Registro, e as Rodas em classe só têm nos ajudado e muito, tanto na integração da classe, como no modo de pensar, pois na Roda contamos nossas experiências, assimilamos fatos, damos sugestões, o que só vem a nos ajudar no dia-a-dia. Mesmo quando estou sozinha, e paro para analisar situações ocorridas no estágio, fico me questionando sobre assuntos ocorridos, levanto questões, tento compreender e arrumar soluções, e as dúvidas que tenho procuro colocar na Roda e escutar a opinião dos colegas e depois fazer uma análise.

Hoje, no meio do ano, fazer uma Roda se tornou mais fácil para nós, pois agora sabemos ouvir e falar na hora certa, pois no início era uma bagunça, pois todos queriam falar ao mesmo tempo e ninguém acabava ouvindo. Agora todos sabem respeitar e acima de tudo aprenderam a ouvir. (...)

Entre as dificuldades que enfrentávamos nas Rodas estava o número grande de participantes, por volta de trinta, de maneira que era comum sempre os mesmos falarem, o que acabava prejudicando a manifestação dos mais tímidos. Um recurso que viabilizou não só essa percepção, mas a criação de oportunidades para todos, foi a divisão em dois grupos de 15, dispostos em círculo, um ao redor do outro, só os participantes do grupo de dentro podiam falar, fazer os relatos de seus estágios, socializar suas dúvidas e participar com sua visão nos relatos dos outros. Enquanto isso, os da Roda de fora, ouviam, registravam, mas não podiam falar. Após a inversão dos grupos, era possível perceber e, eventualmente, se desejassem, partilhar com o grupo as dificuldades sentidas em cada uma das Rodas. Algumas mais "falantes" revelaram dificuldades de somente ouvir quando estavam no grupo de fora, enquanto as mais "quietas" puderam falar num grupo pequeno, o que lhes facilitava. Era como uma aula dentro da outra: numa, dando seguimento às orientações dos estágios, tarefa prevista no currículo, e na outra, percebendo-se diante do outro, em suas maiores facilidades, dificuldades e diferenças, oportunidade para respeitá-las.

Com o passar do tempo, essa estratégia[28] não foi mais necessária, pois os aprendizados básicos do ouvir, falar, colocar-se no lugar do outro já haviam ocorrido em grande parte. A Roda passou a ser única, com os trinta alunos numa participação mais equilibrada. Progressivamente, também a distinção entre os dois momentos da rotina de trabalho Rodas para a discussão dos estágios e "aulas teóricas" se desfazia, movimento que se realizava juntamente com a construção de um espírito de grupo e de uma parceria entre nós. Parceria construída através de variadas oportunidades: as vivências e reflexões nas Rodas, a rotina de avaliação semestral, tanto dos aprendizados no curso Didática, do desempenho da professora, quanto do seu próprio, o que era socializado no início de cada semestre e ajudava em seu planejamento.

Mas também os projetos interdisciplinares contribuíram para essa construção da parceria, pois eram oportunidades para conversar, refletir, pesquisar e conviver de uma maneira integrada. Vários tipos de registro foram feitos: oficialmente nos relatórios dos professores envolvidos, além do "Livro da Classe", um

[28] Estratégia conhecida em manuais de técnicas por GVGO (Grupo de Verbalização e Grupo de Observação).

diário coletivo, no qual a história vivida ia sendo registrada pelas alunas, ora por uma, ora por outra e no meu próprio diário, no qual eu pensava por escrito, descrevendo, narrando, colando documentos e bilhetes e refletindo de maneira mais distanciada sobre o movimento do vivido. Farei o relato de um desses projetos, desenvolvido pelas três classes em 1991.

O projeto dos 2os anos foi sendo elaborado e reelaborado durante o ano, a partir da avaliação a cada etapa nas reuniões dos professores em Hora de Trabalho Pedagógico (HTP), à semelhança de Rodas de professores, culminando nas "Oficinas do Conhecimento". Mas começarei a história do princípio.

Esse projeto teve início com a ida ao cinema para assistir ao filme *Tempo de despertar*[29], que havia sido citado nas aulas de Didática quando falávamos das posturas de busca "desperta", viva, curiosa, inovadora, ao invés daquelas de repetição, rotineira, acomodada, conformada. Mas a saída com quase 90 jovens pelas ruas, ônibus e metrô foi um fracasso do ponto de vista dos professores, por causa das atitudes inadequadas nesses espaços públicos, pelos gritos e provocações aos pedestres. Também na sala de projeção, um grupo fazia barulho e desrespeitava não só as colegas que queriam assistir ao filme mas também os demais cidadãos que lá estavam.

Na avaliação dos professores, após o desabafo geral, pudemos planejar o encaminhamento para a percepção e conscientização das alunas perante o ocorrido. A proposta foi de organizar jogos dramáticos nos quais cenas semelhantes seriam dramatizadas, inicialmente sem qualquer referência àquela saída desastrosa do nosso ponto de vista, não coincidente com o de muitas alunas. Depois, ao analisar as cenas do jogo, pudemos retomar a saída e analisar as cenas vividas. Nessa análise, puderam perceber a inadequação das posturas, mas também perceber e revelar aos professores seu ponto de vista diante do que viviam na escola, unânime entre as alunas: a necessidade de viver o prazer, a soltura, o ar livre, sair um pouco da sala de aula, do estar sentado, escrevendo sempre, repetindo "posturas de aluno", o que também acabava cerceando a busca curiosa, "desperta", de quem está construindo conhecimentos, inovando.

---

[29] O filme, cujo título original é *Awakenings*, dirigido por Penny Marshall, é baseado num caso médico, relatado em livro do Dr. Oliver Sacks (traduzido por *Despertando*), mas se refere a um olhar não estritamente médico, por preservar a capacidade de observação do que é invisível para os que se aprisionam no discurso e na prática correntes da medicina e da ordem institucional do hospital, podendo sintonizar o humano em cada paciente. O olhar do Dr. Sayer, no filme, é o de procurar não a doença, mas a vida que pulsa nos indivíduos pressionados pela encefalite letárgica que os faz "adormecer", mas que mantém desperta, mesmo que invisível, uma percepção, uma emoção, que faz com que o desvelo dos outros não seja em vão.

Foi nesse contexto da formação do grupo e da busca de novos espaços e oportunidades para aprendizagens diversas que nasceu o segundo momento do projeto: a ida à USP. Foi uma saída organizada conjuntamente pelos professores dessas classes e pelos alunos que expuseram seus interesses individuais de conhecer o ambiente universitário e algumas faculdades. Dessa vez a saída foi realizada em três dias, um para cada classe, de maneira a favorecer a interação entre todos, a organização e o trânsito nas bibliotecas das faculdades. Ainda grupos menores foram montados para a visita das faculdades de interesse, fazendo um percurso de caminhada diferente pelo campus, todos se reencontrando no local marcado para o piquenique. Pudemos assim alternar nessa saída momentos de silêncio e concentração, nas bibliotecas, onde puderam conhecer sua organização e ler algo de seu interesse e de grande soltura e espontaneidade, como no piquenique no bosque e caminhadas.

PROJETO DOS SEGUNDOS ANOS

Atividade: Passeio à USP

Objetivos:

1) Integração (aluno-aluno, aluno-professor) → principal.
2) Organização (dos professores na elaboração e condução do passeio e dos alunos na vivência dos diferentes momentos).
3) Desenvolver posturas adequadas em cada situação específica: ônibus, bibliotecas, corredores das faculdades, picquenique, andanças pela USP, nas Rodas de organização (na escola antes de sair e após o piquenique).
4) Perceber as diferenças de uma estrutura de 3º grau: espaço físico, social.
5) Conhecer outras bibliotecas e ampliar as oportunidades de pesquisa.
   - ver como funciona um arquivo (por assunto, título, autor, teses, periódicos);
   - saber como funciona a biblioteca (carteirinha, como o material do acervo é distribuído, após a consulta não devolver livros nas estantes etc.);
   - "xeretar" em livros de interesse para incentivar o prazer de ler e pesquisar.

Momento de concentração e silêncio na biblioteca da FEUSP

Momento de descontração no piquenique

Rodas que se encontraram, promovendo conversas sobre diferentes contextos de vida, trabalho e estudo: das adolescentes do CEFAM e dos adultos, funcionários da USP. Rodas em Rede.

(...) Este passeio nos foi muito produtivo, saímos pela manhã no dia já estabelecido para nossa classe e com grupos já divididos. Houve uma certa preparação antes, pois a organização é muito importante e, assim, a chance do passeio ser bem-sucedido é bem maior.

Já durante o passeio (cada grupo sempre acompanhado por um professor), podíamos perceber que a integração e a descontração era bem maior que no passeio anterior. Pudemos com esse passeio ampliar nossos horizontes, como por exemplo na visita às bibliotecas, onde cada grupo visitou a de um prédio, tivemos a oportunidade de aprender como se portar em repartições públicas e como utilizar as informações dadas da forma mais correta possível e, principalmente, sempre respeitando outras pessoas que estiverem utilizando a mesma biblioteca. (...) (Livro da Classe de 2º C)

(...) Depois de feitas as visitas, fomos lanchar numa praça em frente à Rua do Matão. Após lancharmos, conhecemos dois senhores pedreiros que participaram do projeto de educação de adultos do qual nossa professora também havia participado. Esses dois senhores haviam ajudado a construir a praça na qual estávamos lanchando.

Depois da conversa com eles, fomos a um bosque onde fizemos um momento de recreação. A brincadeira chamava-se "Jason". Uma pessoa era escolhida para ser o Jason e esta deveria achar as pessoas escondidas ao longo do bosque. Os que eram encontrados deveriam ajudar o Jason a encontrar as outras pessoas que ainda faltavam.

Foi muito bom! Temos ótimas lembranças dessa visita!

(Livro da Classe de 2º A)

Após a avaliação muito positiva dessa saída e dos interesses despertados pela visita às diferentes faculdades com suas bibliotecas, passamos a um terceiro momento do projeto: a criação das "Oficinas do Conhecimento". Organizamos seis oficinas com base num levantamento das áreas de interesse das alunas: Jogos em Matemática, Orientação Vocacional, Brinquedos, Comunicação, Era uma vez... e Biologia Concreta.

A inscrição naquela que despertava maior interesse significava a existência de um *espaço para a escolha* individual diante da diversidade das oportunidades de vivências e pesquisas de cada oficina. A coordenação de cada uma ficou a cargo de um professor dessas turmas, responsável por uma das disciplinas do currículo. Grupos de mais ou menos 12 alunas favoreciam a intensidade das trocas e a efetiva participação de cada um. Esta etapa durou um semestre, no final do qual houve a socialização do vivido em cada oficina para os outros grupos, além da escrita de uma notícia no jornal produzido pelas alunas da Oficina de Comunicação, registro que serviu de fechamento ao projeto coletivo, que alcançou o objetivo de desenvolver pesquisas e aprendizagens com significado para as alunas. Um jornal não apenas informativo, mas veículo da troca de experiências de vida das alunas, oportunidade preciosa num mundo onde a arte de trocar experiência decaiu e "um conselho fiado no tecido da existência vivida é sabedoria", como diz Walter Benjamin[30].

[30] No *guia* do *Livro da Tarde* e no quarto capítulo do *Livro da Manhã*, refiro-me à narrativa do vivido como oportunidade formativa, seja pela via oral ou escrita, promovendo a troca de experiências entre narrador e ouvinte/leitor.

JORNAL ENSAIO GERAL

EDITORIAL

Este é o primeiro número do jornal **ENSAIO GERAL**. Ele foi elaborado e produzido pelo grupo de alunas que participam da Oficina de Comunicação, sob a orientação da professora de Língua Portuguesa, Maria Emília.
Os objetivos que nortearam a sua criação foram dois: tornar-se um elemento de integração das diversas atividades do **Projeto Oficinas do Conhecimento**; possibilitar a cada integrante da **Oficina de Comunicação** a prática característica do trabalho jornalístico.

OFICINAS DO CONHECIMENTO

Biologia Concreta – "concreta" porque o seu objetivo é mostrar que a Biologia faz parte de nossa vida no dia-a-dia. E que qualquer um pode aprendê-la, basta estar atento ao que o cerca.
O projeto teve por objetivo explorar, do ponto de vista biológico, coisas simples, como uma visita ao Zoológico, admiração de uma flor ou pensar no próprio corpo. E mostrar como isso pode ser passado para as crianças de modo divertido (...).

As alunas

NOSSA ESCOLA

Você sabia que a **E.E.P.G. Experimental "Dr. Edmundo de Carvalho"** foi criada em 1956 com o nome **Escola de Aplicação ao Ar Livre "D. Pedro I"**, funcionando no Parque da Água Branca? E que seu nome atual – Dr. Edmundo de Carvalho – é uma homenagem ao idealizador da **"Escola ao Ar Livre"?**
Pelo nome dá para perceber que nossa escola é especial, não é mesmo? Pois é, ela é especial porque pode implementar "em caráter experimental, em todas as suas atividades, modelos de currículos e novas metodologias elaboradas pela Coordenadoria de Estudos e Normas Pedagógicas, destinada à Rede Oficial de Ensino". Isso significa o enriquecimento do currículo escolar. Além disso, ela mantém segmentos de ensino que a maioria das escolas públicas não possuem, como a **"Educação Especial"** e o **CEFAM.**

Jogos em Matemática – O objetivo desta Oficina é perceber como a ludicidade torna a Matemática gostosa e fácil de ser assimilada, despertando os alunos para o lado saboroso desta disciplina, que dentro dos padrões convencionais é tão mal compreendida.
Para isto, lemos alguns textos, fundamentando-nos teoricamente; passamos uma tarde no CAEM (Centro de Aperfeiçoamento em Educação Matemática), na USP, brincando com alguns jogos estratégicos importados (que chique!), e consultamos a biblioteca do IME (Instituto de Matemática e Estatística).
Conhecemos a salinha de Matemática do Experimental, trabalhamos com jogos lá existentes, aliás, precisamos organizar aquela sala...
Em um segundo momento, os 15 participantes da Oficina dividiram-se em cinco grupos e cada um elaborou um jogo para aplicar em alguma das salas de primeira a quarta séries.
Depois disso tudo, já temos algumas alunas brincando durante a aula de Matemática com a Torre de Hanoi, não prestando a mínima atenção à aula, mas não faz mal, pois parece que a coisa está contagiando, e muitos alunos começam a olhar a Matemática com outros olhos.

Arlete

Era uma vez – "Entrou por uma porta, saiu pela outra!
Quem quer contar outra?"
Ouvir histórias... Ah! Que prazer escutá-las.
Histórias vividas, histórias inventadas, lidas ou faladas de memória, que provocam em quem ouve uma viagem ao imaginário.
Na Oficina "Era uma vez..." nos encontramos para contar, ouvir histórias vivenciando o espaço do imaginário.
Iniciamos subvertendo a cronologia do tempo e, como sujeitos da própria história, buscamos nas reminiscências de infância uma foto de quando éramos crianças.
Cada foto passou a ser olhada como uma personagem, vivendo uma situação.
Como Sherazade, tecemos uma história para a personagem (...).

Gisa

(...)

POESIA E PROSA

A Paixão Vencendo o Tédio

A paixão não venceu o tédio que havia em mim. Eles andam juntos, numa contradição de felicidade e tristeza.
A paixão sempre existiu em meu coração, aumentando cada vez mais, passando por dificuldades já que temos que nos agarrar ao difícil para criarmos e realizarmos nossos sonhos.
Na verdade, a paixão amadureceu em mim, não completamente, mas o bastante para me fazer esquecer o tédio, que não morreu, porque uma experiência não morre.
E no emaranhado de sentimentos do meu coração, entre amor, tédio, ódio, vingança, pena, dor, está a paixão. E é justamente o que curto agora.

REFLEXÕES

Valor às coisas simples da vida

Estamos acostumados a viver nessa neurose, nessa vida urbana, nesse corre-corre sem fim. E de repente nos damos conta de que não prestamos atenção às coisas simples e belas da vida, como a amizade, o amor, a união etc.

Ter muitos amigos pode ser absolutamente normal, mas para algumas pessoas, fazer amigos é algo complicado e difícil. Ter uma família unida é difícil para muita gente, mas para mim é como se não pudesse ser de outro jeito.

É preciso que reflitamos um pouco sobre nossas reclamações, nossos descontentamentos, para ver se isso é realmente importante, ou se é mais uma tempestade em um copo d'água.

É preciso darmos valor às coisas bonitas que acontecem conosco, antes que elas acabem.

Thaise

Tempo de despertar

Despertar significa acordar. Acordar para o mundo, começar a enxergar as coisas com outros olhos. Analisar a fundo um problema, enfrentando-o com resolução, pois este é o caminho dos fortes. É o amanhecer, o despertar, o perceber.

É gostar de aprender, e compreender melhor as coisas, pois a compreensão é nossa fiel companheira para viver bem.

A cada minuto que passa, desperto para algo novo, dois minutos após já não sou mais a mesma. Evoluí mais um pouquinho. Ah! Como é bom!

Despertar é enxergar o desconhecido, mesmo sabendo que a vida é uma estrada bastante acidentada, pois o que adianta morar em castelo de ouro onde não tem água para beber, isto é, onde não tem o principal?

Carla

O CEFAM no "Experimental da Lapa", como era conhecido, era um ambiente que favorecia a formação, em razão não só da autonomia garantida legalmente, propiciando que a comunidade escolar gerisse seus recursos ou selecionasse seus professores a partir de critérios próprios, mas também pela variedade de oportunidades de seu movimentado cotidiano, dentre elas, os espaços para o trabalho coletivo, para a convivência dos alunos e professores, para as partilhas, o que por sua vez favorecia a criação dos projetos e de atividades em sintonia com as necessidades e os desejos das pessoas em formação.

A academia vai à escola

Durante os anos de mestrado, quando refletia sobre minhas experiências como professora de 4ª série, teorizando a partir delas no espaço acadêmico, fazia um movimento de mão dupla entre a escola e a academia, sobretudo mediado pelas leituras e pelas partilhas com colegas e professores. Foi o caso dos grupo de pesquisa sobre a interdisciplinaridade, já citado acima, no qual as pesquisas dos integrantes se baseavam em suas próprias experiências na escola básica ou superior, algumas registradas também em livros (Bochniak, 1992; Petraglia, 1993; Warschauer, 1993; Junqueira Filho, 1994; Santo, 1996). Pesquisas essas que freqüentemente retornavam à escola de diferentes formas, seja porque o vínculo de trabalho não se encerrara durante os anos das pesquisas na academia, seja porque as reflexões sobre aquelas experiências foram registradas em dissertações, teses e livros, dando-lhes não só visibilidade mas também consciência aos atores-autores da importância de seu trabalho e poder de transformação.

Poder de transformação e responsabilidade na formação daqueles que acolhemos como alunos e que nos acolheram como professores. Uma dupla acolhida[31] que caracteriza a interformação que se dá em qualquer empreendimento formativo tal como o entendo.

Essa idéia de responsabilidade se manifesta, por exemplo, na concepção de que uma história, quando partilhada, pertence àqueles que dela fizeram parte, da mesma maneira que é necessário saber cuidar do outro (e de nós mesmos) diante das relações pessoais estabelecidas não só quando os vínculos institucionais nos enlaçam, mas também na continuidade da história de vida que toma rumos diferentes quando aqueles se dissolvem. Uma tarefa um tanto homérica e de impossível concretização em plenitude e complexidade, mas realizável, ao menos em parte, quando esforços, mesmo os minúsculos, são compreendidos, conquistam espaços e repercutem nas pessoas envolvidas diretamente ou não, alimentando esse posicionamento ético diante do Outro e de si mesmo como seu parceiro não só nas histórias individuais, mas também nas coletivas.

---

[31] No *Livro da Tarde*, no primeiro capítulo, registro o duplo sentido da acolhida, segundo a concepção de Bernard Honoré, que se refere à tensão que faz parte de toda acolhida e que permite a criação de um "entre-dois", um espaço no qual é possível se ensinar mutuamente. Apesar de sua perspectiva ser mais adequada para pensarmos a formação de adultos, entendo que também na relação adulto-criança a interformação ocorre, sobretudo quando há a intenção por parte do adulto de assim a conceber e refletir sobre suas ações educativas, incluindo a possibilidade de formar-se enquanto educa.

Foi com esse espírito que empreendi vários reencontros com alunos ou grupos de alunos em diferentes contextos e situações, o que propiciava que, de alguma forma, pudesse acompanhá-los (e ser acompanhada) em capítulos posteriores de nossas histórias de vida. Um desses reencontros deu-se na ocasião em que eu finalizava a escrita da dissertação de mestrado, no qual relatava experiências partilhadas com aqueles alunos das 4ªs. séries analisando-as, construindo uma interpretação própria do vivido. Convidei-os para uma festa na mesma escola onde convivemos não apenas para partilhar com eles, mas também para "ouvir sua voz" quanto à sua própria interpretação. Apesar de eu mesma já não trabalhar mais lá, foi-nos aberta a possibilidade do reencontro naquele espaço, num sábado, o que em si demonstra que também por parte da direção da escola, apesar dos conflitos vividos entre nós, havia uma comum concepção de educação que inclui a responsabilidade continuada e a maior importância do investimento nas relações humanas, complexas e plena de antagonismos.

Entre as atividades para esse reencontro, além de um lanche coletivo, para o qual cada um levou algo para comer ou beber, e uma exposição de todos os registros que guardei daquela época, planejei três Rodas, cada uma com os ex-alunos de uma das 4ªs. séries, para conversarmos sobre aqueles tempos e sobre o que estavam fazendo no momento, ocasião em que apresentei a versão da qualificação da dissertação de mestrado, na qual eu havia registrado uma conversa deles na Roda, transcrita de uma fita de áudio, que puderam ouvir naquele reencontro, assim como assistir a uma fita de vídeo, na qual apareciam cenas vividas na escola, dentre elas a peça do Drácula. Esses ex-alunos das três classes estavam, naquela época, cursando a 8ª série do ensino fundamental, o 1º e o 2º ano do ensino médio.

Na Roda de uma das classes, a partir das conversas e lembranças, convidei-os a escrever um depoimento abordando três aspectos: o que ficou de mais marcante daqueles anos, como foi a mudança para outra escola e o que pensam hoje sobre educação. O convite foi aceito e recebi as cartas... A nossa história, transformada em dissertação, era revisitada por seus atores, que refletiam sobre aquela escola da infância e sobre a que cursavam. Análise de contextos diferentes que o fio da história ligava e seus autores atribuíam um sentido.

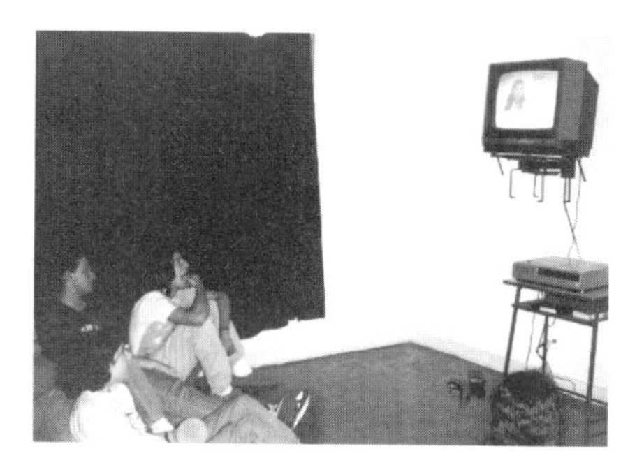

Assistindo ao vídeo da peça *O segredo do castelo do Drácula* e outros feitos nos anos em que estudavam no "primário".

Ouvindo uma fita de áudio com gravação de conversas em Roda, acompanhando sua transcrição na dissertação.

O reencontro com os antigos brinquedos no pátio da escola e...

... o lanche coletivo no final do dia.

Faz muito tempo, mas ainda lembro bastante coisa do colégio onde passei seis anos da minha infância. O Crie era pequeno, por isso que a convivência entre alunos e professores era muito boa.

A Cecília me deu aula quando eu estava na 4ª série, foi uma das professoras de quem eu mais gostei, apesar de brigarmos quase todos os dias. Me lembro que todo dia de manhã tinha a roda, o recreio e desenhávamos. (...)

Com certeza era eu que mais dava trabalho a Cecília. Era mandado para fora da classe todo santo dia, às vezes por desrespeito, às vezes por excesso de conversa. (...)

Mas eu não era tão ruim assim, tinha dias que eu ficava quietinho (todo mundo estranhava), e no fim do dia a Cecília me mandava um bilhetinho me elogiando. (...)

A minha opinião do ensino hoje é péssima. Eu acho que fazer uma prova a cada mês é um jeito medíocre, que não mostra se o aluno está entendendo a matéria ou não, mas sim se está estudando antes da prova. (...) Eu acho que deveria ter uma prova toda semana sobre o que foi ensinado nela, daí sim pode-se ver se o aluno está entendendo a matéria ou não (a prova tem que ser surpresa). (...)

Ricardo

(...) O Crie foi um dos colégios de que eu me lembro com o maior carinho, se não é o único. Eu guardei **tudo**: pastas, cadernos, fichas, bilhetes. Foi tão importante para mim que até a amizade (de algumas pessoas) eu mantenho até hoje. (...)

A saída do Crie para um colégio maior, com pessoas muito diferentes e totalmente desconhecidas, tudo muito estranho, foi meio difícil. Não no sentido de adaptação, porque aí que entra o lado bom do Crie. Era um colégio pequeno, mas não se fechava somente naquele mundo, dava oportunidades. A dificuldade que é em termos de provas. Só essa palavra me arrepia: ter que provar algo a alguém, que nem sei direito quem é, se é o diretor, os pais, ou até mesmo eu; e o porquê do provar alguma coisa que aprendi. Não tenho que provar o que aprendi ou deixei de aprender.

Acho que é aqui que entra toda a minha "neura" por colégio e pelo sistema educacional, que sempre critico. Depois do Crie, mudei três vezes de colégio, e acho que é um número suficientemente satisfatório para poder ter argumentos e dizer que o Crie foi o único colégio que fugia de todo o sistema educacional (quando eu falo Crie, incluo professores, diretores, funcionários etc.). Todo mundo fala que sem provas e notas é impossível avaliar os alunos e fazer que eles estudem e aprendam. Isso não entra na minha cabeça porque tenho muito claro uma vivência minha sem provas, notas e com um sistema de avaliação que divergia de todas as outras escolas. Consegui aprender a mesma coisa, se não mais, do que os outros. Não só em termos de matéria, mas de base para a vida. (...)

Carolina Maria

(...) Minha relação tanto com os professores quanto com os alunos (que mais tarde viraram grandes amigos juntamente com os professores) foi maravilhosa. As pessoas que trabalharam ou ainda trabalham me viram crescer e amadurecer. Fico super feliz quando leio meu caderno de recordações, e lembro de todos os professores e diretores com muito carinho. (...)

O Crie foi uma escola onde as coisas eram gostosas de se fazer, sem a preocupação de provas e notas. Fazíamos as coisas com prazer. Aprendíamos brincando, tivemos até uma professora que nos ensinou a cantar e que agora faz um grande sucesso. (...)

O primeiro dia de aula na outra escola foi uma coisa muito estranha. Os professores se apresentaram, um para cada matéria e no Crie tínhamos no máximo cinco professores para todas as matérias. Quando marcaram a primeira prova fiquei desesperada, pois nunca tinha feito uma prova na vida. Quando chegou o dia, vi que não era um bicho de sete cabeças, mas ainda assim era estranho. (...)

Lembro do Crie com muito carinho e saudades pois foi lá que tudo começou!

Isabella

(...) Uma das melhores coisas que guardo dos anos do Crie é a minha relação com os professores. Era uma amizade muito gostosa, muito importante para que todos nós nos sentíssemos à vontade. Prova disso é o grau de intimidade que nós tínhamos. Conhecíamos os hábitos, as expressões que os professores gostavam de usar, todas as pequenas coisas que a gente só percebe com a convivência diária. (...)

Eu acho que apesar de todos termos mudado e tomado rumos diferentes, estamos todos "ligados pelo passado". Tenho a impressão de que os outros também guardam boas lembranças e têm saudades do Crie e daquela atmosfera tão legal. Ou melhor, tenho certeza, disso. Pensando hoje, eu sofri uma mudança radical em minha vida escolar. Do Crie, um colégio super pequeno, eu vim parar num colégio bastante tradicional (...).

Eu acho que essa mudança foi legal para ver os dois lados diferentes da coisa. O Crie, uma coisa mais nova e dinâmica, mais individualizado. E o meu colégio atual, onde tudo é meio "estereotipado", mas me satisfaz muito no que se refere ao nível de educação. Não sei se hoje, no segundo grau, me daria bem num colégio mais liberal. Mas eu sei que o Crie me ajudou muito a ver que existem coisas diferentes e boas, e também a ver os defeitos do sistema tradicional. Eu penso que assim como existe a social-democracia, que mistura dois sistemas de governo, o ideal **para mim** seria uma coisa intermediária entre o que foi o calor, a amizade do Crie, e o que um colégio tradicional exige do meu potencial hoje. E acho que por isso mesmo eu não posso falar qual dos dois tipos de educação eu prefiro. Mas posso garantir que eu não teria a cabeça que tenho hoje se não fosse o que aprendi no Crie. Isso foi o mais legal: o jeito que o Crie abriu minha cabeça para as diversas coisas que existem no mundo.

Bia

Após o término do mestrado, tive várias oportunidades para fazer um caminho de volta à realidade da escola básica, levando o fruto das reflexões tecidas no contexto da academia, podendo conversar com professores de diferentes escolas sobre o rumo daquelas reflexões, sobretudo a respeito das Rodas e Registros, refletindo sobre as possibilidades de recriação em seus próprios contextos de trabalho, ocasiões em que precisava narrar cenas do vivido para que não fossem tomadas como técnicas a serem reproduzidas, mas como experiências a serem confrontadas. Experiências que refletiam uma concepção de educação e formação.

Nessas várias ocasiões em que estive com professores, em congressos ou em escolas, as oportunidades para falar de sua realidade e cotidiano de trabalho (e não apenas ouvir), trocando experiências com os colegas, foram recebidas com manifestações de entusiasmo. Vários eram os depoimentos a respeito da importância dessas trocas, identificando-as como algo precioso para a formação, tanto para romper o isolamento entre os professores, que percebem que seus medos e ansiedades são também sentidos por outros, como para encorajá-los a enfrentar os problemas, pois as parcerias abrem possibilidades inusitadas e inesperadas.

A título de exemplo, cito o encontro com o grupo de professores da escola estadual E.E.P.S.G. "Prof. Isaltino de Mello" onde estive num sábado reservado para HTP (Horário de Trabalho Pedagógico) dos professores em 1993. Escolhi este encontro para marcar que a escola pública, apesar da falta de recursos e condições mais propícias, também apresenta brechas para a construção de desenvolvimento de um projeto pedagógico coletivo quando seus atores se dispõem e se articulam para encontrá-lo e criá-lo. Se, por um lado, a realidade da escola pública diverge das instituições particulares, onde vivi a maior parte de minhas experiências como aluna e professora, por outro, a necessidade de conversar e inserir-se como pessoa singular nas trocas com os colegas é necessidade comum.

O convite para o trabalho com a equipe de professores e outros educadores ligados a essa escola (coordenadores, supervisores e direção) foi feito pela diretora da escola, onde se dera a implantação do Projeto de Escola Padrão[32] há pouco mais de um ano. A diretora dessa escola, Cristina, era minha colega de trabalho e parceira em projetos ousados na escola particular[33] no qual, naquela época, eu exercia a função de coordenadora pedagógica.

Para enfrentar a fragmentação dos períodos (manhã, tarde e noite) e níveis de ensino da escola (1ª a 4ª, 5ª a 8ª e ensino médio), Cristina propunha aos professores alguns sábados de reunião geral e contou-me sobre o caminho já percorrido nessas reuniões até aquele momento, de maneira a situar-me no contexto das construções coletivas. Sua expectativa quanto à minha contribuição era que eu contasse minhas experiências de trabalho coletivo na escola, nos diferentes níveis, como professora e coordenadora, apontando algumas dificuldades gerais.

---

[32] O projeto da Escola Padrão garantia a função de coordenador pedagógico para os diferentes níveis de ensino e reuniões pedagógicas remuneradas, fora do horário de aulas dos professores, os HTPs.

[33] A narrativa no *Livro da Tarde* refere-se a essa escola particular, onde as parcerias se construíam enquanto os projetos de trabalhos dos grupos de alunos, de professores e da própria instituição ganhavam corpo.

Assim, no sábado, dia 24 de abril de 1993, passei a manhã trabalhando com o grupo de educadores da escola, tendo organizado o trabalho a partir das necessidades deles quanto ao projeto institucional que construíam, o que foi possível por conhecer as condições e a estrutura do trabalho através de reunião anterior com Cristina. A estrutura do trabalho dos educadores parecia-me propícia para um trabalho coletivo tal como o entendia, pois nos diferentes níveis estabeleciam momentos de encontros entre pares para trocas de experiência e estudos, o que incluía o grupo de coordenadores e direção, além dos sábados com todo o grupo.

Iniciei o trabalho do sábado, intitulado "Buscando caminhos para o trabalho coletivo", fazendo um levantamento do que entendiam por trabalho coletivo, sua importância e caminhos para concretizá-lo, propondo um recuo em suas experiências de vida, como aluno ou professor, para refletir sobre elas e construir a partir daí alguns conhecimentos. Foi um momento de conversas numa grande Roda, com umas cinqüenta pessoas, quando cada um ia expondo sua visão, seguida de sua discussão. Enquanto isso, eu ia anotando as "conclusões" a que chegávamos num *flip-shart*. Num segundo momento, "amarrei as pontas" da conversa com algumas reflexões teóricas também registradas e com um texto que explorava a utopia possível entre a da escola que temos e a que queremos.

Após o café, fiz um relato de minhas próprias experiências, relacionando-a aos eixos de nossa conversa anterior, apresentando as Rodas e Registros com alunos de diferentes faixas etárias e com professores da escola que coordenava àquela época, como os instrumentos metodológicos para a construção de uma perspectiva coletiva de trabalho nas escolas.

No final da manhã propus um registro individual do significado do trabalho daquele sábado e, se houvesse mais tempo, imaginava propor nova plenária, retomando o clima da Roda inicial, prosseguindo com a troca de experiências e aprofundando as reflexões sobre os próximos passos para a construção do trabalho coletivo naquela escola, nos diferentes níveis, da sala de aula à sala de professores e coordenadores.

Essa troca de experiências não foi possível naquele momento, mas sua importância e o desejo de que ocorresse foram registrados por vários participantes, de modo que poderia concretizar-se nos HTPs durante a semana nos subgrupos e em sábados subseqüentes, pois o processo não só não começou naquele momento nem se encerraria ali. Alguns registros individuais e outros em pequenos grupos demonstraram que houve repercussão entre o que foi discutido ali e os projetos de vida pessoal-profissional, assim como o alívio, ao se perceber que outras pessoas também sentem as mesmas ansiedades e dificuldades diante da tarefa de educar.

(...) É de suma importância que haja diálogos, trocas de experiências e que as pessoas estejam abertas para receber e passar orientações.

Sentimos que nessa escola já caminhamos para o trabalho coletivo, para uma mudança visando um melhor ensino. A semente já foi plantada.

Gostaríamos de outras oportunidades com você porque seu trabalho é muito rico e deve ser partilhado sempre.

Foi um momento de reflexão. Consegui rever práticas no papel do professor, diretor de escola e da função atual em Supervisão. Você conseguiu encaminhar esse processo partindo da reflexão do grupo, registrando os momentos do trabalho coletivo, sua importância, seus conflitos, suas dificuldades, culminando com uma síntese teórica e relato de experiências.

Penso que esse trabalho poderia ser enriquecido com um momento de relato do grupo e leitura dos registros desse grupo.

Parabéns! Valeu!

Na sua exposição houve vários momentos em que pudemos nos avaliar e ainda nos posicionarmos enquanto educadores, enquanto formadores de seres. É muito importante para nós quando alguém nos mostra que temos vários caminhos como opção e não só um, aquele que vinha sendo utilizado no qual o professor era simplesmente um transmissor de conhecimento e o aluno um mero receptor. (...)

Durante a reunião, me vi refletindo sobre vários momentos já vividos. Eu já dei aula três anos para pré-escola, com momentos de roda, de troca etc.... e realmente na pré-escola não há normas, era uma escola numa cidadezinha em Minas Gerais.

Quando cheguei a São Paulo logo vim trabalhar aqui (na 2ª série da Escola Padrão) foi realmente assustador, tudo era muito diferente. Eu realmente senti falta da roda, do diálogo e hoje nessa reunião "despertei", eu posso continuar com algumas experiências e senti forças para achar que "nada é impossível".

Em 19 anos de magistério pela primeira vez escuto alguém falar exatamente o que eu precisava ouvir. Foi uma palestra simples mas de conteúdo muito profundo. Tenho a impressão que me abriu caminhos para uma reflexão. A caminhada de todos nós é longa e sofrida, mas chegaremos lá. Gostaria de uma continuidade da nossa conversa.

Nunca tinha refletido sobre a possibilidade de registrar minhas experiências, e espero de hoje em diante começar a fazer (nem que seja em poucas linhas), pois apesar de querer que meus alunos escrevam, sinto em mim a dificuldade do registro (faça o que eu digo, não faça o que eu faço)... Espero que consiga pôr em prática pelo menos o que prego.

Mostra vários caminhos para a busca de uma sociedade mais justa e que possa estar a serviço da classe popular.

A existência de um ponto de equilíbrio entre o individual e o coletivo.

O coletivo torna o individual mais forte.

Foi como um analgésico para nossas dores (receios, inseguranças) nestes novos dias, novas situações, nova escola, novo processo de trabalho que é a Escola Padrão em ***qualidade de ensino***.

Senti que não estou sozinha nesse barco (será que furado?).

Sempre tive vontade (mas não tenho muitos subsídios) para implementar esse método de trabalho, de ensino em rodas.

Tudo está sendo planejado e construído lentamente nesse ano. (...)

Espaço que possibilitou uma troca de experiências bastante positiva. Foi um momento muito bom, quando pudemos constatar que nossas dificuldades, angústias, muitos problemas de nosso dia-a-dia em sala de aula não são apenas um "privilégio" individual, mas de todo corpo docente, no geral.

Acho que deveríamos ter muitas oportunidades como essa que favorecessem nossos momentos de ***reflexão***.

Foi muito bom saber que todos têm os mesmos medos e dúvidas como eu. Esta reunião foi bastante proveitosa para que nas HTPs eu coloque como prato do dia todas as minhas ansiedades. O "construir" é muito difícil sozinho. Ele deve ser partilhado com todos.

Valeu a pena te ouvir!

(...) Realmente, o trabalho em grupo, o coletivo, desenvolve mais a crítica das pessoas, leva ao crescimento humano e principalmente à participação de cada um, mostra a visão que se tem da vida em geral.

Como é bom acreditar que temos PODER DE MUDANÇA!

Gostaria muitíssimo de deixar aqui registrado o quanto esta palestra, ou melhor este ESPAÇO DE RODA aqui criado, foi gratificante! Em quantos momentos com depoimentos proferidos ou por colegas ou pela palestrante vi a minha pessoa projetada através de conflitos colocados ou através de experiências vividas.(...)

Achei muito bom e gostaria muito que outros encontros desse nível acontecessem na escola, possibilitando assim que também possamos estar construindo esse verdadeiro ESPAÇO DA RODA entre nós.

No bilhete que recebi dias depois de Cristina, a diretora da escola, acompanhado das fotos que tirou daquele encontro, ela explicita haver um elemento de ligação entre nós: uma visão de educação comum. Para mim, essa visão comum é a marca de um dos nós que entrelaçam as Rodas vividas em diferentes contextos, seja as da escola pública que ela dirigia, seja as da escola particular onde trabalhávamos juntas, e até mesmo na amizade e parceria que se fortaleciam através dessas partilhas profissionais. Nós que entrelaçam outras pessoas que se identificam numa busca comum, que, por sua vez, ganha forma progressivamente através das múltiplas partilhas e parcerias com pessoas cujos caminhos, sempre singulares, se encontram numa obra coletiva.

(...) Quando se descobre que os "caminhos" de cada uma teve, tem e possivelmente continuará tendo inúmeros momentos de aproximação, não há como negar que a "cumplicidade" se estabelece.

Indiscutivelmente, você ter partilhado com meu grupo uma *visão de educação* que sabemos ser *nosso elemento de ligação* é um acontecimento que jamais cairá no esquecimento.

Estas fotos servirão apenas para registrar de forma visual um momento que estará indelevelmente registrado em minha memória.

(...) Novamente obrigada por ter partilhado comigo aquela manhã de sábado. Os resultados têm sido notados e são positivos.

Registrando a conversa...

... com os professores na Roda.

Um mês depois da "Roda no Isaltino", houve a festa de lançamento de meu livro *A Roda e o Registro: uma parceria entre professor, alunos e conhecimentos*, publicação da dissertação de mestrado que trazia registros de minhas experiências como professora de 4ª série. Na festa de lançamento, reencontro alguns daqueles alunos, já não mais crianças, mas ingressando na faculdade.

Também compareceu à festa de lançamento um grupo de alunas do CEFAM representando a turma toda. Apesar de não estar mais lecionando naquele curso, nem naquela escola, elas aproveitaram a ocasião para convidar-me para ser a patrona da turma deles que se formaria no final do ano. Esse convite confirmava que, não só para mim, o que havíamos vivido naqueles dois anos foram momentos marcantes, de partilhas preciosas. E, dentre elas, as vivências de Rodas e Registros, além da teorização sobre esses instrumentos metodológicos e sobre sua importância na prática docente. Partilhas significativas que me mobilizaram a dedicar o livro àqueles alunos, um grupo de quase noventa, que naqueles anos estavam distribuídos em três classes.

Além desses grupos de alunos, reencontrei no lançamento colegas professores de diferentes épocas, além de amigos e familiares que também acompanharam vários episódios de minha história de vida. Esse encontro significou para mim a retomada de vários fios de minha história, costurando-os com um sentido comum que havia perpassado nossa convivência: era o risco do bordado de meu projeto de vida que se desvelava. Um projeto marcado pela troca de experiências e pelas partilhas registradas, na entre-ajuda e na participação de uns na história dos outros. Bordados únicos, com a singularidade de cada pessoa, mas com alguns fios compartilhados. Estávamos em maio de 1993.

Ex-alunas do CRIE e...

... do CEFAM no dia do lançamento de *A Roda e o Registro*.

A leitura desse livro, produzido em meio acadêmico, promoveu novas trocas de experiências entre professores e novos registros de suas reflexões, ao relacionar o que liam com o que viviam em suas salas de aula. Recebi algumas cartas de professores, com diferentes depoimentos a respeito da repercussão que a leitura causou:

Cecília,

já estou nos parágrafos finais, procurando me despedir desse livro que há tanto tempo vem sendo meu companheiro.

Bateu uma vontade incrível de escrever. Valorizo muito um registro por escrito. Para mim, é um exercício, na tentativa de expressar através de palavras tudo o que passa na cabeça e no coração. Quando estou muito inspirada, consigo. Outras vezes, nem tanto. Mas continuo tentando.

Achei importante passar para você meu envolvimento, durante todo esse tempo com seu trabalho, identificando-me com seus questionamentos e sua procura. (...)

À medida que ia lendo, muitas vezes embarquei nas situações descritas e tive a oportunidade de refletir a respeito de determinados comportamentos meus. (...)

Foi, de verdade, uma experiência que acrescentou novas opções de relacionamento (inclusive comigo mesma).

Acredito que ainda teremos a oportunidade de conversarmos sobre esse assunto, mas foi incontida a vontade desse bilhetinho.

Cara Cecília,

pensei e repensei sobre que ângulo abordar as considerações acerca de *A Roda e o Registro*. Entre as muitas opções (roteiro da prática pedagógica, estética e arte dos editores, clareza da comunicação escrita etc.), elegi as impressões subjetivas: as imagens e os símbolos advindos da leitura, uma espécie de "mensagem" do inconsciente que trago, agora, para o papel. (...)

A construção da autoridade – Cedibra e a Bruxa Malvada

"... a autoridade engloba o ser bruxa e fada. Uma ou outra, sozinha, seria perigoso..."

Cedibra surgiu adocicando relações que tomavam rumos autoritários. Minha Bruxa Malvada nasceu de vínculos que se aproximavam da permissividade.

Ambas cumpriram o papel de "auxiliares mágicos" na árdua tarefa de edificar a autoridade. Talvez por terem histórias com as mesmas raízes é que eu as tenha visto conversando num barzinho, bebericando uma água tônica.

Aproximei-me, sem que percebesses. Elas falavam de nós duas, Cecília e Sílvia. Diziam estar com medo, pois, assim que encontrássemos o equilíbrio não precisaríamos mais delas....

Cedibra, comendo alguns brigadeiros, e a Bruxa, mexendo um ungüento de seu caldeirão, trocavam mais algumas idéias que eu não pude ouvir.

Eu gostaria de ter podido consolá-las, mas, na realidade, não saberia bem o que dizer...

Palavras Finais

Estou procurando uma idéia que sintetize os meus temores quanto ao imaginar demais... Gosto muito de criar cenários, trazer para minha realidade símbolos que talvez devessem ficar "ocultos".

As crianças imaginam... mas um adulto?! Que aberração!

Escuto um burrinho na estante; pressinto movimentos...

Veja só! *A Roda e o Registro* pede que eu procure... E, como quem procura acha, descobri que meus temores são infundados: "... por mais que evitemos o exercício da imaginação, ele faz parte da vida e acabamos imaginando, mesmo sem querer".

E se podemos dizer coisas, imaginando, por que fazê-lo de outra maneira, não é?

Cecília,

faz uma semana que acabei de ler seu "grande poema". Sim, porque da forma ao conteúdo, dos desenhos ao jogo visual e plástico, do caráter lúdico e afetivo, das pequenas grandes palavras que fazem transbordar o significado, este trabalho é um "grande poema" dedicado ao professor, ao ser humano. Adorei!

Para ser sincera não li: eu digeri, engoli, traguei (...), me sinto mais aberta, brilhante e principalmente confiante no meu próprio trabalho, porque o "grande poema" me ajudou, reorientou meu caminho. Tornei-me, ou antes, tornamo-nos cúmplices quando lemos aquilo que já sentimos. Tomei posse, não do seu livro ou de sua experiência, mas da poesia da vida que o "grande poema" me trouxe ou devolveu. (...)

Precisava te escrever, te contar tanta coisa. É como se você fosse minha íntima amiga, agora que somos cúmplices. Quero saber mais detalhes, quero contar os meus. Neste momento, porém, e antes de tudo, queria te agradecer por se abrir e se mostrar. Eu preciso de você no "grande poema" para poder também me abrir e me mostrar.

Ainda outra oportunidade de fazer retornar à escola as reflexões tecidas no mestrado deu-se em Resende, Rio de Janeiro. A convite da Prefeitura Municipal dessa cidade, Ivani Fazenda reuniu vinte e cinco pessoas que, em diferentes épocas, fizeram parte do grupo de estudos sobre interdisciplinaridade na PUC-SP para trabalhar com os professores dessa cidade: cada um de nós coordenando um grupo de quarenta professores da rede municipal, perfazendo um total de mil professores. Os Grupos de Trabalho (GT) foram montados a partir da inscrição dos professores da rede que analisaram a proposta de trabalho de cada um dos vinte e cinco GTs. Todos abordando a interdisciplinaridade através de vivências e reflexões sobre elas, mas a partir de experiências em uma área do conhecimento ou nível de ensino.

Nessa ocasião, julho de 1994, pude reencontrar colegas que não via há três anos, saber do prosseguimento de seus trabalhos e vidas, conhecer seus novos membros e pesquisas. Durante as manhãs e as tardes, trabalhava com os professores de Resende, principalmente das séries iniciais do ensino fundamental, que era a maioria dos inscritos no GT que eu coordenava. Às noites, a "Roda" era formada pelos vinte e cinco professores, que relatavam o vivido nos 25 GTs e os representantes da Prefeitura de Resende, que expunham seus pontos de vista a respeito do andamento dos trabalhos ocorridos durante o dia. Assim, podíamos manter uma sintonia e identidade na diversidade de propostas.

No final do terceiro dia, houve a socialização no cinema da cidade, reunindo os participantes de todos os grupos. Nesse momento, cada GT, isto é, seus quarenta professores subiam ao palco, oferecendo à platéia uma experiência simbólica do que havia vivido durante aqueles dias. Essa apresentação era um projeto comum aos vinte e cinco GTs, de modo que fazia parte do projeto de cada um, ao lado da singularidade de cada um: registro e socialização do vivido. Sentimento de diversidade e unidade, de sensibilidade e ousadia na troca de experiências.

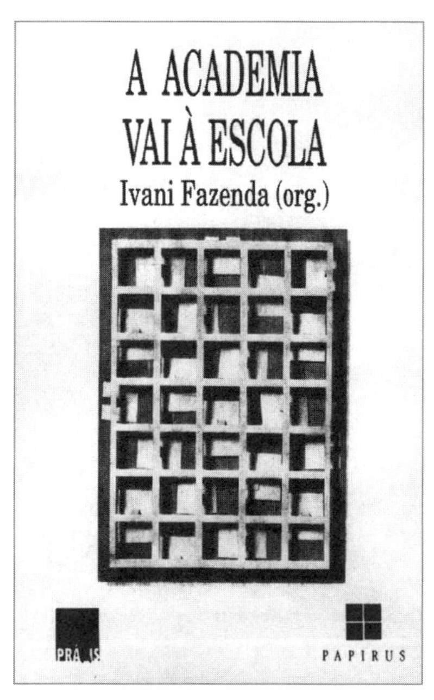

Essas experiências em Resende, após a socialização com o próprio grupo que as viveu, foram narradas, para permitir que fossem transmitidas, ao menos em parte, a outros grupos (a novas Rodas?). Daí a elaboração do livro *A academia vai à escola (*Fazenda, 1995), cada capítulo referente à história de um GT, num dos quais contei sobre "A Roda e o resgate da fala adormecida: buscando caminhos para a interdisciplinaridade nas séries iniciais". Experiências individuais que retornavam à grande Roda de trocas, favorecidas agora pelo novo Registro.

A marca individual é construída a partir da rede de relações de que participamos durante a vida. O indivíduo está sempre inacabado e é a sua historicidade que permite compreender a sociedade como uma rede, constituída de pessoas em constante crescimento e transformação, pois cada um depende das relações que estabelece com os outros e se transforma a partir do entrelaçamento que estabelece com eles: estamos continuamente nos moldando e remoldando uns em relação aos outros (Elias,1994). Portanto, investir na criação de *contextos sociais participativos e solidários* é criar melhores condições para o desenvolvimento de cada pessoa que deles participam. Pessoas em formação permanente, sejam elas crianças, jovens ou adultos, filhos, pais, mães, professores, alunos, amigos... Alimentar as *redes de conversas* e explicitar as histórias construídas a partir delas, individuais ou grupais, são caminhos para tomarmos consciência do poder (trans)formador de cada um na construção de uma sociedade mais justa.

5

Por que o doutorado?

O retorno à academia

Em meados de 1994, na época do trabalho em Resende, eu estava de mudança para Minas Gerais, ao ingressar na Universidade Federal de Uberlândia, assumindo a docência da disciplina Didática Geral na licenciatura dos cursos oferecidos pela universidade. Como atividades de extensão, desenvolvia com os professores de escolas da região e uma de São Paulo[34] momentos de reflexão sobre o trabalho, contribuindo com a formação dos professores em serviço e o desenvolvimento organizacional da instituição. Para esses momentos, levava em minha "maleta de ferramentas" os aprendizados das experiências profissionais anteriores: tanto como professora de crianças, jovens e adultos, quanto como coordenadora pedagógica. Tive, nessa época, a oportunidade para uma *reflexão sobre a reflexão*, pois o distanciamento daquelas práticas propiciava uma nova experiência reflexiva. Discutia, então, com os professores nas escolas sobre uma prática sistemática de repensar o vivido, propondo por vezes que a reflexão fosse feita por escrito. Refletia, portanto, sobre a formação de professores, ao atuar com eles nas escolas que assessorava. Refletia sobre *ser professor de professor*.

Com o ingresso na universidade como docente, passei a dedicar-me mais sistematicamente à formação de professores, uma prática que era vivida como pesquisa, pois buscava em minhas experiências anteriores subsídios para compreender os novos contextos com que deparava.

---

[34] Essa é a escola a que me refiro no *Livro da Tarde*, onde trabalhei como coordenadora pedagógica até me mudar para Uberlândia.

O fato de estar no contexto acadêmico, que tem na pesquisa um dos pilares de sua identidade, convidava-me a empreender uma pesquisa mais profunda e ampla sobre essa prática de formação que eu vinha vivendo. Significava retornar à academia como aluna e criar um afastamento maior daquela prática, tomando-a como objeto de pesquisa, analisando-a, aprofundando e ampliando as reflexões, gerando assim novo registro: a tese de doutorado.

Mas foi exatamente durante o processo seletivo para ingresso no doutorado que sofri um grave acidente automobilístico em Minas Gerais, acontecimento que representa outro divisor de águas em minha vida, ao mobilizar meu retorno a São Paulo, encerrando um período curto, mas intenso de trabalho em Uberlândia e um redimensionamento dos valores e ritmos de vida: reflexões acerca de meu projeto existencial.

Voltar à academia como aluna representava retomar a significação dessa instituição em minha história. Novamente, buscar as frestas no formalismo para cavar espaços para a pessoa, avançar (e às vezes retroceder) entre táticas e estratégias na construção de minha autoria, através de um projeto em constante reconstrução. Um processo no qual a intuição, a criatividade e as dimensões inconscientes precisam agir ao lado do racional, da objetividade e da tentativa de seu acompanhamento consciente. Um processo solitário, mas em busca de parceiros.

Nesse processo de reavaliação de vida, acompanhado da pesquisa do sentido de um doutorado, encontrava apoio no pensamento de alguns pesquisadores que estavam trabalhando a partir da subjetividade e defendendo a pessoa do professor como suporte de sua formação profissional. "O professor é uma pessoa e uma parte importante da pessoa é o professor" passou a ser meu lema. O livro coordenado por António Nóvoa, no qual encontrei essa citação de Jennifer Nias, *Vidas de Professores,* assim como *O método (auto)biográfico e a formação,* que ele também coordenava, abriam-me novas perspectivas de trabalho na academia, onde poderia trabalhar de maneira integrada a meu ser pessoa: as opções que cada um de nós tem de fazer como professor cruzam as nossas maneiras de ser com a nossa maneira de ensinar e desvendam na nossa maneira de ensinar a nossa maneira de ser. É impossível separar o *eu* profissional do *eu* pessoal (Nóvoa,1992a).

E nessa busca do sentido das imbricações das dimensões pessoais e profissionais, num momento de reavaliação dos caminhos vividos até ali, deparei com o rascunho da redação do exame seletivo para ingresso no mestrado. Nele, já apontava a direção das questões que vieram a ser desenvolvidas naquela pesquisa e nessa, mesmo que não tivesse naquela época delineado um projeto de pesquisa específico. Posso perceber ali os riscos do bordado que têm perpassado minhas buscas nesses últimos doze anos, em minhas práticas profissionais e na reflexão sobre elas.

Apesar da tensão do momento de sua escrita, essa não impediu que os propósitos humanos, afetivos e apaixonados que me ligam à educação se manifestassem. E identifico o motivo: naquela noite seria a formatura da classe de 4ª série, e os alunos pediam a aparição de suas duas professoras juntas: a Cedibra e a Cecília. Esse contexto desafiante, que me mostrara o poder da imaginação para a transformação de minha relação com aqueles alunos, repercutiu no momento da prova, dando o tom daquele texto. Pude, então, escrever não só com a mente, mas com o coração, encontrando prazer na escrita e felicidade por ter conseguido expressar o que sentia, mesmo numa situação tão formal. Exercício de autoria.

A possibilidade de *escolha* de um tema, entre sete oferecidos, favoreceu a inclusão de minha busca, um espaço para a singularidade e para o diálogo com o pensamento de um entre sete autores, como foi o caso de Popper, com quem "conversei" naquela ocasião.

> *O que importa não são os métodos e as técnicas, mas a sensibilidade para os problemas e a ardente paixão por eles, ou como diziam os gregos, o dom do assombro.*
>
> *Popper*

Muito se tem feito no sentido de buscar novos métodos e técnicas de modo a tornar o processo educativo mais eficiente. Reforma curricular, novos materiais, novos instrumentos.

Mas sobre qual concepção de mundo estaria fundada esta maneira de encarar a educação? Será que os meios condicionam os fins? Será que encarar a educação como uma somatória de técnicas não seria separar o professor do aluno naquilo que eles têm de mais humano? (...)

Tenho percebido em minha prática educacional que o que mobiliza o aluno a aprender é mais a relação afetiva que ele tem com a classe, e principalmente com o professor, do que as técnicas utilizadas. Estas são importantes sim, mas não condicionam.

Tenho sentido que a relação do aluno com o conteúdo é grandemente influenciada pela relação, motivação e paixão que o professor mostra em relação ao objeto de estudo. A psicanálise tem mostrado o quanto a relação transferencial é determinante no desenvolvimento do indivíduo. Isto também acontece entre professor e aluno.

É através da busca apaixonada do professor de um entendimento maior de si próprio, dos outros e do mundo, que se dará a verdadeira educação sob esta emergente concepção de Homem e de mundo.

Quando o professor sair de seu pedestal de "sabe tudo"...
Quando não houver uma rígida separação entre as matérias curriculares...
Quando houver o afeto como mola do conhecimento...
Quando a paixão pelo conhecer-se e o outro permear os bancos escolares...

Só então haverá educação,
porque se caminhará na busca pelo entendimento do mistério
e do ASSOMBRO que é a vida.

O sentido formativo do doutorado

Nessa pesquisa, ao buscar o sentido de minha maneira de ensinar, através da análise de minha prática, revelava-se minha maneira de ser. As opções que fiz como pesquisadora cruzaram minhas maneiras de ser e de ensinar.

A seqüência da escrita dos três livros não foi algo planejado, mas decidido a cada passo. Na primeira versão do texto, apresentada à banca de qualificação, senti necessidade de iniciar pela minha história de vida, seguindo pelo contexto teórico e finalizando com uma breve análise do ambiente formativo de uma escola. Na segunda versão, esta que apresento agora, iniciei pelo que havia sido o fim, o *Livro da Tarde* com a narrativa do processo da escola, e finalizei pelo que havia sido o começo, minha própria história de vida, compondo o *Livro da Noite*, no qual agora esboço a análise do que foi formativo no processo do doutorado. Em ambas as versões, a elaboração do contexto teórico ocupou o espaço do "entre-dois", indicando que o que os outros me ensinaram permeia minhas vivências, ajudando a enxergá-las e nomeá-las.

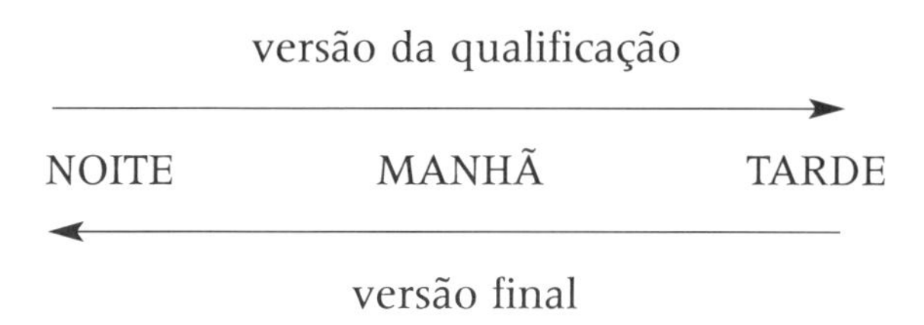

Mesmo que a seqüência de escrita não tenha sido algo planejado, agora, no final do processo, revela sua lógica: *o processo de formação inicia-se na pessoa e a ela retorna*, porque a ela pertence.

Nesse processo de pesquisa, ao narrar as experiências vividas em diferentes contextos, sobretudo os profissionais, precisei não apenas reconstruir as lembranças numa seqüência temporal, mas escolher as palavras que melhor expressassem sua articulação. A busca das palavras e dos tempos verbais mais pertinentes para as narrativas, que melhor expressassem o sentido do vivido, foi algo formativo, pois me "obrigava" a analisar cada experiência sob diferentes pontos de vista, situá-la tanto no contexto amplo de minha história, quanto reconhecer aquela Cecília que a viveu, com suas condições emocionais e objetivas, sua visão de mundo da época. E, ao olhá-la "de fora", a partir do que sou hoje, das experiências, reflexões e condições que tenho hoje, pude ressignificar aquelas experiências, liberando-me de alguns sentidos particulares e mais limitados.

Ao compreender-me, amplio as possibilidades de compreensão dos outros. Ao identificar diferentes maneiras de perceber, reagir e significar as experiências, pelo exemplo do que eu própria vivi em minha vida, percebo que cada um, na sua singularidade e na sua própria etapa de desenvolvimento, o fará de maneiras diferentes. Em vez de julgá-lo, tentar compreendê-lo.

Foram muitas as dificuldades encontradas durante os quatro anos do doutorado, que traziam consigo grande potencial formativo, mas aproveitá-lo dependia da maneira como eu reagia e as enfrentava, iniciando pela maneira como as percebia; portanto, deveria estar ancorada numa visão de mundo e de mim mesma nesse mundo.

Dentre as maiores dificuldades estava o enfrentar a solidão e a ansiedade que acompanhavam o processo, tanto em relação às expectativas dos outros (orientadores, colegas etc.) e às minhas próprias, de realizar um trabalho com sentido para mim e para os leitores, quanto com relação ao tempo disponível, sempre me parecendo pouco, comparado ao grande porte da tarefa que eu mesma me colocara.

Agora, no final do processo, percebo que tal angústia era ainda acrescida do fato de que meu trabalho estava por colocar em questão o tipo de poder que permeia majoritariamente as instituições educativas e a relação pedagógica entre professor e aluno, formador e formando, orientador e orientando. E, para colocá-las em questão, precisava autorizar-me a fazê-lo. Uma autorização que viria, ao mesmo tempo, como resultado de uma pesquisa e de um processo formativo, ambos realizados através da própria experiência de doutorado. Entretanto, para isso, era também preciso que me autorizassem a fazê-lo: essa experiência é vinculada à aceitação e orientação de um representante da academia. E essa autorização não poderia se restringir a um caráter formal ou teórico, mas se realizar na prática, desvelando-se a cada etapa, a cada dificuldade enfrentada na maneira de sua intervenção no meu processo. A relação com o(s) orientador(es) configura-se numa indispensável mediação, pois nossa relação ao conhecimento passa pela relação ao outro.

O fato de ter tido, durante o processo doloroso e solitário do doutorado, o acompanhamento de orientadores que ajudaram a conectar-me com minha intuição, questionar-me e encorajar-me a encontrar meu próprio caminho, fazendo-se ao mesmo tempo presentes com sugestões e desafios, possibilitou-me enfrentar a angústia, descobrindo uma alegria crescente na gestação desse trabalho. Alegria que nasceu das partilhas, no caráter afetivo, lúdico e humano que permeavam as trocas, e que iam sendo refletidas na criatividade, na estética e na mobilização das idéias do próprio trabalho. Alegria de poder aprender para desenvolver-me sem disputas pelo poder sobre o outro ou cuidado com as "vaidades acadêmicas", o que pôde ser realizado pelo exemplo pessoal de meu orientador, permitindo que sua orientação fosse atividade em parceria com outros. Exemplo que me chama a segui-lo nas minhas próprias atividades com alunos e, talvez, futuros orientandos. Aprender realiza-se numa *rede de partilhas*.

Além disso, perceber sua ação de *respeito à pessoa do outro*, ao mesmo tempo que me sentia respeitada, incentivava-me a fazer o mesmo. Saber que cada um é portador de uma história singular e que às suas experiências atribui sentidos particulares, que freqüentemente nos escapam, foi ganhando força não apenas teoricamente, mas no próprio ato de me referir nesse trabalho a outras pessoas e ao que vivemos juntos. Tentei[35] partilhar com elas a história que eu escrevia de nossa convivência. Apesar de ser a *minha* interpretação, a história foi partilhada e os registros (bilhetes, relatórios, fotos, depoimentos etc.), que não foram

[35] Apesar do grande número de contatos que pude restabelecer com aqueles a quem me referi, não consegui localizar todos, como no caso de minhas alunas do CEFAM, fato que lamentei, mas espero poder partilhar esse registro futuramente, se mais uma vez pudermos nos encontrar...

feitos, considerando sua socialização com um público mais amplo que aquele de nosso restrito círculo de convivência, não me pertenciam a ponto de poder fazer um uso que expusesse a pessoa que o escreveu sem sua autorização. Ato necessário para respeitar e enfatizar sua autoria.

Ao refletir sobre as dificuldades que tive durante o processo do doutorado, percebo que seu sentido formativo encontra-se em parte na maneira como acabei por enfrentá-las, procurando os mais diversos recursos: respiração holotrópica, trabalho psicoterapêutico, reflexão sobre as experiências, sua escrita e partilhas as mais diversas, nutrindo a reflexão solitária com o ponto de vista do Outro (orientadores, amigos, autores). Poder perceber o que se vive é fundamental para que uma experiência seja formativa.

Essa pesquisa-formação pode ser vista como uma grande experiência de diálogo:

- entre minhas idéias e a dos outros, os autores e as pessoas que me acompanharam;
- entre meu pensamento e minha sensibilidade, na criação de uma forma que pudesse expressar seu conteúdo e na busca das melhores palavras para exprimir o que sentia e pensava, deixando a emoção aflorar, mas trançando-a com a razão e permeando ambas com imagens que pudessem evocar algo da paixão que as palavras não alcançavam;
- entre fazer ciência e fazer arte.

Experiências de diálogo que ajudaram a identificar vários aspectos de mim mesma, retomando a alegria após momentos obscuros, redescobrindo a adolescente e a menina na mulher, reencontrando antigos parceiros, companheiras, amigas e fazendo novos. Afundando e levantando. Sendo acolhida em minhas fragilidades e redescobrindo minha força, ao perceber-me acolhendo quem me acolhia no mesmo gesto. Momentos de vida intensa. De partilhas. De reflexão. De criação de um novo Registro que dá pistas de minha nova forma, cujos contornos ainda me são secretos, pois ainda não posso vê-los de fora. E, para isso, será preciso ver-me através dos olhos dos outros, portanto, novas partilhas, novas conversas e Rodas...

VIDA TECIDA

Um tecido fiz
de vida:
fios subindo,
fios descendo.

Um tecido fiz
de vida:
fios atados,
fios cortados.

Um bordado fiz
no tecido da vida:
linhas grossas, linhas finas,
cores claras, cores minhas.

Uma vida fiz tecida,
bordada, quase rendada.
Relevos de altos e baixos,
formas de todo jeito,
que trago aqui no peito.

E agora, trabalho pronto,
até aquele ponto,
que não tinha lugar,
deu um jeito de se encaixar,
fez textura sem par.

Rosaly Stefani[36]

[36] Extraído de *Leitura: que espaço é esse? – uma conversa com educadores.* São Paulo: Paulus, 1997.

LIVRO DA MANHÃ

O que eles me ensinaram: tecendo o contexto teórico

O que eles me ensinaram: tecendo o contexto teórico

> *Cada um força os outros a crescerem, talvez mesmo pelo ato de se oporem. E eu os constranjo à criação. Se eles se limitassem a receber de mim, tornar-se-iam pobres e vazios. Mas sou eu que recebo de todos eles. Ei-los assim enriquecidos, por possuírem como expressão esse eu, que eles primeiro tanto enriqueceram.*
>
> *Antoine de Saint-Exupéry*

Guia da Manhã

Neste *livro* trago um pouco do que aprendi com os Outros, mais especificamente a partir de leituras com as referências teóricas, que têm me ajudado a identificar *oportunidades formativas na escola e fora dela.*

Daquilo que eles me ensinaram através de seus textos, aprendi o que fez *sentido* para mim ao estabelecer relações com minhas experiências pessoais e profissionais, pois o aprendizado depende de uma relação com o vivido, com a prática. As leituras ganhavam um sentido ao iluminar o que vivia, pensava e sentia, ao mesmo tempo que representavam um tipo de relação com o Outro, o que é importante num processo autoformativo, apesar de faltar aí a reciprocidade, vital a esse processo, e que pode ser conseguida através de situações interativas, co-formativas.

Neste *Livro da Manhã* conto "o que eles me ensinaram", fazendo opções e recortes com o propósito de fundamentar teoricamente as experiências e práticas narradas no *Livro da Tarde* e no *Livro da Noite.*

A ênfase na pessoa do professor e na sua história de vida assim como a referência à sua identidade como um processo, construído nessa história, dão um *status* teórico à *experiência* e à *subjetividade*, abrindo uma nova perspectiva para o entendimento da formação. Novas perspectivas teóricas e metodológicas estão sendo desenvolvidas por pesquisadores, fundamentando a articulação das dimensões pessoais e profissionais dos professores (Nóvoa, 1992a; Nias, 1991) e mostrando que elas são inseparáveis, a ponto de Nóvoa afirmar "diz-me como ensinas, dir-te-ei quem és e vice-versa" (1995b: 29).

Busco fazer uma articulação de várias leituras que alicerçam meu projeto pessoal-profissional: criar condições favoráveis para a formação das pessoas do ponto de vista delas, e não para serem controladas por outros. Sublinho, nesse contexto, a importância da formação dos professores no seu próprio ambiente de trabalho: a escola. Inicio fazendo algumas referências à necessidade de um novo tipo de pensamento que inclua a subjetividade, sem a qual a vida fica empobrecida.

A denúncia do banimento da subjetividade tem sido feita por vários autores, dentre eles, Boaventura Santos e Ken Wilber (1997). Este último, ao traçar *uma breve história de tudo*, mostra a necessidade de uma visão de mundo que incorpore a interioridade, que se dá pela introspecção e interpretação, em vez de se restringir à exterioridade apreendida pela percepção e empirismo, o que tem sido o paradigma fundamental no Ocidente desde o Iluminismo. A redução dos domínios subjetivos e intersubjetivos a estudos empíricos reduz o eu e o nós a coisas entrelaçadas, produzindo um humanismo desumanizado e um universo desqualificado.

Esse tipo de reducionismo trata o homem como objeto de uma informação e não como sujeito de uma comunicação. Como conseqüência, surgem desequilíbrios em todas as dimensões da vida, em nível individual e coletivo, social e planetário. Os maiores problemas do planeta não são, entretanto, a industrialização, a diminuição da camada de ozônio, a superpopulação ou o desaparecimento de recursos, mas a *falta de compreensão mútua e acordo mútuo* quanto à maneira de agir ante esses problemas (Wilber, 1997: 354-403).

Também Guattari (1990: 52-5) refere-se à necessidade de um outro tipo de pensamento e de uma noção de interesse coletivo que a curto prazo podem não trazer proveito a ninguém, mas a longo prazo propiciam para o conjunto da humanidade um enriquecimento processual ao promover valores existenciais, que dão lugar a dispositivos ao mesmo tempo analíticos e produtores de subjetividade, assim como a novas práticas sociais e estéticas que possibilitam novas práticas de si na relação com o outro, com o estrangeiro.

As conseqüências do pensamento unilateral e dualista (do tipo ou... ou), que exclui em vez de incorporar e transcender, como propõe Wilber, é sentido com intensidade na área da educação, na qual a desconsideração da subjetividade tem conseqüências catastróficas. É sugestivo o título do livro de Georges Lerbet (1992) *L'école du dedans* [*A escola de dentro*], mostrando como a escola precisa incluir aspectos da interioridade das pessoas, em vez da redução a seus comportamentos aparentes de escuta e reprodução, pois alunos e professores, assim como todas as pessoas, não são máquinas, cada um é um poderoso integrador vivo, irredutível a qualquer modelização identitária e *sempre* capaz de aprender.

O esquecimento da pessoa é algo comum nas iniciativas de formação dos professores provocando a ilusão de uma racionalidade técnica. Ignorar o passado dos professores cria a ilusão de que eles nada sabem e que basta a organização de dispositivos de formação, impregnados da dimensão técnica, para se resolver o problema da formação, como disse Nóvoa em conferência em São Paulo, em 1996. Os professores são, antes de tudo, pessoas portadoras de uma história de formação já longa, em que cada um vem construindo sua relação com a profissão e refletindo sobre os mecanismos escolares desde seus primeiros anos de estudante. Dessa maneira, a formação deveria passar, inicialmente, pelo trabalho da pessoa sobre a pessoa, na compreensão da forma como se cruzam os projetos pessoais e profissionais, na produção de sentido sobre as vivências e sobre as experiências de vida.

Este mesmo ponto de vista é desenvolvido pela "nova" história cultural, em substituição à análise da *exterioridade* dos processos, como mostra Nóvoa (1998: 34-5) em estudos sobre a história da educação. A emergência de análises da *interioridade* do trabalho escolar sublinha que até então pouca atenção foi dada ao trabalho interno de produção de uma cultura escolar. Esta se relaciona com o conjunto das culturas em interação numa dada sociedade, mas contém especificidades próprias, de modo que não podem ser referidas unicamente por meio do prisma de sobredeterminações do mundo exterior. Por isso, muitos autores, atualmente, voltam seu interesse sobre a *ação realizada* no seio das instituições escolares em busca da compreensão do que se passa lá dentro.

Uma perspectiva de formação que inclui a subjetividade explora os aspectos emocionais, afetivos, cognitivos, relacionais de uma maneira dinâmica e processual, o que pode ser alcançado através de uma perspectiva biográfica. A Biografia Educativa, da maneira como proposta por Christine Josso e Pierre Dominicé, professores da Universidade de Genebra, avança nessa direção e pode ajudar no desenvolvimento das capacidades de gerir uma alteridade solidária e fundar, em cooperação, uma nova sociabilidade, o que pode ser feito também nas instituições educativas e de formação, se estas se transformarem, adotando modalidades pedagógicas que combinem a auto e a co-formação (Josso, 1997a).

Mas não só a subjetividade e os aspectos pessoais precisam ser integrados às propostas educativas, pois é o próprio tipo de pensamento dual que precisa ser alterado para poder incorporar os diferentes antagonismos que fazem parte de uma realidade complexa como a escola. O enfrentamento da complexidadade exige que se considere as contradições conjuntamente, evitando a tendência à simplificação, uma vez que a complexidade estará sempre presente (Perrenoud, 1996; Morin, 1997).

Alguns dos antagonismos presentes no domínio da educação repercutem na escola operando em seus diferentes níveis: na sala da aula, onde se dá o essencial da relação pedagógica, no estabelecimento escolar e no sistema educativo como um todo. Antagonismos entre a pessoa e a sociedade, a unidade e a diversidade, a dependência e a autonomia, a invariância e a mudança, a abertura e o fechamento, a harmonia e o conflito, a igualdade e a diferença (Perrenoud, 1996: 25).

Em cada um dos cinco capítulos a seguir, colocarei o foco sobre alguns dos nós na rede de conceitos que podem auxiliar na criação de *oportunidades formativas na escola e fora dela*, fazendo recortes na intrincada teia de interlocuções possíveis entre os autores e suas perspectivas. A formação como um processo baseado nas experiências daquele que se forma e não como resultado de programas de formação geridos por outros, no primeiro capítulo, a relação entre as idéias de projeto e de formação, no segundo capítulo, a escola como espaço de formação, no terceiro capítulo, as partilhas orais e escritas como caminhos para a formação, no quarto capítulo e a imbricação entre pesquisa e formação no caso da formação de adultos, no quinto capítulo.

Boa parte dos rodapés do *Livro da Manhã* tem um significado particular, pois introduzo algumas reflexões e exemplos da prática escolar suscitados pelo contexto teórico. Esses exemplos referem-se tanto à prática profissional, exercida na escola a que me refiro no *Livro da Tarde*, quanto a outras experiências contextualizadas em minha história de vida e situadas mais ou menos explicitamente no *Livro da Noite*. São também um convite para o leitor buscar, em sua própria história de vida, exemplos que possam enriquecer essa conversa. Foi o que fez Cristina, professora da escola referida no *Livro da Tarde*, ao ler o manuscrito desse texto, em uma de suas versões iniciais.

1

A construção de conceitos

Perspectivas de inclusão da subjetividade e do ponto de vista daquele que aprende tem raízes antigas. Desde Comenius, no século XVII, ou de Rousseau, no século XVIII, mas também por outros pensadores, elas vêm sendo retomadas num diálogo com as questões de cada época. Assim foi com o escolanovismo e, mais recentemente, com o construtivismo e o sócio-interacionismo. As idéias de Rousseau, por exemplo, têm sido retomadas no contexto do século XX, imerso em preocupações ecológicas, e representam um avanço em relação à pedagogia tradicional e às perspectivas teóricas centradas no observável, propondo a consideração da aprendizagem como um processo dinâmico de reconstrução contínua do conhecimento *a partir do sujeito.*

A consideração do sujeito propiciou então a inclusão da subjetividade como elemento constitutivo da aprendizagem. Deve ser relevada, portanto, pelas diferentes abordagens metodológicas que pretendam uma formação efetivamente integral do indivíduo, na medida em que lhe agregam de maneira dialética e articulada suas várias dimensões, cognitiva, afetiva, relacional, emocional, corporal, estética, ética e espiritual.

Atualmente, a questão da subjetividade tem sido objeto de estudos e debates em educação e formação, colocando em evidência a inversão de perspectiva da exterioridade para a interioridade, ao mesmo tempo que se processa um recuo das visões macroeconômicas ou macrossociais para uma microssociologia da ação e das práticas educativas e uma valorização das histórias individuais e do sentido que cada ator constrói. Bernard Charlot (1997: 15), por exemplo, refere-se à *relação ao saber*, mostrando que o chamado fracasso escolar não existe, o que existe são alunos em situação de fracasso, são histórias escolares que caminham mal, de modo que são esses alunos, essas situações, essas histórias que devemos analisar, ou seja, analisar as *experiências de fracasso*, o vivido.

A idéia de autoformação tem sua base teórica de referência no pensamento de Rousseau, sobretudo na teoria dos três mestres: a natureza, os homens e as coisas. No *Emílio*, este autor foi claro quanto à sua opção: a educação da natureza, identificada como o desenvolvimento interno de nossas faculdades e de nossos órgãos. E justifica essa escolha dizendo que a educação

> da natureza não depende de nós; a das coisas, só em alguns aspectos. A dos homens é a única de que somos realmente senhores; mesmo assim, só o somos por suposição, pois quem pode esperar dirigir inteiramente as palavras e as ações de todos os que rodeiam uma criança? (..) Já que o concurso das três educações é necessário para a perfeição delas, é para aquela quanto à qual nada podemos que é preciso dirigir as duas outras (Rousseau, 1995: 9).

Portanto, o plano de formação proposto por Rousseau é o do homem natural que subordina as lições dos homens e das coisas ao seu próprio desenvolvimento. Vemos aí a prioridade dada àquele que aprende e não àqueles que pretendem lhe ensinar ou às coisas sobre as quais pretendem ensinar. Entretanto, na escola obrigatória, é a pedagogia tradicional que é priorizada. A heteroformação e a hierarquia definem a organização do trabalho escolar, desqualificando o autodidatismo assim como as aquisições da experiência direta das coisas (Pineau, 1987: 140).

A exploração da problemática da autoformação durante a vida, graças à abordagem das histórias de vida, mostrou a importância educativa da ligação com "as coisas", pois essas histórias ressaltam as experiências de autoformação, nas quais a emancipação do peso dos outros, de sua influência normativa, é acompanhada da descoberta de uma relação pessoal com o meio físico. Trata-se, segundo Gaston Pineau, da auto-ecoformação, em que a formação de si implica uma relativização das referências sociais herdadas e a formação de novas relações com o meio físico, o mais imediato e o mais cotidiano, como é a descoberta do ar, da corrente de ar, da água sobre o rosto ao acordar etc (1987: 141).

Através dessas histórias, tomou-se consciência da importância de gestos materiais práticos e repetitivos, inconscientes e aparentemente insignificantes, mas fundadores para si, pois tudo muda e uma nova relação com o mundo se estabelece, um novo conhecimento se opera, aparecendo uma nova unidade ecológica. Mas, ao mesmo tempo, essa é uma transformação que não é perceptível imediatamente pelos outros, pois se trata de uma reorganização da forma, de uma reestruturação interna. Os três "mestres" da educação são reestruturados entre si. Entretanto, isto não torna ilegítimo o regime parental e escolar, nem os elimina, eles são apenas as primeiras formas que a educação assume, e que a vida adulta transforma.

Atualmente, podemos identificar correntes bem diversas de autoformação, que se aproximam entre si pelo fato de significarem "aprender por si mesmo" e representarem a inversão de perspectiva que prioriza o papel do aprendente[1]. O termo *auto*formação tem por função precípua traduzir a inversão da perspectiva da instrução-transmissão para aprendizagem-apropriação, assim como a mudança do behaviorismo para o construtivismo e do estagiário-a-formar para o sujeito-aprendente. Quanto à formação de adultos, essas inversões refletem-se nas noções de escolha, de autonomia e de responsabilidade na condução de suas aprendizagens, compondo as bases de uma ética da educação permanente (Carré et al., 1997: 31-43).

A idéia de *aprender por si mesmo* não implica necessariamente aprender sozinho, nem que o professor deixe de ter um papel importante e até mesmo decisivo, por vezes. Trata-se de compreender o papel que exerce o aprendente ao desenvolver uma atividade de reorganização dos dados ou na elaboração de uma representação, atividade ela mesma dependente de fatores cognitivos, afetivos ou volitivos. Fatores estes desenvolvidos a partir da inserção do indivíduo no meio social.

Priorizar o aprendente como objeto de análise faz-se presente em estudos tanto da psicologia, quanto da sociologia e da pedagogia, posto que é fruto de um movimento sinérgico de interesse voltado para o sujeito da ação. Na psicologia adotou-se um novo paradigma: a noção de autotransformação do sujeito vem substituir a representação da aprendizagem como o efeito da transformação do indivíduo pelo ensino.

Enquanto isso, na sociologia, ocorreu uma mudança na prioridade do estudo de determinismos do funcionamento social para o exame dos fenômenos sociais como construções humanas que comportam uma parte irredutível de liberdade do ator social. Trata-se da emergência de um sujeito social que adquiriu progressivamente direitos e poderes cada vez mais amplos em face das instituições sociais tradicionais.

Na pedagogia, a emergência do sujeito se manifesta pelo fato de ser o aprendente o ator principal da construção dos conhecimentos. Como existe um

---

[1] O termo aprendente é um galicismo intencional para evitar relação com o grau de aprendiz das corporações de ofício das cidades medievais.

mundo próprio a cada um, é através da mediação pedagógica e do meio social que se dá o alcance das aprendizagens e a qualidade das trocas estabelecidas na comunicação (Lerbet, 1992: 174). A aprendizagem, portanto, centra-se na liberdade, na comunhão e na dialogicidade, aproximando o processo de educação e de formação ao processo de humanização.

As mudanças nessas áreas se dão paralelamente a uma mudança da representação mecânica do mundo para uma visão orgânica, em que a totalidade do real não se reduz a uma somatória de partes que podem ser observadas, controladas e medidas, mas se refere a um contexto no qual imperam a interpenetração, a imprevisibilidade, a irreversibilidade, a criatividade e a historicidade.

Philippe Carré (1997: 20-4) identifica cinco correntes diferentes e/ou complementares sobre a autoformação, agregando teorias, práticas, instrumentos e campos sociais, articulando-os numa representação espacial na forma de uma "galáxia", uma metáfora que permite mostrar, como numa fotografia evolutiva e móvel, a existência de um centro de atração, representado pela noção de *aprender por si mesmo*, rodeado por "planetas" que privilegiam algum ponto de observação. Estes são ligados por sua vez a "satélites" metodológicos ou conceituais. A imagem a seguir mostra "a nova galáxia da autoformação".

a) *Autoformação integral* retorna à antiga corrente de autodidaxia, cujo critério de identificação é aprender longe das ligações a instituições e agentes educativos formais. Trata-se de uma noção radical, assumindo por si mesmo o conjunto de funções de ensino habitualmente atribuído a um terceiro. Esta corrente liga-se a muitas noções e práticas conexas: formação experiencial, práticas de autodocumentação, projeto de aprendizagem autônoma etc.
b) *Autoformação existencial* foi definida por Gaston Pineau como "formação de si por si", caracterizada pela pessoa de seu poder de formação. Trata-se de "produzir sua vida" (Pineau, 1983), apoiando-se sobre práticas de história de vida, de projeto autobiográfico ou técnicas de brasões como a referida por Galvani (1991, 1995). A autoformação existencial está ligada a uma das vertentes da formação experiencial (Courtois, 1995), assim como à idéia da formação permanente. Nessa concepção, a autoformação atravessa o conjunto dos meios de vida do sujeito e dura toda sua existência, por isso ela é vista como permanente, holística e crítica.
c) *Autoformação educativa* refere-se ao conjunto de práticas pedagógicas, visando desenvolver e facilitar as aprendizagens autônomas, no quadro de instituições especificamente educativas. O termo autoformação aqui traduz um objetivo educativo, a autonomização dos aprendentes participando então do pro-

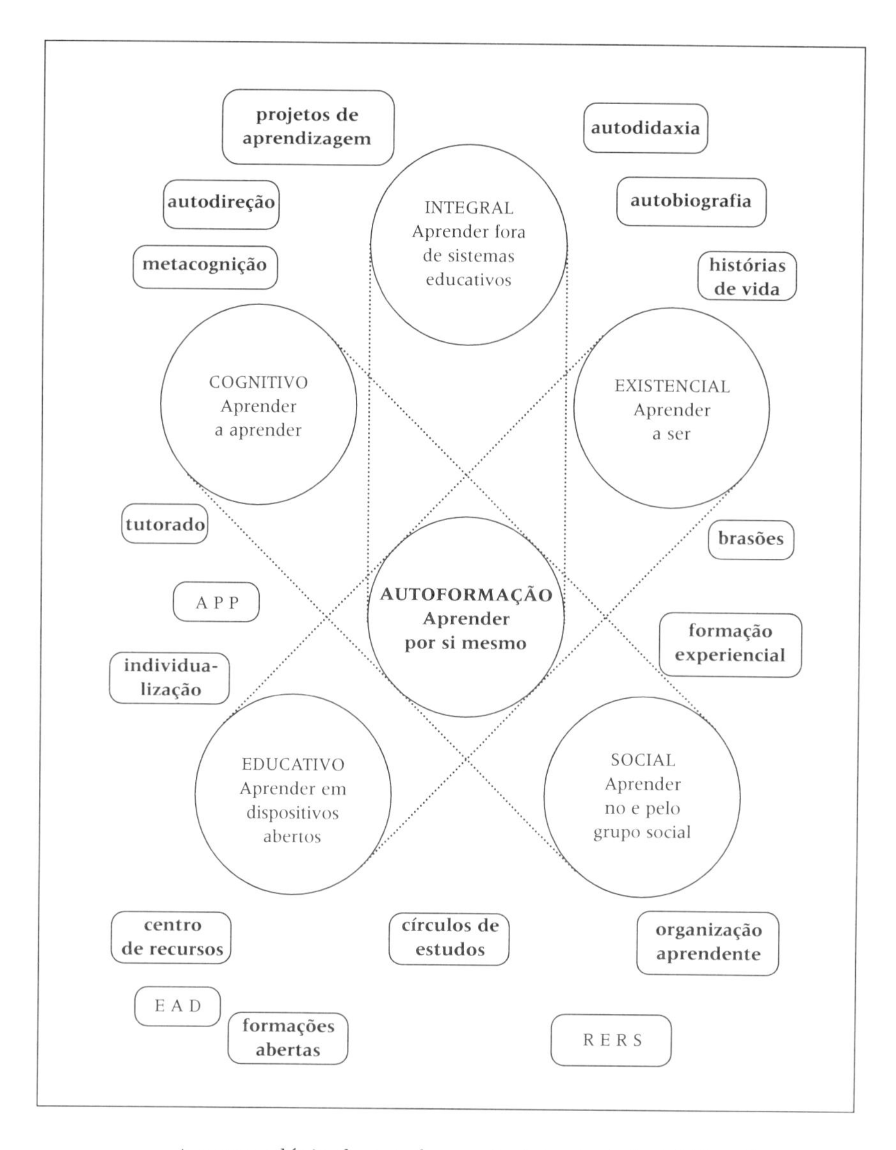

A nova galáxia da autoformação (Carré et al., 1997: 19).

jeto pedagógico dos formadores. Muitos instrumentos e dispositivos estão a serviço dessa corrente, entre eles: os Ateliês Pedagógicos Personalizados (APP), centros de recursos, Ensino à Distância (EAD) etc.

d) *Autoformação social* refere-se a todas as formas de aprendizagem realizadas pelos próprios sujeitos fora do campo educativo no sentido estrito, mas fortemente integradas aos grupos sociais (trabalho, cidade, lazer etc.). Trata-se da autoformação cooperativa do tipo sociocultural em meio associativo, como é o caso das Redes Recíprocas de Troca de Saberes (RERS), referidas por Portelli (1995), ou das novas formas de organização em emergência nas empresas e no meio profissional, como a organização aprendente (Moisan, 1995) ou a que ocorre nas e pelas situações de trabalho.

e) *Autoformação cognitiva* reúne diferentes concepções de mecanismos psicológicos presentes na aprendizagem autônoma. O aspecto metacognitivo da autodireção retorna à expressão bem conhecida "aprender a aprender", consagrando-se no desenvolvimento de meios de autonomização de processos cognitivos, mas também no desenvolvimento de competências no aprendente.

Essa imagem mapeia as diferentes noções de autoformação, evidenciando os pontos de observação que privilegiam, contribuindo para que situemos nossas práticas e conceitos num contexto mais amplo, assim como outras práticas e conceitos em voga atualmente[2].

Apesar dos esforços de classificação, o termo autoformação permanece de difícil precisão, em razão de sua complexidade e da multiplicidade de relações entre as diversas perspectivas conceituais e metodológicas, permanecendo apenas como elemento comum a idéias de aprender por si mesmo.

Aprender e formar-se

As situações educativas são complexas, multifacetadas, singulares, instáveis e envolvem diferentes pontos de vista, conflitos de valores e antagonismos. Não podemos traduzi-las através de uma linguagem calcada no racionalismo positivista e nem dispomos ainda de um vocabulário adequado para expressá-las. Na situação de mudança paradigmática que vivemos não temos ainda uma linguagem comum e corrente para definir a aprendizagem e a formação em razão das mudanças conceituais. Por isso, precisamos adentrar nas diferentes disciplinas que tratam do humano para buscar sua compreensão. Josso (1991a), em sua tese de doutoramento, faz esse movimento pesquisando as diferentes concep-

---

[2] A prática do Diário, registro das reflexões do aprendente (professor, aluno ou pesquisador), se aproxima de uma técnica autodidata e da corrente da autoformação integral. Esta prática acompanhou-me sempre, mais ou menos intensa, nos diferentes momentos de minha vida pessoal-profissional, como explicito no *Livro da Noite*. Já a realização do trabalho de formação baseado nas histórias de vida, por exemplo, com os professores da escola referida no *Livro da Tarde*, aproxima-se da corrente da autoformação existencial, mas também da social, na medida em que está inserida no contexto do trabalho profissional, a instituição escolar, ela mesma em desenvolvimento organizacional, uma "organização aprendente", movida por várias instâncias de trabalho coletivo: as *Rodas*.

ções de formação nas ciências do humano: sociologia, antropologia, psicologia e nas ciências da educação. Trata-se, portanto, de ir buscando linguagens que expressem de maneira aproximada, abandonando a ilusão de contar com linguagens que dêem conta de expressar de maneira clara e precisa.

As biociências, através dos estudos dos biólogos chilenos Humberto Maturana e Francisco Varela, abrem uma via de compreensão sobre a aprendizagem, alicerçando a construção do novo paradigma. Conceber a aprendizagem como um processo criativo de auto-organização se afasta da maneira como é identificada no senso comum: receber ensinamentos e informações vindos de fora da pessoa e por ela acumulada apesar de as informações também fazerem parte desse processo. Assim, a aprendizagem é um *processo criativo* de auto-organização através do qual a pessoa amplia seus recursos, podendo enfrentar melhor os desafios e obstáculos com que depara.

Este processo contínuo de auto-organização do vivo em constante interação com o meio é um processo dialético de assimilação-acomodação, trabalhando para a reequilibração, em que o organismo vai construindo estruturas cada vez mais complexas. Isto se dá tanto nos aspectos cognitivos, afetivos, morais e procedimentais. Este é um ponto de vista piagetiano que converge para a abordagem neurobiológica da auto-*poiesis* dos sistemas vivos em geral e humanos em particular e que pode ser utilizado na área da educação e formação para melhor compreender a aprendizagem.

Mas refletir sobre a aprendizagem não é somente se interrogar sobre a construção do processo hipotético-dedutivo, é se interrogar também sobre a *evolução do campo da consciência*. Isto ocorre porque o desenvolvimento da pessoa vai além dos estágios de desenvolvimento descritos por Piaget, incluindo-os e transcendendo-os. É nessa direção que Josso desenvolveu seus estudos sobre a formação.

Josso mostra ainda que através das contribuições de Dominicé ocorre uma inversão da questão que orienta os trabalhos sobre os processos de formação, passando de "como os adultos aprenderam o que sabem" para "como eles sabem o que aprenderam". Acrescenta ainda que é mais fácil nomearmos o que aprendemos a fazer do que o que aprendemos a pensar e questiona: como e onde esses saberes foram elaborados e como eles agem sobre nossas orientações de vida, sobre nosso futuro, em uma palavra, sobre o processo de formação (Josso, 1991a: 81)? Vemos aqui a complexidade em que está imersa a questão da formação.

No paradigma que se constrói, aprender está identificado com o vivo do ser vivo, de modo que, enquanto houver vida, haverá aprendizagem. Entender a formação de professores em sintonia com esta visão é pensá-la como ação permanente, contínua. E, como conseqüência, é pensar em todos os espaços de vida do professor como espaços de aprendizagem, de formação. Esse processo contínuo de aprendizagem é a vida, de modo que estar vivo é estar-em-processo-de-aprender e aprender ganha um caráter existencial (Assmann, 1998).

O caráter existencial do aprender faz que a experiência ocupe lugar central no processo de aprendizagem, não mais entendida como mero suporte, isto é, como lugar de aplicação dos saberes teoricamente adquiridos, mas se torna ela própria, quando refletida, fonte e produtora de aprendizagem, pois reconhecer e valorizar o que a experiência ensina é atribuir valor de conhecimento e possibilidade de produção de saberes. Saberes esses explorados pelas pesquisas sobre a formação experiencial por autores como Pineau (1991), Josso (1991a, 1991b), Courtois (1995), Dominicé (1991) e Couceiro (1994), dentre outros.

A formação experiencial é definida por Gaston Pineau (1991: 29-30) como uma *formação por contato direto mas refletido*. Por contato direto significa sem a mediação de formadores, de programas ou livros, isto é, repentinamente surge um acontecimento, uma situação, que promove uma ruptura entre o organismo e o meio: é a experiência, que introduz uma descontinuidade, uma novidade. Mas essa novidade não é formadora em si nem imediatamente, pode ser até mesmo deformativa ao desfazer uma forma anterior e causar danos: são as más experiências que podem deixar traumatismos no organismo.

Visto que a formação se dá pela experiência, a formação de professores também precisa ser profundamente repensada, concebida e praticada, pois as experiências que os professores tiveram como alunos, durante sua vida em instituições escolares, foram calcadas na transmissão de conhecimentos acabados, numa expectativa de repetição, pelo menos na maior parte dos casos. A situação não é diferente na grande parte das iniciativas de formação inicial dos professores, baseadas, em sua maioria, na assimilação de informações consideradas importantes para a atuação docente. Informações selecionadas por outros que não o aprendiz, sem levar em conta aquelas que ele traz de conhecimentos e experiências de vida, sobretudo as de sua vida de estudante nas escolas por onde passou.

O lugar da experiência nos processos de aprendizagem, de conhecimento e de formação, preconizados por autores tais como Piaget, Rogers, Jung, Freire, ganham outra dimensão com as contribuições de Josso, Dominicé e Nóvoa, pois estes insistem na importância de um trabalho de reflexão crítica sobre as práticas, o que se dá juntamente com a reelaboração da própria identidade e não por acumulação de cursos, de conhecimentos ou de técnicas.

Assim, investir na formação de professores é proporcionar oportunidades de apropriação desses saberes experienciais, criando situações em que os docentes reflitam sobre suas ações, tanto as recentes quanto as de sua história de vida. É nesta perspectiva que as abordagens autobiográficas podem ser caminhos de investimento na formação de adultos, e portanto dos professores, pois a formação passa pela compreensão das experiências vividas. Ajudam também no processo identitário dos professores, no sentido de seu desenvolvimento pessoal-profissional. "Nos relatos biográficos, a experiência evocada como central para a formação é sempre aquela que teve um eco posterior, que teve a ocasião de ser pensada ou simbolizada" (Dominicé, 1991: 55).

Pensar a formação desta maneira é revolucionar as práticas formativas hegemônicas, pois trata-se de abdicar da procura de didáticas que dêem conta da formação, pois é o sujeito que se forma, formação esta enraizada em seu percurso de vida, em suas experiências, em sua singular maneira de aprender. Entretanto, isso não quer dizer que o formador tenha um papel menos importante, muito ao contrário, seu desafio é ainda maior, pois sua alteridade é fundamental para o processo autoformativo dos professores, o que demanda um empenhamento pessoal na relação que estabelece com ele, o mesmo se dando na formação das crianças.

Ao mesmo tempo que o formador tem papel muito importante na autoformação dos professores, podemos destacar o papel igualmente importante dos grupos de pertença na formação de cada um. Numa profissão relacional tal como a docente, mudança pessoal é também mudança social, pois "a experiência de cada um concerne de alguma maneira a experiência do outro numa reciprocidade. *É a experiência da interexperiência*" (Honoré, 1992: 23, grifo do autor).

Dessa maneira, cabe ao professor tomar para si sua própria formação contínua, seja através de estratégias individuais ou coletivas, pois o poder da formação pertence àquele que se forma e este o fará a partir da lógica de seu próprio percurso individual, partilhando espaços e experiências. Mas os sentidos dessa formação serão sempre individuais, na medida em que suas experiências ganham significados em seu próprio percurso e na maneira singular de traçá-lo. Assim, formar identifica-se com formar-se.

A experiência para ser formativa precisa passar pela reflexão, como já destacado, uma vez que o trabalho reflexivo, segundo o modelo estrutural de Kolb, citado por Pineau, que tira lições da experiência, coloca em jogo duas operações mentais diferentes mas ligadas: a *preensão* da experiência e sua *transformação*, cada uma delas articula outras duas ações: apreensão e compreensão para a recepção da experiência e sua interiorização psíquica (intenção) e a exteriorização social (extensão) para sua transformação (Pineau, 1991: 30).

Pelo exposto acima, percebemos a importância da partilha das experiências para a sua transformação, pois é através dela que se dá a exteriorização, referida por Kolb. Um espaço de confrontação dos pontos de vista caracteriza uma situação propícia para tirar partido de uma experiência, contribuindo para o caráter formativo e não deformativo desta.

Numa situação de partilha é importante que os diferentes atores exteriorizem, na troca, suas intenções, objetivos e visões de mundo, confrontando seus diferentes significados, o que permite até mesmo reelaborá-los. Dessa maneira, tira-se partido das experiências de uns e outros, construindo um sentido próprio.

A escola é um ambiente formativo na medida em que é um espaço onde se dão partilhas e a circulação de recursos culturais, os quais contribuem para essa construção de sentidos. Nesse contexto, o papel do educador não é o de transmissor de conhecimentos, simplesmente, mas o de mediador e articulador dos pontos de vista, das negociações pessoais e diálogos com a cultura.

Pensando na formação do professor, que não reserva espaços para a reflexão e partilha das experiências, como ele poderá construir sentidos com seus alunos se ele mesmo não foi estimulado a viver essa construção em sua formação escolar e profissional?

É então tarefa das instituições que se propõem à formação continuada proporcionar esta oportunidade aos professores, mas também das instituições onde eles trabalham: as escolas, que são palco de experiências, onde os projetos de formação dos alunos podem se desenvolver paralelamente aos projetos de formação dos professores ao mesmo tempo que todos se envolvem com o projeto da instituição escolar[3].

Condições favoráveis à formação

Entendendo a aprendizagem e a formação como exposto acima, vemos o quanto se distancia da concepção de educação como retificação moral e endireitamento do pensamento, próprios da forma tradicional de ensino e formação. Para ajudar o indivíduo a desenvolver suas potencialidades, proponho algumas condições favorecedoras: a presença do humor, do lúdico e da alegria, além de uma outra postura educacional ante o erro e a avaliação, bem como a agressividade sadia, a sensibilidade, a capacidade de estar a sós e a reflexão sobre as experiências e, no caso dos professores, a reflexão sobre suas práticas.

---

[3] O imbricamento entre esses três níveis de projeto aparece na narrativa do processo da escola a que me refiro no *Livro da Tarde*.

A pedagogia tradicional, ao privilegiar o lógico-racional e entender que aprender é uma amarga obrigação, tende a excluir a alegria. Isso decorre da perspectiva ocidental cristã que associa o sofrimento à purificação, desconsiderando o prazer, o riso e o humor como constitutivos da aprendizagem e da vida. O livro *O nome da rosa*, de Umberto Eco, é exemplar dessa situação, na medida em que trata de uma série de crimes ocorridos num mosteiro medieval, todos decorrentes de um mesmo motivo: o contato com o livro *Poética* de Aristóteles que faz uma apologia do riso:

> Aristóteles vê a disposição ao riso como uma força boa, que pode mesmo ter um valor cognoscitivo, quando através de enigmas argutos e metáforas inesperadas, mesmo dizendo-nos as coisas ao contrário daquilo que são, como se mentisse, de fato nos obriga a reparar melhor, e nos faz dizer: eis, as coisas estavam justamente assim, e eu não sabia (Eco, 1983: 530).

Jorge, o monge bibliotecário do mosteiro, abomina o livro de Aristóteles e argumenta que este poderia ensinar artifícios argutos para legitimar a inversão das relações de senhoria, promovida pelo riso, pois quando ri, o aldeão sente-se patrão. A lei, segundo Jorge, é imposta pelo medo "cujo nome verdadeiro é temor a Deus", e esse livro poderia fazer com que o riso fosse "designado como arte nova, desconhecida até de Prometeu, para anular o medo" (Eco, 1983: 533). Por isso, o monge bibliotecário colocou veneno nas páginas desse livro, eliminando os leitores que tiveram acesso àquelas idéias, impedindo assim a divulgação desse conteúdo subversivo.

Na pedagogia do novo paradigma os antagonismos se integram: seriedade e alegria não se excluem. Excluir a alegria na escola é correr o risco de deteriorar a alegria de viver, visto que os processos de aprendizagem, enquanto processos vitais, nutrem-se das experiências nos ambientes e contextos de formação que tivemos em nossa história de vida.

Conceber a alegria como parte da aprendizagem não significa que se defenda uma superficialidade na construção do conhecimento, mas apenas que a relação com este não decorra necessariamente de sofrimento e dificuldades e sim que se encontre o lugar em que ambos, juntamente com a alegria, o humor e o prazer ocupem nesse processo. E como diz Paulo Freire no prefácio de um dos livros de Georges Snyders:

> Se o tempo da escola é um tempo de enfado em que educador e educadora e educandos vivem os segundos, os minutos, os quartos de hora à espera de que a

> monotonia termine a fim de que partam risonhos para a vida lá fora, a tristeza da escola termina por deteriorar a alegria de viver (1983: 9).

Exploremos algumas contribuições da psicopedagogia a essa questão. A alegria é importante, pois permite uma diferenciação da dor, criando uma fronteira entre esse sentimento e a pessoa, como diz Alicia Fernández (1996a). E essa fronteira permite fazer a dor algo pensável, propiciando assim um encontro com o imprevisto. Segundo essa psicopedagoga argentina, a alegria não é o contrário da tristeza, mas é o contrário do aborrecimento. Em espanhol *aburrirse* significa tanto aborrecer-se, chatear-se, entediar-se quanto liga-se à idéia de emburrecimento. Assim, um ensino calcado na reprodução provoca o emburrecimento e impede o diferir, o construir-se diferente.

Hermann Hesse, escritor alemão, cuja sensibilidade tem ajudado algumas gerações a traduzir para o plano estético seus temores e anseios através de temas universais, escreveu sobre a alegria no conto "Felicidade":

> O ser humano, como Deus o imaginou e a literatura e sabedoria dos povos o entenderam por muitos milhares de anos, foi criado com uma capacidade de alegrar-se com as coisas mesmo que não lhe sejam úteis, com um órgão reservado para apreciar o que é belo.
>
> Espírito e sentidos sempre participaram em igual medida nessa alegria do homem pelo belo e, enquanto pessoas forem capazes de se alegrar, no meio de pressões e perigos, com coisas como as cores da natureza ou um quadro pintado, o chamado da voz da tempestade ou da música feita pelo homem, enquanto atrás da superfície dos interesses e necessidades o mundo puder ser visto ou sentido como um todo onde existe uma ligação do movimento de um gato com as variações de uma sonata, do comovente olhar de um cão com a tragédia de um escritor, num reino múltiplo de mil relações, correspondências, numa linguagem eternamente fluindo para dar ao ouvinte alegria e sabedoria, divertimento e emoção – enquanto isso existir, o homem poderá sempre voltar a dominar suas fragilidades e atribuir um sentido à sua existência, pois "sentido" é aquela unidade do múltiplo, ou aquela capacidade do espírito de pressentir unidade e harmonia na confusão do mundo (Hesse, 1999: 47-8).

Também o humor oferece condições para a aprendizagem, pois move o mundo de significações congeladas, permitindo olhá-lo sob outro ângulo e ajudando a transformar alguma cena dramática em assunto banal. O humor abre brechas para ultrapassar um obstáculo que parecia intransponível porque dá movimento à "cena", isto é, oferece outra maneira de olhá-la e percebê-la. Ao incorporar o inusitado, pode ajudar o professor na construção de um relacionamento dinâmico com seus alunos, o que favorece tanto a aprendizagem desses, quanto o desenvolvimento de sua própria sensibilidade e capacidade de convivência perante as diferenças, pois trata-se de uma ferramenta com intenso valor moral. Mas vale distingui-lo da ironia.

Comte-Sponville (1995: 232-3) diz que o humor, uma das virtudes que estudou em seu *Pequeno tratado das grandes virtudes*, é um rir de si mesmo, ou do outro como de si mesmo, enquanto que a ironia goza da cara do outro. Uma mesma brincadeira, entretanto, pode mudar de natureza, segundo a disposição de quem a enuncia: o que será ironia em um, que se exclui dela, poderá ser humor em outro, que nela se inclui. O humor conduz antes à humildade, é reflexivo e trabalha com a cura e a generosidade, enquanto a ironia fere e é ligada à avareza.

Além disso, há coragem, grandeza e generosidade no humor, como diz Sponville, pois o eu é como libertado de si mesmo. Há também algo de sublime e elevado que acompanha esse caráter de libertação, o que o difere de outras formas de comicidade e o aproxima, de fato, da virtude. Referindo-se às contribuições de Freud em *O humor*, mostra que a coragem é mobilizada pois é como se dissesse: "Olhe! Eis o mundo que lhe parece tão perigoso! É uma brincadeira de crianças. O melhor, portanto, é brincar!" (Conte-Sponville, 1995: 234).

Mesmo que haja situações em que sobre muito pouco espaço para a dignidade, o humor consegue ainda, às vezes, encontrar mínimas fissuras, por seu caráter rebelde, que consegue triunfar sobre a adversidade das situações reais. Jorge G. da Cruz (1995), psicólogo argentino, dá o exemplo vivido por Freud perante os nazistas pouco antes do exílio: um dia, a polícia secreta nazista entra na casa de Freud e leva grande quantidade de dinheiro de seu cofre. Segundo seu filho, Martín Freud, o único comentário de Freud para sua esposa foi: "querida, eu nunca cobrei tanto por uma só visita...". Antes de partir, os nazistas exigem que Freud declare, por escrito de próprio punho, que foi bem tratado pelas autoridades, e este escreve com ironia, conseguindo perfurar a prepotência racista: "Posso recomendar muito a Gestapo *para todos*".

O humor é um exercício da inteligência e da criatividade, pois mobiliza recursos de diferentes ordens, age contra a impaciência e a favor da flexibilidade. É como um escritor que, mais uma vez, diante do papel em branco e lápis em punho, no momento de vacilação que precede o primeiro traço, exclama: "aqui estamos, um papel angustiado diante de um artista em branco" (Cruz, 1995). Também o professor pode lançar um novo olhar sobre as situações angustiantes de seu cotidiano, de maneira que uma leitura criativa e lúdica da situação angustiante possa ajudá-lo a enfrentá-la de uma outra maneira.

Alicia Fernández (1995) relaciona o tédio emburrecedor na escola com a incapacidade de humorizar, isto é, de jogar com as idéias, pois não bastam técnicas novas, novos jogos didáticos, visto que estes não vão resolvê-lo, podem apenas atenuá-lo por alguns instantes.

Para de fato enfrentar o tédio, tanto o educador quanto o aluno, precisam assumir um papel ativo, no qual a agressividade, inerente ao ser humano, possa expressar-se de maneira sadia, positiva e construtiva, agressividade esta necessária ao ato de aprender, pois este significa uma transformação das informações recebidas em algo novo. O papel do professor é abrir espaços para a aprendizagem, para o jogo e para realizar escolhas[4 e 5]. Mas, para tal, ele próprio precisa autorizar-se a reencontrar seu espaço pessoal de aprender, jogar, escolher e humorizar, podendo criar um clima propício para que também seus alunos se autorizem a fazer o mesmo.

---

[4] Oferecer oportunidades de escolhas na escola possibilita que os alunos, em sua singularidade, possam optar pelos caminhos mais próximos de suas necessidades e desejos, de maneira a realizar aprendizagens significativas para si. No *Livro da Tarde*, no quinto capítulo, relato a experiência vivida na "Roda das Histórias de Vida". Diante da diversidade de interesses em face da proposta de trabalho sobre a própria história, sobretudo no contexto institucional, ofereci três tipos de atividade, uma envolvendo um trabalho mais direto sobre a história de vida e as outras menos. Dessa maneira, cada participante pôde escolher a que melhor respondia ao grau de exposição pessoal ao qual se dispunha. Assim, o incômodo que a proposta geral causou a princípio foi minimizado e a oportunidade formativa aproveitada. No *Livro da Noite*, conto situações de minha própria história de vida em que identifico a possibilidade de escolher como oportunidade formativa. No terceiro capítulo, por exemplo, relato cenas vividas na faculdade, em que algumas professoras propiciaram trabalhos de final de curso onde pude abordar questões referentes à minha prática profissional, que exercia paralelamente ao processo de formação acadêmica. Isto foi possível porque as professoras deram opção de escolha!

[5] "Quando ministrava aulas de História na escola referida no *Livro da Tarde*, propunha para os alunos diferentes atividades para abordar uma determinada unidade didática. Definia um período para a realização dessas atividades e combinava com o grupo que ao término do prazo todas deveriam ter sido feitas por todos os alunos, não importando, contudo, a seqüência da realização delas. Com isso, os alunos poderiam se envolver na atividade mais compatível com seu interesse do dia ou mesmo com a disponibilidade de materiais na sala. Isso provocava, a princípio, um relativo caos. Se, por um lado, eu precisava fazer atendimentos individualizados para os alunos em razão das distintas opções de cada um, por outro, criava na sala um ambiente envolvente e mobilizador. Em função disso, não apareciam problemas de disciplina ou falta de interesse, pois, ao escolherem a atividade a ser realizada, assumiam um papel ativo na condução de sua aprendizagem, tornando-se sujeitos dela. A oportunidade de escolha mobilizava em cada um o desejo de aprender, o que explica todos fazerem todas as atividades. No balanço do curso, os alunos destacavam a importância da experiência democrática que tiveram, na medida em que a vontade de cada um era contemplada. Essa consideração do eu individual possibilitava um clima afetivo e facilitador da aprendizagem. Do caos se fazia a ordem" (Cristina).

Se o aluno não se autoriza ou não é autorizado a utilizar essa agressividade sadia e a diferenciar-se do Outro, cujas condições são necessárias para a aprendizagem, seu pensamento pode ser inibido, refletindo uma incapacidade para escrever. Se, por um lado, a angústia faz parte da construção do novo, da construção das próprias idéias e da diferenciação, por outro, o professor pode facilitar ou dificultar o enfrentamento dessa angústia. Ele exerce um papel muito importante e às vezes crucial na relação que cada aluno constrói com a escrita, com o próprio pensamento, com a própria autoria. O que se dá não só na relação entre adultos e crianças, mas também entre adultos, por exemplo, nas situações de formação de professores, na universidade ou fora dela.

Encontro no texto "El autor" ["O autor"] de Alicia Fernández (1996b) um exemplo desse papel do educador na construção da autoria daqueles que estão sob seus cuidados:

> O autor ao escrever se conecta com a angústia
> de achar que as palavras que possui não conseguem
> dar conta daquilo que quer dizer.
> Vêm à sua mente "palavras velhas" para nomear o novo.
> E *o novo* está ali, ainda estranho para ele mesmo,
> que é quem o está gestando.
> E o novo está ali, ainda desconhecido para ele mesmo, que o sabe.
> Ainda mais forte que ele.
> Mas quer e necessita nomeá-lo, para podê-lo conhecer.
> Além disso, o olhar do Outro, perguntando,
> pode persegui-lo, inibi-lo, alentá-lo e dar-lhe coragem.
> "Inibe-o", quando o obriga a usar o velho,
> como o Único e o melhor possível.
> "Persegue-o" quando toma por velho o novo.
> "Alerta-o" e lhe dá coragem, quando lhe permite tomar emprestado as palavras velhas
> para nomear o novo,
> E então o autor se autoriza a escrever,
> que é nomear com palavras novas, o novo.

Ao referir-me à escrita como atividade expressiva do próprio pensamento, trata-se de algo diferente de copiar ou registrar o que o outro espera que se diga: para escrever é necessário exercer a autoria, palavra que tem a mesma raiz etimológica de autoridade: *augeo*. Vale lembrar aqui a influência das experiências de escrita que os professores tiveram em sua história de vida. É possível incentivar o outro a viver uma aventura que não se viveu?

Assim como a alegria, o humor e a agressividade sadia, o desenvolvimento da sensibilidade, através de variadas experiências estéticas e linguagens expressivas, propicia a formação, pois amplia os recursos para a leitura e compreensão da realidade que é complexa, formada por antagonismos, de maneira que pode ser apreendida em suas várias dimensões e por meio de múltiplas abordagens. A educadora Ana Angélica Moreira trata da formação sensível dos educadores, propondo um resgate de seu desenho, associando essa busca a um caminho autoformativo, na medida em que "buscar o desenho que ficou perdido na infância é um trabalho que exige coragem e humildade. É fazer uma viagem em busca do próprio desígnio" (1984: 95), de maneira que o educador permaneça em contato com a criança que habita em si, assim como com seus próprios projetos.

Resgatar o próprio desejo, a própria palavra, conectar-se com sua infância, seu projeto, sua autoria, é favorecido pelos trabalhos com as várias linguagens artísticas e vivências expressivas[6], que representam também "ferramentas" para o educador, alimentos à sua sensibilidade, o que é vital para poder acolher e estimular o desenvolvimento de seus alunos, tanto intelectualmente, quanto em sua criatividade e sensibilidade. Arte e alegria caminham juntas e possibilitam a abertura para o Outro. Viver e educar(-se) com alegria é, portanto, caminho para a convivência solidária.

Além de vários caminhos que envolvem a Arte, em suas variadas manifestações, os jogos psicodramáticos também podem favorecer a formação do ponto de vista do desenvolvimento da sensibilidade. Ao implicar o corpo, permitem um engajamento maior da pessoa do que ocorre com os trabalhos que envolvem somente o mental e o verbal. Alicia Fernández[7] desenvolve uma abordagem

---

[6] Nas entrevistas que fiz com professores, registradas no *Livro da Tarde*, no quarto capítulo, foi evidenciado o valor das atividades expressivas. Uma das professoras foi explícita ao contar que, inicialmente, participava das atividades propostas apenas por obrigação, sem acreditar em algum benefício para si, mas, com o desenvolvimento das várias atividades, foi se mobilizando e percebendo as transformações pessoais, o que repercutiu em sua atuação em sala de aula ao conseguir perceber o real interesse de seus alunos e poder conduzir projetos de pesquisa significativos para eles.

[7] Participei durante quatro anos de um de seus grupos, no qual pude ressignificar cenas de minha história de vida ao revelar algumas e dramatizá-las ou participar da multiplicação dramática originada por cenas contadas por outras participantes. Além dos jogos dramáticos propriamente, Alicia propunha outras técnicas que enriqueciam as possibilidades de reflexão e ressignificação da história, baseada em desenhos, fotos, escrita, construções com materiais diversos, por exemplo, objetos de que dispúnhamos na bolsa etc.

nessa direção, trabalhando com professoras e psicopedagogas que buscam ressignificar sua história: o psicodrama analítico[8]. Nesse caso, com fundamentação na psicanálise, nos trabalhos de Pichón Riviere e Eduardo Pavlovsky, ela propõe a dramatização de cenas dramáticas da história dos participantes do grupo ou de outras cenas criadas para que o grupo dramatize.

Durante o jogo dramático, a cena dramatizada vai sendo multiplicada, isto é, a partir do que a cena original provoca em seus observadores e protagonistas, estes criam outras cenas, dando novos rumos ao drama. Ao ser apoderada por várias subjetividades inter-relacionadas, surgem múltiplas significações, possibilitando jogar com as cenas e aprender a jogar com a confusão. Cria-se um distanciamento e uma mobilidade da cena original, libertando seu narrador do imobilismo que o possuía, o que é, por sua vez, facilitado pela sua elaboração como vivência estética. Trata-se da construção de *sujeitos* da ação: *atores* que experimentam diferentes papéis e refletem sobre eles ampliam suas experiências e seu "estoque de saberes", podendo eleger diferentes maneiras de enfrentar o novo nas situações que a vida apresenta e, assim, ampliam suas possibilidades de serem *autores* de sua história.

Para haver aprendizagem e favorecer a formação, é também necessário que o "erro" e o desvio do planejado possam ser entendidos não como ocasiões para punição, mas como oportunidades para perceber a criatividade que se manifesta através deles, provocada pelos desafios trazidos por uma situação nova. É possível, por exemplo, trabalhar com os aprendentes (crianças, jovens ou adultos), encarando seus "erros" com humor (e não com ironia) ou mesmo como algo que ele ainda não compreendeu ou não adquiriu, no caso do objetivo ser a assimilação de uma nova informação, ou mesmo de uma habilidade, algo que lhe "falta"[9] e que ele poderá adquirir. E poderá fazê-lo, principalmente, se contar com a acolhida (Honoré, 1992), com a escuta sensível (Barbier, 1993) e com o cuidado (Boff, 1999) do educador, se este demonstrar confiança na capacidade

---

[8] A abordagem original do psicodrama foi cunhada por Jacob Lévy Moreno (1889-1974), que também se nutriu das idéias de Rousseau, Pestalozzi e Dewey, quanto à aprendizagem provir daqueles que estão aprendendo. A partir de sua formulação do psicodrama e da prática desenvolvida na Áustria, algumas derivações de seu trabalho foram desenvolvidas, como o caso do psicodrama analítico com que trabalha Alicia Fernández e seus colegas argentinos.

[9] No *Livro da Tarde*, quarto capítulo, Stella, uma das professoras entrevistadas, conta que foi formador para ela o respeito que a equipe da escola e a coordenação tinham com seu trabalho, destacando a maneira como encaravam o "erro". Em seu depoimento, percebe-se a concepção de um processo de aprendizagem e de formação no qual o "erro" não era entendido como desvio de uma receita "certa" a ser seguida, mas como parte do processo, de maneira que corrigir o rumo, retomar, repor o que falta eram ações cotidianas e esperadas num processo criativo de construção dos caminhos enquanto se caminha.

de aprender daquele que está sob seus cuidados. Atitudes estas que favorecem o desvelamento da formação da pessoa, em vez de provocar sentimentos de incompetência, rebaixamento da auto-estima, inibir ou mesmo bloquear sua capacidade inata para aprender.

Na maioria dos casos, considerar algo como "erro" é partir de um modelo, de algo definido como "certo" *pelo Outro*, numa lógica da heteroformação, e não em função do processo da própria pessoa. Nesta situação, estamos próximos daquela concepção de educação como "endireitamento" em função de um padrão moral ou de um corpo de conhecimentos estáticos e longe da perspectiva da *pedagogia diferenciada* (Perrenoud, 2000), que considera a diversidade e as histórias singulares de formação dos alunos.

Outra condição para a aprendizagem e para a autoformação é a capacidade para estar a sós. Gaston Pineau (1991: 31), ao refletir sobre a formação experiencial e sua teoria tripolar da formação, refere-se à solidão como uma experiência que cria um contato direto com os movimentos internos, movimentos fisiológicos, afetivos, intelectuais, relacionais etc. Nessa experiência, o sujeito se desdobra em objeto ou objetos, pois partes de si mesmo se destacam e aparecem a ele, freqüentemente as partes mais pesadas e carregadas, seja de lembranças não digeridas do passado, projeções inquietas do futuro ou fragmentos preocupantes da existência presente.

Esse desdobramento existencial da solidão em sujeito-objeto(s) cria uma situação na qual *o sujeito se experimenta* e pode refletir, encarregando-se por si mesmo de si próprio[10], mas isso não quer dizer que o indivíduo se feche em si mesmo, ao contrário.

Ao encarregar-se conscientemente da solidão, o indivíduo experimenta progressivamente "as coisas", podendo estabelecer um contato mais direto com elas e aos poucos construir uma relação de aprendizagem e de compreensão que interioriza e exterioriza ligações de solidariedade ecológica. Nessa nova relação, a natureza passa a ser vista de maneira diferente, não mais como adversária, mas

[10] Estar a sós e poder experimentar-me como sujeito e objeto foram experiências importantes em minha história de vida. Por exemplo, após cada dia de trabalho, recolhia-me para fazer um balanço do vivido, avaliando-o e planejando as próximas ações. Nesse balanço, feito por escrito, freqüentemente aprofundava as reflexões, identificando meu estado interior, os sentimentos, a maior ou menor disponibilidade para o outro e seus movimentos, maior ou menor flexibilidade para enfrentar o inesperado etc. Em situações-limite, como a vivência de uma enchente ou de uma viagem sozinha a um país estrangeiro sem o domínio da língua, percebi a necessidade de um contato mais direto comigo mesma, identificando valores e prioridades, ao olhar-me como que de fora, para melhor gerir minhas ações. Experiências de autoconhecimento com repercussão na maneira de me relacionar com as pessoas, em suas próprias dificuldades e desafios.

como parceira. Uma relação dinâmica e de respeito pode se construir a partir desse contato direto, observador, introspectivo e participante, de estranha passa a parceira. É a "educação das coisas" de que falava Rousseau, ao referir-se aos três mestres. É o pólo da *eco*formação que, pela dependência de um eu responsável pela construção das relações, é melhor ser chamada de *auto-eco*formação.

A partir dessa ligação, outras se formam. Aparecem mais e mais ligações ecológicas vitais entre as coisas; dependemos sem dúvida mais dos elementos naturais do que eles de nós, pois sem eles não sobrevivemos e sem nós eles se reorganizam e prosseguem a vida.

Pineau (1991: 33) aponta alguns elementos que podem ajudar no amadurecimento desse novo paradigma da auto-ecoformação. Um deles é a transformação da dominante *relação de uso* em relação às coisas, para uma *relação pessoal de trocas simbólicas*. Trata-se de tomar consciência de que a maior parte da educação baseia-se numa lógica utilitária, em que se aprende as regras aceitas para sua utilização. Tomar a própria vida nas mãos de maneira autônoma exige uma transformação dessas primeiras relações de formação, o que se inicia por uma fase de oposição às regras de utilização aprendidas, que pode se dar de maneira mais ou menos radical, a ponto de se desejar suprimir a relação de dependência com relação às coisas. Essa fase é seguida de outra, na qual se estabelece uma ligação pessoal, iniciada pela tomada de consciência mais ou menos voluntária de sua existência.

Essas transformações significam que as práticas cotidianas deixam de ser táticas, no sentido atribuído por Certeau, de sobrevivência e autodefesa, passando a práticas de autoformação, do tipo estratégico[11]. Pineau desenvolve essas idéias detalhadamente em seu livro *Produire sa vie* [*Produzir sua vida*], no qual trata a autoformação como estratégia cultural, que se nutre da introspecção própria do regime noturno: a noite é o lugar privilegiado que permite situar as "guerrilhas da vida cotidiana" num plano de conjunto. Uma fronteira começa a se estabelecer entre si e os outros, permitindo associações de interdependência, de transações que desenvolvem a autonomia. As práticas cotidianas, as utilizações dos vários elementos que constituem a vida, podem ser o lugar de uma cultura vital específica, real. Elas não são lugar do banal, do inculto, do insignificante, como é vista pela "alta cultura civilizada", separada dessas práticas cotidianas (Pineau, 1983: 94).

A relação de uso não deixa de existir, é aceita, mas destituída das regras aprendidas, descobrindo suas raízes, não apenas físicas/fisiológicas, mas tam-

[11] Explicito o conceito de táticas e estratégias, segundo Michel de Certeau, no *guia* do *Livro da Tarde*.

bém psíquicas. Além de sua utilidade física, as coisas adquirem um *valor simbólico*, isto é, tornam-se suporte de sentidos, criando uma nova unidade existencial significativa e interativa. A relação de uso torna-se relação de sabedoria. E essa transformação não é uniforme nem igual, mas depende da natureza das coisas, de sua representação sociocultural e da posição/disposição da pessoa perante elas.

Pineau (1991: 34) avança sua reflexão a partir dos trabalhos de Gaston Bachelard, filósofo e ensaísta, sobre a dinâmica da imaginação dos quatro elementos: o ar, a água, a terra e o fogo. Uma dinâmica que transforma as relações fisiológicas reflexas em relações simbólicas de um tipo particular, que é preciso chamar de cósmico, pois elas unem o micro ao macrocosmos. Dessa maneira, tratar simbolicamente nossas relações com o ar, a água e os sonhos, ou traçar uma *poética do devaneio*, por exemplo, podem oferecer oportunidades para ajudar a amadurecer o novo paradigma e ampliar as condições para uma aprendizagem significativa, tanto individual quanto coletivamente, e auxiliar na criação das condições para o desvelamento da formação.

A experiência da solidão, portanto, pode significar, paradoxalmente, a abertura para comunicações mais profundas, não somente ecológicas, mas sociais. A experiência da alteridade e da intimidade criam espaços de co-formação, pois nossas vidas se entrelaçam. É o que mostra o filósofo Edgar Morin:

> O viver é solitário e solidário. O ser vivo emerge para a solidão acedendo para o egocentrismo. Mas a vida solitária não pode deixar de ser solidária. Vivendo cada um a nossa vida, inscrevemo-nos numa cadeia de vidas, as quais, por sua vez, nos fazem viver a nossa vida. Participamos de miríades de outras vidas que nos alimentam e que alimentamos. Cada vida autônoma é possuída no interior e no exterior por outras vidas. Ninguém nasce só. Ninguém está só no mundo, e no entanto cada um está só no mundo (1989: 370).

O ponto de vista do psiquiatra e psicossociólogo francês Bernard Honoré (1992: 168-80) traz contribuições para esse debate ao considerar que o *homem existe em formação*, de modo que falar de ações de formação é se referir às ações que dão suporte às condições favoráveis ao desvelamento da formação em nossa existência. É nesse sentido que explicita algumas ações que favorecem esse desvelamento:

Criar as condições favoráveis ao desvelamento da formação significa buscar em nossos atos e pensamentos a explicitação do caminho de nossa obra pessoal, inserida numa obra coletiva do mundo, fazendo que toda atividade tenha um sentido. Isto significa reconsiderar as práticas que visam a um resultado, segundo um esquema prévio, e permitir descobrir o que as atividades profissionais consideradas realizam para aqueles que estão nelas implicados.

- *Colocar as práticas em questão* é refletir sobre elas, buscando sua compreensão. É questionar o sentido do que estava para ser feito originalmente, assim como das técnicas que foram utilizadas em sua realização. Quando os atores de uma prática compreendem seu sentido, podem explicitá-lo a outros e envolvê-los no processo de questionamento sistemático, pois aquele que interroga suas práticas profissionais ou sociais na vida cotidiana, familiares ou de seu círculo de amizades, abre questões que tocam todos ao seu redor. Mas isso demanda uma disponibilidade para vir a ser questionado pelos outros, criando um contexto em que cada um é visto como parceiro do ato formativo.
- *Descobrir o sentido formador essencial de toda prática* é valorizá-la simbolicamente, não se restringindo a seu valor de uso. A valorização simbólica liga-se à maneira como ela exprime a capacidade especificamente humana de conhecer o mundo e de transformá-lo nas relações de reciprocidade e de conjunto das práticas, umas em relação às outras. A prática não é somente produção e trabalho, ela é relação ativa ao mundo humanizado, valorizando, portanto, as práticas dos outros e suas aspirações.
- *Descobrir a origem interformativa de toda prática* significa levar em consideração que nossas falas, nossos gestos e nossas atitudes revelam nosso modo de coexistência, indicando algo de uma modalidade de pertença a um espaço social onde nós nos reconhecemos mutuamente naquilo que temos de fazer juntos. Nesse espaço estamos em interformação, dando lugar a uma comunidade onde nós organizamos as relações internas. Pesquisar o histórico da instituição, descobrindo sua origem esquecida e suas preocupações originais, poderá dar sentido às condições nas quais são vividas as relações atualmente, abrindo novas possibilidades de compreensão para os atores. A corrente atual da "cultura da empresa" pode criar condições de acesso a esse sentido histórico das estruturas da instituição e revelar o horizonte temporal da interformação.
- *Deixar a presença se manifestar à situação* significa esperar a presença do outro, criando uma situação de acolhida e de acompanhamento da experiência na tensão entre seu passado e seu futuro. Isto é, no encontro, cada um pode sustentar o que pode vir a ser e assumir o que foi, assim como criar uma situa-

ção na qual, saindo de si mesmo, se coloca num "entre-dois" em que se exerce a interformação[12].

- *Encontrar situações de uma interpelação mútua* é encontrar e cultivar situações e modalidades de uma interpelação mútua para sair de si mesmo e encontrar as coisas e os outros na totalidade de sua existência. Mas resta fazer ainda um esforço de pesquisa para determinar, nas próprias situações de formação no campo das práticas profissionais e sociais, os momentos em que esta interpelação mútua é possível. A corrente de projeto que atravessa hoje as empresas pode também dar lugar a situações nos quais os atores sociais são interpelados sobre o sentido do que eles fazem em relação à missão que realizam.

Por outro lado, pensando nas condições oferecidas pela instituição escolar, não basta oferecer aqui e acolá oportunidades formativas para ampliar as condições de aprendizagem, é necessário haver uma alteração profunda na *estrutura do trabalho na escola* com um questionamento sobre o sentido do trabalho escolar, a relação com os saberes e com sua utilização, como propõe Philippe Perrenoud (2000), professor da Universidade de Genebra.

A diferenciação do ensino e a individualização dos percursos de formação, necessários para a realização de *aprendizagens com sentido* para os alunos, fazem parte de uma mudança paradigmática cujo alcance extrapola o acréscimo de um cuidado às diferenças individuais. Não se trata de acrescentar "um andar a mais no edifício, nem uma simples modulação das práticas, é uma reconstrução da arquitetura de conjunto que se impõe" (Perrenoud, 2000: 54). Modos de efetuar tal reconstrução têm sido discutidos, fazendo surgir nos debates e em iniciativas já em andamento os *ciclos de aprendizagem*, por exemplo, uma manifestação de um reordenamento dos tempos e espaços da formação em função da individualização do currículo como possibilidade de individualização dos percursos de formação.

É também tarefa da escola considerar a transferência das aprendizagens para contextos diferentes de onde foram geradas, esforço que amplia as condições para a realização de aprendizagens significativas em seu meio. A transferência é fundamental se entendemos que o objetivo da escola é influenciar o mundo e compor forças com outras instâncias sociais para transformá-lo. "Os conheci-

---

[12] No *Livro da Tarde*, revelo várias situações onde acolher e ser acolhido provocavam novas situações de acolhimento, construindo um contexto de interformação, mas isso não quer dizer ausência de conflitos. A realidade escolar é repleta de antagonismos que geram pontos de vista em tensão. Além disso, há também ambigüidade na acolhida, como explica Honoré no trecho que transcrevo no *Livro da Tarde*, no primeiro capítulo.

mentos não-transferíveis não têm maior interesse. Para que serve a democratização do acesso ao saber, se não for mobilizável fora da escola?", questiona Perrenoud (2000: 54).

Aprender e formar-se questionando o sentido, seja das atividades dos alunos, seja das práticas dos professores, mas também da relação de ambos com os saberes e com sua utilização, leva a refletir sobre a relação do fazer dentro e do fazer fora da escola, aproximando essas realidades. Esses questionamentos provocam também a busca de melhores condições para transferir as aprendizagens e favorecer a formação. Um ambiente estimulador de projetos pode se revelar um caminho frutuoso, pois, através deles, os alunos encontram oportunidades para negociar, planejar, cooperar, questionar, avaliar e, sobretudo, *realizar* a partir do que lhes tem sentido, processo acompanhado e vivido também pelos professores. Entretanto, para serem significativos, os projetos dependem da iniciativa individual e coletiva, de buscas e pesquisas de sentido pelos sujeitos em formação.

2

Formar-se pelos projetos

Um recuo histórico, descobrindo no passado as origens do termo projeto, tão utilizado atualmente, é importante para pensarmos no sentido do que estamos fazendo em termos de projetos educativos e de formação, mas também no que "projetamos" fazer em nossas ações futuras. Boutinet (1999) faz uma *antropologia do projeto*, em que é possível encontrar elos para uma compreensão ampla do que temos chamado de projeto em meio educativo, ao mesmo tempo que situar algumas especificidades de seu uso.

Foi com J. Dewey e com W. H. Kilpatrick que, por volta de 1915 e 1920, aparecem os primeiros trabalhos sobre uma pedagogia de projeto, mas numa acepção bem genérica, não como veio a ser configurado seu uso mais tarde. A intenção desses precursores foi, no contexto do pensamento pragmático americano, opor-se à pedagogia tradicional, propondo uma pedagogia progressista, na qual o aluno faria aprendizagens mais concretas e significativas para ele, passando de objeto a sujeito de sua própria formação. Essa intenção foi partilhada pelo movimento da Escola Nova, valorizando a liberdade dos alunos, suas necessidades de aprendizagem e ligando a escola à vida. Mas seus defensores não se referiam ao termo projeto, que vem a ser retomado nos anos 1970-80 pela pedagogia por objetivos com preocupações bem pragmáticas e voltada à eficácia. Com essa finalidade, propunha critérios precisos de avaliação e acabou impondo uma pedagogia racionalista, redutora da complexidade da situação de aprendizagem.

Como reação ao fracasso da pedagogia por objetivos, a pedagogia do projeto é retomada, cinqüenta anos após o trabalho de seus pioneiros. Mas nesse meio tempo o caráter formal e abstrato da formação tornou-se ainda mais pesado e o sistema educativo tornou-se mais burocratizado e rígido, ao lado de um fracasso escolar massivo, de modo que o projeto é visto como uma resposta possível aos desafios lançados ao sistema educativo para mudar as condições nas quais se aprendia até ali. Na França, algumas reformas educativas foram tentadas com essa finalidade.

Entretanto, o encantamento que produz atualmente nos remete ao fenômeno da moda que tem marcado a história da educação nesses últimos quarenta anos, como ocorreu com a não-diretividade, o trabalho de grupo, a análise institucional, a pedagogia por objetivos etc., um uso abusivo quando não se interroga suficientemente sobre as significações que lhes são associadas, permitindo uma utilização ideológica e não provocando mudanças na aprendizagem. É o caso, por exemplo, de um projeto educativo, amplo por natureza, que não revelando os verdadeiros propósitos de uma instituição escolar, esconde-os mediante um projeto coerente na aparência e assim se autojustifica.

Distinguindo tipos de projeto

Boutinet (1999: 204-23), ao analisar os usos do termo projeto na educação, distingue quatro níveis: projeto educativo, projeto pedagógico, projeto de estabelecimento e projeto de formação. Assim nos ajuda a situar as amplas e diversas referências feitas sobre o assunto, bem como as práticas que delas resultam. Entretanto, é preciso entender essas distinções como instrumentos de análise sem que condicionem nossas intervenções na prática, pois, taxonomias como esta podem, às vezes, dificultar que equacionemos nossas intervenções de forma integradora, estabelecendo as múltiplas relações que permeiam os projetos.

O *projeto educativo* é aquele que se refere ao modo de inserção (social, cultural, profissional) da criança e do jovem com vistas à sua autonomia, sendo a escola apenas uma de suas responsáveis, pois implica a participação da família, da escola, do meio profissional, da coletividade política através de seus representantes escolhidos etc. Sua formulação muito genérica e sem intenções operatórias, como é o caso do projeto pedagógico, pode dar margem a usos ideológicos, como o descrito acima.

O *projeto pedagógico*, pelo contrário, inscreve-se no campo escolar e não implica a família, senão indiretamente, em virtude da necessária autonomia das instâncias de formação em relação ao meio social e particularmente em relação às instâncias de produção. Um aspecto importante de um projeto pedagógico é a negociação que deve haver entre professor e alunos, pois toda pedagogia implica esse caráter relacional. Essa negociação leva tempo e energia, freqüentemente são os alunos os primeiros que procuram economizá-la, pois ser ensinado dá mais segurança que aprender[13].

A negociação, segundo Boutinet, recobre ao menos duas funções essenciais: a) permite efetuar um diagnóstico da situação pedagógica, levando em conta as aquisições dos alunos; b) dá-se aos alunos oportunidade de perguntarem sobre o que eles querem, estimulando sua motivação e imaginação, permitindo que se apropriem da situação na qual eles são atores.

Como a aprendizagem é um processo singular, ocorrendo de maneira diferente de um caso para outro, é necessário que seja particularizada para que haja apropriação. Dessa forma, haver tempo para a negociação e coragem para entrar em relação com os outros, colegas e professores, mas também consigo próprio são condições para que a aprendizagem se efetue.

Que tipo de projeto impera na escola quando o tempo de encontro entre professor e alunos está mais voltado para "dar e receber aulas" com pouco ou nenhum tempo para a negociação?

Quando as relações entre professor e alunos são permeadas por um programa a ser aplicado, corre-se o risco de realizar um projeto de ensino e impedir a emergência e o desenvolvimento de projetos pedagógicos, voltados às aprendizagens, alicerces da formação.

Mas para se lançar num projeto pedagógico, como bem destaca Boutinet, é importante que o *projeto profissional de ensino do professor* passe pela realização, ao menos em parte, do projeto pedagógico a ser empreendido. E, do mesmo modo, a adesão dos alunos implica um *projeto pessoal de aprendizagem*, nem que seja vago e que demorem a se envolver. Isto quer dizer que é necessário que haja uma interface entre os projetos individuais e o projeto pedagógico.

Além dessa imbricação entre os projetos individuais de professor e alunos, entendo que é necessário que isto se dê também entre o projeto do professor e o do estabelecimento. Como em termos de discurso esse projeto nem sempre (ou raramente) é transmitido, só a convivência no cotidiano dirá sobre a possibilidade de encontro. Além do mais, tanto um quanto outro estão em perma-

[13] No caso da escola a que me refiro no *Livro da Tarde*, introduzimos uma aula de Roda, isto é, um momento na grade horária para conversar, resolver conflitos da classe, propor e elaborar projetos significativos para os alunos: um espaço para a negociação. A primeira reação deles foi "fugir" da situação, expressando o incômodo de diferentes formas, como, por exemplo, dizendo que aquela era uma aula para dormir e abaixando a cabeça. Mas a oportunidade de desenvolver atividades com sentido para eles fez com que fossem, aos poucos, mudando essa atitude e envolvendo-se na elaboração e realização de projetos.

nente transformação, que se dá exatamente pelos confrontos/conflitos e a negociação entre todos os atores[14].

Além desses aspectos, a existência desse tipo de projeto depende de uma situação escolar em que haja espaço para a liberdade e a iniciativa, ao mesmo tempo que haja contornos bem definidos para que o projeto possa se posicionar num nível determinado do conjunto escolar. Alguns exemplos: projeto ligado a uma classe que se coloca em experimentação pedagógica, projeto ligado ao ensino de uma didática particular em muitos níveis de classe, projetos de ensino pluridisciplinar, de sensibilização ao meio, de realização pelos alunos de alguma atividade inédita etc.

Se o projeto é único dentro de um estabelecimento de ensino, ele não deverá encontrar problemas quanto à sua integração numa política global, mas no caso de ter que coexistir com outros, laterais (em outras classes experimentais) ou verticais (projetos mais vastos), haverá a necessidade de uma atenção particular às fronteiras comuns e zonas de interferência. Nesse caso, os projetos deverão se encaixar no seio de um projeto mais vasto. Tanto a interferência quanto o encaixamento se farão pela negociação, que dá a oportunidade de refletir, corrigir e modificar algumas das perspectivas escolhidas, para torná-las compatíveis com os imperativos de outros projetos.

A imagem do encaixamento parece-me adequada, se os projetos forem independentes uns dos outros, por exemplo, cada pessoa participando de apenas um projeto pode ligar-se lateralmente ou verticalmente a outros, mas se um mesmo professor ou aluno se envolver em projetos diferentes, a melhor imagem pode não ser a de "caixas", como sugere o termo, mas a de uma rede tridimensional que as articula e permite múltiplas ligações. Nesse caso, mais ainda do que nas situações apresentadas por Boutinet, a negociação será central para o desenvolvimento dos projetos.

Diferentemente da pedagogia por objetivos, que é uma pedagogia da determinação, propondo a operacionalização e fixando objetivos com precisão e rigor, a pedagogia do projeto é uma pedagogia da incerteza. Os objetivos são impor-

[14] Na experiência relatada no *Livro da Tarde*, em algumas conversas com Cristina, a educadora com quem constantemente analisava o andamento do processo vivido na escola, percebíamos que os projetos individuais dos diferentes integrantes da equipe se aproximavam mais ou menos do projeto da escola. A maior aproximação se refletia num maior envolvimento e disponibilidade, enquanto que uma menor sintonia ocasionava um distanciamento da pessoa em relação à escola e, com o tempo, eventualmente o seu desligamento. Na análise dessa situação, utilizávamos a analogia com as forças centrípeta e centrífuga para tentar compreender esses movimentos.

tantes; entretanto, eles devem emergir do diagnóstico da situação pedagógica, numa análise que poderá oferecer um terreno mais balizado para a negociação pedagógica. O que caracteriza um projeto pedagógico é esse duplo procedimento: de um lado, o inventário das dificuldades e das possibilidades da ação e, de outro, a negociação entre os parceiros.

O *projeto de estabelecimento* reflete a maneira como uma comunidade escolar toma consciência de sua identidade e se afirma em sua autonomia, desenvolvendo, principalmente, ligações de colaboração entre seus membros para fazê-los parceiros: pessoal administrativo, professores, alunos e pais. Um destaque importante, feito por Boutinet, é que a expressão "projeto de estabelecimento" pode prestar-se a equívocos, pois não se refere à criação ou implantação de um novo estabelecimento escolar, mas à revitalização de um estabelecimento já existente. E isso é necessário, tendo em vista o fato de que a proliferação de escolas levou consigo uma burocratização de seu modo de funcionamento. O projeto de estabelecimento valoriza ao extremo, sem dúvida, mais que o projeto educativo e o pedagógico, a *dimensão coletiva* inerente a todo projeto, ao associar na mesma política o maior número possível de parceiros.

Em termos metodológicos, Boutinet oferece uma contribuição que, a meu ver, não deve ser transformada em etapas rígidas de uma receita padronizada, sob o risco de perder a vitalidade e o movimento próprio de cada projeto. Essa observação, aparentemente óbvia quando dita teoricamente, ganha sentido, ao percebermos o quanto nós, educadores, somos tentados pela racionalidade técnica, em razão das dificuldades em enfrentar a incerteza que acompanha a realização de projetos como a abertura para algo desconhecido e novo.

Inicialmente, três momentos: o *diagnóstico* da situação; a *negociação*, que prolonga o diagnóstico, feita a respeito dos objetivos de ação que emergem do diagnóstico; *descrição dos meios* para realizar os objetivos. Depois, outros três momentos: a *planificação* de diferentes atividades a serem realizadas num determinado prazo; a *realização propriamente dita*, vivida dia a dia com as escolhas, as voltas atrás, os avanços, as inércias, que um diário de bordo pode registrar, evidenciando as peripécias de uma tal realização, ao mesmo tempo que serve de controle momentâneo; a *avaliação terminal* do projeto segundo modalidades e critérios em parte definidos anteriormente.

Mas há armadilhas escondidas atrás das conotações excessivamente positivas a respeito dos projetos no campo educativo. Boutinet, ao referir-se à frase de Sartre "quando os pais têm um projeto, as crianças têm um destino", mostra a ilusão de liberdade que pode existir quando um grupo, de professores, combina os rumos do projeto de outros, os alunos. Com isso, aponta a necessidade de atenção às aparências, pela falta de conhecer o que está realmente em jogo, escondido por detrás das palavras. Dessa maneira, é preciso reconhecer nas práticas derivadas da pedagogia de projetos tanto ocasiões de emancipação quanto de sujeição, de modo que, vigilante, o educador deve evitar definir para seus alunos projetos de formação que eles mesmos devem conceber por sua própria conta, assim como um outro não pode colocar-se em nosso lugar para ditar-nos nossos próprios projetos.

O *projeto de formação* refere-se à educação de adultos, enquanto que os projetos em pedagogia voltam-se mais para a formação inicial, portanto, de crianças e jovens. Como os adultos têm mais experiências de vida e os programas de formação permanente são menos coercitivos, a negociação entre formador e formandos e os projetos são facilitados. Mas a expressão "projeto de formação" é ambígua, pois pode referir-se tanto ao projeto de uma pessoa, de um formador ou de uma instituição. Em função disso, Boutinet elaborou o esquema PIF, PAF, POF, distinguindo os três conjuntos: Projetos Individuais de Formação, Projetos de Animação de Formadores e Projetos Organizacionais de Formação, respectivamente. Mas esses três níveis podem se intepenetrar, se reforçar ou se opor, conforme cada situação.

Essa situação ambígua que envolve a expressão projeto de formação é só uma das faces ambíguas que o trabalho com projetos traz à tona, pois a ambigüidade já se encontra no próprio sentido do termo, ao poder significar tanto o objeto que se quer produzir quanto o método que o caracteriza.

Lidando com ambigüidades

A palavra projeto deriva do latim *projectus*, particípio passado de *projícere*, e significa algo lançado para frente, conforme define Nilson Machado (1997), professor da Faculdade de Educação da USP. Porém, carrega uma ambigüidade, pois designa igualmente tanto o que é proposto realizar quanto o que será feito para essa finalidade. Mas são as ambigüidades que, justamente, abrem um campo de ações e reflexões em sintonia com as características das realidades complexas, tal como a escola, palco de antagonismos. Da mesma maneira, os pares sujeito/objeto, interior/exterior, forma/conteúdo, individual/social fazem parte dessas realidades e, em vez de serem impeditivos das ações, promovem um campo criativo e de humanização, pois as ambigüidades e o ato de projetar são características essencialmente humanas.

Para lidar com os antagonismos e as contradições[15], o cotidiano escolar abre espaços por ser *campo da prática* e da *ação*, espaço de vida e, portanto, de fugacidade, percurso, transição e conflito. Isso acontece, por exemplo, quando existem vários projetos numa mesma escola que se articulam com o projeto do estabelecimento, cabendo aos atores respeitar a singularidade de cada projeto e de cada grupo e, ao mesmo tempo, harmonizá-los com o projeto comum da escola. Esta tarefa dá-se *na prática*, pelo conversar, falar e ouvir, acolher e ser acolhido, pensando os dois lados juntos (em ambos os sentidos dessa palavra), em vez de buscar soluções simples que mascaram a complexidade: "fazer do meu jeito" *ou* "fazer do seu jeito". Trata-se de negociar, como destaca Boutinet, o que exige tempo e energia.

É por isso que concordo com Philippe Meirieu, professor de ciências da educação na França, quando diz que "a prática nos permite sair das contradições em que a teoria nos aprisiona" (1998: 29), ou "o concreto das práticas nos convida a assumir a tensão e a vivê-la na história" (1998: 38), pois aprendizagem é sempre um processo, é portanto histórica, é movimento. Um movimento não-linear, mas dialético:

> Pensar a aprendizagem é, portanto, pensar história; mas a história é, sob muitos aspectos, impensável. Assim, é preferível "agir a aprendizagem", ou seja, não renunciar a um dos dois termos da alternativa, mas colocá-los em tensão para colocar-se sob tensão. E quanto mais profundamente estivermos empenhados em não sacrificar nenhum dos dois pólos, maior e mais fecunda será essa tensão. Não se pode dizer que isso seja fácil: não há nada aí que pareça uma reconciliação tranqüilizadora e o caminho aberto não é o de uma harmonia perfeita; a tranqüilidade não será aí nosso prêmio diário... O que é tranqüilo, como bem sabemos, nos dias de cansaço, é voltar ao conforto do "faça como você quiser" ou do "faça como eu quero". O que é fecundo, por outro lado, é buscar incansavelmente aquilo que poderíamos querer juntos (Meirieu, 1998: 39-40).

Essa fugacidade do projeto e outras características podem ser percebidas no relato de uma professora, ao fazer uma avaliação de suas primeiras experiências

---

[15] No *Livro da Tarde*, faço relatos de várias situações em que nos deparávamos com contradições, antagonismos e conflitos, como foi o caso da polêmica ao redor do "Caderno de Planejamento e Avaliações". Era difícil responder à pergunta: "afinal, esse caderno é do professor ou da escola"? Essa questão só pôde ser resolvida com o passar do tempo, quando o caderno do professor pôde ser *também* da escola. Ou ainda: "os projetos desenvolvidos em cada classe são baseados nos interesses dos alunos ou dos professores?"; "como respeitar o ritmo de amadurecimento de cada projeto e de seus autores com data previamente estipulada para sua apresentação"?

numa nova escola, diferente da que trabalhara anteriormente, onde coordenava projetos com seus alunos em articulação com o projeto da escola. Trechos de seu depoimento mostram algumas dessas características do projeto:

> Percebi desde o início que *minha proposta só teria eco depois de algo produzido*, então me armei de tudo o que aprendi na Escola e com você e desenvolvi estratégias *para um projeto já existente na escola* intitulado SOS-AMBIENTE. (...)
>
> A concretização de um projeto é sempre gratificante, porém este foi especial para mim, porque houve pessoas que me confiaram *um espaço que ainda não existia na escola* e cada etapa dependia da minha própria iniciativa e *os resultados alcançados resumiram questões que jamais seriam compreendidas apenas na verbalização.*(...)
>
> Ao observar o grupo de alunos com que trabalhei, respeitando aquele ambiente em que estávamos, preocupados em guardar no bolso o papel da bala, acariciando uma estalactite sem quebrá-la, informando-se com os guias, pesquisando sobre temas de interesse e atuando com autonomia, o que até algum tempo atrás parecia fala de professor, pude concluir *que uma escola sem um projeto é uma escola sem alma.* (*Livro da Tarde*, Capítulo 4, grifos meus)

Vemos nesse relato a contradição entre já existir o projeto "SOS-Ambiente" na escola, mas não "o espaço" que essa professora precisou para realizá-lo, o que mostra também que uma inovação não tem que abolir o velho. Boutinet também se referiu a esse aspecto, ao falar da revitalização dos estabelecimentos de ensino, como visto acima.

É possível conciliar e transformar no decorrer do processo, pela prática. O projeto se faz (e refaz) no caminho, de modo que é difícil por vezes explicitá-lo com clareza no ponto de partida e pela verbalização, como essa professora conta. Além disso, o "resultado" dele não diz tudo, pois não mostra como se deu a (trans)formação das pessoas durante o processo. Guimarães Rosa, escritor brasileiro de enorme sensibilidade, disse algo semelhante: "o real não está na saída nem na chegada: ele se dispõe para a gente é no meio da travessia" (1990: 50). E por falar em sensibilidade, a relação que essa professora faz entre as atitudes éticas e estéticas de seus alunos, adquiridas durante o desenvolvimento do projeto, e a "alma" que atribui a esse fazer mostram o potencial formativo dos projetos, no sentido humano.

Com essa característica de ambiguidade, o projeto assemelha-se ao ato de formar, que traz junto o formar-se, antagonismo que também se resolve no "concreto das práticas".

A palavra "projeto", de tão utilizada e em contextos diversos, é de difícil definição, além do caráter ambíguo, já abordado. Mas o que é comum nas diversas abordagens é seu caráter de *antecipação* e de *abertura*, como destaca Nilson Machado. Essa antecipação refere-se a um futuro a realizar, o que é diferente de prever evoluções possíveis, conjecturas ou meros planos. E a abertura volta-se para o não-determinado, e portanto para possibilidades novas, que se nutrem da imaginação, da criação.

Pensando na criação de projetos no contexto educacional, percebemos sua ligação com os valores humanos, sobretudo ao considerarmos seu duplo caráter de antecipação e abertura, pois realizar projetos permite "minar-se a arrogância, sobretudo a intelectual, com o recurso permanente à humildade de quem sabe o quanto não sabe, com a doçura de quem sempre se põe em disponibilidade para fomentar projetos individuais, alimentá-los e alimentar-se deles" (Machado, 1997: 93). A escola pode (e deve) cultivar os valores humanos, possibilitando a articulação entre a diversidade dos projetos individuais e os apelos a projetos coletivos, nascidos de seu cotidiano ou da comunidade da qual faz parte, sendo essa articulação sua principal tarefa.

Apesar do antagonismo que pode saltar aos olhos, projetos pessoais podem se realizar juntamente aos profissionais, assim como os individuais podem se realizar juntamente com projetos coletivos, mas não são quaisquer projetos, e sim aqueles que têm em sua matriz algo que os aproxime. E os projetos que têm como preocupação de fundo a formação humana, no sentido da maior humanização, e que portanto têm como eixo esses valores, têm mais chances de possibilitar essas articulações.

> A escola deveria organizar-se de modo a favorecer, cada vez mais, a construção e o desenvolvimento das personalidades individuais, a descoberta, o respeito e o reconhecimento do outro, a aceitação da diversidade de perspectivas e projetos, individuais ou de grupos, a convivência frutífera com as diferenças, as contrariedades, as complementaridades. (...) É ainda a escola um espaço apropriado para o exercício da autoridade sem a perda da ternura, para a vivência da fraternidade entre personalidades diversas, em interesses, em saberes, em poderes, como é o caso da relação, sempre assimétrica, entre alunos e professor (Machado, 1997: 92-3).

Os projetos educativos, que também trazem as duas características destacadas acima, a antecipação e a abertura, prestam-se ao projeto de formação humana na perspectiva aqui traçada. Entretanto, isto não quer dizer que a escola deixe de se preocupar com os conhecimentos historicamente construídos, com a cultura, pois esta faz parte dessa formação e, de certa maneira, dela depende, como se refere Dominicé (1991: 54), ao dizer que são os recursos culturais que permitem atribuir sentido à experiência. O aparente antagonismo entre formação e informação é mais um dos que enriquecem o universo de ação e de criação do professor e dos alunos com vistas à sua articulação, o que é propiciado pelos projetos pela abertura que os pressupõem[16].

Em busca de ampliar as condições para lidar com os antagonismos e ambigüidades que fazem parte da complexidade, encontro uma pista nos trabalhos de Morin ao se referir a um "pensamento complexo", que está por ser desenvolvido, e a idéia de rede, que propicia uma compreensão da relação indivíduo/sociedade e, portanto, entre projetos individuais e projeto coletivos. A rede é um modelo aberto e pronto para ser reorganizado, capaz de promover contínuas transformações, tal como a experiência dos projetos, referida acima. As redes têm, portanto, uma história, e sua composição em forma de teia permite o estabelecimento das mais inusitadas relações. Dessa maneira, cada indivíduo afeta os demais e pequenos grupos tornam-se capazes de transformar uma sociedade inteira, conectando pessoas e interesses de formas as mais variadas, em diversas ações que fomentam a invenção e a criatividade.

As Rodas[17] são os momentos de encontro e trocas entre pares, que podem ser entre o professor, e um grupo de alunos, ou entre o coordenador pedagógico, por exemplo, e um grupo de professores. É o espaço-tempo da negociação que possibilita, através do conversar, uma articulação entre os projetos individuais e os coletivos a partir da tensão indivíduo/grupo. A elaboração e o desenvolvimento de projetos coletivos, em Roda, podem ajudar no enfrentamento construtivo e criativo da tensão gerada, o que resulta não apenas na realização

[16] No *Livro da Tarde*, conto sobre vários projetos desenvolvidos na escola que podem exemplificar essa articulação. Mas para isso é preciso percebê-los em sua historicidade, o que justifica a narrativa do processo de seu desenvolvimento, sem a qual, perde-se o sentido que teve para aqueles atores, seus sujeitos. Aqueles que tentassem transformá-los em passos a seguir, tomados pela racionalidade técnica, seriam sujeitados, objetos de um experimento e não seus autores. O que já não é o caso se, inspirados naquela narrativa e sintonizados com as especificidades do próprio contexto de vida e trabalho, a assimilassem como "ensinamento dos outros" alimentando sua apropriação e criação de algo novo: aquilo que faz com o que os outros lhe ensinaram. Fica evidente aqui a ambigüidade da palavra sujeito que, segundo Machado (1997: 64), está ligada também à palavra projeto e designa tanto o que realiza a ação quanto o que é submetido a ela, quase equivalente a objeto.

[17] Em várias de minhas experiências profissionais, tanto como professora quanto como coordenadora pedagógica, os encontros para trocas de experiências e elaboração coletiva de projetos davam-se num momento reservado da rotina escolar, cujo tempo variava conforme as necessidades e condições específicas. Chamei esses momentos de Roda. Minha pesquisa de mestrado trata da Roda e do Registro das experiências, dos projetos e das reflexões do educador, como instrumentos metodológicos de seu trabalho. A dissertação foi publicada em 1993: *A Roda e o Registro, uma parceria entre professor, alunos e conhecimento* (Ed. Paz e Terra).

concreta de algo, mas também na transformação das pessoas que ali "se enfrentam", desvelando sua formação. Mas, para isso, o papel do professor ou de um coordenador do grupo é fundamental, pois esse papel propõe "leituras" do vivido num nível de maior afastamento e maturidade, principalmente para lidar com os antagonismos e conflitos e saber enfrentá-los com o grupo.

O sociólogo Norbert Elias, em seu livro *A sociedade dos indivíduos*, mostra como se dá o funcionamento em rede entre indivíduo e grupo:

> O que aqui chamamos de "rede", para denotar a totalidade da relação entre indivíduo e sociedade, nunca poderá ser entendido enquanto a "sociedade" for imaginada, como tantas vezes acontece, essencialmente como uma sociedade de indivíduos que nunca foram crianças e que nunca morrem. Só se pode chegar a uma compreensão clara da relação entre indivíduo e sociedade quando nela se inclui o perpétuo crescimento dos indivíduos dentro da sociedade. A historicidade de cada indivíduo, o fenômeno do crescimento até a idade adulta, é a chave para a compreensão do que é a "sociedade". (...) Esse eu, essa "essência" pessoal, forma-se num entrelaçamento contínuo de necessidades, num desejo e realização constantes, numa alternância de dar e receber. É a ordem desse entrelaçamento incessante e sem começo que determina a natureza e a forma do ser humano individual. Até mesmo a natureza e a forma de sua solidão, até o que ele sente como sua "vida íntima", traz a marca da história de seus relacionamentos – da estrutura da rede humana em que, como um de seus pontos nodais, ele se desenvolve e vive como indivíduo (1994: 30-6).

Desses ensinamentos apreendo o valor de lidar com os antagonismos e aprendo sobre o poder transformador que um projeto, por mais singelo e localizado em qualquer ponto de um sistema, gera no sistema todo, assim como a importância dos esforços individuais na transformação da sociedade.

3

A escola como espaço de formação

O desencanto com a possibilidade de uma reforma global da educação, que foi durante um século a perspectiva do trabalho de pedagogos e de órgãos governamentais, acrescido pela desconfiança da capacidade política para enfrentar os problemas complexos da atualidade, abre caminhos para as iniciativas locais, mais adequadas à diversidade e singularidade de cada comunidade e mais aptas para enfrentar a complexidade e a incerteza crescentes em nosso tempo. É o caso da prática de projetos e da valorização da organização escolar como local para a inovação e para a mudança.

Como disse Nóvoa (1996), "as escolas são os espaços de escuta por excelência: escuta dos objetivos políticos do Estado, escuta dos objetivos sociais e educacionais dos pais e da comunidade, mas também dos projetos dos professores e dos outros atores educativos, e também, obviamente, escuta dos anseios e das aspirações dos alunos".

Ao mesmo tempo, a importância atribuída aos saberes vindos da experiência provoca a valorização do local de trabalho como local para a aprendizagem e a formação, no caso dos professores, as escolas: cenário de suas experiências profissionais. Mas é também a consideração da formação experiencial, em contraposição à lógica de formação aditiva de saberes descontextualizados e fragmentários, que opera a ultrapassagem da lógica de formação enraizada na *análise das necessidades*, a partir do diagnóstico das carências da pessoa a ser formada, para outra, centrada no *reconhecimento dos adquiridos*, que abre a perspectiva da formação ao processo de desenvolvimento profissional, como diz Rui Canário (1999), professor da Universidade de Lisboa.

Assim, no contexto das ciências da educação, a escola, como um nível *meso* (Nóvoa, 1995a), para além dos níveis micro, da sala de aula, e macro, do sistema escolar, que foram em tempos anteriores considerados como vias privilegiadas para a mudança, intervenção e pesquisa, apresenta-se hoje como uma unidade que, ao ser investida de maior autonomia, pode se transformar num espaço de ações profícuas no que se refere à formação de seus atores, não apenas dos alunos, mas dos professores e demais profissionais que ali convivem e trabalham. Investir em ações no nível da instituição escolar significa valorizar as dimensões contextuais e ecológicas, coerentes com a visão de educação e de formação que estamos discutindo.

Esse movimento de valorização do estabelecimento de ensino se desenvolveu durante a década de 80, iniciado pelo que Canário (1994) chamou de "descobrimento da escola", gerando reflexões nos domínios epistemológico, metodológico e prático. Um exemplo deste impulso aparece já no tema do colóquio internacional de pesquisas em Ciências da Educação, ocorrido em Lisboa, em 1994, *A escola: um objeto de estudo*, assim como em publicações portuguesas (Esteves, 1991; Nóvoa, 1991b; Nóvoa, 1995; Barroso, 1995; Canário, 1995, Costa & Curado, 1995; Figueiredo & Góis, 1995; Lima, 1996; Campos, 1996).

Mas o fechamento do campo educacional sobre si mesmo, ao arrogar a especificidade da educação em relação a outras esferas da atividade social, dificulta as análises da escola como uma organização e o professor como um profissional que exerce um trabalho produtivo, um adulto profissional, produtor de sua profissão e sujeito de uma ação. Repete-se assim, na formação contínua, a tradição da lógica escolar com os modelos pedagógicos concebidos e praticados na educação de crianças, cujo modelo se mantém há mais de um século, e que também já deu mostras da fragilidade para os desafios do século XXI no que se refere à educação das novas gerações.

Os termos "treinamento", "atualização" e "reciclagem" de professores são demonstrativos dessa concepção de formação, que se realiza através de um modelo fortemente escolarizado, com a organização em disciplinas, cursos ou módulos que pressupõem a dicotomia entre espaços e tempos de formação e espaços e tempos de ação, prolongando assim as dificuldades inerentes ao processo formativo, como a articulação e integração teoria/prática, e desvalorizando os saberes e as experiências pessoais e profissionais dos professores (Amiguinho, 1993).

O termo "treinamento" traz a idéia de que a teoria precede a prática e esta realiza a aplicação daquela, que é fruto do conhecimento científico gerado em contextos completamente diferentes do universo em que se propõe sua aplicação: as escolas. Sua aplicação é, portanto, descontextualizada e pensada como prática individual e técnica, sendo o professor aquele que deve ser treinado para essa tarefa.

Já os termos "reciclagem" e "atualização" de professores conjugam a perspectiva cumulativa da aquisição de conhecimento com a idéia de sua inevitável obsolescência, de modo que a formação é entendida como uma ininterrupta adição dos novos conhecimentos gerados em meios credenciados para tal (institutos de pesquisa, universidades...), tentando reatualizar ou "encher a cabeça", tal como já denunciava Paulo Freire ao se referir à "educação bancária", há trinta anos.

Para pensar a formação centrada na escola é preciso, portanto, repensar tanto a concepção de formação, quanto a da escola como uma organização, bem como o papel que os professores e os demais educadores que lá trabalham desempenham.

Uma nova configuração do professor

Os professores são, antes de tudo, adultos, de modo que pensar sua formação é considerá-la como um caso particular da formação de adultos, uma perspectiva que tem sido alvo de investigações, nomeadamente em Portugal, através dos trabalhos de António Nóvoa e Rui Canário, ambos da Universidade de Lisboa. A formação dos adultos tem sido desenvolvida desde os anos 70 com os esforços do movimento de educação permanente na Europa, sobretudo na França, tendo alguns pontos de contato também com as contribuições de Paulo Freire, no Brasil.

Os professores são, portanto, adultos que trazem saberes nascidos de sua experiência, profissionais que aprendem e se formam a partir da reflexão sobre sua prática, em que a informação que lhes chega é viva. Clouzot & Bloch (1997: 139) dizem que a informação viva é aquela que é ativamente pesquisada e *utilizada*, diretamente conectada com a experiência; ela é viva porque o aprendente a escolheu e acolheu, influenciando seu comportamento. A informação viva *entra por uma orelha* (de preferência as duas) e pelos olhos e ela não sai mais (grifo meu), o que é muito diferente das informações descontextualizadas, fruto da formação no modelo escolarizado.

Um professor competente constrói-se, portanto, na utilização, no uso, e não pela acumulação de créditos acadêmicos que têm a ver com a aquisição e a certificação de saberes, com valor de mercado, mas não de uso. Nesse caso, trata-se de qualificação e não de competência, como distingue Canário. A competência, por outro lado, refere-se a um *saber mobilizar*, de uma categoria da prática. Referindo-se às contribuições acerca do conceito de competência, dadas por Le Boterf (1994), Canário diz:

> a competência não é um estado nem um saber que se possui, nem um adquirido de formação. Só é compreensível (e susceptível de ser produzido) *em ato* e daí o seu caráter finalizado, contextual e contingente. É desse ponto de vista que as competências não são encaradas como algo de prévio ao exercício profissional, mas sim, como algo de *emergente* de processos de mobilização e confronto de saberes, em contexto profissional (1999: 13).

É, portanto, no ambiente de sua atuação profissional, na escola, que a competência do professor se constrói, mas será facilitada se ali lhe for aberto um espaço de atuação mais ativa do que o que lhe é reservado tradicionalmente, não só pela organização do trabalho na instituição escolar, mas também pelo lugar que lhe tem sido atribuído no jogo educativo: o "lugar do morto", como se refere Houssaye (1996) ao fazer uma analogia com o jogo de bridge.

No bridge, um dos jogadores coloca suas cartas à mostra e os demais pautam suas jogadas, levando em conta essas cartas abertas. Entretanto, o jogador que as abriu não participa ativamente do jogo, faz papel de referente passivo. Este jogador está no "lugar do morto". No triângulo pedagógico, concebido por Houssaye, em cujos vértices estão o professor, o alunos e os saberes, é possível perceber que, ao se tomar cada um dos lados, o vértice oposto fica como "referente passivo". A partir dessa imagem, Houssaye mostra como historicamente um dos vértices tem assumido esse papel. A pedagogia tradicional privilegiava o eixo professor-saber, deixando os alunos no "lugar do morto". As pedagogias renovadas davam maior valor aos aspectos relacionais e formativos; portanto, enfatizavam o eixo professor-alunos, deixando o saber no "lugar do morto". Atualmente, a valorização estaria no eixo saber-alunos, em razão, em grande parte, da primazia dada às tecnologias educacionais, deixando o professor no "lugar do morto".

Rubem Alves (1991), filósofo e educador brasileiro, destacando o papel determinante do professor, sujeito de identidade e história singular, refere-se a ele como um "fundador de mundos" no texto muito conhecido "Sobre jequitibás e eucaliptos". O professor como o jequitibá, uma árvore que tem um nome e é diferente de todas as outras, que sentiu coisas que ninguém mais sentiu e tem uma história a ser contada, habita um mundo em que o que vale é a relação que o liga aos alunos. Não são como os eucaliptos dispostos e repostos com rapidez, árvores idênticas umas às outras e descartáveis como copinhos plásticos.

Canário (1999) traça uma nova configuração do professor no contexto da perspectiva de formação que vê a escola como "o lugar onde os professores aprendem". Entendo que o que ele diz, referindo-se aos professores, estende-se a todos os educadores que trabalham na escola, ou seja, coordenadores, diretores etc. Nesta nova configuração, trata de quatro dimensões essenciais, com as quais concordo:

- *O professor é um analista simbólico* quando é um solucionador de problemas nos contextos marcados pela complexidade e incerteza, e não alguém capaz de dar respostas certas a situações previsíveis, o que os faz estarem sempre a experimentar, trabalhando em equipes, discutindo conceitos, elaborando estratégias e projetos, escrevendo propostas, projetos e relatório[18].
- *O professor é um artesão* ao reinventar práticas em vez de reproduzi-las e aplicar, com êxito, de forma estandardizada, procedimentos de natureza científico-técnica. A partir de seu estoque de saberes, constituído, de algum modo, ao sabor das circunstâncias e enriquecido e atualizado permanentemente, segundo o princípio adotado pelo artesão de que tudo "poderá vir a ser útil"[19],

---

[18] A "Roda dos professores de Roda", a que me refiro no *Livro da Tarde*, é uma oportunidade para a busca de soluções para os problemas e dilemas da prática, tentando fazer leituras dos sentidos e significados que não são explícitos e demandam diferentes olhares, perspectivas, afastamento e diversidade de experiências para comprovar cada hipótese a cada etapa da análise da prática. Uma das vivências ocorridas nesse espaço foi retratada pela professora Stella no depoimento que aparece no quarto capítulo daquele *livro*. Nessa Roda, os professores não só conversavam e debatiam a partir de sua visão do que se passava, mas também vivenciavam dinâmicas não-verbais, que, ao aguçar a sensibilidade dos educadores, propiciavam entender sentidos inicialmente inacessíveis, que a análise simbólica permitia revelar.

[19] Na experiência escolar tratada no *Livro da Tarde*, os projetos desenvolvidos em cada classe faziam que o professor buscasse todos os conhecimentos de que dispunha, fruto de suas experiências anteriores, assim como os recursos que as partilhas nos momentos de troca e socialização com seus colegas podiam apresentar. Cabia ao professor identificar as oportunidades de usá-los. Nos projetos, mas também nas outras atividades do professor com os alunos, nas aulas de uma disciplina específica, o professor precisa transformar os conhecimentos científicos em material pedagógico, numa ação que por vezes o aproxima de um artesão.

o professor vai mobilizando os elementos pertinentes para fazer face a uma situação única e inesperada, à semelhança do *bricoleur*, de que fala Lévi Strauss em *O pensamento selvagem*.

- *O professor é um profissional da relação* pois exerce uma profissão marcada pelo face a face quase permanente com o destinatário. Nessa profissão, ele é antes uma pessoa, investindo toda sua personalidade, de modo que sua atividade é definida tanto pelo que ele é quanto pelo que ele sabe. Na relação direta com os alunos também os professores aprendem e serão melhores professores quanto maior for a sua capacidade para realizar essa aprendizagem, o que se dá na medida de sua capacidade de escutar e estabelecer formas de metacomunicação com os alunos, isto é, comunicar-se com eles sobre os processos de aprendizagem.
- *O professor é um produtor de sentido* quando reconhece a centralidade do sujeito no processo de aprendizagem, o que implica levar em conta a diversidade de expectativas e lógicas da ação presentes no público escolar cada vez mais diferenciado, no qual cada um processará as informações de maneira a selecioná-las, organizá-las e interpretá-las a partir de perspectivas bem diferentes, segundo seus próprios contextos e história de vida cognitiva, afetiva e social. Assim o professor, mais do que um transmissor de informações, é um construtor de sentido, reconhecendo que o processo de aprendizagem é a construção de uma visão de mundo.

A escola como organização onde se aprende e que também aprende

Se são as experiências que alicerçam a aprendizagem dos professores durante sua vida, o que se processa nas suas várias dimensões, pessoal, social e profissional, favorecer a formação experiencial é mobilizar uma pedagogia interativa e dialógica, pois a reflexão individual, para avançar, convida à participação. Como diz Elias (1994), a individualidade é formada de um entrelaçamento contínuo de necessidades, numa alternância de dar e receber, que é o que constitui a rede humana.

Por isso, a escola, como local onde essa rede está fortemente presente, é ambiente propício para aprendizagens, para o desenvolvimento da competência e o desvelamento da formação, o que pode ser favorecido ou dificultado pela estrutura organizacional.

A formação na escola pode ser favorecida pela criação de espaços para o trabalho coletivo dos professores como parte de seu próprio dia-a-dia de trabalho, pois é um profissional da relação. A atuação dos professores na escola não pode se restringir a "dar aulas", mas precisa incluir momentos para o "trabalho de pensar o trabalho" (Nóvoa, 1991a), sobretudo coletivamente. Muito já se tem discutido sobre a importância do "professor reflexivo", a partir das significativas contribuições de Donald Schön (1983, 1987, 1991), mas sobre a prática coletiva da reflexão, situada na organização escolar, ainda pouco se produziu.

Nóvoa (1992b) refere-se à criação de "redes de autoformação participada" como caminho para investir na práxis como lugar de produção de saberes e mobilizar a experiência dos professores, indicando que a troca de experiências e a partilha dos saberes consolidam espaços de formação mútua, nos quais o professor é chamado a desempenhar, simultaneamente, o papel de formador e de formando. Dessa maneira, cria-se um espaço para a afirmação de seus valores próprios e para o exercício autônomo da profissão docente[20]. Mas criar as condições para a formação dos professores na concepção aqui defendida não é algo fácil, em razão da proletarização da profissão docente, a burocracia e a atual organização escolar.

Como mostra Nóvoa (1992b) a partir das contribuições de M. Ginsburg, M. Apple e S. Jungck, o processo de proletarização que influencia a profissão docente cria atitudes defensivas nos professores, ao separar a concepção da execução, a estandardização das tarefas, a redução dos custos necessários para a aquisição da força de trabalho e o aumento de exigências quanto às atividades dos professores, representando um acréscimo na quantidade de tarefas e diminuição da qualidade. Como reação, os professores podem procurar atalhos para economizar esforços, realizando apenas o essencial da atividade que lhes é dada a cumprir, buscando o apoio cada vez maior em especialistas, depreciando sua experiência e as capacidades adquiridas ao longo dos anos, retirando-lhes margens importantes de autonomia profissional.

Também a estrutura organizacional e a burocracia no cotidiano escolar dificultam a formação dos professores na escola, por exemplo, ao imporem o cumprimento de planos e prazos pré-estabelecidos, após os quais os alunos (e os professores) serão avaliados no sentido de verificar esse cumprimento. Assim, "o desenvolvimento de uma prática reflexiva eficaz tem de integrar o contexto ins-

---

[20] Duas das Rodas tratadas no *Livro da Tarde* podem dar exemplos desse caráter da autoformação participada: A "Roda dos Professores de Roda", atuando diretamente na formação dos professores com relação à sua condução da Roda dos alunos, e a "Roda das Histórias de Vida", que valorizava as experiências pessoais e sua partilha como estratégia autoformativa.

titucional. O professor tem de se tornar um navegador atento à burocracia. E os responsáveis escolares que queiram encorajar os professores a tornarem-se profissionais reflexivos devem tentar criar espaços de liberdade tranqüila onde a reflexão-na-ação seja possível" (Schön, 1992: 87).

Uma prática de projetos e de formação no contexto escolar, que se efetiva pela reflexão do professor e pela partilha de suas experiências, demanda, portanto, uma transformação dessas condições de trabalho que os professores ainda muito se ressentem, de modo a permitir uma abertura para os imprevistos e para a escuta dos alunos e dos professores, possibilitando que estes possam ir a lugares não previstos nos planos, enquanto também participam da vida da instituição, resolvendo seus problemas concretos a partir de um raciocínio estratégico, de maneira que seu trabalho deixe de ser uma mera execução de tarefas[21]. Mas isso depende do desenvolvimento das capacidades cognitivas e relacionais de todos os envolvidos. Desenvolvimento humano que se dá juntamente com o desenvolvimento organizacional, processos que se retroalimentam.

Integrar o contexto institucional e contar com o envolvimento dos "responsáveis escolares" é tocar numa questão delicada: o poder aí implicado. Não é fácil abrir mão de uma postura de controle em direção a uma prática participativa, principalmente quando não se aprendeu pela *experiência* essa possibilidade[22]. Por isso, para tal transformação, os vários "responsáveis", sejam os professores nas salas de aula ou os coordenadores e diretores, precisam estar eles próprios em formação em seus próprios contextos de atuação, imersos numa rede que articula experiências de auto, co e ecoformação. Dimensões que propiciam uma

---

[21] As "Rodas de Professores", reuniões semanais com toda a equipe de educadores, na experiência relatada no *Livro da Tarde*, estabeleciam um contexto de repensar não apenas o cotidiano do ponto de vista pedagógico, mas também organizacional, um espaço para reconduzir os rumos, adequando-os às necessidades que surgiam no decorrer do processo. Um contexto permeado pelas divergências de pontos de vista dos atores e por antagonismos, cujo enfrentamento propiciava um avanço na resolução dos problemas que surgiam enquanto mobilizava a autoria desses atores, em vez de sua sujeição a regras estáticas de condução da organização-escola.

[22] A construção da prática participativa, associada ao exercício do poder, na escola tratada no *Livro da Tarde*, deu-se durante o processo de confrontos e revisões da autoridade e cargas de responsabilidade que cabiam a cada membro da equipe, redistribuindo o poder e rediscutindo as funções. Por exemplo, a maneira como eu e as diretoras construímos nossa relação favoreceu a criação de um clima participativo na escola, repercutindo na equipe como um todo. Uma relação baseada na escuta (e não na disputa), o que não quer dizer ausência de conflitos, mas estes podiam ser dissolvidos na medida em que, para além da qualidade da relação, a rotina de nossos encontros semanais dava um suporte para enfrentá-los, viabilizando que pudéssemos explicitar as representações que cada uma teve, numa dada situação, quanto ao próprio papel e o da outra, bem como a sugestão de formas de redefini-los em ações futuras, nessa ótica do poder participativo.

"nova forma" e nova visão de mundo pela transformação de suas relações com os outros, com o ambiente e consigo próprios, podendo transformar a ânsia de controle em responsabilidade de participação.

Perrenoud (1997: 39-43) propõe que a transformação da prática dos professores pode nutrir-se mais da transformação dos constrangimentos externos com que eles se deparam do que com a difusão de idéias ou de receitas novas, pois, concordando com Bourdieu, os esquemas que dão origem à infinidade de práticas de cada professor são construídos mais pela interiorização desses constrangimentos e incorporação das estruturas sociais em cada indivíduo, do que pela atividade própria do sujeito na reorganização de suas estruturas lógicas e de seus esquemas de ação, como propunha Piaget.

Dessa maneira, a intenção de transformar as práticas não pode ser traduzida na responsabilização dos professores, mas cabe, em grande medida, àqueles que têm maiores margens de poder na instituição a responsabilidade de criar uma *atmosfera aberta*, com a viabilização de *trabalhos em equipe entre os educadores*, a *diferenciação do ensino*, uma *gestão participativa* do estabelecimento, estratégias de *participação dos pais* e a *transformação do sistema de avaliação*.

A ampliação dos espaços de liberdade e partilhas, mesmo que não tão tranqüilos como queria Schön, mas conflituosos, pelo contexto repleto de antagonismos como é o escolar, pode favorecer a constituição de redes de participação e interformação, ao fundar novas *parcerias* no seio da escola, constituindo assim uma *escola como espaço de formação*. A compreensão da escola como um universo complexo, onde não frutificarão ações unidirecionadas, abre a perspectiva de trazer a teoria sistêmica como possível referencial para uma mentalidade cooperativa entre *todos* os atores da escola. A teoria ecológica da mudança, proposta por Rui Canário, vai nesta direção:

> Os indivíduos mudam mudando o seu próprio contexto de trabalho. É esse processo ecológico de mudança que, no mundo escolar, se pretende fazer emergir, adotando estratégias de formação "centradas na escola", isto é, que transformam as situações de trabalho em situações formativas, com base num processo reflexivo e de pesquisa, individual e coletivo (1994: 27).

João Barroso (1997), outro pesquisador português, também enfatiza a necessidade de criação de condições para uma outra relação entre o "saber" e o "poder" nas escolas, propondo para isso uma gestão participativa, em que existam lideranças, individuais e coletivas, capazes de empreender as mudanças necessárias para que a formação se possa finalizar na inovação e no desenvolvimento organizacional da escola, pois a relação formação-gestão-mudança está subjacente à formação centrada na escola.

Entretanto, como lembra Canário, apesar do conceito "formação centrada na escola" ter-se tornado consensual em seu país, passando a integrar a retórica oficial das autoridades educativas, as práticas formativas que são geradas a partir daí nem sempre correspondem à sua concretização. Um dos motivos desta ocorrência é a gama variada de interpretações possíveis no momento de traduzi-las para a prática, adaptadas a contextos singulares. É possível destacar, por exemplo, que a oferta de ações pontuais de formação, no seio da escola, escapa dessa perspectiva. Trata-se de romper com o modelo "consumista" e proporcionar "a construção de 'redes' susceptíveis de permitir o desenvolvimento de trocas e de circulação de informação" (1994: 29).

Redes que se abrem para conhecimentos e campos novos, até o empresarial, no qual vem sendo desenvolvido o conceito de "organização aprendente" (Anciaux, 1994; Moisan, 1995; Assmann, 1998), aquela em que todas as pessoas envolvidas procuram, em todos os níveis, individual e coletivamente, aumentar sua capacidade de resultados pelos quais estão efetivamente interessados, o que inclui a criatividade individual e coletiva, capaz de criar e assumir as mudanças, conforme explica Hugo Assmann, filósofo e sociólogo brasileiro.

A competência do indivíduo, na concepção de Le Boterf (1994), depende da rede ou redes de conhecimento às quais ele pertence, em que a competência das equipes profissionais não se reduz à soma das competências individuais que as compõem. Sugere, por isso, o conceito de competência coletiva, encarado numa dupla vertente: a competência coletiva de uma equipe de trabalho e os sistemas de competências organizados em rede. Surge, então, um ator coletivo, portador de representações e linguagens comuns pelas dinâmicas de co-formação participada.

Trata-se, em suma, de não só reverter a concepção de formação segundo o modelo da racionalidade técnica que dicotomiza o lugar da formação e o lugar de sua aplicação, fazendo que a formação se dê num vazio, mas também propor dispositivos de formação contínua na escola, que é o cenário de experiências dos professores, através da criação de oportunidades de reflexão sobre as experiências, da organização em colegiados, em redes de partilhas, em Rodas, transformando a estrutura organizacional, ao mesmo tempo que seus atores se (trans)formam, caracterizando assim uma organização que aprende e muda.

António Bolívar (1997), da Universidade de Granada, ao estudar "a escola como uma organização que aprende", identifica nos métodos autobiográficos e histórias de vida estratégias que permitem dar identidade tanto ao indivíduo quanto à escola a que pertence, pois permitem a reapropriação da experiência passada, quando essas experiências são reflexivamente verbalizadas, formalizando-as mediante uma dada perspectiva no decurso espacial e temporal da vida.

Como a formação se constrói a longo prazo, é preciso também rever a concepção tradicional de formação que busca efeitos imediatos. Insistir nesse modelo de formação é correr o risco de não promover formação alguma ou, ainda, criar deformações.

4

Rodas e Registros como estratégias de formação

As Rodas são espaços para o trabalho coletivo na escola: Rodas de professores que favorecem o trabalho coletivo dos alunos, nas Rodas de alunos, que por sua vez geram a necessidade do trabalho coletivo dos professores. Mas o que caracteriza essas Rodas de professores e as pode diferenciar das "reuniões", prática comum nas escolas, de uma maneira geral? A participação e as partilhas, a prática coletiva de planejar e avaliar, e não só as atividades da comunidade escolar, mas também o próprio encaminhamento desses encontros, o que dá a eles o caráter de continuidade de um para o outro, assim como permite processo de ir lidando, no decorrer do tempo, com as situações variadas e, muitas vezes inesperadas, que o cotidiano escolar apresenta.

A história da instituição pode ir sendo construída e registrada por seus atores-autores cujas ações ganham, progressivamente, mais coerência e a vida escolar, mais dinamismo, em substituição a atitudes, decisões e atividades isoladas e desconexas. Trata-se de uma estrutura do trabalho coletivo que permite a obra coletiva, que, entretanto, demanda uma reconstrução das relações de poder desse cotidiano.

Ao discutir algumas das contribuições da pedagogia de projetos para a formação, bem como ao analisar a organização-escola como um espaço com alto potencial formativo, referi-me à necessidade de transformação das relações de poder para favorecer a formação. Agora retorno a esse tema para aprofundar as reflexões a respeito das partilhas na comunidade escolar, pois a criação de um contexto participativo, democrático e tecido por redes de cooperação, é diretamente dependente de uma perspectiva diferente com relação à estrutura e às relações de poder.

Da mesma maneira que o eixo do poder vem sendo desviado do professor aos alunos, do mestre aos aprendentes, desde as contribuições de Rousseau, em termos de concepção de aprendizagem e de formação, em termos organizacionais um semelhante desvio ganha sentido, pois propicia que as responsabilidades também sejam repartidas na construção da obra coletiva. Trata-se de reverter, também no nível institucional, o *sujeito da ação*, atribuindo poder aos diferentes atores que, em vez de executores de ações parcelares, pensam em termos estratégicos e globais, enquanto agem localmente.

Capra & Steindl-Rast (1994) discutem a visão de autoridade e responsabilidade no novo paradigma que tem sido tema de debates e no qual se insere a concepção de formação enquanto processo contínuo de estar-em-processo-de-aprender. Distinguem o *poder como domínio* sobre os outros do *poder como influência* sobre eles, sendo o último, no sentido da outorga de poder àqueles que estão sujeitos à autoridade. E isso significa uma concepção dinâmica da autoridade, pois o poder é outorgado como um fluxo para fora, delegando-o a outros e fortalecendo a autoridade deles, o que é diferente da concepção tradicional em que o poder é estático, baseado numa rígida hierarquia que domina, a partir do topo, os níveis que estão abaixo.

Esses autores também refletem sobre a ligação entre o poder e a responsabilidade, pois esta deve acompanhar o poder, o que significa que aqueles a quem este foi confiado devem, quando questionados, responder pelo seu uso, o que implica, por sua vez, a capacidade humilde de colocar-se em questão, para o que a prática autoformativa pode ajudar.

A autoridade responsável que acumula poder tentará outorgar poder a outros, de modo a distribuir responsabilidades, o que também implica capacitá-los para dar conta da responsabilidade que recebem. Numa comunidade democrática espera-se a descentralização da autoridade e, conseqüentemente, da responsabilidade, pois uma só pessoa não é capaz de gerir responsabilidade em excesso. Manter um excesso de responsabilidade é corromper o poder, por não assumir a responsabilidade de delegá-lo. Um trabalho coletivo na escola, pressupõe, portanto, que o poder seja delegado, de modo que as autoridades estejam preocupadas em difundir o conhecimento e as pessoas possam ajudar a si mesmas por também deterem parcelas de poder para isso.

Entretanto, a responsabilidade é difícil, e não só para aqueles que têm poder em mãos e podem permanecer investidos dele. A dificuldade se manifesta também naqueles que preferem ser conduzidos por outros para não ter de assumir a responsabilidade que acompanha esse poder. É comum a demanda por poder sem querer assumir a responsabilidade que o acompanha, por exemplo, no caso de adolescentes e jovens, mas não só. É por isso que a responsabilidade daquele que tem poder deve ser não apenas a de delegá-lo, mas de acompanhar a formação daqueles que o recebem para exercê-lo com responsabilidade e poder enfrentar com coragem o desconforto que a acompanha. Também no caso da própria formação esse desconforto pode aparecer, sendo fundamental o papel do formador para acompanhar o processo de cada um que se forma e enfrenta essas dificuldades.

A estrutura ideal, segundo aqueles autores, para lidar com esse poder dinâmico é a rede, pois esta permite que haja um retorno, não na hierarquia, mas na rede, incluindo aí não só o poder entre diferentes indivíduos e entre grupos de indivíduos, de uma maneira vertical, mas horizontalmente também, como no caso das classes de alunos numa escola[23].

A escola, com as partilhas nos diferentes níveis, os projetos em parceria articulados em rede, pode se constituir em oportunidades para o exercício desse poder dinâmico, principalmente pelo conforto de todos vivenciarem situações semelhantes. Entrar numa estrutura organizacional como esta é "cair na rede", o que demanda, por isso, opção pessoal. Entretanto, se a visão de mundo de uma pessoa incluir em sua responsabilidade o contexto em que vive e não apenas si próprio, sua opção pessoal a levará em direção aos outros.

Sartre é enfático ao afirmar que

> a nossa responsabilidade é muito maior do que poderíamos supor, porque ela envolve toda a humanidade, (...) sou responsável por mim e por todos, e crio uma certa imagem do homem por mim escolhida; escolhendo-me, escolho o homem. (...) Para obter uma verdade qualquer sobre mim, necessário é que eu passe pelo outro. O outro é indispensável à minha existência, tal como aliás, ao conhecimento que eu tenho de mim (1973: 13-22).

Concordo com Sartre por perceber sua aproximação com a idéia da rede humana em que estamos imersos, na interdependência entre as pessoas e na responsabilidade com um coletivo, o que deve orientar nossas ações. Para mim, este é um caminho de humanização, que se realiza através de um projeto pessoal, pois o homem, antes de mais nada, é o que se lança para o futuro, é o que tiver projetado ser (Sartre, 1973), o que por sua vez se realiza nas partilhas com os outros.

---

[23] Na escola referida no *Livro da Tarde* aparecem alguns exemplos dessa relação horizontal entre as classes de alunos como parte da rede maior da qual faz parte a Roda de professores. Foi o caso do Projeto Grêmio em que as pesquisas e o debate com as chapas candidatas geraram uma discussão que estava em sintonia com o projeto da escola, de uma formação democrática, uma vez que colocaram em discussão não apenas valores, mas também interesses e necessidades dos alunos das diferentes séries e a forma de compatibilizar seus interesses.

Rodas e partilhas

A humildade do coração não exige que te humilhes, mas que te abras. É essa a chave das trocas. Só então podes dar e receber. Estas duas palavras marcam um mesmo caminho. Não as sei distinguir uma da outra. A humildade não é submissão aos homens, mas a Deus. Assim a pedra é submetida, não às pedras, mas ao templo.

Antoine de Saint-Exupéry

Como compreender e conceituar a partilha? Há diferenças significativas entre partilha e interação? Daniel Hameline (1996), professor da Universidade de Genebra, prefere o termo partilha (*partage*) à interação explicando que não se trata de distinção vã ou puramente semântica.

Apesar de não concordar com a carga religiosa que o termo partilha carrega, não vê como solução substituí-lo por interação, pois este último propicia uma tendência para tecnicizar e tornar assépticas as relações humanas, que trazem algo de misterioso. Acrescenta que, apesar do *logos* ser importante do ponto de vista da ciência, excluindo o *mythos*, é justamente este último que funda e move a ação. Além disso, acrescenta Hameline, não é suficiente que a intenção de um ator seja considerada num processo para que haja partilha, é *necessário que esta intenção retorne a ele inteligível, pois é este retorno que instrui a ação.* O que parece evidenciar que nesta concepção de partilha se incluem as pessoas, diferentemente da interação que facilmente as exclui, dando maior ênfase ao estar em relação em vez de privilegiar aquilo que retorna às pessoas, aos significados que atribuem, aos aprendizados que fazem.

Entendo que essa concepção de partilha que traz a idéia de *retorno à pessoa*, na qual o que importa são os significados e os aprendizados que elas fazem, insere-se numa nova ética, que implica uma reciprocidade não mercantil. Jean-Pierre Anciaux (1994), ao se referir às partilhas numa *entreprise apprenante* [*empresa aprendente*], fala do espírito de partilha, aquele que promove a distribuição, seja da informação, do saber-fazer ou das experiências.

A idéia que prevalece aí é *dar e receber*, de maneira que para receber é preciso saber dar e, dando, cria-se a oportunidade de receber. Entretanto, isto não significa dar *para* receber, pois não se trata de troca. Esta última pertence a uma perspectiva quantificável, diferente do espírito de partilha, no qual é preciso saber dar sem receber imediatamente, admitindo atos que só terão efeitos futuramente. Esta postura está na base da aprendizagem, segundo Anciaux, que acrescenta a observação de que, desde operários até especialistas, cada um aprende mais quando ensina a outros o que ele sabe, sendo isto o que faz de grupos de aprendizagem, grupos de partilha.

E como essas partilhas se efetuam? Destaco dois canais: o oral, com o conversar, e o escrito, com registros do vivido que podem alargar as possibilidades de partilha, além de oferecer uma condição privilegiada para a reflexão.

Fazendo parte de uma sociedade que privilegia a escrita, a escola atribui menor importância à oralidade e ao conversar, apesar da retórica acerca da importância dos trabalhos em grupo, da interação professor-alunos, aluno-aluno ou da prática participativa. E, no final, o que conta (e muitas vezes através de números) são alguns registros, principalmente aqueles feitos nas ocasiões em que menos se está em relação com os outros: a prova. Conversar é ainda, de uma maneira geral, atividade reservada para a hora do recreio e, quando ocorre na sala de aula, é vista como ato de indisciplina, e "conversar muito" é característica atribuída àqueles que não se adaptam à lógica do trabalho escolar. Com isso não estou dizendo que a conversa deva ocorrer a todo e qualquer momento, mas que deveria ocupar mais espaços e ser considerada à altura das outras atividades propostas no meio escolar.

Conversar não só desenvolve a capacidade de argumentação lógica, como, ao pressupor a presença física do outro, implica as capacidades relacionais, as emoções, o respeito, saber ouvir e falar, aguardar a vez, saber inserir-se na malha da conversa, enfrentar as diferenças, o esforço de colocar-se no ponto de vista do outro etc., e tudo de uma maneira muito dinâmica e conjunta. Mas é preciso diferenciar o conversar de um preenchimento do espaço da relação com falas. Trata-se sim da construção de sentidos, refiro-me à qualidade da fala, do que ela retorna para cada um dos interlocutores. É partilha, construção de significados. Assim, na rede de conversas, o silêncio tem também papel fundante, pois ele atravessa as palavras, é a "respiração", o fôlego da significação, como diz a lingüista Eni Orlandi.

O silêncio é "um lugar de recuo necessário para que se possa significar, para que o sentido faça sentido. Reduto do possível, do múltiplo, o silêncio abre espaço para o que não é "um", para o que permite o movimento do sujeito" (Orlandi, 1995: 13). O processo de significação da conversa nutre-se não só da interação com o outro, como também do diálogo interno, este necessita do silêncio para se processar. Na ânsia de responder às questões e desafios suscitados na conversa, nem sempre se considera o silêncio para a leitura dos significados da situação[24].

A rede de conversas, construtora de sentidos partilhados pelos interlocutores, portanto, é oportunidade formativa tanto para os alunos quanto para os professores. Tratando da educação de adultos, mais especificamente da formação dos formadores, o psicossociólogo Alain Bercovitz (1979) acentua que toda aprendizagem passa por uma prática e pela possibilidade de falar dela. Para aprender é preciso fazer, e não somente dizer, é preciso manipular as coisas, a matéria, os instrumentos *e* as palavras[25].

O sociólogo Norbert Elias (1994) mostra como a conversa gera modificações nos interlocutores devido à configuração reticular que lhe é própria, isto é, em forma de rede, o que a difere do modelo físico da ação e reação e das interações somatórias entre as substâncias físicas ou do modelo fisiológico da relação entre estímulo e resposta. Mas para isso é preciso considerar não apenas as observações e contra-observações isoladas, mas a seqüência das idéias entremeadas, carregando umas às outras numa interdependência contínua. Além disso, as idéias de cada um dos parceiros podem mudar durante a conversa.

> É possível, por exemplo, que eles cheguem a um certo acordo no correr da conversação. Talvez um convença o outro. Nesse caso, alguma coisa passa de um para o outro. É assimilada na estrutura individual das idéias deste. Modifica sua estrutura e, por sua vez, é modificada, ao ser incorporada num sistema diferente. O mesmo se aplica ao surgimento de uma discordância durante a conversa. Nesse caso, as idéias de um interlocutor penetram no diálogo interno do outro como um adversário, assim impulsionando seus pensamentos. A característica especial desse tipo de processo, que podemos chamar de imagem reticular, é que, no decorrer dele, cada um dos interlocutores forma idéias que não existiam antes ou leva adiante idéias que já estavam presentes. Mas a direção e a ordem seguidas por essa formação e

[24] Em vários momentos da "Roda de professores" na escola referida no *Livro da Tarde*, quando se discutia um assunto polêmico, o silêncio contribuiu para a construção de uma nova perspectiva coletiva. Por exemplo, quando surgiu uma discussão no grupo sobre a dificuldade de lidar com a indisciplina na sala de aula, as várias representações a respeito do assunto foram levantadas, mas, deliberadamente, a coordenação optou por não fechar uma posição sobre o assunto, ficando o compromisso de retomá-lo na semana seguinte. O tempo transcorrido até a outra reunião representou um silêncio que permitiu a cada um a busca dos significados suscitados pela conversa, assim como um diálogo interno que confrontava suas representações com a dos outros, de forma que, quando retomado o assunto, o estabelecimento de um compromisso coletivo estava pleno de novas significações.

[25] No *Livro da Tarde*, ao explicitar as elaborações, os projetos e as aprendizagens partilhadas, tecidas nas várias Rodas, percebe-se o papel do *fazer com as palavras* como alicerce da rede de relações, da aprendizagem da convivência e das transformações individuais e grupais.

> transformação das idéias não são explicáveis unicamente pela estrutura de um ou outro parceiro, e sim pela relação entre os dois. E é justamente esse fato de as pessoas mudarem em relação umas às outras e através de sua relação mútua, de se estarem continuamente moldando e remoldando em relação umas às outras, que caracteriza o fenômeno reticular em geral (Elias, 1994: 29).

Conversar é oportunidade ímpar para o desenvolvimento do humano, para o aprendizado da convivência, tão necessária. A tarefa é tão difícil quanto preciosa, mas não pode ser usada como retórica que nos faz acreditar que algo está sendo feito, enquanto a prática permanece intocada. Tarefa concreta a ser realizada *já*, e nas diferentes instâncias sociais, pelos diferentes atores, como é o caso do ambiente familiar ou das instituições educativas, onde se deve escapar da tendência aí dominante: sua tradução pela racionalidade técnica.

Conversar é oportunidade, quando bem aproveitada pelos interlocutores, para a criação do espírito coletivo e para escapar das determinações que lhes são impostas, fazendo uso de suas "artes de fazer", o que também se dá pela "arte de conversar", como mostra Michel de Certeau:

> as retóricas da conversa ordinária são práticas transformadoras de "situações de palavra", de posições verbais em que o entrelaçamento das posições locutoras instaura um tecido oral sem proprietários individuais, as criações de uma comunicação que não pertence a ninguém. A conversa é um efeito provisório e coletivo de competências na arte de manipular "lugares comuns" e jogar com o inevitável dos acontecimentos para torná-los "habitáveis" (1996: 50).

O biólogo Humberto Maturana (1997a) mostra que o conversar caracteriza o humano, pois este se realiza através da linguagem e no entrelaçamento do emocional e do racional. Mas como vivemos numa cultura que opõe emoção e razão, como se estas fossem dimensões antagônicas do espaço psíquico, falamos do emocional como se negasse o racional e dizemos que é o racional que define o humano.

A palavra conversar tem origem latina (*cum* + *versare*) e quer dizer "dar voltas com". Conversar faz fluir as emoções e o raciocínio, o emocionar e o raciocinar, segundo os termos utilizados por Maturana. Ao nos movermos na linguagem em interação com os outros, que é o que ocorre no conversar, fazemos fluir o emocionar, que é o que fundamenta nossas ações, de modo que, ao conversar, mudamos nosso domínio de ações, mudando também o curso de nosso linguajar e de nosso raciocinar. Para esse biólogo, o conversar é característica do humano, dele dependendo tanto nosso bem-estar como nosso sofrimento. Além disso, mostra estreita relação entre o papel da linguagem, do conversar e da cooperação na sociedade humana.

> A conduta social está fundada na cooperação, não na competição. A competição é constitutivamente anti-social porque, como fenômeno, consiste na negação do outro. Não existe a "competição sadia" porque a negação do outro implica a negação de si mesmo ao pretender que se valide o que se nega. A competição é contrária à seriedade na ação, pois aquele que compete não vive naquilo que faz, aliena-se na negação do outro.
>
> O central do fenômeno social humano é que ele se dá na linguagem, e o central da linguagem é que apenas nela se dão a reflexão e a autoconsciência.(...) Quem não teve a experiência de desagregação interior ao se negar a compartilhar ou a ajudar a quem necessita de ajuda? Cada vez que nos negamos a ajudar ou a compartilhar recorremos a uma explicação para justificar nossa rejeição, o que prova, por um lado, que toda recusa em ajudar ou compartilhar violenta nosso ser biológico básico, e, por outro lado, que nossas justificativas ideológicas nos cegam para nós mesmos e para os demais (Maturana, 1997: 206-7).

Assim, do ponto de vista biológico, o que é natural é a colaboração e não a competição. Esta visão não é recente pois, antes de Darwin, a observação de comunidades animais já trabalhava com essa perspectiva de que as ações colaborativas eram freqüentes na natureza. O arquiteto György Doczi cita alguns casos observados por naturalistas, dentre os quais Peter Kropotkin, que relata em seu *Mutual Aid* o comportamento de animais que compartilham dificuldades e demonstram amizade e lealdade entre seus companheiros.

A ave ventoinha, por exemplo, protege outros pássaros aquáticos de ataques inimigos, fingindo-se estar ferida para atrair os atacantes para longe de um ninho ameaçado. Para fazer isso, grita e voa, batendo as asas de modo peculiar, daí seu nome "ventoinha". As migrações de pássaros e animais são imensos empreendimentos grupais e só são possíveis pela cooperação e assistência mútua. Kropotkin fala das aves migratórias nas estepes da Sibéria:

> elas agrupam-se em um determinado lugar, por vários dias seguidos, antes de saírem e, evidentemente, discutem os detalhes da jornada. (...) Todas aguardam as atrasadas (...) e finalmente partem em uma determinada e bem escolhida direção — fruto da experiência coletiva acumulada. As mais fortes lideram o bando e substituem-se por turnos na difícil tarefa (Apud Doczi, 1990: 75).

Para Kropotkin, o compartilhar na forma de auxílio mútuo e cooperação é uma condição básica de sobrevivência e um fator decisivo de evolução, além de ser a origem pré-humana de todo comportamento moral. Mas esta opinião foi relegada no século XIX em favor dos conceitos darwinianos, tais como seleção natural, sobrevivência do melhor adaptado, luta pela sobrevivência e competição. Conceitos que, coincidentemente ou não, confirmavam a visão capitalista liberal, mas isto não cabe aqui discutir...

Defender a formação dos professores através de redes de partilhas entre pares e na organização-escola não significa que se exclua da rede de conversas os especialistas e pesquisadores, pois seria prescindir de conhecimentos fundamentais que alimentam a prática docente. Entretanto, é necessário que o diálogo e a abertura para a aprendizagem entre estas categorias profissionais se dêem em reciprocidade e não reproduzindo a concepção de que os professores, como práticos, devem aplicar as teorias geradas pelos especialistas do meio científico acadêmico.

Alguns pesquisadores da área de educação deram belos exemplos desta nova ética em reciprocidade, registrando seus aprendizados com professores da escola básica e da educação infantil. É o caso de George Noblit (1995), da University of North Carolina at Chapel Hill, que conta num artigo "o que professores poderosos podem ensinar a teóricos da educação", uma lição que aprendeu com a professora Pam, ao participar de sua classe de 2ª série:

> Pam realmente me atingiu. Ela fez que eu reconsiderasse todas as minhas visões a respeito de poder e de desvelo, os dois conceitos que provavelmente permeiam toda a minha história intelectual. O poder, e a invariável ligação que dele faço com a opressão, tem sido o assunto sobre o qual tenho pensado, ensinado, pesquisado e escrito durante toda a minha carreira. (...) Pam me fez ver como o poder e o desvelo estão ligados. (...) Como etnógrafo de alguma experiência, eu estava mental e intelectualmente preparado, quando fui a campo, para rever minhas crenças, mas eu não estava preparado para uma mulher poderosa. Eu não estava preparado para sua definição de desvelo como autoridade moral (1995: 122-4).

A pesquisadora Teresa Vasconcelos, atualmente diretora do Departamento de Educação Básica do Ministério de Educação de Portugal (DEB), fez sua tese de doutoramento a partir de observações numa classe de crianças pequenas, tendo como intenção contribuir com a formação dos professores da educação infantil. No *livro Ao redor da mesa grande*, publicação da tese, conclui propondo a construção de comunidades de aprendizagem com esses educadores (1997: 252). Em entrevista a uma jornalista, refere-se à importância do espaço para a negociação:

> A "mesa grande" é o símbolo, a metáfora da democracia. Estarmos à volta de uma mesa, a negociar, a chegar a consensos e construir algo melhor – democracia é isso. (...) Quando eu disse ao meu orientador dos Estados Unidos que queria observar a prática de um profissional (...) pretendia uma boa educadora, tendo em vista que, ao fazer um trabalho sobre ela, ela poderia vir a ser mestra de outras pessoas. O que eu não sabia é que ela viria a ser mestra de mim própria... E dou-lhe um exemplo: a primeira coisa que disse quando vim para ser diretora do DEB e entrei no meu gabinete foi: "Ah, que bom! Tenho uma mesa grande"! Porque esta metáfora da "mesa grande" ilumina a minha prática enquanto diretora de um departamento da administração central. Continuo a dizer: não me interessa o centralismo, a minha filosofia é a da "mesa grande". E, ao entrar no DEB, eu estava a revisitar a *mesa grande* (Sanches, 1997).

Mas é preciso cuidado para não considerar qualquer prática em que se trabalhe conjuntamente como uma prática emancipatória. No caso das escolas que estabelecem o trabalho conjunto dos professores, por exemplo, é preciso uma análise cuidadosa. Os resultados encontrados em várias pesquisas, de que as práticas de colaboração dão mais confiança aos professores, geram maior disponibilidade para fazer experiências ou correr riscos, motivando-os a prosseguir em seu aperfeiçoamento contínuo podem fazer supor que basta o trabalho coletivo para que isso ocorra. Mas isso não é verdadeiro, pelo menos não sempre ou para a totalidade dos participantes de uma dada prática, pela diversidade e singularidades num grupo, e pela complexidade do cotidiano escolar, carregado de antagonismos.

Andy Hargreaves (1998), pesquisador americano, mostra que, apesar da colaboração e colegialidade entre os professores serem apontadas como fontes de virtudes e promotoras do desenvolvimento profissional dos professores, na prática, o que se chama colaboração ou colegialidade pode assumir formas muito distintas, de ensino em equipe, planificação em colaboração, treino com pares, investigação-ação em colaboração etc., cada uma com conseqüências diferentes e servindo a propósitos diferentes, de maneira que não existe uma forma verdadeira. O importante, destaca Hargreaves, é compreender o significado em cada caso, o que está intimamente ligado a quem as guia e controla, isto é, a seus aspectos micropolíticos. Nessa perspectiva, a colaboração e a colegialidade estão estreitamente ligadas ou aos constrangimentos administrativos ou à administração indireta da aquiescência.

> Nem a perspectiva cultural nem a micropolítica possuem uma interpretação privilegiada ou mais precisa das organizações e das relações colegiais que ocorrem

no seu interior. Nenhuma delas detém o monopólio da sabedoria. Mas o predomínio da primeira perspectiva sobre a investigação das culturas de escola tem concedido uma ênfase exagerada às prescrições da colegialidade docente que estão mais centradas na idéia do consenso (Hargreaves, 1998: 214).

E a perspectiva micropolítica levanta questões, por exemplo, acerca dos direitos do indivíduo e da proteção da individualidade em face das pressões do grupo, pois a normas da colegialidade são por vezes tratadas como se fossem leis administrativas. Isso significa que é importante tentar analisar cada situação por diferentes perspectivas[26] na busca de uma mais ampla e profunda compreensão de seus propósitos e conseqüências.

A escrita como oportunidade formativa

A escrita da própria experiência é oportunidade com grande potencial formativo, seja nos moldes de diários, seja em textos narrativos das experiências, sobretudo quando se trata de estratégia coletiva de análise de práticas.

Mary Louise Holly (1992), professora da Kent State Univesity nos EUA, por exemplo, utilizou os diários biográficos de professores para investigar sua vida profissional e constatou algumas características comuns. Dos quarenta diários analisados, identificou algumas características comuns: o *desconforto* no abandono de modos confortáveis e no enfrentamento do novo, ao deparar com as inconsistências que, no discurso falado, passam rapidamente, mas no papel permanecem "olhando inexpressivamente e esperando pacientemente a sua interpretação"; o *distanciamento* com relação à experiência cotidiana, promovendo a "capacidade de recuar e olhar para um problema de múltiplos pontos de vista [o que] torna-o provavelmente resolúvel, compreendido e/ou aceite"; a *transformação de perspectivas*, que se dá através de transformações da própria estrutura de pressupostos, propiciada pela reflexão no diário; a *atenção focalizada*, pois o professor que reflete no diário desenvolve sua capacidade de decidir focalizar a sua atenção em outras coisas que puderam passar-lhe desapercebido no cotidiano e que são importantes, escapando, assim, do direcionamento externo das situa-

[26] Narrar as experiências vividas pode oferecer um "começo de conversa" para uma análise mais profunda e mais coerente com a complexidade da realidade, sobretudo quando a narrativa traz a voz dos diferentes atores que dela participaram. Esta é a intenção das narrativas que faço no *Livro da Noite* e *Livro da Tarde*. Narrativas que refletem, entretanto, minha própria interpretação. Outras narrativas, do ponto de vista de outras pessoas, poderiam ampliar as perspectivas de análise.

ções emergentes desse cotidiano sobre ele; a *voz* do professor pode tornar-se visível, quando ele aprende a interpretar a sua vida através da escrita autobiográfica, em razão da exploração da própria personalidade, isto é, propicia a aproximação ao "eu autêntico" (Holly: 104-8).

Miguel Zabalza (1994), professor da Universidade de Santiago de Compostela, também tomou os *Diários de Aula* como instrumentos de investigação e os analisou sob vários aspectos. Quanto ao próprio fato de escrever, diz que o professor aprende através de sua narração, ao construir sua experiência lingüisticamente, de modo que sua narrativa constitui-se em *reflexão*, e esta promove uma função epistêmica em que as representações do conhecimento são modificadas e reconstruídas no processo de serem recuperadas por escrito.

As unidades de experiência que se relatam são analisadas, ao serem escritas e descritas de outra perspectiva, vêem-se com uma "luz diferente". É a idéia do "descentramento" brechtiano: a personagem que descreve a experiência vivida dissocia-se da personagem cuja experiência se narra (o eu que escreve fala do eu que agiu há pouco; isto é, o eu que escreve é capaz de ver-se a si mesmo em perspectiva numa espécie de negociação a três: eu narrador – eu narrado – realidade) (Zabalza, 1994: 95).

A escrita do Diário[27] é também integradora, pois alia seu caráter pessoal à referência ao trabalho profissional, favorecendo a integração das dimensões pessoais e profissionais do professor. É integradora no sentido de envolver a participação conjunta dos dois hemisférios cerebrais: enquanto um recria a experiência, em que intervêm as emoções e a intuição, e o outro organiza-a numa mensagem estruturada, sendo esta uma das características do escrever arroladas por Zabalza. Outra é o *feedback* que produz, pois aquele que escreve vai lendo e verificando se o que quis dizer está claro nas palavras que acaba de escrever, num processo cíclico de revisão-criação.

Não apenas entre professores a escrita da própria prática tem sido referida por seus méritos formativos. A psicopedagoga argentina Alícia Fernandez conta sua própria experiência em trabalho de atendimento a uma professora:

> Decidi, então, com audácia, iniciar um caminho mais árduo, trabalhando sem supervisão psicopedagógica. Escrevia o que ia pensando sobre as sessões. Em

---

[27] A prática do Diário como instrumento privilegiado para desenvolver a reflexão do professor foi também aspecto tratado em minha dissertação de mestrado (Warschauer, 1993), no qual evidencio sua pertinência para a perspectiva autoformadora do educador, assunto abordado em várias passagens do *Livro da Noite*.

minhas notas, dialogava com minhas preocupações, minhas dúvidas, minhas perguntas e minhas respostas. Utilizava o escrever como um terceiro" (1994: 80).

Como escrever é imprimir o próprio pensamento, diferentemente da prática de reproduzir, copiar a palavra alheia, modalidade esta dominante na escola, os professores que viveram/sofreram essa prática escolar quando eram alunos, sem se apropriar de seu pensamento, de sua autoria, tendem a oferecer a seus alunos esse mesmo tipo de experiência e relação com a escrita. Por isso, se esses professores escrevem sobre suas experiências e refletem sobre elas podem estar exercendo essa autoria, reconstruindo sua relação com a escrita e refazendo sua identidade, sobretudo quando seus textos podem ser lidos e discutidos com seus pares e com um formador, pois, nessa situação, o potencial formativo dessa experiência é ainda mais aproveitado.

A escrita em forma de narrativa facilita que esta seja uma experiência formativa, tanto para o narrador quanto para o ouvinte/leitor. Walter Benjamin, em seu conhecido texto "O narrador", falava do desaparecimento do narrador entre nós, atribuindo como causas desse desaparecimento a perda do valor das experiências e o surgimento de uma nova forma de comunicação, a informação, que inaugura o universo das explicações e da verificabilidade, preocupações ausentes na narrativa.

> Metade da habilidade de narrar reside na capacidade de relatar a estória sem ilustrá-la com explicações. (...) O extraordinário e o maravilhoso são sempre relatados com a maior exatidão, mas o relacionamento psicológico dos fios da ação não é oferecido à força ao leitor. Fica a seu critério interpretar a situação tal como a entende (Benjamin, 1975: 67).

E por não ser tudo oferecido ao leitor/ouvinte, há a possibilidade de sua inclusão, de maneira que ele pode tornar-se co-autor da história, que também se torna sua. "Um conselho, fiado no tecido da existência vivida é sabedoria" (1975: 65). Benjamin apresenta a narrativa como uma forma artesanal da comunicação, que deixa transparecer a marca do narrador, tal como a mão do artista é percebida na obra da cerâmica. Entendo que estas palavras significam que a singularidade do narrador se faz presente em seu texto, de maneira que, transpondo para a narrativa da experiência docente, o professor enquanto pessoa, identidade única, mostra-se em seu texto.

Com o desaparecimento do narrador, a troca de experiências, que acontecia por seu intermédio, aproxima-se do fim, de modo que o ouvinte perde tanto seu conselheiro quanto a oportunidade de aprender com sua experiência. Portanto, resgatar a "arte de narrar" é também investir na oportunidade de aprender com a partilha das experiência de vida, sobretudo atualmente, meio século depois do texto de Benjamin, em que já vivemos na denominada "sociedade da informação".

Vejo o potencial interformativo da narrativa das próprias experiências como oportunidade de co-autoria, que também proporciona o aprendizado da convivência, através da conversa entre singularidades que aí se encontram. Essa escrita permite deixar marcas ao reescrever um percurso, ao interpretar uma história, ao criar seu sentido. Dessa maneira, faz que atuemos sobre nossa própria história, percebendo suas contradições e incoerências, refazendo seu processo. Mas a escrita, diferentemente da vivência, não se esgota no momento de sua realização, mas é infinita. Seu caráter histórico permite que vá além do tempo vivido, por isso é uma *obra aberta* (Eco, 1997), passível de novas leituras e interpretações. É instrumento a serviço do processo autoformativo, que prossegue enquanto houver vida.

Muitos já são os pesquisadores e formadores que têm se dedicado à relação da escrita com a formação profissional. Pelo menos três números da revista francesa *Éducation Permanente* registram suas pesquisas e experiências: em 1990, "Les adultes et l'écriture" ["Os adultos e a escrita"], em 1994, "Écriture, travail, formation" ["Escrita, trabalho, formação"] e, em 1997, "L'écriture, lieu de formation" ["A escrita, lugar de formação"]. No mais recente, Mireille Cifali, professora da Universidade de Genebra, faz uma análise dos textos de profissionais da Educação, publicados em números especiais da revista, os *Supplément Education nationale*, a maior parte de seus autores é de formadores especializados na formação contínua de professores ou adultos em geral, mas há também chefes de estabelecimentos, professores de colégio e de liceu e conselheiros em formação contínua, como informa a responsável do *Supplément*, Martine Dumont (Cifali & Dumont, 1997).

Os textos desses profissionais são narrativas de suas experiências, partilhadas no grupo e registradas como uma análise de suas experiências. Ao analisar essas narrativas, Cifali (1997) identifica suas características formativas, tanto para seus autores quanto para os leitores. Alguns aspectos destacados por ela também foram apontados por aqueles que pesquisaram os Diários de professores, apesar das diferenças metodológicas entre esses trabalhos. Essa convergência traduz características próprias da escrita das experiências profissionais enquanto oportunidades formativas para os adultos.

Em texto anterior, Cifali (1996) fala que a narrativa é vista tradicionalmente como pertencente à ficção, ligada à literatura e, portanto, à poética e à imaginação, por isso, parece estar longe do real, da objetividade e da seriedade de uma pesquisa. Da mesma maneira, nossa mentalidade científica desconsidera nossos gestos cotidianos como dignos de atenção. Entretanto, essa concepção deve ser revista e os historiadores podem nos ajudar, pois toda realidade é reconstrução e a singularidade de uma situação recontada pode tocar o geral com o qual muitos se identificam. Trata-se de abandonar a pretensão de relatar o real, mas aceitar a reconstrução de um *sentido* aos atos, pois "recontar nossos atos é construir alguma coisa de nós mesmos e de nossa escolha" (1997: 23).

Nesse contexto, os professores, ao se considerarem vítimas de uma desvalorização exterior, também têm responsabilidade, e esta se encontra na maneira como reconhecem seus gestos e os apreciam, se pensam ou não sobre eles. Outra transformação interna a ser feita refere-se a falar das dificuldades, pois considerar as práticas significa aceitar falar das dificuldades encontradas e não só dos sucessos e dos progressos. Trata-se de ousar engajar-se numa sinceridade que não faz parte de uma cultura como a nossa, que tem a imagem do herói como aquele que não tem dúvidas, falhas ou medos. Esta visão repercute no mundo da educação e do ensino de maneira que raramente se fala das fragilidades, apesar de ser a partir delas que se aprende.

Ao referir-se aos textos do *Supplément*, Cifali (1997) diz que, quando o autor ousa dizer suas dificuldades, o leitor também pode reconhecer as suas, que fazem parte da profissão. Dessa maneira, estão revendo a via do "eu forte" e do "falso *self*", impregnados em nossa maneira política de agir e conviver. Entendo que tornar visíveis nossas dificuldades, fato que acompanha a escrita da experiência, traz uma oportunidade formativa do humano na construção de sua autenticidade, não só em face dos outros, mas sobretudo de si mesmo.

Cifali diz também que o relato da experiência está ligado ao questionamento ético de muitas formas: por ser espaço teórico da singularidade, pesquisa da medida dos atos e do que passou, pesquisa da verdade, construção de si e do outro, reconstrução de nossos atos ao transmiti-los e talvez, também, pesquisa da estima de nossa profissão (1997: 22). Na escrita da experiência, questões tais como "O que eu faço? Qual a justiça em meus atos? Que precauções devo tomar?" aparecem, evidenciando dilemas, conflitos de valores e a capacidade para nos interrogar, não fazendo como se houvesse uma única solução que dê conta da verdade.

Trata-se, portanto, de um trabalho que envolve o questionamento do lugar do outro, do nosso, de nossa relação com ele, da procura da justa medida de nossos atos, da disponibilidade para partilhas, determinação, flexibilidade e humildade. Quando a análise da prática pela escrita propicia este tipo de envolvimento, está sendo formativa no sentido do humano, envolvendo a pessoa do professor.

A profissão docente, por se basear na relação entre as pessoas, é permeada pelos afetos, pela simpatia/antipatia que acompanha as relações. Ser profissional da educação significa experimentar sentimentos. Na tentativa de refletir sobre eles, falar ou até mesmo escrever pode ajudar. Entretanto, como as paixões e a subjetividade foram eliminadas da ciência pela cientificidade positivista, confessar esta dimensão na esfera profissional, registrando-a, é retomar uma língua preterida pela racionalidade científica e reprimida pela normatividade social, como lembra Cifali (1997: 21), que propõe ser o relato um dos modos de restituição desses sentimentos.

Cifali verificou que os textos do *Supplément* eram discretos quanto a referências a este aspecto, mas diz que a tensão, provocada pelas contradições que fazem parte da complexidade do real não escapam de uma experiência de formação, sendo os afetos componentes dessa complexidade.

Além disso, o próprio ato de escrever pode fazer emergir angústias, fruto da relação estabelecida com a escrita, construída durante o percurso escolar. Cifali, analisando e refletindo sobre os textos do *Supplément*, diz que se autorizar a escrever é assumir riscos, pois não se expõe só pensamentos, mas a própria pessoa. Mas quando a ousadia é assumida, a escrita permite uma apropriação do que foi vivido e transforma a relação com esse vivido, assim como a representação que o autor tem de si. Entretanto algumas condições são favorecedoras dessa transformação: *o trabalho num grupo*, como é o caso da vivência dos autores dos textos do *Supplément*, mas também ter um *lugar para publicação*[28].

A escrita da experiência, quando é lida por outros, leva-nos a sair de nós mesmos para sermos capazes de partilhar os pensamentos, provocando a passagem do implícito para o explícito. Cifali fala da necessidade de evitar o excessivo detalhamento ou deixar muitos implícitos no texto, pois isto faz que o leitor não possa aí penetrar. Assim a escrita para o outro é, ao mesmo tempo, formadora da capacidade de partilhar. Inicia-se com uma implicação grande, construindo um afastamento. É um movimento formador porque distanciador: nosso olhar recebe um outro reflexo.

---

[28] No primeiro capítulo do *Livro da Noite*, conto a experiência de ter me lembrado de vivências na escola básica, quando escrevia um artigo sobre a escrita. As reflexões sobre aquelas lembranças trouxeram vivas as emoções da menina que se sentia impotente ante as críticas da professora e propiciaram um outro olhar, afastado da cena, percebendo-as do ponto de vista da pedagoga, que tem mais instrumentos para entender. Não só a complexidade da situação em que se encontrava a professora e nós alunas, mas, sobretudo, retomar aqueles sentimentos e transformá-los dentro de mim, podendo "dar uma resposta" à professora. Ter recebido o convite para publicar um texto sobre esse assunto numa revista configurou-se para mim uma oportunidade e um estímulo, sem os quais aquele texto provavelmente não teria sido escrito, nem teria experimentado os efeitos que produziu.

Raras são as ocasiões em que os professores podem participar de grupos de formação para a análise de suas práticas, de modo que criar condições para um trabalho semelhante, nos contextos que temos hoje, é importante para ampliar as oportunidades de formação baseadas na apropriação da experiência. Mas podem ser também aproveitadas não só pelos professores em formação contínua, como também pelas crianças e jovens, seus alunos, quando estas oportunidades são estendidas a eles em sala de aula[29].

Entretanto, paradoxalmente, institucionalizar tal prática necessita cautela, pois pode colocar em risco a apropriação do sujeito de seu próprio processo de formação em vez de ser uma oportunidade de emancipação. Além disso, há pessoas mais propensas para a utilização desse instrumento do que outras[30], não é caminho obrigatório nem único. As instituições exercem controle sobre os indivíduos que delas fazem parte e, muitas vezes, é nas brechas do cotidiano, na rede de relações e práticas não institucionalizadas, através de caminhos inusitados, que os atores conseguem expressar sua singularidade e encontram maiores condições para construírem sua autoria. Entretanto, evidenciar o caráter formador da escrita pode servir de estímulo àqueles que buscam um caminho e encorajamento àqueles que hesitam, sobretudo quando estes podem ler as narrativas de outros[31].

Apropriar-se das experiências vividas através da escrita, transmitindo-as a outros, evocando argumentações e emoções favorece, portanto, a construção da autoria, isto é, da autoridade sobre si. Autoria construída no presente, sobre um passado próximo ou mais distante, como no caso de um trabalho não apenas de análise da atual prática profissional, mas também quando escreve sua biografia educativa, como propõe Christine Josso e Pierre Dominicé, relatando, escrevendo e refletindo sobre suas experiências vividas nos diversos âmbitos e espaços da vida. Dessa forma, fica menos vulnerável aos efeitos da moda, que são a nega-

---

[29] A escola referida no *Livro da Tarde* construiu, em certa medida, oportunidades como essa, tanto para os professores, que escreviam e refletiam sobre o vivido diariamente nos "Cadernos de Planejamento e Avaliação" e semestralmente numa avaliação do vivido, quanto para os alunos que, no final do ano letivo, registravam o percurso de sua história no "Livro da Classe", favorecendo a apropriação de suas experiências.

[30] A escrita, para mim, tornou-se um importante instrumento de análise do vivido, apesar de algumas experiências traumáticas na escola, como narro no *Livro da Noite*. Mas essa significação não pode ser generalizável, devido às diferenças individuais, apesar do potencial formativo que a escrita das experiências carrega.

[31] Após publicar o livro *A Roda e o Registro*, vários leitores manifestaram esse encorajamento à própria escrita e à valorização de sua própria prática. No final do quarto capítulo do *Livro da Noite*, encontram-se excertos de alguns desses depoimentos que recebi em forma de bilhetes e cartas onde alguns leitores revelam esse efeito sobre si.

ção do passado e uma "fuga para a frente": uma opção preguiçosa que nos dispensa de tentar compreender (Nóvoa, 1992a: 17). Futuro que poderá ir construindo enquanto trabalha no presente, estruturando o significado do que vive e, assim, reconstruindo sua identidade.

Josso (1998) se detém para analisar três dimensões formadoras da escrita do relato da história de vida, relacionado-as a "figuras antropológicas": *a escrita como arte da evocação*, representada pelo "artista", *a escrita como construção de sentidos*, feita pelo "autor" e a *escrita como pesquisa*, ato do "pesquisador". O ator-artista descobre as potencialidades poéticas da língua para dar conta de sua singularidade, que se nutre de aspectos socioculturais. O ator-autor aprende a se colocar na vida de uma maneira ativa, questiona a margem de liberdade que se dá ao negociar as orientações de sua vida, apesar (e graças) às interdependências afetivas, sociais e culturais. O ator-pesquisador aprende a analisar as contribuições de suas atividades, relações e acontecimentos, descobrindo que transformou alguns em experiências fundadoras, aprendendo a investir seu presente de tal maneira que o vivido pode tornar-se ocasião de formação, vivificando suas buscas.

A narrativa das práticas e das histórias de vida de professores têm também uma dimensão formadora na medida em que se constituem numa resistência à "memória oficial", aquela construída pelos historiadores, pela comunidade científica, que seleciona o que merece ser registrado e tomado como relevante, como verdade, daí seu caráter dominador. A produção dessas narrativas pode favorecer a construção de uma outra memória da profissão, evidenciando como ela é "de dentro", por aqueles que a vivem, o que pode ser feito dando "voz ao professor" (Goodson, 1992) e dando outro *status* à experiência e à prática, bases do conhecimento.

As narrativas dos professores é espaço de teorização das práticas: é ali que habitam as suas leis de funcionamento. Construir essa contra-memória é forjar a identidade da profissão pela construção de sua história, pois é preciso que haja uma história para que uma comunidade se reconheça. Ao mesmo tempo, ao revelar como se faz essa profissão, contribui para que venha a ter, mesmo que num futuro distante, um reconhecimento social que falta à profissão e torna a tarefa ainda mais árdua aos professores, imersos num descrédito e demérito.

Essa é uma experiência de resistência e indignação, auxiliar no combate à discriminação do outro, ao criar espaço para as diferenças de todos os tipos e evidenciar a singularidade. É uma experiência a serviço da humanização, do resgate da experiência humana, da conquista da capacidade de ler o mundo, de escrever a história coletiva, de expressar-se, criar, mudar, como diz Sônia Kramer (2000), professora da PUC do Rio de Janeiro.

É com essa aposta que a partilha das *análises de práticas* e sua publicação podem ser uma alternativa. É esta a intenção do *Supplément education nationale*, conforme diz Cifali (1997: 38): se não existe narratividade que estruture a experiência, há uma má articulação entre passado e futuro e não há memória. Portanto, a escrita da experiência, se documentada e partilhada, pode permitir a articulação do passado no presente de maneira a inaugurar um possível futuro. Além disso, sua publicação, que é uma acolhida das experiências, aumenta o espectro de partilhas possíveis e pode contribuir para outras iniciativas de valorização da "voz" da prática como produtora de teoria, ampliando a rede de partilhas e a articulação entre teoria, prática e autoria.

5

Separar formação e pesquisa?

A reflexão sobre a prática como prática de formação

A reflexão sobre a prática tem sido apontada como um objetivo para a formação dos professores, o que desenvolve sua capacidade de teorizar a experiência. Os trabalhos do pesquisador americano Donald Schön (1983,1987,1991) têm inspirado muitos outros relativos ao potencial formador da reflexão sobre a experiência. Carlos M. García (1992), professor da Universidade de Sevilha, por exemplo, ao abordar perspectivas de investigação sobre o pensamento do professor, chega a tratar a reflexão como um novo objetivo para a formação de professores, destacando a diversidade de terminologias e propostas metodológicas utilizadas por diferentes pesquisadores. Mostra que, apesar de não ser preocupação recente, pois Dewey, em 1933, já defendia o ensino reflexivo, foi Donald Schön um dos autores que mais contribuíram para estender sua utilização ao campo da formação de professores.

> Este autor propôs o conceito de reflexão-na-ação, definindo-o como um processo mediante o qual os profissionais (os práticos), nomeadamente os professores, aprendem a partir da análise e interpretação de sua própria atividade. A importância da contribuição de Schön consiste no fato de ele destacar uma característica fundamental do ensino: é uma profissão em que a própria prática conduz necessariamente à criação de um conhecimento específico e ligado à ação, que só pode ser adquirido através do contato com a prática, pois trata-se de um conhecimento tácito, pessoal e não sistemático (Garcia, 1992: 60).

García (1992) menciona a necessidade de habilidades cognitivas e metacognitivas para a realização de um ensino reflexivo, como a *capacidade de diagnóstico*, de *descrever situações*, de *analisar processos*, de *avaliar a importância de seus efeitos*, de *planejar a ação, comunicar e partilhar num grupo suas idéias com colegas*. Além dessas destrezas, que são necessárias mas não suficientes, García se refere a algumas atitudes: a *mentalidade aberta* permite a consideração de novos problemas e novas idéias, através da escuta despreconceituosa, reconhecendo a possibilidade de alternativas mesmo contrárias àquilo em que mais acreditamos, escutando mais de um ponto de vista e procurando várias respostas para a mesma pergunta. A *responsabilidade intelectual* é a consideração das conseqüências de um ato projetado, buscando a integridade e coerência dos propósitos educativos e éticos da própria conduta docente e não apenas dos meramente utilitários. O *entusiasmo* é a predisposição curiosa e cheia de energia, que acompanha a capacidade de renovação e de luta contra a rotina (García, 1992: 62-3).

Podemos perceber que tais atitudes fazem parte do professor enquanto pessoa. Nessa perspectiva, Schön (1992: 85) acrescenta a capacidade de enfrentar uma *fase de confusão*, pois "é impossível aprender sem ficar confuso". Isso significa o professor assumir que não sabe tudo a respeito de seus alunos, necessitando afastar-se da situação vivida para ter uma nova perspectiva sobre ela.

> Um professor reflexivo tem a tarefa de encorajar e reconhecer, e mesmo de dar valor à confusão dos seus alunos. Mas também faz parte das suas incumbências encorajar e dar valor à sua própria confusão. Se prestar a devida atenção ao que as crianças fazem (por exemplo, *O que terá passado na cabeça daquela criança para ter pendurado o barbante em forma de laço?*), então também ficará confuso. E se não ficar, jamais poderá reconhecer o problema que necessita de explicação (1992: 85).

Somente assim poderá perguntar-se, identificar problemas e buscar soluções, pois pode colocar-se criticamente diante do problema e questionar as suposições iniciais. O grande inimigo da confusão é a resposta que se assume como verdade única. Podemos perceber a semelhança de suas colocações com a atitude da *mentalidade aberta* descrita por García, mas também a aproximação com as reflexões de Cifali (1997) quando ela se refere ao caráter formador da escrita da experiência profissional: a importância de encarar as próprias dúvidas, fragilidades e dificuldades. A escrita da prática, seja em forma de Diário, seja na narrativa e análise das experiências lidas e discutidas em grupo, favorece a reflexão sobre a experiência e o desenvolvimento das destrezas e atitudes que se considereram necessárias para o professor reflexivo, atuando também em seus aspectos pessoais: auto-confiança, consciência interior e auto-estima, necessárias para arriscar-se a tentar algo novo, como diz Schön (1992: 86).

Pedro Demo (1996), pesquisador brasileiro, destaca a importância da consciência crítica do professor, cuja formação deve levá-lo à crescente humanização e emancipação para que ele não seja "massa de manobra" e consiga os meios rumo a um projeto coletivo de bem comum. Para tal, fala da necessidade da *reconstrução dos conhecimentos*, destacando sete capacidades necessárias ao professor: *capacidade de pesquisa, capacidade de elaboração própria, capacidade de avaliar processualmente, capacidade de teorizar as práticas, capacidade de atualização permanente, capacidade de trabalho interdisciplinar* e *capacidade de manejar instrumentos eletrônicos*. Todas estas capacidades estão ligadas ao que ele chama de "educar pela pesquisa", o que significa realizar simultaneamente pesquisa e educação, relacionando-as com processos emancipatórios, que envolvem aprendizagem e cidadania. Ao reconstruir conhecimentos, o aluno *se forma* intrinsecamente, o mesmo se dando com o professor.

A formação, como a estou entendendo e delineando no decorrer desse trabalho, está ligada à pesquisa. Vários autores, como os citados acima, têm mostrado essa aproximação. Cada um, a partir de sua própria prática, mostra diferentes aspectos dessa imbricação. Formar-se ocorre junto com a pesquisa em diferentes frentes, seja com relação à reflexão sobre a própria ação com os alunos, sobre sua própria reflexão, ou a pesquisa do sentido das próprias experiências, narrando sua prática ou mesmo sua história de vida. Também Bernard Honoré (1992: 42-3) avança nessa direção, dizendo que a reflexão sobre a prática é ela mesma uma prática, uma prática de formação, é *pesquisar* o sentido dos atos e de seus produtos no meio em que essa prática é exercida.

E a pesquisa traz sempre o sujeito que pesquisa, que projeta sobre o objeto pesquisado sua visão de mundo, seus valores, suas inquietudes e desejos. Na perspectiva da formação de adultos essa aproximação entre pesquisa e formação é bem estreita. Na perspectiva da autoformação de que trata Pineau, Josso e Dominicé, que tem o objetivo emancipatório de conscientização e de autonomização, trata-se de um engajamento mais ativo do sujeito em sua formação, o que se dá justamente ao associar pesquisa e formação, num suporte epistemológico que inclui o pesquisador na própria pesquisa, ao mesmo tempo que o sujeito se investe, ele próprio, do poder sobre sua formação.

Entretanto, desenvolver destrezas, capacidades e atitudes do *professor reflexivo* ou do *professor-pesquisador* não é suficiente para uma prática efetivamente reflexiva e crítica, pois esta implica condições mais amplas que precisam ser analisadas para que os esforços em direção a uma prática reflexiva possam contribuir efetivamente para a autonomia docente e não se convertam na adesão a mais um modismo pedagógico, sem transformações efetivas na realidade do trabalho docente. Por exemplo, uma prática reflexiva envolve a participação do professor em discussões acerca dos fins da educação e das questões *o que* ensinar, *a quem* e *por quê*, que não podem ser reservadas a terceiros, fora da sala de aula. Restringir o processo reflexivo à consideração das destrezas, atitudes e estratégias mobilizadas na sala de aula é excluir os professores da definição dos objetivos do ensino, o que significa não romper com a lógica da racionalidade técnica.

Esta é uma das críticas feitas por Zeichner (1993), pesquisador americano, a falsos conceitos de professor reflexivo e prática reflexiva que circulam nos EUA e minam o verdadeiro desenvolvimento dos professores. É também comum que propostas de formação do professor reflexivo se refiram à imitação de práticas sugeridas por investigações que outros conduziram, negligenciando as teorias e saberes da prática do professor. Geraldi et al. (1998), grupo de professoras ligadas à Unicamp, também partem dessas reflexões de Zeichner e se referem ao equívoco de instituir uma falsa parceria entre professor universitário e professores da escola básica ou secundária, quando os méritos da produção da reflexão ficam com os professores da academia, o que não rompe com o modelo da racionalidade técnica que separa a concepção da aplicação dos conhecimentos.

Outro equívoco, quanto ao conceito de prática reflexiva, é considerá-la como fruto de uma ação individual do professor, centrando a reflexão dos professores na sua própria prática ou na de seus alunos em vez de considerar também as condições sociais do ensino, que influenciam o trabalho do professor na sala de aula. E, como conseqüência dessa forma individual de compreensão do trabalho, acaba-se responsabilizando o professor; não cabe a ele, nem à instituição escolar, reverter questões sociais e econômicas, ou outras de ordem mais ampla.

Portanto, pensar no trabalho de formação docente baseado na reflexão sobre sua própria prática envolve uma nova base epistemológica, não entendendo a competência profissional como fruto da aplicação de conhecimentos gerados no meio universitário, persistindo no modelo da racionalidade técnica, mas envolve assumir alguns pressupostos ou implicações, bem delineados por Geraldi et al. (1998: 249):

- a necessidade de uma reflexão sobre a experiência de vida escolar do professor, assim como sobre suas crenças e valores pessoais;

- a formação docente inicia-se nas experiências de vida do professor, bem antes de ingressar na chamada formação inicial;
- cada professor é responsável pelo seu próprio desenvolvimento;
- o processo de reflexão deve se dar em grupo para que haja o estabelecimento de uma relação dialógica;
- a reflexão não só deve partir da contextualização sóciopolítica e cultural, como é alimentada por ela.

Desafios do novo paradigma da formação

A partir das reflexões acima, aponto a seguir alguns desafios para a atuação *no presente* e a partir dos recursos de que dispomos *hoje*.

Como primeiro desafio destaco *descobrir e lidar com antagonismos e paradoxos*, um trabalho que exige esforços tanto em termos cognitivos quanto emocionais das pessoas envolvidas. Investir na formação docente, visando estimular uma prática reflexiva incluída no projeto do estabelecimento, provoca o risco de cair em outras armadilhas: ao tentar escapar de um extremo, cai-se em outro. Olhar para os vários lados de uma situação, sobretudo aqueles que envolvem o poder, pensando junto os antagonismos que estão no âmago dos fenômenos organizados (Perrenoud, 1996: 25), é algo necessário para se implementar propostas, evitando ficar na crítica sem passar à ação concreta, esta sempre repleta de contradições, ao mesmo tempo que escapar de uma postura ingênua e acomodada de seguir cegamente os modismos pedagógicos.

Como segundo desafio, proponho *a criação na escola de redes de reflexão coletiva ao mesmo tempo que se permita a singularização* na construção dos conhecimentos e das práticas. Para enxergar e lidar com os antagonismos são necessários vários pontos de vista, dificilmente viabilizados por uma só pessoa. O trabalho em parceria pode viabilizar leituras e releituras do vivido, contando com múltiplos olhares, numa realimentação constante. Ao mesmo tempo, a constituição de redes de partilha na escola é uma alternativa e oportunidade para o caminho de autonomização em relação à universidade e aos órgãos centrais do sistema educativo quanto à formação docente. Entretanto, é preciso insistir na cautela, pois não se trata de camuflar um controle sobre os professores, simplesmente por se tratar de uma "iniciativa local", nem de prescindir dos conhecimentos gerados na universidade, mas de *ir buscá-los* a partir das necessidades práticas, e não o contrário. Uma alternativa à falsa parceria entre professores universitários e da escola básica e média, a que se referiu Zeichner.

Na escola, local da prática docente, dificilmente se tem condições para reflexões sobre o que ensinar e sua finalidade, o que dificulta ultrapassar a racionalidade técnica. Mas é possível criar este nível de debates na escola, ao lado dos outros relativos às experiências docentes[32]. Dessas discussões, interferências na própria estrutura organizacional da instituição podem surgir, de modo que uma gestão participativa, em alguma medida, é necessária para viabilizar um processo coletivo de mudança. Entretanto, há também a necessidade de cautela, evitando uma sobrecarga ainda maior sobre o professor, um alerta também feito por Zeichner e retomado por Geraldi et al. (1998), que diz não se tratar de "considerar essencial a participação dos professores em todos os momentos e âmbitos do trabalho pedagógico, o que pode aumentar demais a sua carga de trabalho, inviabilizando-os de cumprir seu objetivo principal, que é o de educar seus alunos" (1998: 250).

Um terceiro desafio é a *criação de grupos de autoformação de professores, dentro ou fora de instituições*. Uma das possibilidades de trabalho nesses grupos é a *reflexão sobre as experiências da vida escolar dos professores*, um dos pressupostos referidos por Geraldi et al para a prática reflexiva do professor. Apesar de a escola não oferecer as melhores condições para um trabalho dessa natureza, é possível que esta venha a favorecer também esse tipo de experiência formativa[33]. Trata-se de propiciar a oportunidade para que os professores tomem sua história de vida como oportunidade de pesquisa, narrando-a oralmente e por escrito, individualmente e no grupo, descobrindo seus sentidos formativos e percebendo que esse processo começou muito antes de sua formação inicial, assim como coube a ele "fazer algo com o que os outros quiseram fazer dele", como diz Sartre. Dessa maneira, descobre-se responsável por essa *sua* formação. Assim, a Metodologia das Histórias de Vida em Formação, proposta por Josso e Dominicé, é um caminho para enfrentar esse desafio.

---

[32] Na escola referida no *Livro da Tarde*, as "Semanas de Planejamento" ofereciam boas condições para discussões a respeito da finalidade da educação e reflexões mais filosóficas que o cotidiano do trabalho dificultava. Durante o ano letivo, ocorrem três Semanas de Planejamento": antes do início das aulas (cinco dias), no final do primeiro semestre (dois dias) e no final do ano letivo (quatro dias). Pela existência das Rodas semanais de trabalho coletivo durante todo o ano, com estudos, discussões e vivências que permitem um acompanhamento mais próximo das necessidades da prática, nas "Semanas de Planejamento" é possível um trabalho em termos dos objetivos mais gerais, filosóficos e sociais, mesmo que não se restrinja a eles.

[33] Foi o caso da "Roda das Histórias de Vida", relatada no *Livro da Tarde*: uma experiência com período de tempo limitado, imersa em antagonismos e apropriada de maneira diferente pelos seus participantes, conforme verifica-se nos depoimentos dados, o que justamente viabiliza um trabalho dessa natureza no próprio local de trabalho.

Ter um espaço para pensar a profissão docente, em conjunto com os pares, viabiliza que os professores aprofundem o conhecimento sobre sua profissão e possam eles próprios descobrir modelos de formação e de trabalho, afirmando a importância das dimensões pessoais e organizacionais enquanto fortalecem sua comunidade profissional. Esse espaço pode se realizar também através da publicação[34] dos textos dos professores que registram suas experiências e reflexões, pois isso não só amplia a rede de partilhas, como estimula outros professores a refletir sobre o que fazem, portanto, é um estímulo à sua formação e ao seu desenvolvimento como profissionais.

Um quarto desafio, que se relaciona com todos os anteriores, é *associar ensino, pesquisa, formação e trabalho*, revertendo a lógica da exclusão e fundando espaços e práticas inclusivas, isto é, reunindo o que tradicionalmente está separado. Como diz Paulo Freire :

> Não há ensino sem pesquisa e pesquisa sem ensino. Esses que-fazeres se encontram um no corpo do outro. Enquanto ensino continuo buscando, reprocurando. Ensino porque busco, porque indaguei, porque indago e me indago. Pesquiso para constatar, constatando, intervenho, intervindo educo e me educo. Pesquiso para conhecer o que ainda não conheço e comunicar ou anunciar a novidade. (...) No meu entender o que há de pesquisador no professor não é uma qualidade ou uma forma de ser ou de atuar que se acrescente à de ensinar. Faz parte da natureza da prática docente a indagação, a busca, a pesquisa. O de que se precisa é que, na sua

[34] Além da publicação propriamente dita em revistas, em que há as sessões "relato de experiências", outras oportunidades podem ser criadas, mesmo que não sejam nas condições ideais (fruto de discussão coletiva, em veículo de grande circulação etc.). No *Livro da Noite* me refiro aos "5ª feira", coletâneas dos textos escritos pelos participantes de um grupo de formação coordenado por Madalena Freire, que possibilitou que cada um tivesse os textos dos outros, articulados em capítulos temáticos, produção coletiva que circulou entre os educadores amigos. Em *A Roda e o Registro*, conto sobre o processo de escrita de "livros" com alunos de 4ª série, tanto com suas redações, quanto com textos narrativos e avaliativos do cotidiano da classe, evidenciando sua repercussão em sua formação, mas também na minha como professora: "Livro de estórias e desenhos", "Livro de avaliação", "De repente...um livro, uma lembrança e um pouco de poesia". No *Livro da Tarde*, refiro-me aos "Livros da Classe", escritos no final de cada ano letivo, onde o grupo de alunos narra a história de seu vivido, dos conflitos entre os alunos, deles com os professores, das dúvidas e pesquisas e da articulação entre tudo isso. Naquela escola há ainda outro veículo para a divulgação das reflexões dos professores e outros educadores que lá trabalham: os "Cadernos de Reflexão", cada número com o texto de uma pessoa, que é distribuído para a comunidade escolar e seus visitantes, uma "coleção" de reflexões sempre à vista de quem chega. Essas diversas modalidades de "publicação" significaram, para seus autores, alguns passos no processo de construção de sua autoria, que puderam ser dados a partir das oportunidades oferecidas e/ou criadas em consonância com os recursos possíveis em cada situação.

formação permanente, o professor se perceba e se assuma, porque professor, como pesquisador (1997: 32).

A proposta de pesquisa-formação de Josso e Dominicé faz outra associação importante: entre objetividade e subjetividade, uma contradição em termos teóricos que a prática permite lidar conjuntamente.

No novo paradigma da formação, o professor se forma a partir do próprio exercício de seu trabalho, ao assumir um papel ativo e reflexivo perante sua formação, entendendo-a como um processo contínuo que se iniciou muito cedo. Assim, nesse paradigma, encontra-se associado ensino/pesquisa, trabalho/formação e formação/pesquisa. Trata-se de um suporte epistemológico que inclui o professor-pesquisador na própria pesquisa, ao mesmo tempo que se apropria do poder sobre sua formação.

Desafios estes, dentre outros, que cada ator social deve descobrir em seus próprios contextos de atuação, "arregaçando as mangas", sem esperar que o primeiro passo seja dado pelo Outro, escapando da tentação de eleger culpados (os alunos, suas famílias, os órgãos centrais do sistema escolar, os professores, os diretores, o sistema social e político...), visto que se trata de uma inter-relação de circunstâncias e atores. Há *frestas* nos diferentes níveis de atuação e nelas é possível agir transformando, pois "toda uma catálise da retomada de confiança da humanidade em si mesma está para ser forjada passo a passo e, às vezes, a partir dos meios os mais minúsculos" (Guattari, 1990: 56), tal como o trabalho das formigas.

Frestas

Regulamentos
Circuitos fechados
Censura
Burocracia
É o universo denso que nos envolve
A incomunicação
O vínculo cego com a lei
A solidão decorrente
É preciso perceber as frestas
Os espaços criados a cada instante
Espaços que surgem da efetiva presença
Somente descobre as frestas aquele que sabe a direção

Sabe por onde caminha,
Fruto de postura interna, que decorre da busca do autoconhecimento
Que o traz crescentemente para a "eternidade do agora".
O homem habita a forma e pode sempre transformá-la
Dos sons, a música
Das cores, as pinturas
Do barro, a imagem
Da palavra, os textos
E assim numa infindável dança...
O homem pode sempre abrir as frestas na forma
Se assim o desejar, com sua vontade consciente,
Pela fresta enxerga a totalidade,
Pela fresta, pode efetivamente se comunicar com o outro.

Ruy Cezar do Espírito Santo (1998)

LIVRO DA TARDE

Uma escola em (trans)formação:
apesar dos antagonismos e graças a eles

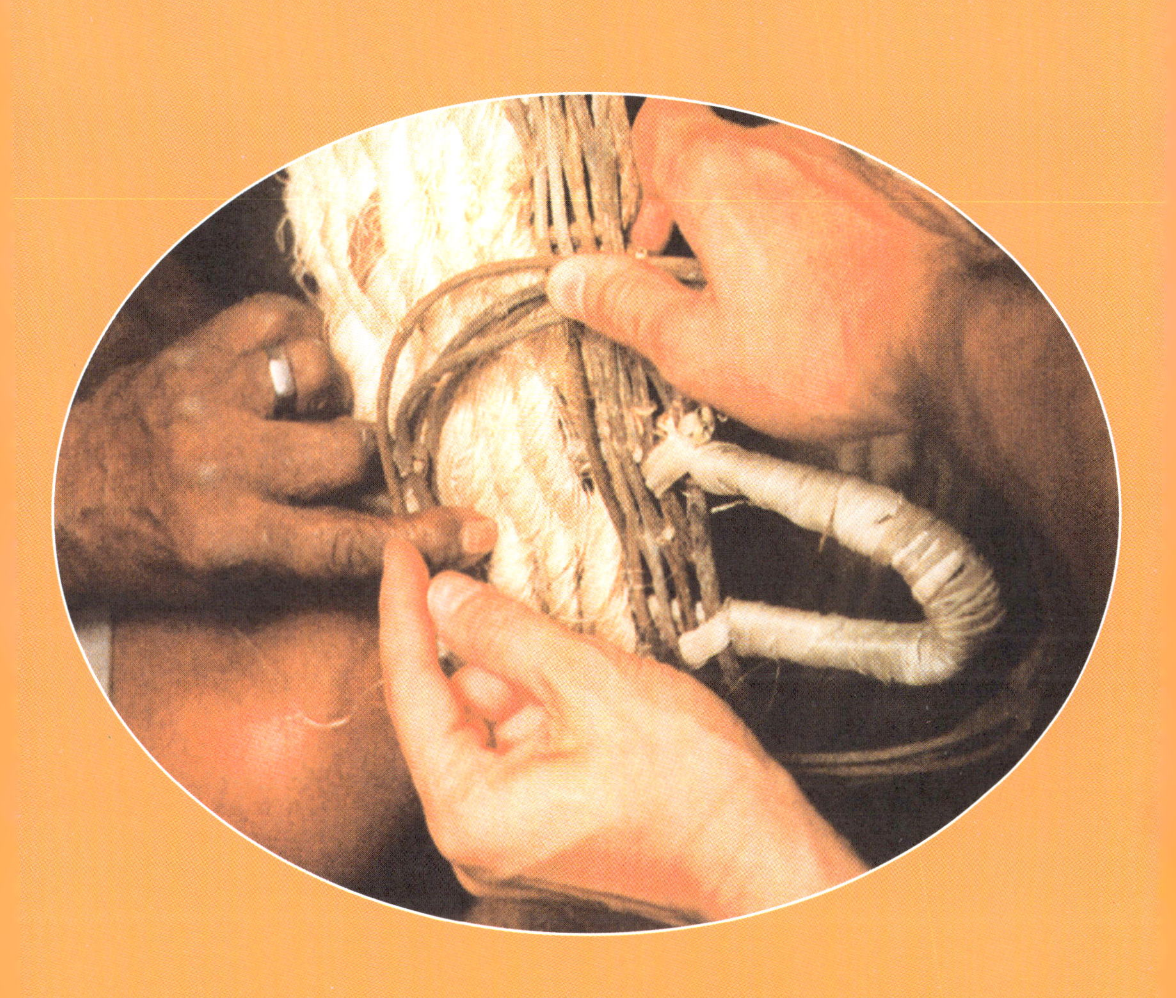

Uma escola em (trans)formação: apesar dos antagonismos e graças a eles

O terreno é o meio concreto no qual uma aprendizagem se efetua. É por assim dizer o ar sobre o qual o pássaro se apóia para voar; sem a resistência do ar, o pássaro tombaria como uma pedra, ou melhor, seria incapaz de alçar vôo.

Olivier Clouzot e Annie Bloch

Guia da Tarde

Este *livro* trata a escola como um dos palcos da formação: o ambiente, o terreno ou o *oikos* (casa) onde oportunidades formativas estão presentes, previstas ou não, desejáveis ou não, deformativas às vezes. Revela que o cotidiano escolar pode ser entendido como espaço de ecoformação onde se encontram oportunidades para alunos, professores e demais pessoas que ali trabalham e que, através das experiências vividas e dos sentidos a elas atribuídos, avançam em seu processo formativo. A escola como um terreno para a formação experiencial.

Tratarei neste *livro* de identificar algumas oportunidades formativas, ou seja, algumas *condições favoráveis ao desvelamento da formação*, como se refere Honoré (1992), condições encontradas ou criadas numa escola de ensino fundamental, onde atuei como coordenadora pedagógica durante três anos e como assessora durante outros quatro. Farei isto através de um duplo movimento: narrar o vivido e identificar o que teria sido formativo ali. A utilização do futuro do pretérito refere-se a uma análise aproximativa, pois não se pode afirmar que o descrito tenha, de fato, sido formativo para o conjunto dos atores envolvidos, já que a formação pertence àquele que se forma, de modo que cada um, no contexto de sua história de vida, atribuirá sentidos diferentes àquelas vivências. O que foi formativo para uns pode não ter sido sequer significativo para outros, em razão das suas características de personalidade, seus contextos e momentos de vida. O processo formativo depende de um trabalho reflexivo feito pelo próprio sujeito, o que partilhar com outros pode alimentar, mas nunca substituir.

A pesquisa que aqui faço é um estudo de caso que se inscreve na ampla abordagem da chamada pesquisa qualitativa, aquela que *não busca a explicação*, mas a *compreensão* daquilo que estuda, de tal forma que não se preocupa com generalizações, princípios e leis, como faz tradicionalmente o paradigma científico, nascido das ciências naturais, mas se concentra no que é peculiar e específico (Martins & Bicudo, 1989: 23). Em lugar da pergunta "este caso é representativo do quê?", o leitor se perguntará do que ele lhe serve na sua situação. A exemplaridade[1] poderá oferecer recursos de análise e de criação de condições favoráveis para a formação em outros contextos, em outras escolas. O interesse mais geral de tal pesquisa se refere ao conhecimento experiencial do sujeito, isto é, a associações dos dados encontrados no estudo com dados que são frutos das experiências pessoais do leitor (Lüdke & André, 1986:19).

Insisto no entendimento da formação como a articulação entre a auto, a hetero e a ecoformação para cada pessoa, portadora de histórias, percursos e sentidos singulares. Entretanto, acredito que a análise aproximativa das oportunidades formativas presentes no ambiente escolar (que integra a ecoformação) pode oferecer pistas para a identificação das situações com maior potencial formativo em diferentes contextos escolares e não só na escola-campo da pesquisa. Concordo com Bernard Honoré, ao explicar sua visão de formação como *abertura à existência:*

> Esta concepção leva, portanto, a pensar as práticas de formação de uma maneira diferente, não como ações visando desenvolver atitudes ou competências particulares em certas categorias de homens e mulheres, considerados somente como

[1] Segundo Boaventura de Sousa Santos, a generalização no paradigma científico emergente se dá por "exemplaridade", devido a seu caráter analógico de uma ciência tradutora, isto é, "incentiva os conceitos e teorias desenvolvidos localmente a emigrarem para outros locais cognitivos, de modo a poderem ser utilizados fora do seu contexto de origem. Este procedimento que é reprimido por uma forma de conhecimento que concebe através da operacionalização e generaliza através da quantidade e da uniformização será normal numa forma de conhecimento que concebe através da imaginação e generaliza através da qualidade e da exemplaridade" (1988: 66).

profissionais. A formação não pode se limitar a ser uma atividade decidida e organizada como produção a consumir. O que pode ser produzido não é propriamente a formação, mas as *condições favoráveis ao seu desvelamento* (Honoré, 1992: 68, grifo meu).

A escola é local onde as condições para o desvelamento da formação podem ser produzidas, no sentido da tomada de consciência da formação. Em maior ou menor grau, formação dos alunos e dos educadores que ali trabalham e convivem. Essa possibilidade se encontra ligada à maneira como seus atores, individualmente e em conjunto, "lêem" e lidam com a complexidade e com os antagonismos das mais diferentes ordens, presentes em seu cotidiano; que fazem parte de toda situação em que reina a complexidade. Esta não pode ser simplificada, pois ela "está na base", como lembra Perrenoud (1996)[2], assim como é impossível excluir esses antagonismos do cotidiano escolar. Há simplificações e exclusões que são geradoras de ilusões[3]. E nós, profissionais da área de educação, somos presas fáceis de ilusões como essas na busca da simplificação, de soluções práticas e rápidas para os nossos problemas; soluções unilaterais, que excluem os outros pólos dos antagônicos das situações reais.

Assim, ao pretendermos avançar num tipo de pensamento não-excludente, que aceita a presença das contradições, encontramos no cotidiano escolar preciosas oportunidades, pois "a prática nos permite sair das contradições onde a teoria nos aprisiona. (...) O *concreto das práticas* nos convida a assumir a tensão e a vivê-la na história" (Meirieu, 1998: 29 e 38, grifo meu). O cotidiano escolar é um espaço no qual aparecem, simultaneamente, a valorização dos saberes *e* dos aspectos relacionais, a prática *e* a teoria, oportunidades formativas para os professores *e* para os alunos, ao lado de todas as dificuldades e obstáculos ao desenvolvimento de cada um deles. Esse cotidiano é heterogêneo, descontínuo e reino de antagonismos, por exemplo, entre a unidade e a diversidade, a dependência e a autonomia, a invariância e a mudança, a abertura e o fechamento, a igual-

---

[2] Perrenoud se refere à complexidade no domínio da educação, baseando-se no pensamento de Edgar Morin (1997).

[3] Algumas ilusões são criadas devido aos "esquecimentos" da pessoa, da profissão, da escola e da prática, que provocam, respectivamente, a ilusão da racionalidade técnica, da moda reformadora, do idealismo pedagógico e do saber teórico, como explicou Nóvoa em conferência em São Paulo, em 1996. Isto é conseqüência de uma lógica da exclusão e da simplificação, de um pensamento de pequenos poderes institucionais e corporativos que impedem de se colocar os verdadeiros problemas da formação de professores, pois esta não se restringe à aprendizagem de técnicas e de saberes pedagógicos e disciplinares, mas inclui um espaço de socialização baseado numa reflexão sobre a pessoa e sobre a profissão. No guia do *Livro da Manhã*, comento essa questão do esquecimento da pessoa.

dade e a diferença, a harmonia e o conflito (Perrenoud, 1996), ou ainda, entre a auto e a heteroformação.

A complexidade da realidade escolar exige um pensamento complexo, que enxergue suas contradições e antagonismos sem "cair na tentação" de excluí-los, criando ilusões de simplicidade. Minhas reflexões até aqui tiveram como maior intenção enfatizar a dificuldade e as armadilhas presentes no nível das práticas em seu ambiente próprio, na realidade escolar, e as armadilhas "teóricas" de buscarmos receitas de uma racionalidade técnica, iludidos pela aparente segurança que ela nos oferece, como se viesse em nosso socorro ante o pântano de dúvidas, inseguranças e incertezas da complexidade do movimento vital incessante de estar-em-processo-de-aprender.

Por falar em ilusões, não se trata aqui de identificar todas as oportunidades formativas na escola, porque a formação pertence à pessoa, que é quem pode falar de sua formação com maior propriedade. Ela se referirá às experiências de sua formação e a seus significados nos diferentes momentos de sua vida de maneiras distintas, pois "a história de uma vida não cessa de ser refigurada por todas as histórias verídicas e fictícias que um sujeito conta sobre si mesmo. Essa refiguração faz da própria vida um tecido de histórias narradas" (Ricoeur, 1997: 425).

Daí as dificuldades, quase impossibilidades de se falar da formação de outra pessoa. Se já é difícil tomar *o si-mesmo como um outro*, com propõe Ricoeur (1991), é desastroso tomar "o outro como si mesmo". Dois gêmeos idênticos, criados de maneira semelhante, expostos às "mesmas" situações, atribuirão significados diversos a elas nos processos de aprendizagem de cada um. O que dizer de pessoas distintas que cresceram em meios diversos, com histórias de vida singulares? Assim as táticas e as estratégias (Certeau, 1996) que cada um cria serão únicas, apesar da intenção e dos mecanismos de padronização impostos.

Não são os dispositivos que formam, mesmo que tragam um *caráter formador*, contribuindo na *ampliação das condições* para o desvelamento da formação. São os sujeitos que deles se apropriam, ou não, através de suas *artes de fazer*, de suas *operações de usuários* e *astúcias de consumidores*, termos utilizados por Certeau. A narrativa do percurso de apropriação/reconstrução desses sujeitos pode iluminar as "trajetórias táticas que, segundo critérios próprios, selecionam fragmentos tomados nos vastos conjuntos da produção para a partir deles compor histórias originais". Trata-se de evitar o que geralmente ocorre: "contabiliza-se *aquilo* que é usado, não as *maneiras* de utilizá-lo" (Certeau, 1996: 98, grifos do autor).

Assim, constata-se que a complexidade da realidade escolar também se manifesta na coexistência de dois opostos. De um lado, a estrutura de poder, com suas formas e estratégias[4], através da organização metódica e técnica, que invade "todos" os espaços e tempos da instituição escolar. De outro, a esfera do cotidiano, no nível da prática, em que há "sempre" a possibilidade da construção de alternativas, através das táticas[5] dos usuários, que se aproveitam das ocasiões e se nutrem da astúcia, de suas artes de fazer.

É no cotidiano, como o universo da prática e da possibilidade de criação, com as descontinuidades que lhe são inerentes e com os embates com as estratégias de poder "do inimigo"[6], que se abre o caminho da construção do sujeito, aquele que cria e que produz conhecimentos através do uso que faz (e não do consumo), escapando das malhas de poder. Nesse contexto, a improvisação é uma atividade do universo das táticas.

Na constituição do sujeito, portanto, é preciso assumir "os medos e os perigos que fazem parte do modo de ser neste nível do viver o cotidiano, [sem o que] não nos será possível *mudar a vida*, superando a *cotidianidade*, cada vez mais violenta, a que todos estamos expostos, em todos os tempos e espaços" (Alves, 1996: 147, grifos da autora, ao se referir aos termos utilizados por Henri Lefebvre e Michel de Certeau).

---

[4] "Chamo de *estratégia* o cálculo (ou a manipulação) das relações de forças que se torna possível a partir do momento em que *um sujeito de querer e poder* (uma empresa, um exército, uma cidade, uma instituição científica) *pode ser isolado*. A estratégia postula um *lugar* suscetível de ser circunscrito como *algo próprio* e ser a base de onde se podem gerir as relações com *uma exterioridade* de alvos ou ameaças (os clientes ou os concorrentes, os inimigos, o campo em torno da cidade os objetivos e objetos da pesquisa etc.)" (Certeau, 1996: 99, grifos do autor).

[5] Segundo Certeau, "a tática não tem por lugar senão o do outro. E por isso, deve jogar com o terreno que lhe é imposto tal como o organiza a lei de uma força estranha. Não tem meios para se manter em si mesma, à distância, numa posição recuada, de previsão e de convocação própria: a tática é movimento 'dentro do campo de visão do inimigo', como dizia von Bülnow, e no espaço por ele controlado. Ela não tem portanto a possibilidade de dar a si mesma um projeto global nem de totalizar o adversário num espaço distinto, visível e objetivável. Ela opera golpe por golpe, lance por lance. Aproveita as 'ocasiões' e delas depende, sem base para estocar benefícios, aumentar a propriedade e prever saídas. O que ela ganha não se conserva. Este não-lugar lhe permite sem dúvida mobilidade, mas numa docilidade aos azares do tempo, para captar no vôo as possibilidades oferecidas por um instante. Tem que utilizar, vigilante, as falhas que as conjunturas particulares vão abrindo na vigilância do poder proprietário. Aí vai caçar. Cria ali surpresas. Consegue estar onde ninguém espera. É astúcia" (Certeau, 1996: 100-1).

[6] Um alerta aqui deve ser feito, pois devemos evitar a identificação "do inimigo" com um dos atores da instituição, visto que, inclusive o(a) diretor(a) e/ou dono(a) da escola fazem parte de uma malha de poder na qual também necessitam freqüentemente de astúcia para criar táticas de ação, lá onde suas estratégias não alcançam. Quanto maior for o espaço de interação e participação dos vários atores de uma instituição, mais "diluído" estará o poder entre eles, mesmo que em diferentes gradações. E quanto mais centralizada for, mais poder caberá a seu gestor, sendo o caso limite aquele da gestão ditatorial.

Dessa maneira, entendo que enfrentar os medos é de vital importância para a constituição do sujeito, da autonomia pessoal e profissional. Esse enfrentamento pode ser feito, por exemplo, através de *narrativas* da prática, das reflexões sobre a própria experiência, das vivências no cotidiano, das táticas utilizadas, inclusive de registros do processo de construção dos coletivos. Narrativas orais e escritas que, convertendo-se em espaços de partilha com o Outro, propiciam espaços para a *voz do professor* (Goodson,1992) e dos demais profissionais de uma escola, assim como de seus alunos.

Por isso, a criação de condições para a narração do vivido e sua partilha, isto é, a organização do cotidiano escolar, em termos de espaços e tempos para o conversar (Maturana, 1997a), pode significar a produção de maiores condições para o desvelamento da formação dos que ali convivem, seja dos professores, seja dos alunos. Esses espaços de partilha, esses tempos para pensar o trabalho podem representar, no caso dos professores, uma oportunidade para a *produção de sua profissão*, ao conquistarem uma *territorialidade* própria (Nóvoa, 1992b). Uma territorialidade ou um *próprio*, como chamaria Certeau, de modo a ampliar seus espaços de ação, passando de um predomínio de táticas para a ampliação das estratégias.

A passagem do movimento tático à estratégia é o momento em que o sujeito toma sua vida em suas mãos, ganhando clareza sobre seu processo de aprendizagem, e encontra oportunidades para a autoformação. Ouçamos Gaston Pineau ao se referir a esses conceitos de Certeau:

> Para que as práticas cotidianas se tornem mais do que práticas de sobrevivência e auto-defesa e passem a práticas de autoformação, é preciso que elas se tornem estratégicas. Quer dizer que elas se determinam um lugar próprio, diferenciado do lugar dos outros, fora do "seu campo de visão". Assim, essas práticas adquirem um lugar de poder e de saber, um lugar de autonomia permitindo integrar e prever os acontecimentos (Pineau, 1983: 94).

A narrativa das práticas, atividade que auxilia a *reflexão sobre a ação* (Schön, 1996), e a *análise das práticas* (Blanchard-Laville & Fablet, 1998) são oportunidades de apropriação do fazer dos profissionais, sejam professores ou pesquisadores. É também oportunidade de processamento da identidade e da consciência de si. Larrosa (1994), ao estudar a constituição do sujeito, destaca que, ao narrar-se, a pessoa diz o que conserva do que viu de si própria, percebe sua permanência no tempo, presta contas a si mesma, numa ação valorativa.

> O sujeito se constitui para si mesmo em seu próprio transcorrer temporal. Mas o tempo da vida, o tempo que articula a subjetividade não é apenas um tempo linear e abstrato, uma sucessão na qual as coisas se sucedem umas depois das outras. O tempo da consciência de si é a articulação em uma dimensão temporal daquilo que o indivíduo é para si mesmo. E essa articulação temporal é de natureza essencialmente narrativa. O tempo se converte em tempo humano ao organizar-se narrativamente. O eu se constitui temporalmente para si mesmo na unidade de uma história. Por isso, o tempo no qual se constitui a subjetividade é tempo narrado. É contando histórias, nossas próprias histórias, o que nos acontece e o sentido que damos ao que nos acontece, que nos damos a nós próprios uma identidade no tempo (Larrosa, 1994: 69).

Narrar o vivido fazia parte do cotidiano dos educadores da escola-campo desta pesquisa e, portanto, também do meu. Prática essa que se realizava em narrativas orais, nas Rodas em salas de aula entre os alunos e seu professor e entre os professores e a coordenadora pedagógica, mas também em narrativas escritas, nos "Livros da Classe" produzidos pelos alunos juntamente com um professor, nos "Cadernos de Planejamento" dos professores partilhados com o coordenador, ou em seus relatórios semestrais individuais.

Neste trabalho, utilizo a mesma lógica, a da narração, para falar do vivido, agora com um olhar mais distanciado, e tendo, como seu fio condutor, algumas oportunidades formativas que identifiquei naquele cotidiano, procurando explicitar seu desenvolvimento contextualizado.

Dentre as situações do cotidiano que abordarei para analisar as oportunidades formativas, sem a intenção de esgotá-las, destaco: a construção da identidade profissional, a construção de parcerias entre os atores, a elaboração e execução de diferentes projetos, as situações do conversar e do registrar a prática e uma experiência de autoformação desenvolvida com a equipe de educadores dessa escola, adaptando a Metodologia das Histórias de Vida em Formação às condições encontradas naquele ambiente escolar.

Escolhi a narrativa como forma desta pesquisa, porque somente ela pode revelar o desenvolvimento de um *processo*, mostrando que "o trajeto entre a situação atual e a situação desejada nunca é linear, a estratégia é a arte da complexidade", como diz Canário (1992: 126), ao se referir aos objetivos e os meios escolhidos na realização de um projeto. A narrativa pode desvelar algumas táticas e estratégias, retomando o sentido de Certeau, mas fazendo-o de forma contextualizada, evitando a "importação" das atividades e dispositivos de formação sem a devida recriação em outros contextos, isto é, sem considerar as características peculiares de cada realidade e de seus atores. A narrativa evidencia o processo de construção do projeto pedagógico, com os conflitos e resistências, as dificuldades e impasses que acompanharam sua construção no contexto em que foram sendo geradas as *oportunidades formativas* no cotidiano.

A narrativa também permite dizer algo que a interpretação não alcança. São os próprios gestos narrados que significam, tal como nas histórias gregas. É preciso contar as histórias, recitar gestos táticos.

> Para dizer o que dizem, não há outro discurso senão eles. Alguém pergunta: mas o que "querem" dizer? Então se responde: vou contá-los de novo. Se alguém lhe perguntasse qual era o sentido de uma sonata, Beethoven, segundo se conta, a tocava de novo. (...) O relato não exprime uma prática. Não se contenta em dizer um movimento. Ele *o* faz. Pode-se compreendê-lo ao entrar na dança (Certeau, 1996: 155-6, grifo do autor).

A narração de histórias pode mostrar a relação entre o *momento oportuno* (o *Kairós*) e seu aproveitamento. Michel de Certeau (1996: 152-7) fala de uma *prática do tempo*. Uma prática que desvela, através de uma *arte de dizer*, uma *arte de pensar*, formando "um campo de operações dentro do qual se desenvolve também a produção da teoria".

Além disso, a narrativa, como articulação de ações *no tempo*, pode mostrar o movimento de criar condições favoráveis à formação[7] no complexo cotidiano escolar. E, ao explicitar o *movimento*, pode evidenciar os embates que fazem parte de situações contraditórias presentes nesse cotidiano. Assim, a narrativa, enquanto via de expressão da vida cotidiana, explicita o movimento do vivido e permite desvelar os conflitos entre os fatores de alienação[8], presentes num cotidiano planejado, denominado por Henri Lefebvre[9] de cotidianidade, e aque-

[7] No *Livro da Manhã*, no primeiro capítulo, analiso algumas condições que favorecem a formação, como a presença do humor, do lúdico e da alegria, a reflexão sistemática sobre as práticas, o desenvolvimento da capacidade de estar a sós, da sensibilidade estética e solidária, assim como de uma outra postura educacional ante o "erro".

[8] Concordo com Agnes Heller (1992: 38), quando diz que "existe alienação quando ocorre um abismo entre o desenvolvimento humano-genérico e as possibilidades de desenvolvimento dos indivíduos humanos, entre a produção humano-genérica e a participação consciente do indivíduo nessa produção" e que "a estrutura da vida cotidiana, embora constitua indubitavelmente um terreno propício à alienação, *não é de nenhum modo necessariamente alienada* (...) [pois] as formas de pensamento e comportamento produzidas nessa estrutura podem perfeitamente deixar ao indivíduo uma margem de movimento e possibilidades de explicitação" (grifos da autora).

[9] Segundo Henri Lefebvre (1981), a cotidianidade é percebida pelos fatores de homogeneidade, de fragmentação e de hierarquização. E os fatores de oposição são, respectivamente, as diferenças, a unidade e a igualdade.

les que lhes fazem oposição. Fatores estes que possibilitam a transformação da sujeição em oportunidade para a construção de sujeitos, autores de sua atuação. Dessa forma, na vida cotidiana existem brechas para a superação, ao menos em parte, da referida cotidianidade.

Com a descrição e narração do "caso" dessa escola, procurarei evidenciar alguns dos diferentes, e muitas vezes conflitantes, pontos de vista presentes nas situações analisadas. Postura coerente não só com a metodologia do estudo de caso, conforme descrita por Lüdke e André (1986), como também com a expectativa de nos aproximarmos da compreensão da complexidade da realidade escolar, mesmo que apenas em algumas de sua manifestações.

A formação é um processo sempre singular, inserido numa história de vida, articulando diferentes dimensões, a auto, a hetero e a ecoformação. É um processo que pertence à pessoa, de modo que é ela própria, e somente ela, que articula a síntese dinâmica dessas dimensões. Portanto, como narradora da história de uma escola, com vistas à formação nesse espaço, posso destacar o que foi formativo para *minha própria formação*. Porém, posso também identificar no cotidiano escolar *oportunidades potencialmente formativas* para outros atores da escola-campo ao verificar a existência de algumas características no agir de seus atores, como a atenção, a acolhida, a observação, a compreensão e o engajamento, descritas por Honoré (1992), mas também do cuidado de que fala Boff (1999).

Além de seguir as pistas dessas características, disponho de alguns Registros da "voz" de vários alunos, professores, coordenadores e diretores, que poderão evidenciar o que "realmente" fez sentido para os outros personagens da história partilhada, no contexto de suas próprias histórias de formação.

Mas a oportunidade que estou tendo agora, de refletir sobre o vivido no contexto de minha formação, e registrá-lo nesse trabalho, propicia uma experiência de autoria que carrega, em si, um grande potencial formativo. E foi justamente com a expectativa de oferecer oportunidades de reflexão sobre a própria formação no contexto mais amplo de sua história de vida, e registros dessa história, que propus encontros mensais, durante um ano, com a equipe de educadores daquela escola.

Nesses encontros, através de estratégias e dinâmicas variadas, procurei aproveitar a via aberta pela Metodologia das Histórias de Vida em Formação e construir ali um espaço para a autoformação, recriando essa metodologia a partir das condições e características de nosso próprio contexto de trabalho e convivência. Essa é uma metodologia proposta originalmente por Christine Josso e Pierre Dominicé e se fundamenta na singularidade do processo formativo e na ótica do aprendiz[10]. Tratarei detidamente desses encontros no quinto capítulo deste *Livro da Tarde*, ao narrar e analisar o que vivemos na "Roda das Histórias de Vida".

Cada capítulo a seguir traz uma narrativa e reflexões sobre um *eixo temático*, identificado como relevante do ponto de vista *das condições para o desvelamento da formação*. A partir desse eixo, explicitarei algumas situações do cotidiano que podem evidenciar oportunidades formativas. Já me referi pouco acima a estas situações, destacando algumas delas. Acrescento ainda que a identificação das situações potencialmente formativas não se baseia somente na minha percepção e "leitura" do vivido. Além de meus registros pessoais feitos na época, no Diário que escrevia, e dos documentos formais e atas da Escola[11], pude contar com textos escritos pelos professores e alunos, visto que registrar a prática e as reflexões sobre ela passou a fazer parte da metodologia do trabalho da Escola. Assim, o primeiro, segundo e terceiro capítulos narram alguns processos vividos de 1991 a 1996, destacando a construção de parcerias, dos projetos e da relação entre a formação e as transformações da estrutura organizacional da Escola.

O quarto capítulo mostra a articulação entre diferentes instâncias de trocas de experiência, reflexões e partilhas, denominadas de Rodas, inclusive a "Roda das Histórias de Vida". Esse capítulo também trata dos diferentes pontos de vista sobre aquele ambiente escolar, tendo como perpectiva as oportunidades formativas, a partir de quatro entrevistas que fiz com professoras da Escola.

Já no quinto capítulo, como me referi acima, faço uma narrativa do trabalho de autoformação nas "Rodas das Histórias de Vida" durante o ano de 1997, a partir de diferentes tipos de registro. Desde os textos que eu escrevia a cada encontro, trazendo referenciais teóricos para alimentar as reflexões sobre a prática, até depoimentos e as avaliações do processo feitas pelos participantes do grupo. A "voz" de cada um ficou registrada, tanto nas fitas de áudio que gravavam cada encontro, quanto nos textos que escreveram durante o processo.

Cada um destes eixos dos capítulos encontra um aprofundamento teórico *no Livro da Manhã* e um enraizamento em minha própria história de vida no *Livro da Noite*. Numa relação que se dá, principalmente (mas não só), nos capítulos respectivos, isto é, de mesma numeração.

O fato da predominância teórica estar em outro *livro* não quer dizer que na narrativa que faço neste não haja referências teóricas, pois não só existe uma teo-

[10] No guia do *Livro da Noite*, refiro-me a essa metodologia de formação, abordando suas etapas e alguns aspectos de sua opção teórica de investigação da epistemologia do sujeito.

[11] Utilizarei o termo Escola, com maiúscula, quando fizer referência à escola-campo, para diferenciar das referências genéricas às escolas.

ria presente sob qualquer prática, que deve ser desvelada para a maior compreensão do que se faz, como a teoria vinda *dos outros*, da heteroformação, é também suporte para a leitura dos sentidos individuais, na medida em que o individual é feito do tecido cultural. Ouçamos o que Larrosa, já citado, fala a respeito:

> A construção e a transformação da consciência de si dependerá, então, da participação em redes de comunicação onde se produzem, se interpretam e se medeiam histórias. Dependerá desse processo interminável de ouvir e ler histórias, de contar histórias, de mesclar histórias, de contrapor algumas histórias a outras, de participar, em suma, desse gigantesco e agitado conjunto de histórias que é a cultura. A constituição narrativa da experiência de si não é algo que se produza em um solilóquio, em um diálogo íntimo do eu consigo mesmo, mas em um diálogo entre narrativas, entre textos (...) É no trato com os textos que estão já aí que se adquire o conjunto dos procedimentos discursivos com os quais os indivíduos se narram a si mesmos (Larrosa, 1994: 70).

O diálogo entre a narrativa da prática e textos teóricos é oportunidade de encontro/confronto de pontos de vista. E a escola como local de encontro/convívio é universo de encontro/produção cultural. Neste *livro*, a teoria produzida no meio acadêmico entrará apenas como uma "voz" subsidiária, pois aqui o *concreto das práticas* (Meirieu, 1998) adquire o papel de protagonista. Já no *Livro da Manhã*, estes papéis são invertidos.

Essa "hierarquia" é condizente com o que vivi, imersa no cotidiano escolar, como coordenadora e assessora (ou como professora em outras escolas), pois eram as questões da prática, a vivência, a convivência e os dilemas referentes ao *quê* e *como* ensinar que "convidavam" a teoria a participar da Roda, encontros para o conversar e construir os conhecimentos com sentido para a realidade vivida, sentida e praticada.

Encontramo-nos em outro paradigma, que não exclui o observador da situação observada e que propõe outra relação entre a teoria e a prática, pois não se trata do registro epistemológico do taylorismo e do behaviorismo e do controle imperialista da teoria. No registro da incerteza (Perrenoud, 1996) e no paradigma emergente (Santos, 1988), cada sujeito, cada educador, é colocado diante de novos desafios e chamado a ser autor das estratégias de sua prática, ainda mais quando esta prática envolve incertezas, como é o caso do cotidiano escolar, e sobretudo da educação nos dias atuais. Como destaca Barbosa (1997), é no *nível das práticas* que se deve lidar com as incertezas e a teoria passa a desempenhar papel de auxiliar na tomada de decisões. "Assim, a tarefa do educador torna-se mais exigente e mais comprometida com o processo de condução da prática. De qualquer modo, o educador recupera iniciativa e protagonismo, os quais são fundamentais para enfrentar a complexidade das situações" (:56).

Além de uma outra relação entre teoria e prática, esse paradigma traz uma nova responsabilização e postura ética em face do Outro, que de adversário passa a parceiro na medida que as diferenças passam a ser vistas como oportunidades formativas para cada um e de construção da parceria entre ambos.

Antes de iniciar a narrativa do processo vivido na Escola, contando como se deu a construção de parcerias em seu cotidiano, destaco que também o processo de escrita deste *livro* contou com uma parceria: convidei uma professora que conheci nessa escola, Cristina, a ler o que eu ia escrevendo e acrescentar seu próprio olhar sobre a realidade que eu narrava. Foram muitos e longos nossos encontros, que se converteram em nova oportunidade formativa para ambas, pois, ao analisar o vivido na Escola, encontrávamos a singularidade de cada uma, percebendo as relações entre aquelas experiências passadas e as atuais em outros contextos de trabalho e de vida pessoal.

Nesse processo interformativo, Cristina também trazia alguns registros de suas reflexões e relatórios de que eu não dispunha, enriquecendo a narrativa. As reflexões e partilhas sobre nossa história pessoal e profissional, tanto na escola em que trabalhamos juntas, quanto fora dela, em outros contextos de vida e trabalho, foram intensificando a confiança mútua e criando a oportunidade de inserir nesse texto alguns aspectos de seu processo de formação, aparentemente singulares, mas que revelavam dinâmicas presentes em outras pessoas, como a questão da separação ou não do eu-profissional e eu-pessoal. Singularidade que revelou contornos de universal.

No texto que se segue, os registros de fonte documental ou escrita são delimitados por um tipo de moldura (a), enquanto as entrevistas e as conversas gravadas e aqui transcritas por outro tipo (b).

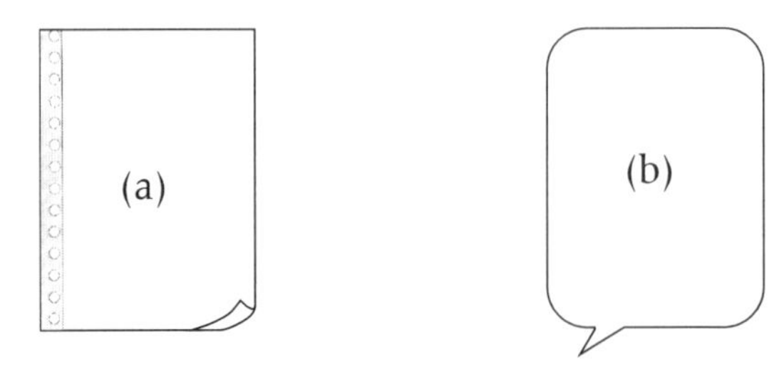

1

A construção de parcerias

Antes de fazer uma caracterização da Escola, quero destacar que houve três diferentes momentos durante o período de quase sete anos em que lá trabalhei. O primeiro, de agosto de 1991 a junho de 1994, quando atuava como coordenadora pedagógica, trabalhava inicialmente três dias por semana e, posteriormente, os cinco dias. No segundo momento, de junho de 1994 a dezembro de 1996, atuava como assessora e não acompanhava mais o cotidiano da Escola. Nessa época, tinha como uma de minhas principais funções a de ajudar na formação da coordenadora pedagógica que me substituiu, de modo que tinha reuniões semanais ou quinzenais com ela, discutindo os problemas que enfrentava, oferecendo minha visão da situação que relatava, a partir do conhecimento da história e das pessoas que conviviam naquele ambiente.

Nesse período, também participava das reuniões com o Núcleo Estratégico, grupo formado pelas coordenadoras e diretoras, acrescentando uma visão de fora e coordenando ali algumas sessões de estudo. Este Núcleo tinha a função de pensar a escola em termos estratégicos e passou a existir a partir do segundo ano, dentre os sete de minha participação lá portanto, ainda durante a primeira etapa, comentada acima, quando eu atuava como coordenadora pedagógica. Esse Núcleo era uma das Rodas[12], isto é, uma das oportunidades para o conversar, para as partilhas e a construção coletiva que foram criadas naqueles primeiros anos. Era uma das Rodas da Rede, de que falarei adiante.

Foi durante o terceiro momento, durante o ano de 1997, que desenvolvi, com toda a equipe (professores, coordenadores e diretores), as atividades ligadas

[12] Quanto às Rodas, ver o quarto capítulo do *Livro da Noite*, no qual descrevo sua relação com minha história de vida, e o quarto capítulo do *Livro da Manhã*, quanto à sua fundamentação teórica.

às histórias de vida, de que falava acima, quando já não participava das reuniões do Núcleo Estratégico, mas mantinha encontros mensais com a direção para trocar idéias sobre o andamento do trabalho da Escola.

Conhecendo a escola

Faço uma caracterização desta escola no sentido de situar o contexto, o ambiente do caso em estudo. Trata-se de uma escola particular, situada num bairro de classe média da cidade de São Paulo. Uma escola pequena, o que faz parte da proposta de seu trabalho pedagógico (classes de no máximo dezoito alunos), para viabilizar uma formação mais global deles, buscando escapar de uma formação eminentemente acadêmica. Dessa forma, acreditam as duas diretoras (também donas da escola), é possível incluir dinâmicas de trabalho em resposta às necessidades emergentes nos grupos de alunos, o que é facilitado por grupos pequenos. Naqueles anos, havia mais ou menos cem alunos no total.

Grande parte dos alunos chega a esta escola já tendo iniciado o ensino fundamental em outra, de onde sai por não se adaptar às suas propostas, alguns trazendo consigo rótulos de portadores de "dificuldades de aprendizagem", outros com "problemas de limites", isto é, com dificuldades de aceitar regras de convivência e de organização, mas nem sempre dificuldades reais, visto que muitas vezes o fracasso é produzido pela própria escola (Patto, 1987). O projeto pedagógico visa permitir o prosseguimento de um ensino regular a essas crianças e adolescentes ou a qualquer outra que se interesse pelo tipo de trabalho oferecido, na medida em que é uma escola regular, seguindo os parâmetros curriculares e normativos que lhes são comuns. Por isso, pretende ser uma escola *inclusiva*[13], através de um trabalho que respeite as características singulares de seus alunos.

---

[13] Apesar de esse termo não ser usado naquela época na Escola e na literatura especializada, seu projeto educacional se assemelhava ao que hoje se denomina "escola inclusiva". Idméia Semeghini, professora da Faculdade de Educação da USP, escreve que a proposta da escola inclusiva é abrir oportunidades educativas a todas as crianças, dando condições, também, a crianças com necessidades educativas especiais, em razão de qualquer tipo de deficiência, para que possam se desenvolver intelectual e socialmente com as outras crianças em classes comuns. Uma escola que aceita todas as diferenças e se adapta à variedade humana, através da criação de um ambiente propício ao desenvolvimento das potencialidades individuais. Além disso, essa postura caminha com a criação de um "espaço da intersubjetividade", povoado pelas "vivências, a consciência dos deveres e direitos, o sentimento de solidariedade, os receios, os preconceitos (...), desenvolvendo uma determinada concepção de cidadania" (Semeghini, 1998: 27).

O quadro docente também traz esta característica, ao abrir a possibilidade para professores(as) sem muita experiência na docência, seja porque são recém-formados, seja porque iniciaram tardiamente o exercício da profissão. A falta de experiência não era vista, necessariamente, como uma "deficiência", às vezes, pelo contrário, possibilitava uma abertura deste profissional para investimentos em sua própria formação e o conhecimento do novo, o que anos de experiência, principalmente em "escolas tradicionais", podiam dificultar.

As características acima descritas, tanto do grupo discente quanto do docente, criam a necessidade de um investimento na formação docente durante o exercício profissional. Uma necessidade, mas também uma oportunidade para a pesquisa aliada à formação, na medida da inexistência ou insuficiência de modelos a serem seguidos. Inexistência que é uma aliada à criação de condições para a criatividade e para a reflexão coletiva e situada no contexto específico.

Assim a reflexão sobre as diferenças e sobre o vivido na escola eram os eixos do projeto pedagógico. Um projeto, entretanto, que não estava delineado em 1991, na medida em que não havia uma estrutura organizacional que o viabilizasse, apesar da clara intenção de atendimento a essa população, o que foi sendo construído conjuntamente a partir daí. As dificuldades eram de diferentes ordens, desde as financeiras, que limitavam esforços arrojados na formação (por exemplo, na contratação de profissionais para assessoria nas áreas do conhecimento), até um histórico de grandes mudanças em parte do corpo docente e também na sociedade mantenedora que dirigiu a escola durante os 18 anos de existência anteriores àquela data.

Mas a percepção da necessidade de construir e explicitar com clareza o projeto da escola também foi aparecendo na medida do desenvolvimento do trabalho, principalmente durante o período de 1991 a 1994, viabilizado pela criação da sistemática de reuniões para pensar a prática e avaliá-la semanalmente, incorporando a dimensão formativa do corpo docente e o trabalho com a metodologia de projetos.

Claro estava desde o início, ao assumir a função de coordenadora pedagógica naquele 2º semestre do ano letivo de 1991, que não deveria impor um "pacote" de mudanças, mesmo percebendo que havia muito a se fazer para reverter uma situação quase caótica a meus olhos, o que era compartilhado por alguns professores com quem conversava nas horas de recreio (único momento em que tínhamos possibilidade de nos encontrar, pois ainda não havia um momento de reunião coletiva de forma sistemática, nem horário para reuniões entre o professor e o coordenador).

Alguns exemplos: estávamos na metade do ano letivo e mudanças significativas no corpo docente já haviam sido feitas naquele ano: eu conheceria a quarta professora de Matemática e, pouco depois, a quinta, além de outras mudanças de professores nas áreas de Inglês, Ciências e Educação Física, que vieram a ocorrer logo no primeiro mês de minha entrada; havia um clima de agressividade entre os alunos, inclusive agressões físicas de alunos mais velhos com relação aos menores. Apesar de tudo, percebia haver um engajamento muito grande de algumas professoras que estavam há vários anos na escola e um grande desejo e abertura das diretoras para ações de inovação e mudança. Esse engajamento e abertura eram um estímulo para mim naquela época, pela percepção da existência de uma base comum quanto aos princípios e concepção de escola, pelo menos em termos teóricos, apesar da falta de uma rotina[14] de trabalho que viabilizasse encontros entre os profissionais e a realização "em ato" dos desejos e objetivos, de maneira mais ampla e profunda.

A identidade da coordenação pedagógica

Vou contar alguns dos primeiros episódios que vivi na Escola, ao assumir a função de coordenadora pedagógica. Era minha primeira experiência profissional nessa função, após oito anos como professora, com classes de Educação Infantil, Séries Iniciais e Educação de Adultos. Percebo, porém, que as experiências como professora e como participante de grupos de formação de educadores e pesquisadores[15], anos antes, serviam-me como referenciais, ao assumir a nova função, numa perspectiva mais ampla de educação, que vinha construindo desde 1983, quando iniciei a docência.

Esses episódios revelarão a lenta construção de minha identidade de coordenadora durante o próprio agir. Vou relatar o que vivi durante aqueles três anos, obje-

[14] Distingo rotina de rotinização. A rotina é uma estruturação no tempo de atividades variadas, segundo um ritmo que responde às necessidades próprias de cada grupo (ou de cada indivíduo), em cada momento específico de seu trabalho conjunto (ou individual). Segundo Freire (1998), "a rotina é alicerce básico para que o grupo construa seus vínculos, estruture seus compromissos, cumpra suas responsabilidades para que a construção dos conhecimentos possa acontecer" (: 44). Enquanto a rotina é uma organização necessária à aprendizagem (de professores, alunos, ou da escola como instituição), a rotinização é a repetição mecânica de atividades, não permeadas pela reflexão sobre as necessidades específicas daqueles que as executam, caracterizando, assim, uma situação de alienação.

[15] Refiro-me às vivências e aos aprendizados nesses grupos, coordenados por Madalena Freire e Ivani Fazenda, no *Livro da Noite*.

tiva e subjetivamente, a partir da leitura dos Diários que mantive durante esses anos, nos quais fazia anotações não apenas durante as reuniões com professores e diretores, mas também após, identificando as possibilidades de atuação, definindo objetivos, analisando conquistas e retrocessos em função do esperado, readequando as expectativas em função das possibilidades do momento, planejando os próximos passos, redefinindo objetivos, avaliando o percurso, e assim continuamente.

A escrita do Diário já significava uma preciosa oportunidade formativa, seja pelo espaço reservado à análise das práticas, seja pelo estímulo à autoformação, na medida em que mobilizava a lembrança de várias experiências anteriores, tanto com as coordenadoras que tive quando atuava como professora, pelo modelo positivo ou negativo, quanto com as leituras teóricas dos anos anteriores, que instigavam a buscar outras. Há trechos de livros em meu Diário evidenciando o papel aclarador e estimulante que desempenharam. Entretanto, era o *concreto da prática* que possibilitava seu sentido.

Assim a prática do Diário oferecia a oportunidade de desenvolver a atenção e a observação, compreender as vivências e me engajar mais no trabalho, pela calma e paciência de enxergar o "miúdo" do cotidiano, ao mesmo tempo que possibilitava manter uma ligação entre os tempos: entre meu passado de professora, a prática presente da construção identitária da coordenadora e a antecipação de projetos pessoais-profissionais, a curto e médio prazo. A identidade entendida não como algo estático, mas em constante atualização, em reposição. Identidade como metamorfose (Ciampa, 1998).

Mas por que enfocar a identidade no contexto deste *livro* que pretende pesquisar oportunidades formativas na complexidade do cotidiano de uma escola? Porque, como foi exposto já na *Apresentação*, falar da complexidade inclui falar de si e se perguntar sobre nossa representação do mundo e sobre nossos instrumentos de ação no mundo. Assim, falar do papel de coordenação pedagógica que desempenhei na escola, implica desvelar minha relação com o que me cercava mas, sobretudo, da minha maneira de encarar esta função e de exercê-la, um conhecimento que demanda autoconhecimento.

Nesta concepção, portanto, educar caminha junto com o educar-se. E, para tal, é necessário o esforço da compreensão de si, que é sempre uma interpretação e "a interpretação de si, por sua vez, encontra na narrativa, entre outros signos e símbolos, uma mediação privilegiada (...) [sendo] pela escala de uma vida inteira que o si procura sua identidade" (Ricoeur, 1991:138-9).

Sim, é na narrativa que a identidade se constrói, porque ela, sendo a sucessão de ações no tempo, permite captar o caráter temporal da identidade, a metamorfose que se processa através das *atividades* que desempenhamos.

> Nossa linguagem cotidiana tem dificuldade de falar do ser como atividade – como acontecer, como suceder. Acabamos por usar substantivos que criam a ilusão de uma substância de que o indivíduo seria dotado, substância que se expressaria através dele (Ciampa, 1998: 133).

Portanto, estou entendendo a identidade como uma *categoria da prática*, concordando com Paul Ricoeur, pois

> dizer a identidade de um indivíduo ou de uma comunidade é responder à questão: *Quem* fez a ação? *Quem* é o seu agente, o seu autor? (...) Responder à questão "quem"?, como o dissera energicamente Hanna Arendt, é contar a história de uma vida. A história narrada diz o *quem* da ação. *A identidade do* quem *é apenas, portanto, uma identidade narrativa* (Ricoeur, 1997: 424, grifos do autor).

Foi também este recurso que Ciampa utilizou, ao estudar a identidade por ocasião de sua tese de doutorado. Somente após a narrativa das histórias de Severino, um personagem fictício, criado por João Cabral de Melo Neto, e de Severina, uma personagem real que conta sua história para o pesquisador, foi que Ciampa pôde analisar a identidade destes personagens, identidade como metamorfose que se desvela numa narrativa.

> Identidade é história. Isto nos permite afirmar que não há personagens fora de uma história, assim como não há história (ao menos história humana) sem personagens. Como é óbvio, as personagens são vividas pelos atores que as encarnam e que se transformam à medida que vivem suas personagens. Enquanto atores, estamos sempre em busca de nossas personagens; quando novas não são possíveis, repetimos as mesmas (Ciampa, 1998: 157).

E, no contexto de uma escola que abarca e pretende lidar com as diferenças, esta reflexão é muito importante, pois permite compreender que os rótulos que muitos alunos recebem, de "incapazes", "burros", "débeis" etc., podem ser interiorizados, levando a identificação com os mesmos. Principalmente se mantidos por vários professores ou colegas do ambiente escolar, o que também pode ocorrer no contexto familiar ou mesmo em outros.

Os rótulos podem dificultar a descoberta de outros personagens e levá-los a repetir os mesmos. É a identidade como ausência de movimento e de transformação. É a identidade como descrição, como algo estático, algo dado e não se dando a todo momento, é a

> identidade considerada *formalmente* como atemporal. A re-posição da identidade deixa de ser vista como uma sucessão temporal, passando a ser vista como simples manifestação de um ser idêntico a si mesmo na sua permanência e estabilidade (Ciampa, 1998: 164, grifo do autor).

A atribuição de rótulos é freqüente não só aos alunos, mas também aos profissionais que com eles trabalham, os professores, coordenadores, diretores. "Rígido", "resistente", "fraco", "autoritário", "incapaz de manter a disciplina" etc. Essa é uma situação comum nas escolas e torna-se perigosa quando leva à fixação de uma identidade da qual a pessoa terá dificuldades de sair. *Identidade é metamorfose*. Portanto, para possibilitar um ambiente onde as pessoas possam se construir e reconstruir, é necessário haver um esforço, uma atenção e reflexão sobre a prática. Torna-se fundamental reservar, no cotidiano escolar, um tempo para *o trabalho de pensar o trabalho*. Um esforço para propiciar, no ambiente escolar, oportunidades de formação, e não deformativas.

Como a identidade é reposta pelas atividades, podemos perceber a importância de um ambiente que ofereça diferentes oportunidades de vivenciar papéis, de executar e se engajar em *atividades*, as mais variadas, não só em forma de cursos oferecidos e situações previstas pelos educadores, mas de um espaço "em aberto", para que qualquer pessoa daquele ambiente (professores, alunos...) possa criar suas oportunidades de desenvolvimento, de engajamento em projetos, em atividades as mais diferentes, até mesmo inusitadas. Oportunidades autoformativas.

E tal lembrança permite avançar nas reflexões sobre as dificuldades do estar-em-formação, quando rótulos ou papéis são previamente estabelecidos e padronizados, tais como de coordenadora pedagógica, professora, diretora... "Interiorizamos aquilo que os outros nos atribuem de tal forma que se torna algo nosso", diz Ciampa (1998: 131), ao que Sartre responderia mais ou menos assim: importa saber o que fazemos com o que os outros quiseram fazer de nós. E eu me pergunto: o que fiz com a atribuição de coordenadora pedagógica que recebi?

Como não havia uma rotina de trabalho e uma clara atribuição das funções de cada pessoa, assim como de suas inter-relações, surgiam questões e conflitos entre professores, alunos, coordenadoras: "com quem devo falar sobre isso?". Por outro lado, por não haver uma padronização acerca do papel da coordenadora que eu deveria ser, pude construir-me "mais livremente" (um pouco, ao menos, pois cada pessoa trazia seus estereótipos, eu inclusive...). Pude construir-me através de uma gama de atividades que fui criando, dos espaços que fui ocupando, da atuação direta com alunos, diretoras, pais e professoras, tanto individualmente, quanto coletivamente na coordenação das reuniões pedagógicas. Uma multiplicidade de atividades que foram se alterando, na medida das transformações da estrutura organizacional e das novas necessidades que surgiam em conseqüência. Mas não foi fácil. É preciso voltar a história um pouco atrás...

Com a falta de uma organização da Escola no sentido da atribuição das funções de cada pessoa, fui entrando nas "brechas" onde não havia quem assumisse algumas das funções necessárias, sabendo que cabe ao coordenador pedagógico e ao diretor, em última instância, *ser o responsável*, "aquele que chamamos quando a máquina enguiça", como define Perrenoud (1996). Conforme as reflexões desse autor, ser o responsável é estar *condenado à complexidade*, e mesmo se assumimos isto lucidamente, como componente maior do papel profissional, não é fácil de enfrentá-la a cada dia. E, naquele contexto institucional, em que as funções não estavam claramente definidas, a complexidade era ainda maior e o peso de ser a responsável também.

Perrenoud diz que é preciso reconhecer que a complexidade faz parte do mundo, mas também de nossa *relação com o mundo*, em razão tanto de nossas contradições e ambivalências, instabilidades e limites pessoais, quanto das divergências e conflitos entre os atores nas situações e decisões a serem tomadas (1996: 24). Acrescento que, apesar disso, é importante haver uma estruturação do ambiente, de modo a tornar o fato de *ser o responsável* e *condenado à complexidade* algo suportável.

Não era, portanto, à toa, que durante os primeiros tempos de atuação como coordenadora pedagógica vinha-me a imagem de ter uma capa preta sobre os ombros. Com essa imagem, eu expressava, para mim mesma, o sentimento que me invadia, ao entrar na escola para mais um dia de trabalho. O fato de estar investida daquele poder, advindo da posição hierárquica, dava-me uma sensação dupla, de potência e impotência.

De um lado, sentia a oportunidade para ultrapassar limites que me foram impostos em experiências anteriores, na posição de professora. Agora poderia interferir até na estrutura organizacional da escola, de modo a viabilizar projetos mais ousados. Era o lado da potência que a capa (do Super-Homem? do Batman? ou da Mulher-Maravilha?) representava: a possibilidade de alçar vôos mais altos do que os que conseguira como professora.

Por outro, a imagem da capa me incomodava, pesava, amarrava. Agora, anos depois, iluminada pela teoria, consigo compreender essa imagem em sua dupla significação. A sensação de impotência era gerada pela distância das salas de aula, o que era uma situação nova quanto à possibilidade de interferir no andamento dos trabalhos dos alunos. Perceber que isto cabia aos professores e meu papel seria de assessorá-los era um desafio, uma construção a ser feita, pois estava acostumada a situar-me como professora e gerir atividades a partir de minha observação e vivências diárias. Além disso, percebia que os professores, no geral, não me viam como uma colega como experimentara até então, nas outras escolas em que trabalhara como professora. Desejava ir construindo minha relação com os professores de maneira a viabilizar nossa parceria e o trabalho coletivo.

Construindo parcerias

A crença em não preparar um "pacote" para a transformação baseava-se no respeito às pessoas que viviam o problema "de dentro". Já é sabido que para alguém "de fora" de uma situação torna-se mais fácil enxergar desvios, mas é mais difícil respeitar uma história de que não se fez parte. O desafio era este: integrar-me, "fazer parte" e manter, ao mesmo tempo, a possibilidade de um olhar afastado. Tratava-se de "vestir a camisa", refletir e criar parcerias baseadas na confiança e, na medida que fosse possível, ir descobrindo estratégias de ação para a transformação, pois "mudança organizacional nenhuma se introduz como se fosse um corpo estranho que viesse desalojar as condições anteriores e ocupar plenamente o seu lugar" (Paro, 1988: 165).

Assim, o primeiro semestre de meu trabalho teve como objetivo *escutar* e *conhecer* a escola, seus membros, sua maneira de funcionar e sua história, já longa, de modo a poder, futuramente, descobrir caminhos para *fazer com*. Foi um período dedicado à construção de vínculos de confiança e afetividade entre nós. Esta postura, entretanto, não significava anular as diferenças de papel ou mesmo minha autoridade, que estava ligada, em parte ao menos, à hierarquia. A crença e o desejo de *fazer com*, numa prática participativa e democrática, não significava, entretanto, consegui-lo, pois esse desejo poderia se chocar com maneiras de agir pouco conscientes. Ora autoritárias, por não conseguir garantir o espaço do Outro, ora omissas, sem assumir a devida responsabilidade que me caberia. Dois extremos que se aproximam pela inadequação ao uso responsável do poder, e que são frutos da maneira como enfrentei as autoridades em minha vida.

Na tentativa de construir esse espaço democrático e lidar com os antagonismos da complexa realidade escolar, além dos meus próprios, utilizava a experiência já conhecida de escrever Diário, que fazia o papel de um guia, pois os registros das reflexões sobre a prática podiam ajudar a identificar meus desvios e iluminar alternativas, assim como experimentara como professora.

A parceria com a diretora foi se construindo lentamente através de encontros não-sistemáticos, com o objetivo mais imediato e concreto de resolver os problemas que surgiam no cotidiano. Não tínhamos nessa época uma rotina de encontros, nem entre direção e coordenação, nem entre a coordenação e cada professor ou com o corpo docente como um todo. Aliás, não havia sala para o trabalho da coordenadora, de modo que me foi indicado trabalhar na sala dos professores, onde eles se encontravam na hora do recreio dos alunos para tomar café e fumar. Era ali, na hora do recreio, que eu podia conversar com eles, interrompendo a pequena pausa para o descanso, para a descontração e alimentação.

Como entrava no meio de um ano letivo, com as aulas já tendo começado, não havia muitas possibilidades de alteração da distribuição dos tempos e espaços. Era preciso um esforço de adaptação de minha parte às condições que se impunham. Mas eu acabava agindo em função do que acontecia, sem conseguir planejar e me apropriar de meu fazer, pois as "emergências" no cotidiano eram muitas, dentre os quais destaco as freqüentes brigas e disputas entre os alunos, que viviam um clima de agressividade entre si, mas muitas vezes direcionando-as aos professores.

Ao partilhar essa situação, por carta, com a educadora Madalena Freire, que havia desempenhado um papel importante em minha formação, ela a analisa como uma prática semelhante à de um bombeiro que age em função das urgências do cotidiano a apagar incêndios. Ela enviou-me um texto, que escrevia àquela época, no qual diz que o educador-bombeiro é aquele que não respeita seu próprio ritmo nem seus limites, sendo dominado pelo ritmo externo, de modo a não exercitar a construção de uma rotina de trabalho e o planejamento de seu fazer. A leitura desse texto[16] ajudou em minha (trans)formação não só profissional, mas também pessoal, pois meu contexto de vida era também o de uma pessoa que não respeitava os próprios limites, uma pessoa "acelerada", o que é diferente de ser dinâmica. Aquela partilha, numa ação de heteroformação, ajudava-me em meu processo autoformativo: além do trabalho em duas escolas, terminava a dissertação de mestrado, num ritmo acelerado que estava criando problemas respiratórios...

Hoje, acredito que é importante, e fundamental, um acolhimento e um cuidado de si próprio, o que inclui a própria saúde, para viabilizar uma acolhida e o cuidado com o outro... Como "o professor é a pessoa. E uma parte importan-

[16] Esse texto foi publicado posteriormente com o título "O fogo do educador" (Freire, 1997).

te da pessoa é o professor" (Nias, 1991, apud Nóvoa, 1992a), investir na autoformação é condição para interferir na formação alheia.

A acolhida que recebi dessa educadora ajudava-me a ser capaz de acolher a mim mesma. Ao tomar consciência da importância daquele cuidado, mobilizado inicialmente pela ação de outra pessoa, pude apropriar-me dele e poder eu própria cuidar-me. Um movimento que se dava pelo afastamento do vivido, enxergando-o, analisando-o e passando à ação, mas também pela aceitação que não sou um dado, mas um dar-se permanentemente, um ser em metamorfose. Essa foi uma das experiências em que vivi o duplo movimento que a acolhida provoca: acolher e ser acolhido, ser recebido tal como sou, mas também com o potencial de transformação que trago comigo. Honoré assim se refere à acolhida:

> Todo ser humano é acolhido factivamente e formativamente no mundo que o recebe e que ele recebe. Este duplo sentido da recepção na acolhida se encontra em toda situação. Acolher e ser acolhido. A este duplo sentido se superpõe aquele que faz da acolhida ao mesmo tempo uma apropriação e uma abertura. Há ambiguidade existencial da acolhida, que é aquela da forma e de sua formação, como aquela do corpúsculo e da onda.
>
> (...)
>
> A acolhida em toda situação é sempre vivida na tensão entre a apropriação e a abertura. Eu recebo o outro com e nas minhas formas: palavras, gestos, representações, imagens, interpretações. Para comunicar, eu retenho de suas próprias formas aquelas que permitem estar em *correspondência*. Nós podemos nos ensinar mutuamente as formas que pertencem a cada um. Mas eu posso também – desde que eu tenha a intenção – "tentar tornar-me presente", portanto, sair de mim, ir para o "entre-dois" e ficar na espera que o outro saia também de si mesmo, desvelando como eu sua origem e seu projeto, colocando-se comigo a caminho da intercompreensão. Segundo o que prevalece, abertura ou apropriação, desvela-se mais ou menos a formatividade do encontro (Honoré, 1992: 203, grifo do autor).

Percebo que, naquele momento de meu processo de formação, a abertura prevalecia e se expressava nas tentativas de compreender os contextos das pessoas e da instituição enquanto buscava soluções para os problemas, mesmo que não fossem as ideais, do meu ponto de vista. Abertura que era facilitada pela percepção da abertura de outras pessoas, de algumas professoras e das diretoras, em grande medida.

Durante aquele segundo semestre do ano letivo já começado, alguns movimentos puderam ser feitos nesse sentido. Algumas reuniões individuais, quando tínhamos algum assunto urgente para resolver e "criávamos" algum tempo em comum para o encontro, pois não havia ainda momento reservado (e remunerado) na distribuição da carga horária dos professores. As reuniões coletivas ganharam um ritmo quinzenal, mesmo não podendo contar com a presença de todos, visto que cada um já se organizara no início do ano para suas atividades noturnas, quando a reunião deveria ocorrer para propiciar o encontro entre os professores da manhã e da tarde. Ao mesmo tempo, era importante que se tornasse um momento importante para todos, se pretendíamos desenvolver um trabalho coletivo. Mas isto estava por ser construído. Uma estratégia para isso foi o registro que passei a fazer das reuniões, distribuindo uma cópia para cada um, no sentido de informar quem não havia comparecido acerca do discutido e combinado no encontro. Além disso, os registros permitiam uma maior apropriação do vivido pelos participantes, ao proporcionar a passagem de algo que poderia ficar como troca de idéias para *guias comuns de ação*, alicerces de uma prática mais coesa e coerente, retratos em série de uma construção coletiva. Um coletivo que deixava entrever, porém, as marcas individuais, pois era a partir delas que o coletivo se formaria.

Como partia de mim, como coordenadora, a iniciativa de tal rotina de encontros, era de se esperar que minhas "marcas" aparecessem com mais força no início, até porque aquele registro servia como um canal para a explicitação dos objetivos e da importância daquelas reuniões dentro de um "projeto interdisciplinar" que eu vinha estudando e queria partilhar. É o que podemos ver no relatório que escrevi após a primeira reunião, um mês após o início daquele semestre:

RELATÓRIO DA REUNIÃO DE PROFESSORES: 05/09/91

1º momento: Suely

– Objetivos da reunião.

– Retrospecto dos acontecimentos de Agosto com relação às mudanças de professores.

– Proposta de reunião semanal.

– Apresentação da nova equipe de professores.

2º momento: Cecília "buscando um projeto interdisciplinar[17]"

A proposta inicial de buscarmos a integração de áreas através de encontros individuais com a coordenação mostrou-se insatisfatória. Além da dificuldade em passar as informações rapidamente de um professor a outro, os encontros semanais nem sempre ocorreram conforme o esperado devido às trocas de professores que tivemos neste mês de Agosto.

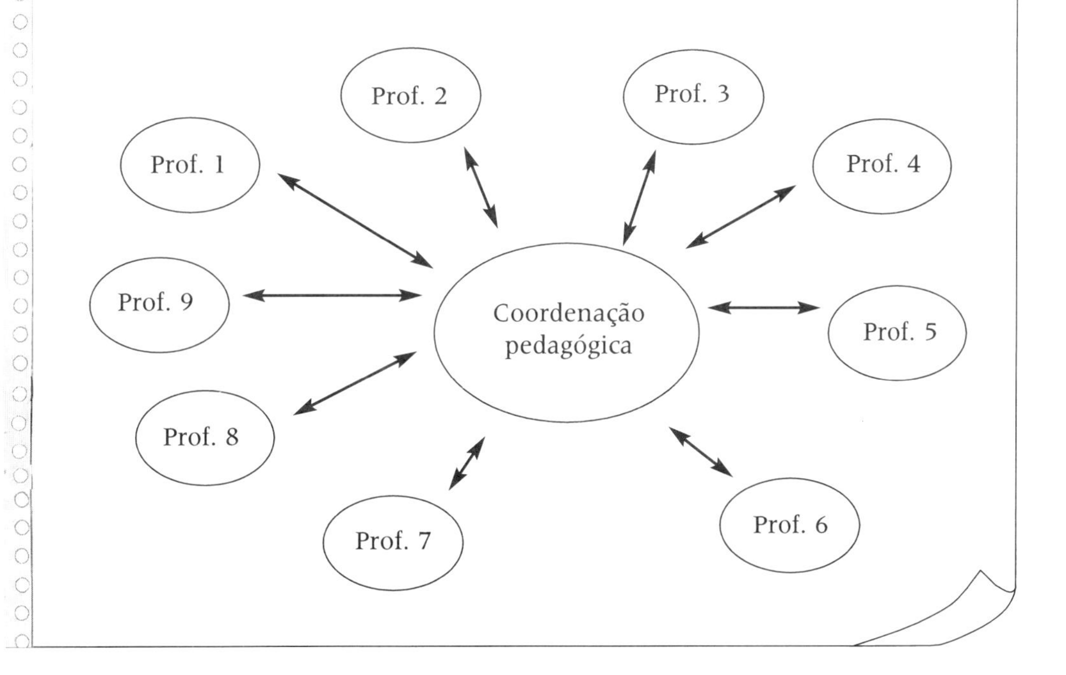

[17] Quando me referi ao "projeto interdisciplinar" tinha em mente a concepção de interdisciplinaridade de que trata Fazenda (1979, 1991), por tê-la vivido e estudado em sua sala de aula na ocasião de meu mestrado, defendido naquele mesmo ano, 1991. Esta concepção vem sendo discutida por alguns pesquisadores e tem gerado publicações, sob a coordenação dessa autora, algumas delas listadas na bibliografia.

Buscando uma nova forma de organização de nosso trabalho visando promover a construção coletiva, característica principal do projeto interdisciplinar, imaginamos:

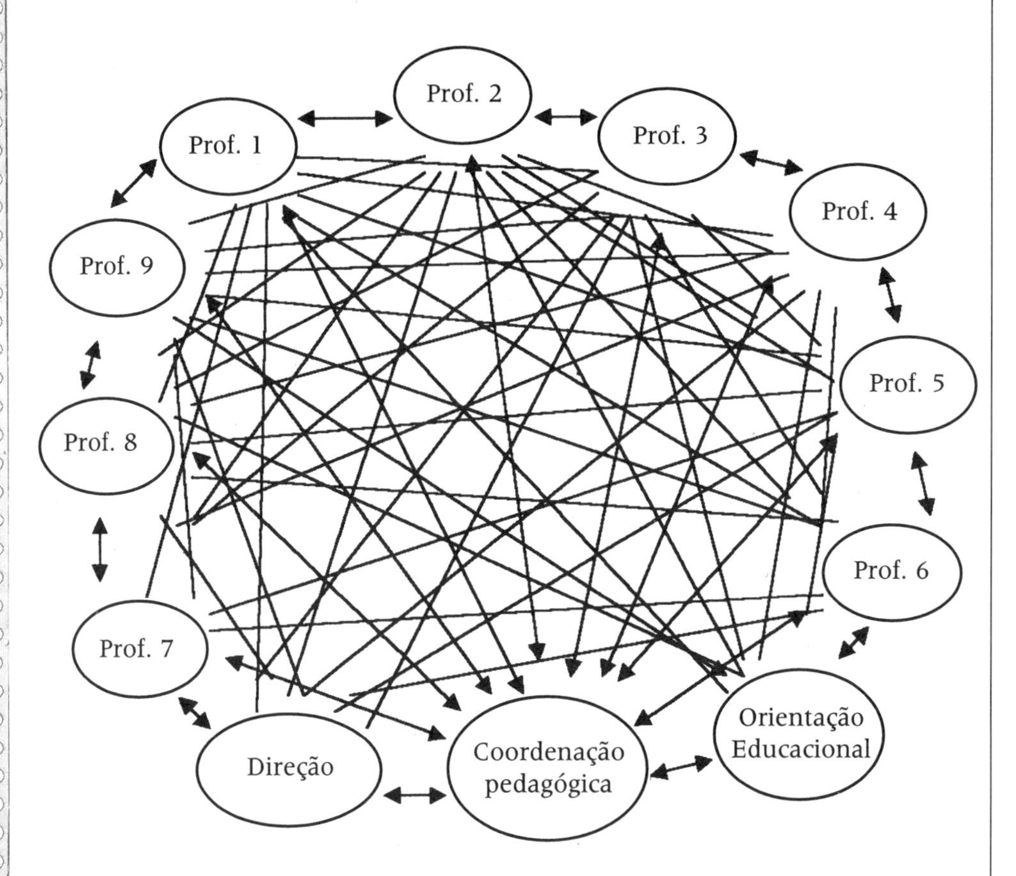

Estes encontros em Roda ocorrerão quinzenalmente nas reuniões pedagógicas, nas quais a presença de todos os professores é fundamental. Faremos um calendário.

O Projeto Interdisciplinar é uma construção lenta, que envolve paciência, aprendizado no ouvir e organização da própria fala.

Nossa organização de trabalho (cumprimento dos combinados dos horários, regimentos e integração da equipe) reflete na organização dos alunos (cumprimento de tarefas, prazos, integração da classe). Por isso é fundamental que consigamos nos organizar.

Até o final de 1991, fizemos algumas reuniões coletivas, quinzenalmente. Eram momentos para discutir os problemas cotidianos mais urgentes, que necessitavam de todos para o estabelecimento de formas comuns para enfrentá-los.

Mas nem todos podiam estar presentes, o que nos levava a estar em constante negociação no dia-a-dia, criando alternativas que possibilitassem irmos, aos poucos, construindo parcerias e uma prática coletiva. A professora de Português, por exemplo, que trabalhava com as classes de 5ª, 6ª e 7ª séries, com grande carga horária de aulas na escola, não tinha a possibilidade de horários extras para reuniões durante o dia, nem mesmo à noite, pois cursava faculdade de psicologia nesse período. Criamos, então, um canal de comunicação, via bilhetes, negociando e trocando idéias sobre o trabalho e sobre leituras que pudessem alimentar nossas buscas e partilhar os momentos vividos. Uma parceria que se iniciava nas "brechas" do cotidiano.

11/11/91

Eliane,

Como vai o livro de poesias da 5ª série? Haverá mesmo noite de autógrafos? Andei tendo umas idéias. (...) O lançamento desse último número do jornal poderia ser junto com a noite de autógrafos do livro de poesias da 5ª. E esse evento poderia ser no "Espaço Aonde" onde há o karaokê de teatro... O que você acha? E as crianças? Poderiam até fazer uma apresentação oral das poesias no palco que eles têm lá...

Cecília

19/11/91

Cecília,

(...) Outra coisa: estou com um problema sério: tenho provas e apresentação de trabalhos *diariamente* na faculdade. Não estou podendo perder uma única aula. Logo, não virei à reunião (quinta-feira, dia 21/11).

Será que poderia passar o conselho de classe de 02/12 para 29/11 (sexta de manhã)? Acontece que na segunda também terei prova. Minhas aulas só terminarão dia 06/12. Está uma *loucura*!(...)

Eliane

27/11/91

Eliane,

Sobre o pré-conselho, manteremos na segunda-feira, dia 2, porque já temos alterado (e realterado) muitos combinados coletivos, o que tem prejudicado uma mínima rotina de trabalho, necessária. Além disso, dificulta para professores que estão organizados em função do que combinamos.

Você pode deixar na sexta, além das notas, comentários de alguns alunos, de modo que levemos em consideração na segunda, *ok*? (...)

Cecília

Fui percebendo que manter desperta a professora-que-fui, além de ser uma ajuda para mobilizar minha abertura com relação às professoras e à sua realidade de trabalho, ajudava também na abertura delas comigo. Uma troca de nossas experiências docentes facilitava um clima de compreensão ante a realidade da sala de aula, cheia de fatores aleatórios e imprevisíveis. Quando isso ocorria, uma certa cumplicidade podia aparecer, acrescentando outra possibilidade perante a situação hierárquica e de poder que o "lugar" da coordenação pedagógica criava, ou melhor, que nós criamos a partir de nossas experiências de vida ante autoridades, hierarquia e poder.

No final do ano, foi possível estabelecer, com toda a equipe de professores, direção e coordenação, um dia comum para as reuniões, ou melhor, uma noite. Na última reunião do ano, avaliamos o ano letivo e lançamos metas para o seguinte, incluindo a discussão da filosofia da Escola. Escrevi um texto-síntese da reunião, articulando trechos dos registros produzidos pelos participantes na avaliação do encontro, na expectativa de dar mais um passo de um coletivo a partir das contribuições de cada um. Destaquei, dos registros, os eixos do que conversamos: importância da organização do trabalho, o papel do professor com os alunos, a importância da construção dos conhecimentos e dos grupos, a integração das pessoas e dos conhecimentos. Segue este texto-síntese na íntegra:

Alinhavando e sintetizando nossa Reunião de Avaliação e Planejamento de 19/12/1991.

Em Dezembro /91, após a finalização das aulas, a equipe de professores e coordenadores se reuniu para avaliar o ano e traçar as primeiras linhas do trabalho de 1992.

Um dos momentos desse trabalho coletivo foi pensar na filosofia da escola a partir de duas frases:

"Compreenda o mundo de hoje e atue ativamente sobre ele."

"Viva o aqui e agora para construir o amanhã."

Após as colocações individuais e a discussão que se seguiu, cada professor registrou o que lhe ficou de marcante das discussões.

Por acreditar que a construção de um trabalho coletivo se dá a partir das contribuições individuais, partimos para um novo momento de registro, agora alinhavando as contribuições individuais. Assim, poderemos nos conhecer melhor enquanto grupo e nos lançarmos também no estudo teórico, mas a partir de nossos próprios questionamentos e necessidades.

Um dos aspectos levantado por vários professores foi a importância da Organização do Trabalho:

Estabelecer rotina para garantir um trabalho organizado. — Patrícia

Rotina: começo-meio-fim, este último como auto-avaliação e observações da rotina da sala de aula. — Karen

Outro aspecto que foi destacado quando pensávamos na Rotina do trabalho foi:

Estimular a prática do registro diário e uma pertinente reflexão sobre o mesmo como modo de se produzir uma "memória coletiva". — Cristina

É, essa prática de reflexão contínua do vivido é realmente fundamental, é um...

confrontar o realizado e o proposto, avaliando realizações, atitudes, desempenho, etc. — Cristina

pensar sempre, repensar, avaliar... — Sílvia

pensar é diferente de refletir.

Pensar em alguns momentos é adormecer. Acordar significa refletir. — Léa

Aproveitando o desafio do filosofar proposto pela Léa, podemos convidar Pierre Furter para a nossa "Roda", para nos explicar como ele diferencia o pensar e o refletir:

"A reflexão não é uma condição da ação. A prática educativa existe antes da reflexão; portanto, é possível agir sem refletir. Claro, mas não sem pensar! Para agir, só pensamos no que fazemos apenas, sem refletir. A reflexão é, portanto, um pensamento ao segundo grau no qual o homem re-pensa o que estava fazendo. Assim, refletir é olhar a própria ação de uma maneira particular e à distância. É tomar uma certa distância para melhor julgar o que se estava fazendo, ou o que se fez, ou o que se fará".

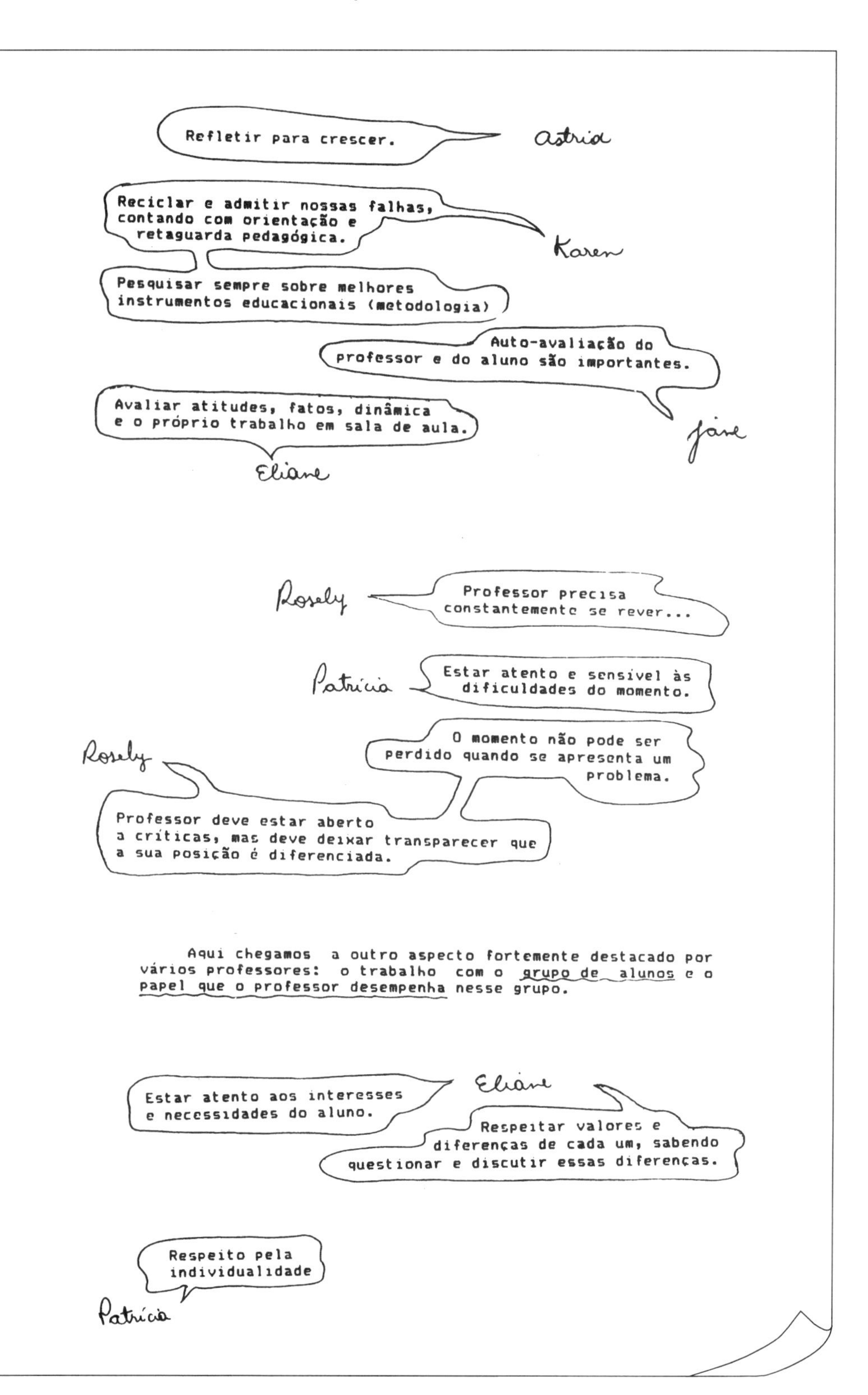
Refletir para crescer.
Astrid
Reciclar e admitir nossas falhas, contando com orientação e retaguarda pedagógica.
Karen
Pesquisar sempre sobre melhores instrumentos educacionais (metodologia)
Auto-avaliação do professor e do aluno são importantes.
Avaliar atitudes, fatos, dinâmica e o próprio trabalho em sala de aula.
Jane
Eliane
Rosely
Professor precisa constantemente se rever...
Patrícia
Estar atento e sensível às dificuldades do momento.
Rosely
O momento não pode ser perdido quando se apresenta um problema.
Professor deve estar aberto a críticas, mas deve deixar transparecer que a sua posição é diferenciada.
Aqui chegamos a outro aspecto fortemente destacado por vários professores: o trabalho com o grupo de alunos e o papel que o professor desempenha nesse grupo.
Estar atento aos interesses e necessidades do aluno.
Eliane
Respeitar valores e diferenças de cada um, sabendo questionar e discutir essas diferenças.
Respeito pela individualidade
Patrícia

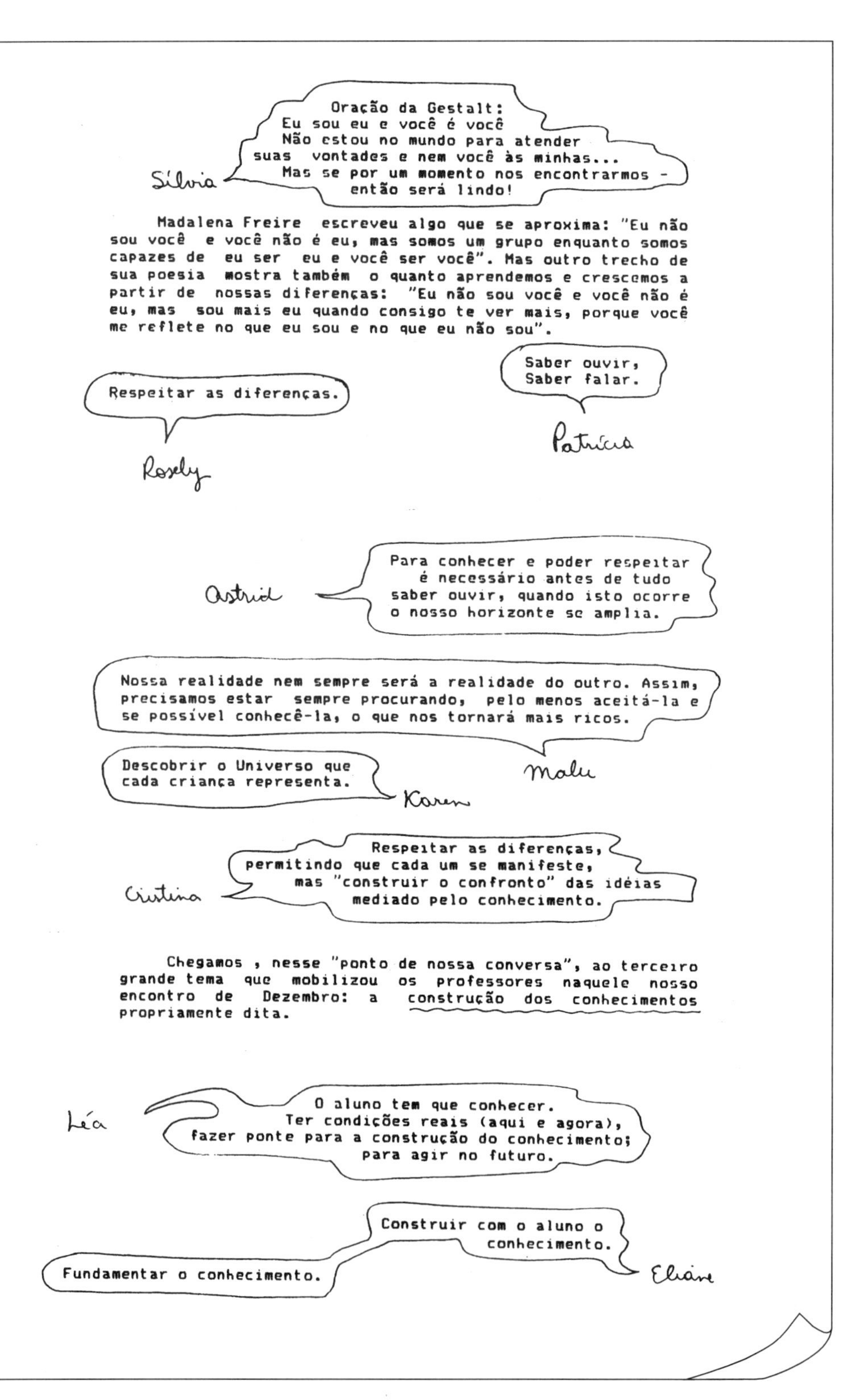

Oração da Gestalt:
Eu sou eu e você é você
Não estou no mundo para atender
suas vontades e nem você às minhas...
Mas se por um momento nos encontrarmos -
então será lindo!

Sílvia

Madalena Freire escreveu algo que se aproxima: "Eu não sou você e você não é eu, mas somos um grupo enquanto somos capazes de eu ser eu e você ser você". Mas outro trecho de sua poesia mostra também o quanto aprendemos e crescemos a partir de nossas diferenças: "Eu não sou você e você não é eu, mas sou mais eu quando consigo te ver mais, porque você me reflete no que eu sou e no que eu não sou".

Respeitar as diferenças.

Rosely

Saber ouvir,
Saber falar.

Patrícia

Para conhecer e poder respeitar é necessário antes de tudo saber ouvir, quando isto ocorre o nosso horizonte se amplia.

Astrid

Nossa realidade nem sempre será a realidade do outro. Assim, precisamos estar sempre procurando, pelo menos aceitá-la e se possível conhecê-la, o que nos tornará mais ricos.

Malu

Descobrir o Universo que cada criança representa.

Karen

Respeitar as diferenças,
permitindo que cada um se manifeste,
mas "construir o confronto" das idéias
mediado pelo conhecimento.

Cristina

Chegamos , nesse "ponto de nossa conversa", ao terceiro grande tema que mobilizou os professores naquele nosso encontro de Dezembro: a construção dos conhecimentos propriamente dita.

Léa

O aluno tem que conhecer.
Ter condições reais (aqui e agora),
fazer ponte para a construção do conhecimento;
para agir no futuro.

Construir com o aluno o conhecimento.

Fundamentar o conhecimento.

Eliane

Conhecer para poder julgar.

Jane

Trabalhar com os alunos a partir dos acontecimentos atuais e fazer "pontes" com o conhecimento.

Partir sempre dos interesses dos alunos, mas desenvolver o estudo/discussão do mesmo de forma devidamente fundamentada no conhecimento.

Cristina

Aproveitar a bagagem de cada aluno para se descobrir e construir coisas novas.

Patrícia

A construção do conhecimento da forma como estamos começando a delinear baseia-se no fato de que...

Simone

Acredito que o mundo de hoje esteja precisando de uma formação mais especial, para que para que possamos atuar melhor sobre ele.

E para essa "formação especial" entendemos que a integração seja um importante caminho. Seja a integração dos grupos de nossos alunos, de nosso grupo de professores, quanto a integração dos componentes curriculares, pois...

Wânia

A criança é um "todo", "vida", escola, casa, amigos, "eu", sociedade... para um trabalho ser significativo aqui e amanhã, não dá para dividir em compartimentos.

um só corpo como educadores, perante pais e os problemas que venham a surgir.

Karen

Eu pude perceber durante a "conversa" da reunião, que a equipe coloca em pontos variados valores muito parecidos. Acho que este já é um ponto crucial para maior união da equipe, logo resultado de um trabalho coeso e claro para o ponto de vista das crianças.

Renata

E é justamente este o objetivo de estarmos discutindo a filosofia da escola: a coesão da equipe para um trabalho coerente, responsável, ao mesmo tempo que cheio de Paixão. E esta é uma "Arte coletiva" em permanente construção.

Cecília

Com a distribuição deste texto-síntese começamos o ano de 1992. Sua leitura e discussão na *Semana de Planejamento* ajudava a garantir uma continuidade do trabalho de 1991 no contexto das várias mudanças que fazíamos para o novo ano. Dentre elas, a garantia de um horário comum para a reunião coletiva semanal de duas horas. Estavam dados os primeiros passos da construção do coletivo, alicerçada na rotina dos encontros.

Paralelamente à criação desta *Roda de Professores* (que incluía direção, coordenação e orientação educacional), os vínculos entre cada professor e a coordenadora iam sendo construídos, alicerçados na rotina de reuniões semanais da dupla, como se fosse uma Roda de Dois, um horário agora previsto na grade horária de cada membro do grupo.

Por se tratar de uma escola pequena era freqüente o acúmulo de funções em uma mesma pessoa. Eu, por exemplo, além de ser a coordenadora pedagógica de 5ª a 8ª série, assumia parte do trabalho de uma orientadora educacional, pois acompanhava diretamente o trabalho dos alunos sempre que algum professor necessitava de um apoio educacional. Em situações-limite, isto é, quando sentia escapar de minhas possibilidades de ação, uma das diretoras o atendia, pois ela, além de diretora e sócia da escola, fazia o atendimento aos pais e acompanhava cada um dos alunos em seu processo, desde a entrada na escola, e atendia os profissionais que eventualmente trabalhassem com os alunos, na expectativa de uma compreensão mais ampla e atendimento mais específico às suas necessidades singulares.

Destaco alguns aspectos da construção da parceria com Cristina, que lecionava História e Geografia e dava assistência à escola quanto aos aspectos administrativos, tanto por sua formação também em Pedagogia, com habilitação em Administração Escolar, como pela experiência como diretora de uma escola estadual de São Paulo. Como ela estava na escola há cinco anos, foi uma das pessoas a quem pedi que me contasse seu histórico. A partir da descrição desse histórico, íamos tecendo comentários baseados nos valores e ideais de cada uma.

Nossas diferenças eram muitas, mas as oportunidades de conversar e argumentar foram nos aproximando e promovendo trocas de experiências e aprendizagens: eu, com relação aos aspectos administrativos e legais, e ela, aos pedagógicos e psicológicos envolvidos no cotidiano escolar. Os vínculos afetivos e de confiança, fundamentais para qualquer transformação pessoal-profissional, iam sendo construídos através das partilhas nas nossas reuniões semanais. Muitas propostas de alteração da estrutura organizacional da escola ou do espaço formativo dos professores e alunos foram elaboradas nas nossas Rodas de Dois.

Uma das propostas que fizemos para a direção da escola (já prevendo vários aspectos de sua viabilização) foi a introdução, na grade horária de cada classe, de duas "aulas" diferentes: um momento para a Roda e um para a Orientação de Estudos. Estávamos, com isso, propondo a criação do professor-orientador, buscando introduzir um articulador dos projetos e da dinâmica interpessoal de cada grupo de alunos. Este articulador seria um dos professores de qualquer área do conhecimento, mas que se dispusesse a enfrentar algo novo: aulas nas quais não trataria das informações de "sua matéria", mas se envolveria mais com a formação daqueles alunos, seja ao se dedicar ao trabalho com a dinâmica da classe, da orientação de estudos num suporte a todas as disciplinas, como também na articulação de projetos de pesquisa, a partir de temas de interesse que surgissem do conversar, portanto, em sintonia com as necessidades e desejos específicos deles. Projetos que, imaginávamos, seriam viabilizados pelo próprio trabalho com a dinâmica do grupo e pelo atendimento mais individualizado daqueles encontros.

Para enfrentar essa inovação, prevíamos a necessidade de que um professor antigo na escola o assumisse, de modo que já tivesse a afinidade com sua filosofia e familiaridade com seu processo de funcionamento, apesar dos vários problemas de ordem organizacional, sobre os quais falei um pouco acima. Um modo de funcionamento que estava, ele próprio, sofrendo grandes alterações. Tal contexto prejudicava ainda mais as pessoas que entravam na escola nessa época. Talvez fosse este um dos motivos das trocas seguidas dos professores novos, enquanto que um grupo antigo permanecia, daqueles que tinham já afinidade com a filosofia da escola.

Mas, naquele momento, não havia ainda na escola professores em número suficiente que atendessem àquele perfil traçado, de modo que eu e Cristina assumimos, cada uma, uma classe, como sua professora-orientadora, acumulando-a com as funções que já desempenhávamos. Considero que esse *engajamento*, apesar da sobrecarga que causava, foi fundamental, tanto para a não separação entre aqueles que planejam e aqueles que executam, quanto pela maior possibilidade de aconselhamento e de acompanhamento dos outros professores que se arriscavam nessa "aventura". Uma aventura que eu também vivia, na medida em que, apesar da experiência da Roda com classes de 4ª série e seu aprofundamento numa dissertação de mestrado, aquelas vivências, não mais como professora polivalente, mas na estrutura de 5ª à 8ª série, com aulas de 50 em 50 minutos com professores diferentes, eram algo de desconhecido.

Além disso, viver a tentativa de construção de uma identidade de coordenadora que não significasse a disciplinadora e cerceadora da criatividade e da singularidades de alunos e professores e ser, ao mesmo tempo, cúmplice dos alunos e professores nos "projetos cheios de vida", como os chamava nos meus tempos de professora, parecia tarefa hercúlea, na medida que minhas atividades estavam perpassadas por normatizações e "broncas" nos alunos. Uma identidade, portanto, no mínimo, contraditória. Mas fazia parte dos sonhos (e eram sonhos partilhados), além de contar com a heterogeneidade, pluralidade e complexidade do cotidiano, em que os opostos podem coexistir.

Formar-se formando

A disponibilidade para assumirmos nós também as Rodas não somente intensificava a abertura e o engajamento dos outros (alunos, professores, diretoras), mas também, um efetivo engajamento em nossa própria formação, condição essencial para a formação do Outro na concepção de formação aqui defendida.

As diversas parcerias iam se construindo *em rede,* isto é, em interligação umas com as outras, e eram propiciadas seja pelos vários momentos para o conversar nas Rodas, que também iam sendo construídas em Rede, seja na troca de bilhetes e cartas. Em termos coletivos, na Roda de Professores. Entre cada professor e coordenadora e entre coordenadora e diretora, em encontros semanais nas Rodas de Dois. Entre professora e alunos nas Rodas da classe. O que não era fácil, nem linear, mas repleto de enfrentamentos, recuos, acolhidas, retomadas. O desejo, o acreditar e o engajamento, entretanto, precisavam ser firmes, apesar das contradições e dúvidas. Vale a pena contar um episódio vivido por Cristina, professora de Roda e Orientação de Estudos da 7ª série, diante da recusa da classe de comprar a agenda adotada pela escola (uma agenda bem diferente das comuns pela forma como propõe o registro das tarefas escolares). Diante da recusa, Cristina propôs um acordo: comprariam e a experimentariam por uma semana; se não desse certo, desistiriam e ela pagaria as agendas compradas. Pacto feito. Semana vivida e avaliada. Agenda aceita. O que se estabeleceu entre eles foi um jogo, no qual seu poder e sua autoridade, construídos durante os dois anos que dava aulas para essa turma, desempenhavam um papel, mas também deve ter tido grande influência seu engajamento firme na proposta da agenda, ao ponto de pagá-la. Engajamento *em rede?*

A acolhida, abertura e engajamento das diretoras diante das propostas que iam sendo feitas e rediscutidas em conjunto foram fundamentais para a lenta construção de um ambiente propício para a formação. E percebo que isto pôde ocorrer porque elas próprias se colocaram também como em-processo-de-formação, encarando, por exemplo, seu próprio "bombeirismo", mas que trazia junto uma espontaneidade e espírito lúdico com os quais muito aprendi naqueles anos a "soltar-me". Com o engajamento e as várias parcerias que se formavam no contexto da escola, a interformação invadia espaços não previstos e formas não programadas. Fui aos poucos não precisando da "capa preta", nem de minha onipotência.

No contexto da criação de uma estrutura de trabalho que permitisse a concretização de um *ambiente de formação*, tanto para os alunos como para nós educadores, vários tipos de registros foram utilizados como estratégia. Além das trocas de bilhetes, como a que ocorreu com Eliane, que não podia estar pessoalmente presente, utilizei a escrita de um relatório-carta para cada professor, "conversando" com eles sobre minha visão de seu processo no grupo durante o semestre.

Percebo que esta proposta de escrever relatório-carta se relacionava não apenas à minha experiência anterior de participante num grupo de formação no qual a coordenadora escrevia relatórios sobre os processos individuais dos integrantes do grupo, educadores-em-formação, como às minhas experiências profissionais anteriores, quando escrevia para os pais de meus alunos da Educação Infantil ou para meus alunos de 4ª série, relatórios em forma de carta, buscando estabelecer um diálogo, pois este me parecia o jeito mais adequado para tratar do "parecer da professora" a respeito do processo de educação/formação de uma outra pessoa.

Relendo esses relatórios-carta, pois felizmente guardei seus rascunhos, percebo alguns aspectos das parcerias em construção: um espaço para a singularidade, isto é, para as diferenças individuais; a atenção direcionada para o positivo de cada pessoa, destacando sua contribuição (ou seu potencial) nos projetos coletivos; a explicitação de que eu também vivia o estar-em-formação, descrevendo, por exemplo, situações em que a professora ajudou-me nesse meu processo, mostrando a existência de um espaço interformativo no qual o conflito, que nasce das diferenças pessoais, é entendido como algo que faz parte e pode trazer contribuições positivas para nosso processo de formação, mesmo que seja dolorido; a partilha das dificuldades que enfrentamos diante dos antagonismos presentes na complexidade da escola; a abertura para a discussão dos limites de meu papel, ante a autonomia desejada do professor, revelando meu processo de construção identitária como coordenadora pedagógica e a difícil percepção dos limites entre as ações de autoformação e heteroformação.

Esses relatórios-carta falam por si, por isso, dou "voz" a dois deles. São cartas que, como a do educador-bombeiro, as do grupo de formação de que participara, ou as que enviei para meus alunos ou seus pais, trazem a afetividade e as "cores" que permeavam o espaço relacional que construíamos, características importantes que complementam a narrativa do processo vivido naqueles anos. Estávamos em julho de 1992.

Cris,

Sem dúvida, seu papel no grupo tem sido forte e importante. Não só pela antigüidade na escola e a conseqüente possibilidade de situar os novos (e também muitas vezes a mim), mas também por sua capacidade de organização e sistematização de informações levadas às reuniões de quinta. Também com relação ao meu trabalho sinto em você um grande apoio, que se manifesta pelas informações, sugestões e críticas freqüentes.

Já falamos de nossa aproximação, que talvez possa ser explicada, pelo menos em parte, pela formação semelhante (pedagogia) e/ou pelo seu exercício de coordenação da escola antes de minha entrada. Mas essa mesma proximidade parece ser a responsável por alguns "esbarrões". Qual seria o espaço em que a coordenação pode (ou deve) interferir no trabalho do professor? Ou seja, a questão da *autonomia* do professor e também do *trabalho democrático* dentro da escola foram cobranças suas. Pelo menos foi assim que senti. Importantíssimo dizer que essas "cobranças" foram preciosas para mim, pois, com elas, você colocava "lenha" em meu conflito interno: a busca de coerência entre o que falo e o que faço, entre o que sempre defendi como professora e cobrei de coordenadoras e agora, nesta função, sou "obrigada" a realizar. Obrigada pelo fogo! (apesar de algumas pequenas dores nas queimaduras...)

Com relação ao trabalho que venho propondo na escola, percebi, desde o início, uma constante "desconfiança" sua. Mas uma desconfiança positiva, pois não houve em nenhum momento um negar-se a experimentar, pelo contrário. Você se lembra de suas colocações quando propus que você assumisse a Roda da 7ª série? E com relação à Orientação de Estudos? Também com relação à proposta de registrar sua prática, que fazia desde agosto 91... Mas, em dezembro, lá estava você na defesa da tese... E, em 92, você cria sua própria forma de registro e expõe detalhes de suas vivências. E, se expondo, você se abre, sem no entanto deixar de preservar sua privacidade nos trechos em que não quer que eu leia (e faz questão de frisar isto!). Acredito nesta luta pela autonomia, na busca de uma aproximação, da criação de uma parceria não só entre professor e aluno como também entre coordenador e professor, sem que a privacidade e a diferenciação das funções se percam.

Sinto em você uma parceira que me desafia, que me faz repensar e me posicionar, inclusive para colocar limites na preservação do espaço necessário a minha função. Mais uma vez, obrigada pelo fogo, pela força e pelas "duras".

Um beijo,

Cecília

Stella,

Muito já temos falado sobre o processo vivido neste 1º semestre/92. Aliás, o repensar o seu (e o nosso) trabalho tem sido uma marca sua. Você parece sempre comparar o que dizemos e fazemos com os ideais (de educação) que você acredita, nascidos de suas experiências de trabalho e, principalmente, de suas experiências de vida. Este seu impulso de checar o que acreditamos com aquilo que estamos fazendo trouxe, desde sua entrada na escola, questões importantes que contribuíram muito para o meu trabalho. Por exemplo, quando você "cobrou-me" as expectativas da escola com relação ao seu trabalho, reforçou algumas de minhas preocupações:

- o aclaramento das funções de cada um;
- a necessidade da (difícil) paciência quando nos propomos a construir um trabalho. A dificuldade está no fato de que as consideradas "boas escolas" nos apontam, no geral, para uma organização, definição clara de funções e o conseqüente sentimento de que "sabemos por onde estamos pisando". Mas também encontramos nessas escolas uma separação relativamente grande entre os diferentes segmentos (alunos, professores, coordenadores, direção, pais etc.) e entre as matérias escolares. Aqui na escola, com a proposta de aproximarmos o que naquelas é separado, acabamos correndo o risco de nos perdermos, de exagerarmos em alguns aspectos e, geralmente, acabamos comprometendo a organização (extremamente necessária!) para um trabalho competente.

No decorrer do semestre, percebi que você foi baixando aquela tão forte ansiedade quanto a conseguir um bom (ou ótimo!) trabalho. E foi substituindo por um *estar junto* nesta nossa construção. Você vestiu a camisa! Mas parece estar muito atenta (felizmente!) para tirá-la de vez em quando e olhar de fora, lavá-la e assim poder vesti-la novamente, mas sem esconder suas manchas, nuances e qualidades! E, neste *estar junto*, você foi minha companheira conseguindo partilhar da construção do trabalho sem misturarmos nossas funções. Lembra-se do "Agora você não é minha coordenadora e eu não sou professora, OK?" para introduzir uma conversa?

Eu estava lembrando o início do seu trabalho na escola, os desafios e dificuldades pareciam enormes (pouca assessoria individual, falta de assessoria de Ciências, conteúdos de Matemática e Ciências praticamente desconhecidos, sem falar da incipiente organização do trabalho da escola). E a vejo, alguns meses depois, no final do 1º semestre, com o desejo de mais um desafio: o trabalho da Roda e Orientação de Estudos da 6ª série. Fica para mim mais uma marca sua: a paixão por desafios e pelo crescimento (seu e dos outros). Mas também me fica um alerta (porque também eu tive durante muito tempo essa paixão por desafios que me deixavam ansiosa): o cuidado de *planejarmos* o quanto de desafios podemos arcar em cada momento (por isso não quis insistir para que você aceitasse o trabalho com a 6ª série). Sem a consciência de nossos limites, a ansiedade toma conta e pode até nos desestruturar. Por um lado, a ansiedade é companheira inseparável da criação. A nossa ARTE é dosar a ansiedade necessária, mas não excessiva, senão acabamos falando, falando, falando, falando (e haja ouvido!). Para mim a escrita tem sido um instrumento para extravasar e elaborar a ansiedade, mas também para dosar os desafios (é só ver o tamanho deste relatório!...)

Feliz por tê-la conosco!

Era esse o meu recado...

Um beijo grande,

Cecília

2

Projetos em (trans)formação

Antagonismos e paradoxos

Naquela época não era tão claro para mim que os antagonismos fazem parte de qualquer realidade complexa, como é o caso do cotidiano escolar. Atualmente, à luz da já extensa produção teórica sobre a complexidade[18], percebo que tomar consciência desse fato facilita seu enfrentamento, ao baixar a dose de ansiedade e permitir um distanciamento maior para a reflexão. Além da convivência entre a auto e heteroformação, deparávamos com a busca de uma valorização da singularidade, o jeito de cada um, e a necessidade de haver algumas padronizações para viabilizar o andamento de trabalhos coletivos, principalmente num contexto marcado pelo *agir na urgência e decidir na incerteza*, como bem caracteriza Perrenoud (1996).

Nas expectativas da coordenadora pedagógica, esse antagonismo estava muito presente e ocasionava um sentimento por vezes de impotência, pois era difícil contentar a todos os professores, e a mim, que pretendia concretizar várias propostas num curto espaço de tempo. Resquícios da "bombeira"? Da "capa-preta"?

Esses antagonismos estiveram presentes, por exemplo, ao criarmos um caderno para cada professor, onde registrariam seus planejamentos e a *análise da prática*. O objetivo era fundar uma interlocução maior entre cada professor e a coordenadora, intensificando as oportunidades de partilha do vivido e reflexões

[18] Dentre eles, Morin (1997, 1999), Castro et al. (1997), Carvalho et al. (1998) e Pena-Vega & Nascimento (1999).

conjuntas. No Caderno de Planejamento e Avaliação do professor, a coordenadora podia tecer comentários por escrito, de modo a podermos aproveitar mais os nossos escassos 50 minutos para o conversar, tempo equivalente ao de uma "hora-aula" que cada professor tinha em sua grade horária, a partir de 1992, para esse encontro.

As discussões acerca da forma desses registros foram freqüentes, com visões diferentes de um professor para outro, além de minha própria, que desejava uma forma mais padronizada para agilizar minha leitura. A importância do partilhar era o único ponto de consenso desde o início. Nos dois anos seguintes, várias formas foram experimentadas, até a criação de um fichário, onde a possibilidade de retirar folhas para a partilha permitia uma agilidade e seletividade maior. Uma forma padronizada, mas que tinha diferentes jeitos.

Os antagonismos também estiveram presentes nos vários projetos que foram sendo criados, desde os desenvolvidos pelos alunos ao de Orientação de Estudos, assim como na ampla discussão e registro do Projeto de Escola. A criatividade e a sistematização conviviam, mais forte ora uma, ora outra. O mesmo se dava entre a garantia de expressão da singularidade e a padronização. Os projetos foram sendo criados aos poucos, a partir das necessidades e desejos que surgiam com a estruturação (e organização) da escola.

Mas poderíamos pensar no oposto: foi a elaboração dos projetos dos diferentes grupos (alunos, professores, coordenação/direção) que possibilitou as transformações estruturais da escola, na medida em que os diferentes atores, engajados em projetos interessantes e formativos para si, podiam ir percebendo o dos outros e se abrindo até mesmo para enfrentar os antagonismos com que deparavam no cotidiano, o que aumentava e possibilitava seu engajamento num projeto mais amplo, o da própria escola, que se transformava. Assim, a estruturação da escola, ao mesmo tempo que viabilizava os projetos pessoais, dependia deles para ser efetivada. Um contexto propício para a emergência de variadas oportunidades formativas.

A estrutura escolar e a formação

Como já dito anteriormente, a partir de 1992, passamos a ter uma reunião semanal de duas horas, à noite, para o encontro de toda a equipe de professores, coordenadoras, diretoras e assistentes de período (da tarde e da manhã). Nessas Rodas, diferentes assuntos eram discutidos, e eu os coordenava com vistas a propiciar uma articulação do Projeto Pedagógico da Escola.

A Roda de Professores tinha também uma rotina, um *ritual*: inicialmente, eu escrevia na lousa a pauta dos assuntos que seriam discutidos, assuntos que selecionara a partir de minhas observações do cotidiano da semana anterior. A seguir, perguntava se alguém gostaria de incluir outros temas. Estabelecíamos a seqüência da discussão em função das prioridades entre os assuntos listados, em razão do limite de tempo que tínhamos, duas horas. No final, fazíamos uma avaliação, momento em que víamos "de fora" o movimento da reunião, analisando ganhos, identificando momentos menos produtivos e o que faltou, enfim, um balanço diante dos objetivos pensados, retratados na pauta.

Esse ritual da Roda de Professores era uma recriação do que experimentara como professora na organização da Roda com meus alunos de 4ª série, anos antes. Naquela ocasião, na Roda do início do dia, montávamos a pauta, não só da Roda das conversas, mas das atividades de nossa tarde juntos. Essa pauta era registrada e pendurada na parede diariamente. No final do dia, avaliávamos o vivido, verificando o cumprimento ou não de nossas expectativas iniciais.

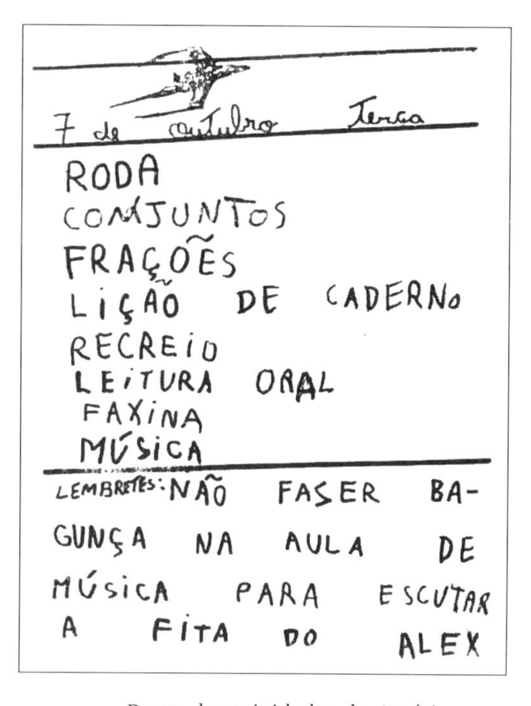
7 de outubro Terça
RODA
CONJUNTOS
FRAÇÕES
LIÇÃO DE CADERNO
RECREIO
LEITURA ORAL
FAXINA
MÚSICA
LEMBRETES: NÃO FASER BAGUNÇA NA AULA DE MÚSICA PARA ESCUTAR A FITA DO ALEX

Pauta das atividades da 4ª série

O estabelecimento dessa rotina de trabalho na Roda de Professores foi lenta e não linear, permeada de incômodos e alívios de uns e outros, diante da organização, de regras sendo combinadas, de compromissos sendo assumidos. Inicialmente, eu levava à reunião a pauta pronta, a partir de necessidades, que eu percebia, seja pelo que foi verbalizado por professores durante a semana, como discutir a dinâmica de uma classe que estava difícil, quanto de minhas próprias, como coordenadora, ou da direção.

Até que um dia, durante a avaliação da reunião, houve a proposta da pauta ser montada junto, de modo que pudessem acrescentar outros assuntos que alguém julgasse importante ser discutido. A inclusão do outro na construção da pauta ocasionava uma lista grande de assuntos, o que nos indicava a necessidade de estabelecer as prioridades para a reunião, deixando os demais para as seguintes. A seleção desses assuntos tinha de ser feita coletivamente, se eu não pretendesse manter a centralização em meu olhar e meus critérios. Essa maior participação do grupo propiciava também um maior engajamento e compromisso diante do que combinávamos, por exemplo, em termos de posturas comuns no cotidiano escolar.

Essa lenta e crescente partilha de responsabilidades ajudava a desvencilhar-me pouco a pouco da capa-preta que me pesava nos ombros e restringia meus movimentos, ao mesmo tempo que ia diminuindo a dependência de todos em relação à coordenadora, propiciando uma prática cada vez mais democrática. Aí encontrei uma oportunidade para lidar com o limiar, às vezes tênue, entre assumir a autoridade e ser autoritário, assim como para o exercício da humildade, uma oportunidade para a autoformação.

Dou um exemplo: Cristina disse-me, em abril de 1992, que sentia que as reuniões estavam "ficando esvaziadas". Com isto ela queria dizer que as discussões sobre o estabelecimento de normas de funcionamento, regimento interno e outras desta natureza estavam se sobrepondo aos de natureza propriamente pedagógica, de troca de experiências entre os professores, sobre a prática de sala de aula e a construção de projetos, temas que mobilizaram os primeiros encontros e tornaram as reuniões momentos importantes para os professores. Concordei com ela e passei a preocupar-me mais com a garantia do "espaço para o pedagógico" em cada reunião.

Apesar da importância e até do pedido, verbalizado por muitos professores, de que houvessem normas comuns, que deveriam ser criadas conjuntamente para terem sentido e serem respeitadas, possibilitando um ambiente propício para os projetos interformativos, não podíamos esperar que a escola se transformasse para investir mais nas trocas e nos projetos. Percebo, hoje, o potencial formativo que essas discussões traziam, na medida em que os "os indivíduos mudam mudando o próprio contexto de trabalho", conforme destaca Canário (1994), denominando-o como *um processo ecológico de mudança.*

> Se é hoje irrecusável o potencial formativo dos contextos de trabalho, a condição para que esse potencial passe da virtualidade para a realidade, isto é, para que a experiência se converta em saber, é a de fazer do exercício do trabalho um objeto de reflexão e pesquisa pelos que estão diretamente implicados.(...) É esta articulação entre novas modalidades de organização do trabalho e novas modalidades de formação, centradas no contexto de trabalho, que facilita e torna possível a produção, em simultâneo, de mudanças individuais e coletivas (Canário, 1994: 27).

Por considerar que refletir, conversar e pesquisar no contexto de trabalho constituem privilegiada condição para a formação dos educadores, ao mesmo tempo que enriquecem a prática em sala de aula, entendo que as ações ligadas a esse trabalho, tais como os planejamentos, as avaliações conjuntas a cada Roda, os relatórios semestrais do processo vivido, individual e coletivo, representam oportunidades para a formação das pessoas envolvidas e para o desenvolvimento da instituição onde trabalham.

Por meio dessa postura de pesquisa, alguns instrumentos iam sendo desenvolvidos, como, por exemplo, o gráfico circular, que utilizou a Roda como metáfora de uma totalidade que se pretendia avaliar num dado momento de seu processo. O gráfico era como um retrato que incorporava a subjetividade de seu autor, mesmo que utilizando números para tal.

Todo final de ano (ou semestre, se as mudanças tivessem sido muitas), como estratégia para mobilizar a reflexão sobre o processo de mudança vivido, a Roda de Resultados era preenchida individualmente atribuindo um ponto, de zero a dez, para cada um dos nove itens selecionados. Os pontos encontrados eram unidos, formando uma figura que podia ser preenchida para melhor visualizar graficamente e identificar seus pontos altos e baixos, representando os aspectos positivos e negativos que se queria retratar. Era um retrato da visão individual.

Depois, fazíamos um levantamento da visão coletiva a partir de uma média aritmética dos pontos que cada pessoa atribuíra aos itens analisados. À semelhança do individual, um gráfico coletivo era definido, que podia ser comparado com aqueles feitos em épocas anteriores, de modo a viabilizar nova discussão, também do ponto de vista processual. A atividade de preenchimento dos gráficos, além de propiciar um momento individual de reflexão, imprimia um tom lúdico, principalmente ante a curiosidade do resultado coletivo. Este caráter lúdico e visual, com surpresa e descontração, acabava por possibilitar uma maior mobilização do grupo para a análise e reflexão coletiva sobre o processo vivido na escola.

A partir de 1994, com a maior estruturação da escola, a Roda de Professores pôde ser utilizada também como momento de estudo, de afastamento do cotidiano para pensá-lo, utilizando textos que propiciassem olhares diferentes sobre o que vivíamos. A necessidade de estudo se fazia forte, relegado até então para quando "sobrasse um tempo". Essa era uma cobrança de um dos membros da equipe. Com a diminuição do "agir do bombeiro", propiciada pela estrutura organizacional construída, pudemos utilizar uma das Rodas mensais para estudarmos juntos.

O estudo teórico também ganhava espaço na *Semana de Planejamento e Avaliação*, um período também ampliado: uma semana antes do início do ano letivo e um ou dois dias após o término das aulas de cada semestre. A equipe de

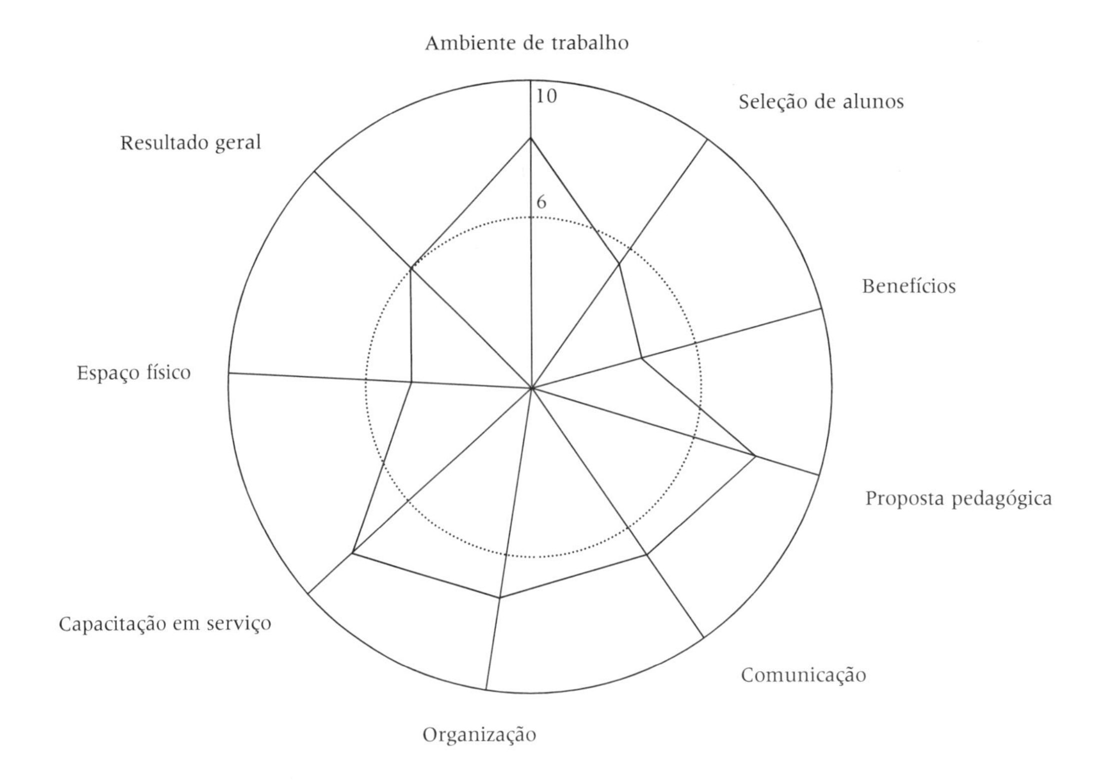

Roda de resultados para avaliação periódica do processo da escola, preenchida a título de ilustração

coordenação e direção organizava, para esse períodos, material teórico e diversas atividades, desde vídeo com roteiro para discussão, propostas de trabalho em grupo, plásticas, dramáticas, iniciando sempre com um panorama geral do que seria desenvolvido naqueles dias e que tinha como base o levantamento das necessidades feito anteriormente e coletivamente. Mais uma vez, cada dia de trabalho era finalizado com uma avaliação do vivido. Eram como Rodas mais longas e por dias seguidos, sendo possível aprofundar questões que as urgências do cotidiano no período letivo dificultavam.

Paralelamente à construção da Roda de Professores, a estrutura da escola ia sendo alterada com a criação de outras instâncias para o conversar, para o trabalho de pensar o trabalho e para a análise das práticas, isto é, novas Rodas iam ganhando espaço. Novos espaços formativos se constituíam. Mas vale enfatizar que isto se tornava possível pela mudança nas pessoas. E isto acontecia não só com os adultos, mas com os alunos.

A Roda dos Alunos foi ganhando espaço progressivamente. Em 1991, eu precisava pedir licença a um professor para que eu pudesse conversar com os alunos em sua aula. Nessas conversas, ouvia suas questões, percebia seus problemas e interferia na dinâmica da classe, quando necessário. Discutíamos sobre os papéis de cada um, assim como fazia um levantamento dos interesses para o projeto de pesquisa a ser desenvolvido pelo grupo. Em 1992, a Roda ganhava um horário próprio e um professor-orientador.

Estranhamento, desconforto e dúvidas cercavam as primeiras Rodas dos Alunos. Lembro-me de um comentário de um aluno: "Ôba, aula de dormir!", gerado provavelmente pela "falta" de um conteúdo e de provas e notas a gerir aquela "aula". Na lógica do trabalho acadêmico parecia não haver possibilidade de uma aula sem avaliações e notas! Aquele momento era de avaliações, sem dúvida, mas não do professor sobre o desempenho dos alunos atribuindo uma nota, senão destes últimos sobre a vida de fora da escola, sobre a vida de dentro da escola, sobre eles mesmos, atribuindo um sentido. Uma construção lenta...

Lembro-me aqui de Bernard Honoré (1992) ao enfatizar que a formação se dá através de um "agir em formação", criando condições para o desvelamento da formação. Foi através do agir, do viver, do pensar, do acolher, do discordar, do refletir, do registrar, do reclamar, do questionar, mobilizados pelo conversar, que a Roda foi ganhando sentido para os alunos. Sentido que demonstrava também uma capacidade (construída) para o participar.

No ano seguinte, 1993, a grade horária foi novamente alterada, reservando duas horas-aula para a Roda, além da aula de Orientação de Estudos, também dirigida pelo professor-orientador da classe. A Roda já passava a ser vista pelos alunos como imprescindível. Lembro-me do comentário de uma aluna: "Como a gente conseguia ter só uma Roda no ano passado"? Era grande o número de assuntos discutidos, organizados através da pauta... Era muito o tempo necessário para construir o projeto da classe. Era grande o sentido que adquiria aqueles encontros para conversar, mesmo que as conversas fossem permeadas de conflitos, dada a dificuldade de ter paciência com a fala do outro, com o jeito do outro, com as idéias do outro.

A partir dessa nova forma do grupo e de cada membro, numa nova etapa no processo de formação individual e coletiva, a escola também ia mudando sua forma. Processos de auto-retro-organização que caracterizam o vivo em permanente (trans)formação.

Alguns trechos do relatório semestral da Cristina podem exemplificar esse momento. Esse relatório, assim como o de cada participante da equipe, incluindo as coordenadoras e diretoras, foi lido para todos no momento de avaliação do 1º semestre de 1993. A proposta para essa redação foi: "O processo da escola nesse semestre e o próprio papel no contexto geral".

Percebo que este 1º semestre/93 foi um período de fortalecimento e solidificação de nossas rotinas de trabalho, quando em semestre anteriores ainda engatinhávamos num processo de formação do grupo e criação de rotinas.

(...)

Tenho a impressão de que um determinado ciclo se completou na Escola: a equipe está consolidada, as rotinas estão estabelecidas (mas sempre passíveis de revisão e ajustamento), os objetivos, princípios e metas estão claros e têm sido constantemente resgatados, servindo de parâmetros para nossa ação cotidiana.

Fica claro, portanto, que uma nova etapa está se processando, agora calcada na ação pedagógica propriamente dita. (...)

Para não ficarmos "patinando" na rotina, no fazer diário, nos acontecimentos cotidianos temos que, agora, para não incorrermos em erros, nos colocarmos metas mais ambiciosas no que diz respeito à nossa "qualificação docente", através de estudos, leituras, debates. Às vezes, eu sei, é chato, maçante e desmotivador ler textos mais formais. Todavia, o acréscimo final que nos trará compensará os momentos "não tão agradáveis" de estudo, porque permitirá uma melhor compreensão e avanço sobre a nossa prática.

(...)

Para finalizar, repito as palavras com as quais encerrei minha avaliação em dezembro/92. "Se antes estávamos num deserto, hoje já podemos ouvir a relva crescer".

A expressão "ouvir a relva crescer" foi utilizada algumas vezes em nossas reuniões, nas Rodas de Dois, após uma palestra a que assistimos juntas. Ficou como um símbolo da necessária sensibilidade para enxergar pequenos movimentos, às vezes invisíveis aos olhos. Associo essa sensibilidade ao respeito e à espera do movimento do Outro, mas percebo também a aproximação ao que René Barbier denomina *escuta sensível* se referindo aos fenômenos imprevistos resultantes da ação das minorias naquilo que têm de específico, seja grupos ou indivíduos, e que incorpora seus "valores últimos, isto é, aquilo que nos liga à vida, aquilo em que investimos mais quanto ao sentido da vida" (Barbier, 1993: 188).

Os primeiros projetos com os alunos

Como já me referi anteriormente, minha proposta de trabalho de coordenação, ao entrar na escola, não era de substituir o que estava em andamento por novidades em termos educacionais, uma tentação, sem dúvida, principalmente ao estar naquele preciso momento, defendendo uma dissertação na academia, a de mestrado, o que me daria uma "autorização teórica" para ignorar o que lá encontrava e implantar uma "pedagogia de projetos". Mas a autorização em que acreditava era a humana, isto é, vinda das pessoas, uma autoridade construída por um fazer comum, baseado, sobretudo no respeito à história de cada uma. Além disso, minha compreensão de tal pedagogia incluía as pessoas e seus projetos. Por que minha história se sobreporia à daquelas pessoas? Tratava-se sim de construirmos uma história conjuntamente, alimentada pelas histórias pessoais, pela formação vinda da experiência de cada uma. Por isso, conhecer a história da escola e identificar o que estava em andamento foi o caminho que escolhi para, a partir daí, ir levando minhas contribuições.

Um dos trabalhos em andamento, quando entrei na Escola, acontecia na área de Português. A professora desta disciplina organizava, em forma de jornal, as redações e desenhos de seus alunos de 5ª a 7ª série, a cada bimestre letivo. Inicialmente, era uma justaposição de textos e desenhos, o que espelhava o momento ainda embrionário do grupo, uma somatória de individualidades. Em nossas conversas, várias delas, através de bilhetes, como contei no capítulo anterior, fomos discutindo maneiras de uma maior apropriação pelos alunos deste instrumento de comunicação e ação formativa. Algumas tentativas foram feitas, como a de propor a cada classe a montagem de um caderno do jornal, mobilizando conversas e discussões entre os alunos de cada classe de modo a ajudar na construção de um espírito de grupo.

16/08/91

Cecília,

Tudo bem?

Conversei com as três turmas, e a 6ª série teve a mesma opinião da 5ª, ou seja, de que é interessante fazer o jornal integrado com as outras classes. Já a 7ª considerou a importância de fazer um jornal só seu.

Assim, resolvemos fazer aquele "sistema": um jornal único, com três cadernos (um de cada sala). Parece que esta foi uma boa decisão, pois eles já estão trazendo colaborações e até "competem" para ver que classe terá mais e melhores artigos.

O que você acha?

Maiores detalhes conversaremos pessoalmente.

Um abraço,
Eliane

Após o lançamento desse número do jornal, com os cadernos de cada classe, escrevi um bilhete para a Eliane propondo algumas idéias para o próximo número, assim como para o lançamento do livro de poesias da 5ª série, sobre o qual contei no capítulo anterior, onde também aparecem outros trechos desse mesmo bilhete.

11/11/91

Eliane,

(...)

1ª) Fazer um encarte especial no próximo número do jornal sobre a VI Expo-Cultural com resumos dos trabalhos, comentários, avaliações e... as fotos legendadas. Léa (professora de Educação Artística) falou que poderá assumir esse encarte.

2ª) Podíamos abrir a possibilidade de outros cadernos para o Pré, a 1ª série etc. (Léa falou que a 3ª série está querendo fazer jornal...)

Cecília

19/11/91

Cecília,

(...)

A idéia de lançar o jornal no karaokê é boa, mas acho que não daria muito certo, já que alguns alunos já disseram que não iriam e a 7ª série achou "besteira". Acho que não vale a pena arriscarmos, pois se eles não forem, ficam sem o jornal, e o nosso trabalho perde o significado. O que você acha?

Eliane

Paralelamente a esse tipo de troca com os professores, conversava com a diretora sobre esses projetos e idéias em curso, de modo a mantê-la informada sobre o que acontecia. Como em 1991, ainda não havíamos efetivado um ritmo semanal de reuniões entre coordenação e direção, essas trocas também se deram algumas vezes por bilhetes. Como ela também atuava, àquela época, como orientadora educacional, alguns desses bilhetes também se referiam a informações sobre o desenvolvimento de alunos, além de outros, em que tratávamos de aspectos administrativos. Desse modo, não sofríamos uma alienação fruto de um trabalho fragmentado em parcelas, como numa empresa do tipo taylorista. Nossa alienação era de outra ordem: da falta de uma rotina de encontros sistemáticos para pensarmos o trabalho, que se caracterizava pelo "bombeirismo", como relatei anteriormente.

Durante o ano de 1992, entretanto, outros projetos foram ganhando corpo, estes, sim, frutos da ação e envolvimento maior dos alunos, pois amplamente discutidos nas Rodas. Além disso, esses projetos eram interdisciplinares, alimentados pelas trocas nas Rodas de Professores. Projeto Rádio da 7ª série, Campeonato Interclasses da 6ª e Projeto Quadra da 5ª. Fomos incentivando a escrita do vivido, individual e coletivamente, narrando os acontecimentos relativos aos projetos. Textos que iam se incorporando ao material que ia para o jornal, ainda com a característica de justaposição de partes na formação de um todo, ainda montado pela professora. Seguem alguns trechos desse número do *Jornal Expressão* que mostram esses primeiros projetos.

No começo, ninguém estava "botando fé". Começou com a idéia do Bruno de fazer uma rádio durante o recreio, pois o som que ouvíamos era mal organizado. Depois que a proposta foi aprovada, arrumamos som, caixas, discos, fitas, fios... No início, não tinha organização e sempre dava errado. Agora, estamos em fase experimental e estamos indo bem... por enquanto!

Karla – 7ª série/92

A rádio está saindo legal e toca de tudo, desde *Hip House* até *Guns*; só não estamos tocando MPB porque não temos. O Bruno comanda a mixagem de músicas, e eu vou falando a música que deve ser tocada e, às vezes, mixo também.

Lawrence – 7ª série/92

Tudo começou quando o Bruno deu a sugestão da rádio. Eu me comprometi a trazer o toca-discos e duas caixas de som, o Lawrence, a trazer seu *receiver*, e o Bruno, o seu 'três em um' e duas caixas de som. O Júnior trouxe alguns fios, fizemos a instalação, o Lawrence trouxe alguns discos, eu, o Bezerra e o Bruno trouxemos as fitas, e a rádio foi um sucesso. Na hora do recreio, alguns alunos da 6ª série visitam nosso trabalho. A sala do Projeto Rádio está organizada e é um prazer trabalhar com meus amigos, principalmente com o Bruno.

Gabriel – 7ª série/92

A *5ª série* resolveu pintar a quadra da escola e trabalhou duro para isso, estudando medidas de quadras oficiais de futebol, basquete e vôlei. Mariana, Carla e Pedro mostraram esse trabalho na Feira Cultural com a maquete da quadra e cartazes ilustrativos.

A *6ª série*, por sua vez, organizou o Campeonato Interclasses para inaugurar a quadra, com a participação dos alunos da 4ª à 7ª série, em jogos de vôlei, futebol e basquete. Na Feira, pudemos acompanhar todo o processo desse projeto: as regras de cada jogo, as medalhas, as fotos... Muito bom!

Eu achei bom e bem organizado. Apesar da vitória da 6ª série, todas as equipes se esforçaram bastante. Só acho que a 7ª série precisa de um pouco mais de treino.

Carolina – 7ª série/92

É um incentivo para que os alunos percebam a importância de competir, não só de ganhar. Só que deveria haver uma modalidade por dia e melhor escolha dos times para não haver diferença de idade e de tamanho. Ângela – secretária

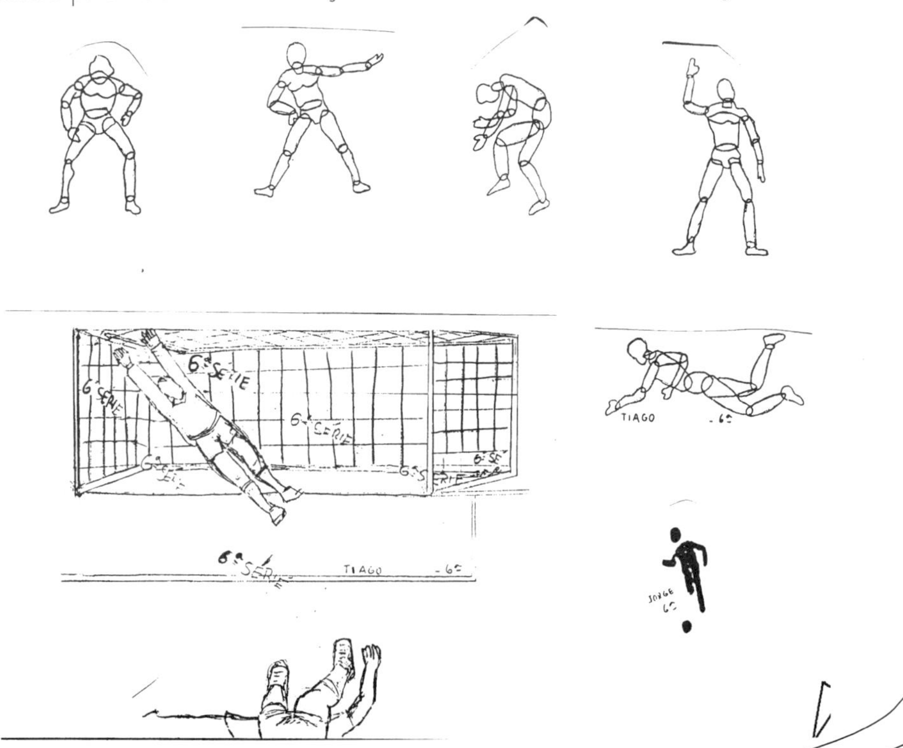

Em 1992, paralelamente ao Projeto Quadra, a 5ª série foi se envolvendo cada vez mais também com o processo de elaboração e montagem do jornal, que passava a ser assunto constante das Rodas. A professora-orientadora dessa classe era a própria professora de Português. Coincidência ou oportunidade proporcionada pelo espaço da Roda? Em 1993, quando essa turma foi para a 6ª série, a professora da Roda os acompanhou, de modo a dar continuidade ao interesse desse grupo e seu: o projeto do jornal, que passava a ser coordenado por essa classe.

Nesse momento, pelo engajamento dos alunos e a conseqüente ampliação das parcerias, a professora pôde ir cedendo lugar para os novos autores, não necessitando mais sua presença ser tão forte como a condutora e articuladora do jornal. O espaço democrático em sala de aula era ampliado pela maior responsabilização dos alunos, de maneira semelhante ao que acontecera comigo, na coordenação mais democrática do grupo de professores. Portanto, pela maior parceria e partilha das responsabilidades, os alunos e a professora podem ocupar o espaço de narradores da história que viveram, com mais propriedade do que eu, visto que a condução estava agora mais em suas mãos. Os textos que escreveram no *Jornal Expressão* podem prosseguir a narrativa.

O Jornal Expressão já vinha acontecendo durante as aulas de Português, em todas as séries; mas este ano nós resolvemos assumir esse projeto, já que a maioria dos artigos e desenhos era feita por nós.

Criamos a Redação do jornal e dividimos funções para cada grupo. Havia repórter, ilustrador, diagramador, datilógrafo e tudo mais que um jornal "de classe" como o nosso poderia ter.

A partir daí, fazer o jornal ficou muito melhor, pois cabia a nós, inclusive, a datilografia, o que anteriormente não acontecia. Nossa responsabilidade aumentou; precisamos ter mais atenção à ortografia, à concordância, à pontuação, à linguagem, enfim; afinal, tínhamos um compromisso com os leitores. Criamos, então, a função do revisor, elemento fundamental em nosso trabalho.

O Jornal Expressão está crescendo... recebeu participação do primário, saiu pelos portões da escola, tomou novos rumos. Novas funções serão criadas e muitas novidades ainda virão.

Este interesse pelo jornal levou-nos a conhecer a redação de *O Estado de São Paulo*, onde vimos toda a organização, o processo de elaboração do jornal, as diferentes funções... Isso enriqueceu nosso conhecimento e nos entusiasmou ainda mais.

(texto coletivo dos alunos da 6ª série/93)

O *Jornal Expressão* completa dois anos e traz para você um pouco de história... História vivida, construída, compartilhada... História que começou aqui, na Novo Ângulo, durante as aulas de Português, fruto de um interesse comum: criar e divulgar um veículo de comunicação próprio, que representasse um pouco de cada um e muito do coletivo.

Em 1992, a 5ª série aprovou a idéia e participou ativamente do processo: entrevistas, redações, notícias, fofocas... Ao mesmo tempo, todo um trabalho de leitura, escrita, organização, orientação espacial, ilustração...

O jornal foi crescendo, e a turma também... A idéia inicial, tímida e ambiciosa, tornava-se real, fazia parte da vida do grupo. Era um *Projeto*!

1993... 6ª série... A experiência anterior permitiu a reflexão, a vontade de crescer, de voar... O grupo, agora unido, conseguia estabelecer objetivos, organizar-se, responsabilizar-se por algo seu e, ao mesmo tempo, de todos. Abriu espaço para a participação do primário, respeitando interesses e valorizando a produção.

Enxergar o outro, partilhar idéias, dividir tarefas... É o *Jornal Expressão* de cara nova... totalmente produzido por uma equipe consciente daquilo que faz, que tem no envolvimento e na disponibilidade de participar, errar e corrigir as características essenciais para a conquista da autonomia, da humildade, do sucesso.

"Como eu escrevo 'a gente': junto ou separado? 'Expressão' é com SS ou Ç?" É a ortografia, sempre tão difícil de ser trabalhada, sendo descoberta, vivida com significado.

Quando ouvimos dos alunos: "Já estou escrevendo, em casa, artigos para o próximo jornal." "Fazer esse jornal foi demais porque a gente preparou tudo." "Nem vou para o recreio para não perder tempo." "Quando vamos começar a fazer o segundo jornal"? e tantos outros comentários, temos a certeza de que está valendo a pena...e muito!

Transformar a sala de aula na redação do jornal, trazer máquinas de escrever, datilografar mesmo sem prática, dividir funções, organizar visitas ao local, ficar trabalhando durante o recreio são provas de que estamos crescendo juntos, de que estamos aprendendo uns com os outros, diariamente. E de que Ana Carolina, Eduardo, Isabela, Leandro, Luís, Guto, Pedro, Taísa, Mariana, Sílvio e Thiago formam uma equipe que caminha sempre unida, seja para dividir alegrias, seja para enfrentar obstáculos.

Valeu, pessoal!

Essa é a verdadeira *Aprendizagem*...

Essa é a verdadeira *Expressão*!

(Editorial escrito pela professora de Português e Roda, Eliane)

Ao ler esse número do jornal, escrevi um bilhete ao grupo:

À Ana Carolina, Eduardo, Isabela, Leandro, Luís, Guto, Pedro, Taísa, Mariana, Sílvio, Thiago e à virtuosa regente do grupo: Eliane.

Foi com grande emoção que li o último número do jornal, a começar pelo Editorial que retratou um pouco de nossa história aqui na escola no que se refere à busca do(s) conhecimento(s) a partir do significado, da emoção, da afetividade, da parceria, o que só pode ser feito com grande sistematização, organização e força de vontade para vencer os vários obstáculos, da falta de tempo à preguiça ("bichinho" que ataca todos nós). Vocês venceram!

Vocês provaram que o sonho é possível. Que o estudo (leitura, escrita, ortografia, técnicas artísticas, diagramação e ilustração) pode caminhar de braços dados com o PRAZER.

Foi para mim enorme prazer ver o fruto, o registro de um trabalho que vocês vêm fazendo nesses dois anos de *Jornal Expressão* e de trabalho coletivo. Sim, porque o "segredo" parece estar neste coletivo que vocês têm conquistado dia a dia: um esforço de ouvir o outro, entender seu ponto de vista e rever o seu próprio, um aprendizado tão importante para o momento atual e futuro da humanidade quanto difícil! Parabéns! Vocês estão topando o desafio. Por isso, é com alegria e confiança no futuro que lembro que ele, o futuro, está na mão de vocês. É dessa garra, determinação, empenho, da coragem de encarar os conflitos, as diferenças, as dores, da crença no outro e da certeza de que JUNTOS PODEMOS, que vamos construir um futuro melhor. Futuro que não vai ser construído amanhã, mas hoje, onde estivermos. E por que não na Escola, onde existe o espaço e ele é NOSSO?

Contem sempre comigo para o que precisarem.

Um beijo emocionado,

Cecília

Quanto aos *projetos de cada classe*, 1993 foi um ano de grandes avanços, pois as professoras da Roda procuravam orientar e organizar as diversas atividades da classe, buscando perceber os eixos de interesse daqueles alunos e estimulando pesquisas de aprofundamento. A multiplicidade de focos e a perda de interesse no meio do caminho dificultavam a "leitura" dos interesses genuínos, aqueles que se referiam a um amplo e mais profundo projeto de pesquisa porque carregados de significado para os alunos.

Apesar de haver ainda forte, em algumas classes, o caráter de somatória de trabalhos individuais, uma mudança fundamental ocorria, mobilizada pela proposta de todas as turmas escreverem textos coletivos, resgatando sua história no final do ano, narrando episódios e etapas do vivido coletivamente e avaliando-o também em termos do que aprenderam durante o processo. Este texto facilitava não apenas a percepção do coletivo, mas do vivido enquanto *processo*. A *História da Classe,* escrita por todas, era parte da padronização, do projeto pedagógico da Escola. Mas podia ser montado da maneira como cada grupo entendesse que melhor retratasse seu projeto. Era o espaço para a singularização, do jeito de cada grupo.

A *História da Classe* era o texto de abertura de um livro, que cada classe escrevia no final do ano, no qual registravam o projeto que desenvolveram durante esse período, contendo os dados das pesquisas, as conclusões, as fotos, depoimentos, avaliações, conforme o que pesquisaram e as decisões que tomassem quanto à sua forma.

Outro aspecto padronizado era a criação coletiva, no grupo-classe, de alguma atividade a ser proposta aos visitantes da Expo-Cultural, tradicional feira de exposição de trabalhos no fim do ano, que até então tinha o caráter de ajuntamento de trabalhos de alunos, feitos individualmente ou em pequenos grupos. A partir de 1993, cada classe teria seu "estande", expondo seu projeto coletivo e desenvolvendo ali alguma atividade interativa, proporcionando alguma forma de *experienciar* algo que se relacionasse às experiências ou vivências que os alunos tiveram durante o andamento do projeto.

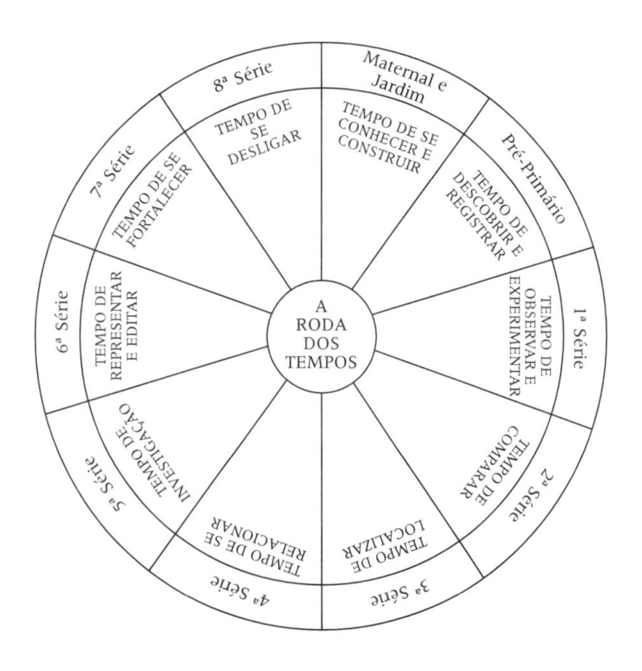

Os temas das classes foram muito variados, refletindo as diferenças entre as turmas e o espaço para a singularidade. O projeto da escola, no que se referia aos projetos pedagógicos, expressava esta tentativa de articular o singular e o geral. Nesse ano, "A Roda dos Tempos" foi o tema geral da exposição, cada classe contando, à sua maneira, o "tempo" que passaram juntas.

Quanto aos projetos de cada classe, retomarei adiante, contando o processo de elaboração de alguns deles, que ano a ano se modificavam, juntamente com as novas turmas e os "novos tempos" de cada uma. Já o projeto da escola se delineava mais consistente e coerente, baseado na vivência e na constante releitura do vivido, nos projetos e Rodas, nas atividades de Orientação de Estudos, conduzidas pelo professor de Roda, nas discussões acerca das funções e regimento. No final do ano, o gráfico circular de resultados, sua análise e as conversas que se seguiam possibilitavam a percepção dos avanços e dos "pontos fracos", assim como a definição dos próximos desafios.

A Roda dos Professores de Roda

Mas não só os avanços eram identificados. As dificuldades e necessidades também eram apontadas. E, na passagem de 1993 para 1994, a formação dos professores de Roda tornou-se tema dos debates, pois os projetos, que eram elaborados nas Rodas dos Alunos, discutidos na Roda de Professores e nos encontros com a coordenação pedagógica, deixavam a cargo do professor-orientador o maior desafio de trabalho: incentivar, organizar, sugerir, desafiar, coordenar as conversas, "apartar brigas", transformá-las em oportunidade para reflexão etc. Atividades para as quais ele não havia sido preparado em seu curso de licenciatura na faculdade.

Estava aberto um campo de dificuldades: ansiedade exagerada, freqüente sentimento de impotência. As situações de troca com os outros professores e a coordenação eram insuficientes para suprir as carências de uma formação que não os preparara para a vivência do coletivo, para lidar com a dinâmica de grupo, para o enfrentamento diário de conflitos pessoais como parte do próprio trabalho docente. Foi um momento de questionamentos da equipe de professores, perante a coordenação pedagógica, quanto às condições que tinham para o desenvolvimento dessa proposta de trabalho.

Eu percebia que as professoras, sobretudo as de Roda, confrontavam-se com as próprias limitações da formação acadêmica, muitas vezes também não encontrando recursos em sua história de vida para o que a tarefa demandava. Ali, era a pessoa do educador a formar a pessoa de seus alunos, o que seria mediado por um projeto interdisciplinar. E isso demandava também a abertura para as outras disciplinas escolares e necessitava não só da interlocução com os outros professores, especialistas naquelas disciplinas, e com a coordenação, mas de vivências, experiências concretas e significativas, que os ajudassem "na hora H" a enfrentar os desafios colocados pelo grupo de alunos na Roda.

Como ter *mentalidade aberta, responsabilidade* e conseguir enfrentar a oscilação entre os momentos de *entusiasmo* e as *fases de confusão*? Essas atitudes são destacadas por García (1992: 63) como necessárias ao professor reflexivo. A mentalidade aberta permite a consideração de novos problemas e novas idéias através da escuta despreconceituosa, reconhecendo a possibilidade de alternativas, mesmo contrárias àquilo em que mais acreditamos. Refere-se à responsabilidade intelectual como a consideração das conseqüências de um ato projetado e a procura dos propósitos educativos e éticos para além dos meramente utilitários. Descreve o entusiasmo como a predisposição para enfrentar a atividade com curiosidade, energia, capacidade de renovação e de luta contra a rotina.

Formar o professor de Roda no que se refere a essas atitudes, que implicam seu ser-pessoa, era algo que a imersão na prática criava as primeiras condições, assim como a postura do estar-em-processo-de-aprender e a interlocução com outro educador que fizesse o papel de formador, o que a coordenadora pedagógica podia fazer. Entretanto, não bastava.

Foi refletindo sobre minha história de vida que me lembrei de uma experiência significativa para minha formação, encorajando-me e dando instrumentos para minha prática docente daquela época: a participação num grupo onde podia, semanalmente, partilhar com outras professoras o que vivia com meus alunos, nutrindo-me de seus pontos de vista, ao mesmo tempo que, ao conhecer as questões que tinham sobre sua prática, podia também auxiliá-las com meu olhar. Nesse grupo de formação, o papel da coordenadora, Madalena Freire, era muito importante, mas o estar entre pares nos referindo às questões cotidianas da prática de cada integrante, estudando e trocando experiências, era fundamental, isto é, a *vivência de Roda* foi-me formativa para a condução das Rodas com meus alunos e também com os professores. Naquela experiência formativa, o modelo da coordenação de um grupo podia ser sentido e aprendido *pela prática*. Aprender a conduzir a Roda faz-se em sua vivência, numa outra relação entre a aprendizagem, a formação e os saberes. Saberes que nascem da experiência!

Naquele grupo fui acolhida em minhas dúvidas, ansiedades, mas sobretudo nos medos que me afligiam, ao enfrentar as primeiras salas de aula. Foram três anos de experiências de Roda como *participante*, onde pude estar-em-processo-de-formação de maneira *assistida*. Um trabalho que percebi desenvolver intensamente as dimensões da *autoformação* pela intensa e partilhada reflexão sobre a prática (e sobre si mesmo), que incluía a *heteroformação*, através dos textos que líamos e das informações que nos chegavam pelos outros.

O ritual dos encontros semanais daquele grupo, regado pela afetividade e pelo delicado trabalho sobre as diferenças pessoais, comes e bebes partilhados, com registros do que vivíamos nas paredes, constituía um *ambiente interformativo* que nos fazia respirar um ar de cumplicidade na construção partilhada de uma proposta e uma prática complexa de educação num novo paradigma educacional.

Um paradigma que evolui em direção à *ecoformação*, refletindo nossa sobrevivência pessoal e social como habitantes de uma mesma casa, significado grego de *oikos*. Numa abordagem sistêmica, podemos pensar nos vários ecossistemas que se encaixam uns nos outros, dos microssistemas dos organismos individuais com suas trocas vitais entre interior e exterior ao macrossistema, o Cosmos, que engloba todos os demais. E dentre eles, podemos pensar nos ambientes institucionais onde convivemos durante parte significativa de nossos dias. Como a escola, por exemplo, desde a mais tenra idade.

Para cuidar da vida na "casa comum", é importante incluir a dimensão formativa que passa pela consideração das múltiplas relações estabelecidas em seu interior, assim como as trocas com seu exterior. Gaston Pineau, desenvolvendo a teoria tripolar da formação – por si, pelos outros e pelas coisas – explora a autoformação em sua obra *Produire sa vie: autoformation et autobiographie* (1983) e a ecoformação em *De l'air: essai sur l'écoformation* (1992), analisando as relações que estabelecemos com o ar, um dos quatro elementos da natureza, seguindo o projeto de Bachelard, principalmente em *O ar e os sonhos*.

Para avançar na ousadia de investir na formação no contexto da própria escola, não bastaria padronizar procedimentos (como os propostos pelo programa de Orientação de Estudos). Era necessário *um campo de experiências* que proporcionasse para os professores oportunidades de construir referenciais para cada um, em sua singularidade. Era hora de "aproveitar a ocasião" e prosseguir com o movimento de "golpe a golpe, lance a lance (...) captar no vôo as possibilidades oferecidas por um instante" (Certeau, 1996: 100-1) e transformar aquele obstáculo em oportunidade formativa.

Foi então que introduzimos mais um espaço formativo, acrescentando mais uma malha à rede de trabalho coletivo e de partilha na Escola: A Roda dos Professores de Roda. Atualmente, vemos que a consideração da escola como uma rede de interações e trocas entre os diversos atores educativos vem sendo foco de propostas, como a de Nóvoa (1991), que insiste na concepção de espaços coletivos de trabalho na escola e na construção de dispositivos de (auto)formação assistida e participada.

Com a nova Roda, o já complexo cotidiano da Escola ganhava mais uma instância para ajudar a geri-lo, servindo-se de uma *rede de formação* na qual cada pessoa participa em diferentes níveis, ora como formador, ora como formando, de experiências que se complementam e se articulam num processo de autoformação assistida do educador, nesse sentido, análogo ao do psicanalista, no qual cada profissional é analisado por um outro como parte de sua formação contínua.

Assim, a Roda dos Professores de Roda inaugurava um novo horário sistemático de encontro entre os professores que conduziam as Rodas de Alunos e a coordenadora para vivenciarem eles próprios a Roda, tomando suas próprias experiências com seus alunos como objeto de pesquisa e tema de partilhas. A intenção era de se constituir um espaço de acolhida das dúvidas, limitações, rigidez, medos, ao mesmo tempo que estivessem discutindo suas hipóteses a respeito dos projetos "em gestação" nas Rodas com seus alunos e recebendo sugestões do grupo de professores. Oportunidade interformativa sobre e através da Roda. E isso podia ser realizado, aproveitando a passagem de um ano a outro, pois implicava nova alteração geral na grade horária e a negociação de dias e horários com professores, de modo a ser possível o encontro daqueles professores. Estávamos no início de 1994.

3

Formação no trabalho

Muitas das oportunidades para a formação no cotidiano escolar, para os alunos e para os profissionais, são frutos dos antagonismos e contradições presentes neste cotidiano, oferecidas por seu movimento dinâmico e não frutos da programação. Atribuo a força dessas oportunidades justamente ao fato de terem a vitalidade que escapa às situações artificiais, cujo sentido é outro. As situações e os problemas oriundos da realidade chamam as pessoas a reagirem de maneira diferente do que o fazem em atividades escolarizadas, que freqüentemente carecem de um sentido vital.

A partilha de espaços e a formação

Contarei duas situações do cotidiano que se tornaram preciosas oportunidades para os alunos, mas também para os educadores, que precisaram estar juntos, num processo de interautoformação. Este processo já podia se iniciar desde a identificação de problemas e impasses no cotidiano que precisavam ser resolvidos e prosseguiam com os desafios que precisavam criar para os alunos, alimentando a reflexão e a iniciativa deles. O que também significava desafios para o próprio professor, no desenvolvimento de suas múltiplas inteligências (Gardner,1994), de sua criatividade, de sua observação e de sua própria reflexão, proporcionando também oportunidades para posicionar-se ou rever seus posicionamentos éticos, estéticos ou ecológicos. Além disso, oportunidades para a procura de ajuda, de parcerias, de negociação com outros professores e coordenadores, o que é facilitado se fizer parte do projeto pedagógico da escola, traduzido numa organização de tempos e espaços que viabilize os encontros, o conversar, combinar, registrar...

O primeiro desses relatos pode ser feito em parte pelos próprios alunos, pois, no final do ano, revendo o vivido, escreveram um texto coletivo, contando os episódios significativos de sua história coletiva durante aquele ano. Este texto é trecho da *História da Classe,* texto de abertura do *Livro da Classe,* da 6ª série de 1993. O grupo se refere ao intercâmbio com a classe de Pré, duas classes que ocupavam o mesmo espaço físico, em períodos diferentes do dia, havendo interferência dos registros deixados nas paredes pelas duas turmas. Registros que expunham as questões de pesquisa e dos conhecimentos construídos por eles, crianças em níveis de desenvolvimento muito diferentes, de modo que o que seria estimulante, para a uns, podia ser agressivo e até violento para outros. Vamos ao relato:

Foi logo na primeira Roda do ano que lançamos a faísca inicial para o grande Projeto da classe, quando fizemos uma dinâmica de apresentação chamada Cosme e Damião, em que cada um se colocava no lugar do outro e falava de suas características pessoais. Nessa Roda, quando Taísa apresentou o Sílvio, contou dos chocolates que ele fazia na 2ª série (e faz até hoje) e da vez em que foi distribuí-los num orfanato, junto com aquela 2ª série. Como vários alunos daquela época estão juntos até hoje, essa lembrança foi marcante, o que despertou a idéia de irmos novamente a um orfanato, mas agora para distribuir roupas, alimentos e talvez, até, apresentar uma peça de teatro para crianças. Foi assim que nos dispusemos a conhecer a vida de crianças carentes e/ou abandonadas.

Como em Educação Moral e Cívica estávamos estudando a Violência, aproveitamos para ampliar esse estudo para a violência em relação à infância. Então, cada um de nós fez uma pesquisa em jornais, o que gerou, como resultado, cartazes que foram socializados com os demais do grupo. Os temas escolhidos foram: estupro, morte de menores, fome, miséria, prostituição, espancamento... Após a apresentação de cada um e a discussão dos temas pela classe, os cartazes foram expostos nas paredes da sala.

Foi aí que começou nossa história de trocas com o Pré. Uma história que teve início com um capítulo “violento” para eles. Explicando melhor: como o Pré estuda à tarde, na mesma sala que nós, e está aprendendo a ler, lê tudo o que está nas paredes, e leu uma palavra que não conhecia: ESTUPRO.

– O que é ESTUPRO, Sílvia? (Sílvia é a professora do Pré.)

Por isso, tivemos de tirar os cartazes das paredes, o que gerou uma polêmica que nos levou a buscar uma solução que satisfizesse as duas turmas.

Após vários bilhetes entre Pré e 6ª série, chegamos a um acordo: usaríamos o mural do fundo da sala, lembrando que nossos leitores eram “mirins”, de modo que precisaríamos pensar neles ao pendurarmos nossos textos e cartazes. O Pré ficaria com as demais paredes da sala.

Assim, exercitamos, mais uma vez, alguns dos grandes objetivos da Roda: o respeito às diferenças, o colocar-se no lugar do outro e a criação de regras para o encaminhamento dos trabalhos.

Além dessas pesquisas, Eliane trouxe textos referentes ao assunto (crianças carentes e/ou abandonadas) para serem lidos, analisados e discutidos durante as aulas de Português. Entre eles, havia um sobre a Favela Monte Azul[19] que mobilizou toda a classe, pois contava sobre uma favela diferente, onde, por exemplo, o índice de marginalidade é quase zero, além de existir um trabalho voltado para a qualidade de vida (alimentação, educação, higiene, saúde e cultura) da população que mora ali.

A vontade de conhecer de perto essa realidade fez com que a Escola marcasse uma visita, que veio a ocorrer em 8/6/93. Esta visita está relatada, na íntegra, no *Jornal Expressão*, n. 2. (...)

Conhecer a Monte Azul foi muito instrutivo.
Aprendemos que a força de crescer está em cada um.

Oficina de tecelagem para "desenvolver a concentração e o sentido do belo"

No ambulatório, os favelados são atendidos de graça. Só paga quem pode

Na marcenaria, os aprendizes recebem salários e comissões conforme a produção

A padaria, comandada pelo "seu" Tião, vende pães integrais, doces e salgados

Bom humor, traço marcante de uma favela que conseguiu ser solidária

[19] As ilustrações referentes à Monte Azul fazem parte da reportagem, publicada na revista *Marie Claire*, n. 10, em janeiro de 1992, pela Editora Globo, que foi lida e discutida pelos alunos.

(...) Da amizade com o Pré nasceu o interesse pelo Projeto Aquário. O Pré estava estudando peixes e fez um aquário na classe. Só que começamos a perceber que os peixinhos estavam indo com muita frequência para a superfície e, portanto, acabariam morrendo.

Então deixamos um bilhete para a Sílvia dizendo que, se o Pré quisesse, poderíamos ajudar a montar um aquário, utilizando filtro e todo o material necessário, já que muitos de nós conheciam o assunto e tínhamos livros e, até, aquários em casa.

Esse tema despertou-nos grande interesse e passamos a estudá-lo melhor durante as aulas de Ciências, ampliando nosso conhecimento sobre os peixes. Visitamos, então, o Instituto Oceanográfico da USP para aprofundarmos nosso estudo.

O trabalho culminou na montagem do aquário. O pai do Pedro veio trazer sua contribuição, dando dicas e sugestões. Foi muito divertido e aproveitado esse momento. Todos contribuíram, trazendo peixes, filtro, pedras, folhagem, termômetro... Ver o aquário pronto é muito bom; melhor ainda é ter a responsabilidade de cuidar dos peixes.

O cotidiano é rico de oportunidades, nascidas das experiências, das atividades individuais e coletivas. Mas nem sempre elas são significativas do ponto de vista da formação. É preciso uma ação sobre elas, aproveitando o momento, convertendo-as em oportunidades formativas. Foi, por exemplo, o que aconteceu quando o Pré leu a palavra estupro e perguntou o que queria dizer à professora. Esta poderia ter dado uma resposta qualquer para escapar da situação ou aproveitar o momento e problematizar a situação. Foi o que fez essa professora e também a da Roda da 6ª série.

Foram os primeiros passos para tornar a oportunidade formativa para os alunos, cada um em seu nível de desenvolvimento, mas também para as professoras e coordenadoras dessas classes, que refletiam juntas sobre quais encaminhamentos poderiam dar à situação, o que implicava a mobilização de seus repertórios de experiências e sua ampliação. Novamente, a preocupação com o *conversar*, seja nas Rodas de alunos e professores, seja nos corredores, oralmente ou por escrito, proporcionava oportunidades formativas, invadindo espaços e tempos de um ambiente que se tornava, por isso mesmo, mais formativo.

Mas o que é significativo, desafiante e com sentido de vida para uns, enriquecendo seu processo formativo, pode não ser para um outro, trazendo até mesmo dificuldades para seu processo de formação. Os sentidos para cada um têm, como pano de fundo, sua visão de mundo, isto é, uma maneira singular de enxergá-lo, interpretá-lo, própria do estágio em seu processo de desenvolvimento. No caso do Pré, com crianças de seis anos, seria realmente violento explicar e discutir o estupro.

Mas essa diferença entre visões de mundo não acontece só entre crianças. Jean Piaget distinguiu quatro períodos pelos quais as crianças passam, mas Ken Wilber (1997)[20] propõe nove, que englobam os piagetianos e avançam na idade adulta. Em cada uma dessas etapas tem-se uma diferente visão de mundo, que vai nortear afirmativas, negativas, pensamentos e emoções. Visões cada vez mais profundas, no sentido de englobar as demais e que são atingidas por um número cada vez menor de pessoas. Assim como as explicações dadas por crianças que vivem o período pré-operatório são bem diferentes daquelas que fazem a transição para o período das operações abstratas e formais, isto também acontecerá entre dois adultos que estejam em "níveis evolutivos" diferentes. É o que pode acontecer entre educadores, por estarem em contínuo processo de formação. Formação do ponto de vista existencial.

Uma das conseqüências dessa perspectiva para a educação dos adultos é que aquele que tem uma visão de mundo mais ampla e profunda terá mais condições de compreender um outro, em estágio anterior, e não o contrário, da mesma forma que a 6ª série podia acolher e entender que os "nossos leitores eram 'mirins', de modo que precisaríamos pensar neles ao pendurarmos nossos textos e cartazes".

Mas, a acolhida, como vimos com Honoré, tem um duplo sentido, *acolher* e *ser acolhido*. É assim que percebo as vivências daquela 6ª série ao cuidar do Pré, pois puderam eles próprios ser acolhidos, e aprender muito com seus pequenos professores, na curiosidade destes a alimentar as suas. A aula sobre peixes que a 6ª série organizou para as crianças do Pré muito lhes ensinou, por exemplo, sobre a necessidade de não reproduzir o que encontram nos livros, mas selecionar informações e relacioná-las com a vida de seus pequeninos alunos. De qual-

---

[20] Para a elaboração dos nove estágios evolutivos, Ken Wilber estudou as escalas construídas por mais de sessenta pesquisadores, dentre os mais conhecidos Jean Piaget, Lawrence Kohlberg, Jane Loevinger e Abraham Maslow. Mas cada um destes se deteve num aspecto do desenvolvimento, Kohlberg, por exemplo, estudou o desenvolvimento moral e Maslow as necessidades do eu, enquanto Wilber integra esses vários estudos e propõe uma escala evolutiva não só do ponto de vista individual, mas também coletivo, da humanidade, durante sua história. São estes os estágios referidos por Wilber: físico-sensorial, fantasmático-emocional, mental representacional, mental regra/papel, formal-reflexivo, lógico-visionário, psíquico, sutil e causal.

quer modo, tornavam-se alvos de admiração, o que reforçava a auto-estima, oportunidade para verificar suas capacidades, a utilidade de seu saber, de sua crescimento, de sua vida... É a interformação que ocorre tanto nas relações entre alunos, destes com os professores e entre os educadores.

Várias outras situações do cotidiano escolar podem ser citadas, destacando a maneira como apareceram, mas sobretudo como foram percebidas como oportunidades, e como foram aproveitadas através da reflexão e da ação sobre elas, ampliando seu potencial formativo. O ambiente escolar é local de convivência entre pessoas, entre diferentes. Aí já se encontra um indicativo da existência de situações preciosas, isto é, experiências de convívio com alto potencial formativo, principalmente se forem alvos de reflexão e ação de seus atores.

Insisto que as mesmas situações terão sentidos diferentes para cada um deles, conforme o seu ponto de observação, sua maturidade, seu "estágio evolutivo", e as singularidades de sua história de vida. As oportunidades partilhadas são, portanto, múltiplas do ponto de vista da formação. No exemplo citado acima é fácil percebermos isso. Para a 6ª série, as situações partilhadas com o Pré, tanto sobre o estupro quanto sobre o aquário, tiveram sentidos muito diferentes do que para seus "leitores mirins". Em minha narrativa desses episódios acabei por referir-me mais sobre o que significou para a 6ª série, em razão de eles terem se expressado sobre isso e deixado o registro de sua voz no Livro da Classe. Caso contrário, eu permaneceria no levantamento de hipóteses.

Além disso, certamente cada membro da 6ª série e cada criança do Pré atribuíram importância e significados variados àquelas experiências, assim como cada professora pôde fazer leituras diferentes do ponto de vista de sua história de formação. Leituras tão mais ricas e tão mais singulares quanto mais oportunidades para refletir e partilhá-las num grupo elas tiverem. Oportunidades de passar de vivências isoladas a experiências engajadas numa história articulada, história que expressa seu processo de construção identitária. E um trabalho com as Histórias de Vida desses educadores pode oferecer ainda outras oportunidades formativas, não só pelo fato de fazer emergir lembranças desses adultos de seus tempos de aluno, provocando comparações e até a possibilidade de ressignificação das cenas do passado, mas também relacionar com suas experiências profissionais recentes, podendo modificar seu olhar sobre elas e projetar novos rumos. Processo de reflexão que é auxiliado pelo olhar do outro, de seus colegas do grupo de formação.

O grêmio estudantil, por exemplo, projeto desenvolvido pela 7ª série de 1995, fez que as experiências estudantis de vários professores da escola emergissem, seja espontaneamente, seja pelos depoimentos que os alunos dessa classe pediam a eles, mobilizando conversas na sala dos professores e pelos corredores. Assim os professores foram mobilizados a participar, refletindo sobre sua história de participação. E esse projeto do grêmio somado à pesquisa sobre os anos de ditadura e os movimentos estudantis da História do Brasil, a criação das chapas, debate, eleição e a posterior avaliação das dificuldades encontradas, propiciavam uma experiência de participação de toda a comunidade da escola ao pensar, falar e propor sobre seu ambiente de convívio, possibilitando a percepção das contradições que enfrentamos e com as quais precisamos lidar.

A 2ª série, por exemplo, que estudava à tarde, se mobilizou a participar do debate entre as chapas concorrentes, certamente incentivada pela professora, que soube aproveitar o *momento oportuno* (o *Kairós*) e propiciar, em seu cotidiano de reflexões e trabalhos com a escrita, o registro de seus desejos: participar e ver seus direitos respeitados, pois alunos que ocupavam a mesma sala que eles, durante o período da manhã, possivelmente candidatos ao grêmio, seriam os responsáveis pela destruição de material produzido por eles e pendurado nas paredes da sala.

O espaço do debate formal foi uma oportunidade para que a "voz dos pequenos" fosse ouvida num outro contexto, o do próprio trabalho pedagógico, levando os candidatos, representantes de todos os alunos, a repensarem seus atos e sua incoerência, o que a informalidade não resolvera.

Incoerências que também fazem parte, freqüentemente, das ações de alunos, professores, coordenadores e diretores. Refletir e rever posições podem colaborar para que outros façam o mesmo, contribuindo para a construção de um ambiente em que as incoerências e contradições possam ser oportunidades para a reflexão, para a acolhida e para a transformação. Um ambiente formativo.

O Livro da Classe da 7ª série, por ser um espaço para a narrativa do processo vivido e para o arquivo de documentos, como fotos e o texto escrito pela 2ª série, alimenta a memória e a reflexão, ao mesmo tempo que evidencia o caráter formativo dos projetos e das reflexões partilhadas:

São Paulo, 14 de agosto de 1.995

Nós alunos da 2ª série gostaríamos de saber se existe integrantes de alguma chapa que está na sala número 2.
Pois andam mexendo no nosso quadro de rotina.
Nós estamos pedindo a colaboração do pessoal da 6ª série para que não mexa no nosso material.
Seria possível estender a votação do dia 18/08 até ás 13:30 pois o pessoal do período da tarde 1ª e 2ª série também gostaria de votar.

Muito obrigada.

Assinado 2ª série

Aluno perguntando para a chapa azul.

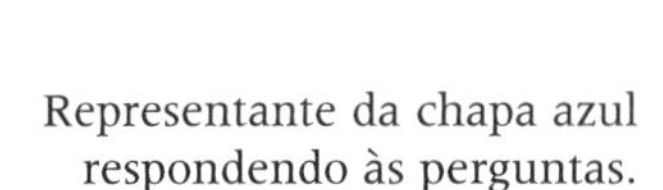

Representante da chapa azul respondendo às perguntas.

Refazendo o caminho percorrido durante o ano todo, pudemos contar e refletir bastante sobre tudo o que conseguimos aprender.

Importante foi perceber que boas idéias devem ser postas em prática e que isto demanda planejamento, tempo, trabalho e uma dose de persistência, essas condições impedem o surgimento do desânimo no grupo evitando assim que o projeto vá "por água abaixo".

Devemos ter sempre em mente o objetivo do nosso trabalho, senão podemos pegar um atalho e nos perder em divagações desnecessárias.

Na escolha de um assunto que nos interessa, precisamos pesquisá-lo e conhecê-lo da forma mais abrangente possível, pois esse conhecimento pode facilitar o caminho que iremos percorrer.

Ao planejarmos nossos estatutos, tomamos contato com regras de funcionamento e isso nos levou à reflexão de que nossa escola também tem regras e que estas já existiam há tempos, logo percebemos que até podemos questioná-las de maneira construtiva e não simplesmente criticá-las. Toda crítica deve vir acompanhada de argumentos e soluções.

A campanha para eleger uma chapa que representasse os alunos foi riquíssima, tivemos de aprender a montar uma plataforma de trabalho, a refletir sobre essas propostas, a fazer propaganda para convencer o eleitorado e principalmente a estar preparado no caso de nossos candidatos perderem.

O debate obrigou os candidatos à busca de consistência nas respostas às questões que lhes seriam feitas, então reviram suas falas e reforçaram a necessidade de planejamento e preparo para tal.

Durante a votação e apuração, sentimo-nos tal qual futuros cidadãos exercitando-se para a cidadania.

A pesquisa histórica reportou-nos ao passado e soubemos que nosso grêmio só foi possível graças às lutas que estudantes anteriores travaram para que nossas vozes fossem ouvidas hoje.

Nosso projeto realmente nos levou ao engajamento no processo de abertura política, com consciência das dificuldades que esse engajamento traz.

Entrevistando os diretores do Grêmio e discutindo as dificuldades que enfrentam, concluímos que só passando pela experiência dos cargos ocupados é que aprendemos sobre o exercício da democracia, pois as expectativas de realização associadas a estes cargos tendem a levar seus ocupantes a decisões/ações individuais, sem base na consulta dos interessados. Existe a necessidade de se buscar, constantemente, o equilíbrio entre decisões individuais e vontades coletivas.

Por tudo isso pudemos concluir que tanto nas eleições diretas para Presidente da República, como nas nossas relações diárias com o "outro", a cidadania e principalmente o respeito tornam-se imperativos.

Assim, a cidadania, ainda que sendo um direito de todos, é algo a ser aprendido, conquistado e exercido nos amplos e também cotidianos aspectos.

Daí, a importância de um aprendizado político ocorrer desde a infância.

Parece-me que o fato dos alunos concluírem que toda instituição tem suas regras, assim como a Escola tem as suas e que estas podem ser questionadas de maneira construtiva, deve estar ligado às vivências dos próprios professores com a instituição, pois são eles que desafiavam e orientavam essas discussões entre os alunos. E, dentre essas vivências, destaco a participação na construção do projeto pedagógico, levando suas críticas que mobilizavam a criação e a alteração de regras de funcionamento necessárias à convivência e coerência desse projeto. Engajamento de uns contribuindo com o engajamento de outros.

Uma nova coordenadora: mudanças à vista!

Em meados de 1994, deixei a coordenação pedagógica da Escola, pois fui morar em Minas Gerais onde encontrava novos desafios profissionais e pessoais. Mas senti a responsabilidade de, ao sair dessa função, auxiliar na passagem da coordenação para quem me substituiria. Por isso, passei a dar uma assessoria à Escola, estando presente às sextas-feiras, até o final desse ano letivo, aproveitando a possibilidade de vir passar os finais de semana em São Paulo.

Ao assumir a função de assessora, deveria novamente construir esta identidade, o que seria feito através das atividades que desenvolveria. Mas a estrutura do trabalho até ali construída, que incorporava a rotina da reflexão individual e coletiva sobre a prática como estratégia de leitura das necessidades e de construção dos recursos para sua satisfação, era o guia da construção dessa identidade, porque seria também o guia na descoberta das atividades e posicionamentos nesta nova função.

Assim, o desafio foi grande: formar outra pessoa para dar continuidade àquele caminho, evitando o que tão freqüentemente acontece nas ocasiões de mudança das pessoas em cargos de liderança. O desafio era maior ainda ao ter em mente que a continuidade deveria incluir transformações, nascidas das novas necessidades que surgissem e do jeito próprio de ser e trabalhar da Silvia, que chegava à Escola.

A dificuldade de fazer a passagem da coordenação, morando em outro Estado, tornava-se também uma oportunidade, visto que algumas resistências de membros da equipe surgem nessas ocasiões e a ausência do velho mobiliza a aceitação do novo. Mas um novo que se introduzia aos poucos, com o suporte de nossos encontros semanais, ocasião de escuta minha e dela, sobre os acontecimentos da semana, sobre a história da escola. Era agora ela que vivia o *escutar* e o *conhecer* os membros da escola, enquanto construía os vínculos com a equipe, vínculos de confiança e afetividade.

Se, por um lado, era importante que a mudança de coordenação não representasse uma ruptura ao que a escola vinha construindo enquanto seu projeto, mas possibilitasse sua continuidade, por outro, a entrada de uma pessoa nova é potencialmente enriquecedora, pelas experiências novas que pode trazer, pelo olhar de fora com que chega. Viver a continuidade e a ruptura era um desafio tanto para mim quanto para a nova coordenadora. Uma oportunidade para estarmos atentas ao que manter e ao que transformar, quando e como.

Para mim, um exercício de sugerir, mas não impor; de explicar porque fazia dessa e não de outra maneira, inclusive sobre aspectos que não haviam sido objetos de uma reflexão detalhada durante minha atuação. Apesar da prática do Diário e de partilhas com alguns educadores, durante aqueles anos, ter proporcionado uma reflexão sobre a ação, poder acolhê-la em sua entrada na escola, oferecia a mim, mais uma oportunidade para refletir sobre o vivido, já não mais presa na urgência com que cobra o cotidiano e nos próprios vícios de meu olhar. A ajuda na formação dela proporcionava-me, assim, ainda esta oportunidade formativa.

Durante o 2º semestre de 1994, eu ia à escola uma vez por semana para conversarmos pela manhã e, à tarde, coordenar a Roda dos Professores de Roda, com sua participação, dando continuidade ao trabalho que iniciara no primeiro semestre, de modo que a passagem da coordenação entre nós se fazia lentamente. Durante o ano de 1995, nossos encontros foram mais espaçados e aí era o meu olhar que vinha "de fora", trazendo outros aspectos para sua reflexão e leituras do cotidiano a partir das cenas que me relatava e que queria discutir.

Em 1995, Silvia passou a conduzir a Roda dos Professores de Roda e convidou outros professores, os de Educação Infantil e das Séries Iniciais, a também participar, de modo a enriquecer as trocas. Um grupo bem heterogêneo que se alimentava das diferenças entre os professores, o que ajudava a trabalhar com as diferenças entre os alunos na sala de aula. A teoria era utilizada como subsídio para esses aprendizados pela experiência. Por exemplo, estudaram os grupos operativos de Pichon Rivière e os papéis desempenhados por membros de um grupo. Realizaram a leitura de textos teóricos e "leitura" da prática das classes de alunos. Oportunidade para vivenciar e refletir na e sobre as Rodas.

Em nossos encontros, quinzenais nessa época, conversávamos sobre as dinâmicas de classe e como estavam as conversas sobre os Projetos de cada uma. Através dessa escuta do andamento dos trabalhos, eu podia sugerir caminhos que me pareciam possíveis. Podia, também, explicitar, a partir do *concreto da prática* (Merieu, 1998), o que eu aprendera e construíra nos anos anteriores, tanto no que se referia aos objetivos e à metodologia de sua construção dos Projetos, quanto na maneira de "ir lendo", junto com os professores, os interesses, às vezes implícitos, dos grupos de alunos, de modo que ela, sabendo do histórico o mais "concretamente" possível, poderia sentir-se mais segura para dar continuidade ou ir modificando, a partir de suas próprias experiências anteriores e sentidos que dava àquele vivido. Apesar de não ter trabalhado em escola anteriormente, suas experiências como psicopedagoga, com uma aguçada escuta psicológica, eram algumas das contribuições que trazia para uma prática de coordenação naquele projeto de escola que incluía a contínua formação das pessoas e revisão constante desse projeto.

No cotidiano, Sílvia ia construindo seu próprio espaço de atuação, conquistando a confiança de cada pessoa e acrescentando "sua marca" ao que fora construído como "papel" da coordenação. Uma de suas contribuições foi a introdução de outras vias de construção dos conhecimentos além dos caminhos racionais. Sua formação em Psicologia a auxiliava a caminhar nessa direção e pôde, tanto com os alunos quanto com os professores, proporcionar oportunidades de desenvolvimento pessoal (e profissional), através de trabalhos expressivos nas diferentes inteligências enumeradas por Howard Gardner e nas quatro funções mapeadas por Jung: intuição, sensação, sentimento e pensamento.

Dessa forma, muitas das reuniões que ela coordenava, Roda de Professores ou Roda dos Professores de Roda, transformaram-se em reuniões de vivências expressivas em que se descobriam outras formas de refletir sobre a prática e trocar experiências. Para sentir cada classe, perceber sua dinâmica e suas características, as técnicas expressivas ajudavam. Dessa maneira, objetividade e subjetividade eram trazidas à Roda dos Professores de Roda, ajudando na orientação dos trabalhos com os alunos, sobretudo na leitura de caminhos possíveis para os projetos, ao mesmo tempo que se alimentava a formação dos professores.

Mas sua construção como coordenadora também foi lenta e fruto de intensa reflexão e registros sobre a prática. A rotina de trabalho, já incorporada na escola, de avaliar semestralmente o processo vivido através de textos individuais e discussões coletivas prosseguiu. Dessa maneira, esses textos podem flagrar momentos da construção dos vínculos entre professores e coordenação, do desenvolvimento institucional e evidenciar o movimento contínuo da formação pessoal-profissional dos educadores: professores e coordenadoras. Vejamos trechos do relatório do 1º semestre de trabalho de Sílvia, escrito em dezembro de 1994 e partilhado na Roda de Professores.

> Apesar de um intenso mas curto período de estágio com a Cecília, sentia-me partindo do ponto zero – muita ansiedade e uma enorme expectativa.
>
> Duas coisas me tranqüilizavam: o fato da Cecília poder estar na escola uma vez por semana (e responder por parte do trabalho) e o fascínio de poder atuar efetivamente dentro de uma escola com esta proposta.
>
> Num primeiro momento, senti-me um pouco deslocada porque, apesar de uma boa e gentil recepção por parte da equipe, havia aquela esperada "desconfiança mútua" – quem é quem, o que pretende.
>
> Vivi momentos difíceis na minha prática. Sentia que não conseguia transformar essa situação de desconfiança uma vez que me tornava muito mais uma observadora. Mas o que fazer?

Durante seu processo de *formação no trabalho*, Sílvia participava também de um grupo de formação de educadores fora da escola, no qual podia discutir sua prática com pessoas de outras escolas, ouvir outros pontos de vista e receber orientações teóricas, ao mesmo tempo que *vivenciava* uma Roda como participante.

Na avaliação de julho de 1995, Sílvia escreveu um pequeno texto a cada professor, registrando sua visão do processo vivido e questionando-o acerca dele. Enquanto se referia ao vivido naquele período, destacava um aspecto a ser discutido e acrescentava um trecho de algum autor sobre esse tema, de modo que a conversa prosseguia, por escrito, alimentada por alguma "teoria". Seguem trechos dos textos-conversa entre Sílvia e Cristina, a professora de História a que já me referi nos capítulos anteriores. Em 1995, além de professora, Cristina fazia parte do Núcleo Estratégico e, portanto, enriquecia as conversas da equipe de direção e coordenação com sua visão nascida de suas experiências pessoais-profissionais, que incluíam a de direção de uma escola pública. Sílvia escreveu-lhe:

> Vivemos juntas a adaptação à uma nova parceria. Senti muita dificuldade em estabelecer os "contornos" dessa relação, porque ora eu te via como professora, ora como assessora, ora como membro do Núcleo. A parceria ainda está por ser construída, mas como foi para você essa adaptação?

O texto que acompanhava essa reflexão era sobre o "Processo de Adaptação", escrito por membros do grupo de formação do qual Sílvia participava. A seguir, a resposta de Cristina:

> A "desconfiança mútua" persistiu. Como elemento de permanência do grupo (você representava o novo), senti-me no direito de "ver a que veio, qual a proposta de coordenação que trazia no bojo de sua ação" para então pensar se havia ou não pontos de aproximação que favorecessem uma ação conjunta/parceria. Em muitos momentos, tolhi muitos impulsos de assumir a situação/ajudar no sufoco, com receio de invadir seu espaço. Acho até que este excessivo zelo com o "seu espaço" gerou uma notória omissão de minha parte. (...)
>
> Entendo que o "processo de adaptação" não pode ser unilateral, pois senão seria "processo de enquadramento". Assim sendo, sem o movimento/aceno do outro em favor desta aproximação, permanece-se no imobilismo, quando não se retrocede.(...)

Três anos depois, como encerramento da formação no grupo de educadores de que participava, Sílvia redigiu uma monografia na qual reflete sobre sua construção como coordenadora pedagógica na Escola, de modo que este registro permite "ouvir sua voz" a respeito de sua formação. Apesar de ter sido escrito em 1997, nos trechos a seguir ela se refere ao seu período inicial na Escola, 1994-1995, portanto:

Lembro-me de que quando iniciei meu trabalho tinha minha identidade construída na prática clínica da psicopedagogia.

O significado desta identidade refletia na minha relação com os professores.

(...)

Um pedido foi se fazendo presente: os professores precisavam trocar mais sobre a prática deles, as situações difíceis, os novos desafios com os grupos. O desejo por trás dessa fala apontava para uma reflexão sobre o cotidiano – daí muitas foram as transformações no grupo, diante mesmo da teoria.

É nítido o fortalecimento do grupo a partir da troca da prática. É como se a identidade de cada um como professor ganhasse novos contrastes, maior nitidez. Mais do que saber acerca do que um ou outro teórico fala ou falou sobre algo, ouvir a voz do outro professor dá ao assunto um novo significado e a teoria ganha então um espaço diferente.

Um ponto chave se destacava: a necessidade de construir com os professores essa identidade e, para tanto, no papel de coordenadora, cabia a mim refletir acerca dos caminhos para isso. Um primeiro passo então era fortalecer a reflexão individual.(...)

Vemos que também para Sílvia, e não só para mim, a formação da identidade da coordenação pedagógica foi se dando pela interação com as pessoas, simultaneamente à construção de parcerias, e portanto, com a conquista de *espaços para a pessoa na escola*. Formação que se constrói através das experiências, se alimenta das trocas com as outras pessoas, alunos, professores, coordenadores, diretores e se reconstrói permanentemente. Por isso, são percursos de formação sempre singulares.

Em minha história de formação, as experiências como coordenadora na Escola significaram a possibilidade de construir as condições para as Rodas e Registros no âmbito de uma escola toda e prosseguir, assim, as reflexões sobre minhas experiências como professora de uma classe isolada na escola. A formação de professores na Escola se inseria neste contexto. Para Sílvia, ser coordenadora ali se inscrevia num trajeto de formação da psicologia para a educação, via psicopedagogia, de modo que a escuta individualizada tinha até então maior significado. Trabalhar na escola proporcionava certa "continuidade" de suas experiências anteriores, mas também provocava uma busca da compreensão da docência, experiência que não tivera até então. Foi este o motivo que a levou a sair da coordenação, tornando-se assessora da Escola, e assumir, como professora, uma sala de aula em 1998, numa outra escola. Percursos de formação sempre singulares.

Um projeto, muitos olhares

Relato, a seguir, um dos projetos desenvolvidos por uma classe de 1995, ano em que essa transição de coordenação ainda se fazia, momento delicado que mobilizava a criatividade de todos para conseguir vivê-la de modo a aproveitar as diferenças entre nós, acompanhar o agitado e complexo cotidiano escolar e possibilitar a transformação das dificuldades em oportunidades para avançar no desenvolvimento do projeto da escola e na formação de cada um, alunos, professores, coordenadoras, assessoras, diretoras.

Na 6ª série de 1995, cuja dinâmica de classe era muito difícil, chegar ao tema do projeto não foi algo fácil, e justamente por causa das dificuldades de se estabelecer um clima de conversa. Os momentos da Roda acabavam sendo ocupados para resolver os conflitos de relacionamento e criar condições para a fala e para a escuta. Uma das formas de "provocação" dos colegas, utilizada por um aluno que desenhava muito bem, era fazer caricaturas deles, sobretudo das meninas, pois, exagerando um aspecto ou outro em seu desenho, causava constrangimentos a quem servira de "modelo involuntário". A caricatura, que parecia ser obstáculo ao clima de conversa, de estudo e de construção do Projeto dessa classe, tornou-se o seu mote.

Enquanto alguns Projetos eram definidos diretamente pelo grupo de alunos, como o caso do tema "Futebol" de uma 7ª série, outros precisavam ser lidos pelos educadores, levantando hipóteses e testando-as a partir de propostas de atividades ou da orientação de discussões na classe. Foi o que aconteceu com essa 6ª série. Passarei a palavra aos alunos, que narrarão sua história, registrada no Livro da Classe, com a ajuda da professora de Roda.

Um dia, quando estávamos tendo aula de Leitura e Criação e analisávamos uma canção de Adoniran Barbosa, na sala de artes, comentamos que ele tinha sido muito importante para a música brasileira e que já tinha morrido há algum tempo. O Leandro, que tinha uma faixa protegendo seu joelho torcido, resolveu enfaixar o Marcos, imitando uma múmia, para demostrar como deveria estar o compositor, hoje em dia.

Nesse momento, todos quiseram participar da dramatização e foi aí que surgiu a idéia de criarmos uma "Casa do Terror".

Uns dias depois, na aula de Roda, abrimos um espaço na pauta, para conversarmos sobre a mágoa que alguns alunos sentiam em relação a provocações feitas por um de nós, através de caricaturas dos colegas. Começamos a pensar sobre o que representava uma caricatura e se ela poderia ser comparada a um retrato.

Depois de muita discussão, decidimos reservar a aula seguinte só para fazer caricaturas e todos puderam caricaturar qualquer pessoa que quisesse.

Na pesquisa, outro instrumento utilizado foi a entrevista. Convidaram um caricaturista profissional que contou sobre seu trabalho e fez desenhos de todos os alunos, incentivando-os a fazer o mesmo. Estava desmistificada a "arma do crime", que fôra inicialmente utilizada como instrumento de agressão. Os estudos sobre os papéis de cada elemento num grupo, feitos na Roda de Professores de Roda, enriqueciam a professora da Roda dessa classe, que podia não apenas "ler" aquela dinâmica, mas partilhar aqueles conhecimentos com os alunos, que tomavam consciência do processo que viviam, o que era facilitado pelo registro escrito.

Partimos, então, para a análise e criação de caricaturas com mensagens implícitas – as charges – e tentamos criar uma para cada colega, representando o papel que ele representa no grupo.

Para isso, listamos vários "papéis" que existem nos grupos e depois tentamos enquadrar cada um de nós em um determinado "papel".

Essa análise foi feita na aula de Leitura e Criação e, depois de muita discussão e muitas risadas, conseguimos escolher pelo menos uma característica para cada um.

Papéis reconhecidos:

1- o engraçado	9– o sério	17– o acanhado
2- o estudioso	10– o briguento	18– o calado
3- o bravo	11– o provocador	19– o convencido
4- o irritante	12– o desligado	20– o nervoso
5- o "metido"	13– o frágil	21– o arrogante
6- o dengoso	14– o antipático	22– o inteligente
7- o líder	15– o simpático	23– o imaturo
8- o companheiro	16– o solitário	

Foi muito divertido descobrirmos qual papel cada um representa e percebemos que um só aluno pode praticar mais de um papel e que também podemos mudar de papel, começando a nos enquadrar em um outro.

A oportunidade dos alunos refletirem sobre os papéis que desempenhavam no grupo significava um distanciamento do vivido, permitindo "sair de si", no sentido do egocentrismo, e olhar para o outro: cada colega, o grupo e as relações entre eles. Este movimento, juntamente com a atividade de caricaturar os colegas e a professora, ajudou-os a sair da mágoa, que estava sendo um obstáculo à aprendizagem, abrindo espaço ao humor e à alegria. Estes sim são mobilizadores da aprendizagem, ao contrário do que se costuma pensar, associando-a ao sofrimento e à repetição.

> Sem alegria a dor se faz impensável porque ela se indiferencia da gente. A alegria permite nos diferenciarmos da dor, inclui um limite, uma fronteira entre o sentimento que me invade e eu mesmo e só a partir daí se pode fazer pensável a dor (Fernández, 1996a: 28).

É importante para os educadores desenvolver uma escuta e um olhar que transforme o que parece "ruído" na sala de aula em informação, como foi o caso da caricatura que um aluno fazia dos demais. Há aí uma capacidade criativa dos educadores, cujo desenvolvimento foi facilitado pelas partilhas na Roda. Característica essa própria do que é vivo, sejam esses pessoas ou grupos. Característica esperada, portanto, também nas salas de aula ou na escola, se as consideramos também como sistemas auto-organizadores. Entendo ser pertinente esta consideração no caso abordado em razão da abertura ao novo e da constante busca de novas formas de organização de cada classe e pela própria classe, da qual faz parte o professor. Um sistema aberto, que depende das trocas com outros, como ocorre nas Rodas de Professores, na Roda dos Professores de Roda, mas também nos corredores e na sala dos professores. Rede de trocas no ambiente escolar.

Verificar, no *concreto da prática* (Meirieu, 1998), os papéis que desempenhamos nos grupos, seja de alunos ou de professores, entendendo-os como mutáveis, pode ajudar essas pessoas a evitar a tão freqüente atribuição de rótulos ou a escapar deles, assim como perceber sua identidade como reposição constante através das atividades e das ações que desenvolverão no transcorrer do tempo, em vez de acreditá-la como dada permanentemente.

> As personagens são vividas pelos atores que as encarnam e que se transformam à medida que vivem suas personagens. Enquanto atores, estamos sempre em busca de nossas personagens; quando novas não são possíveis, repetimos as mesmas. (...) Embora todos sejam atores, é praticamente impossível surpreender um que não esteja vivendo uma personagem que (...) freqüentemente se torna um fetiche controlando o ator (Ciampa, 1998: 157-8).

Nessa época, as várias leituras sobre possíveis caminhos desse projeto eram feitas nas diversas oportunidades para o conversar: na Roda dos Professores de

Roda, nas reuniões da Sílvia com cada professor, e nas conversas que eu mantinha com ela. Mas também eram feitas elaborações individuais, levadas aos momentos de encontro. Entretanto, quando obstáculos apareciam, a criatividade e a tecnologia podiam oferecer recurso para ultrapassá-las. Assim, por causa da distância entre São Paulo e Uberlândia (MG), para onde eu me mudara, o *fax* pôde ajudar na continuidade das conversas.

Em agosto de 1995, diante do cronograma que construíramos, era a época de fazermos uma síntese dos projetos de cada classe para planejar os próximos passos, pois a exposição para a comunidade escolar se aproximava. A síntese e a troca de idéias sobre cada projeto deram-se dessa vez por escrito, textos que, levados ao encontro dos professores e seus pontos de vista, propiciaram uma interlocução a despeito da distância física, o que foi importante, visto se tratar do primeiro ano que Sílvia assumia mais plenamente a coordenação.

Nesse momento de síntese pela escrita busquei suportes teóricos para acrescentar ainda outros pontos de vista sobre o pesquisado, no caso do projeto da 6ª série, as caricaturas. Assim, escrevi no texto do *fax* que a busca do grupo poderia ser sobre "a análise e a crítica, enquanto o destaque de particularidades e a emissão de julgamentos sobre elas. Tal enfoque é coerente com características da faixa etária dos alunos de 6ª série". Enviei nesse texto trechos em que alguns autores[21] se referiam à crítica, o que poderia ajudar na reflexão dos alunos e professores em classe.

O estudo do que é a crítica proporcionou a ampliação das vivências desses alunos, ao identificá-la em diversos contextos, como veremos no depoimento abaixo. Mas acredito que esse estudo e a busca, com os alunos, de diversas situações em que aparecem críticas, analisando-as, possam ter sido uma oportunidade formativa também para os professores, pois se trata de ação necessária na construção de sua autonomia. Uma experiência raramente proporcionada nos cursos de formação de professores, quando se restringem a tratar abstratamente os conceitos. Estudar os conceitos, *no concreto da prática*, parece-me uma preciosa oportunidade de formação para os professores e coordenadores, na situação relatada sobretudo, pois estava relacionada com uma melhor convivência entre as pessoas, uma oportunidade de trabalhar as difíceis relações humanas, vividas não só por crianças e jovens, mas também pelos adultos. Oportunidades como essas são favorecidas pela vida cotidiana, tão heterogênea, emaranhada e significativa, principalmente quando é tecida por espaços para o conversar.

---

[21] RATHS, Louis E., JONAS, Arthur, ROTHSTEIN, Armold M., WASSERMANN, Selma. *Ensinar a pensar: teoria e aplicação*. São Paulo: Herder/EDUSP, 1972.

Depois de termos descoberto, por meio da pesquisa, que a caricatura serve como crítica que pode ser boa ou ruim, resolvemos analisar a crítica em outras áreas do cotidiano, como na arquitetura – símbolo do Memorial da América Latina –, na pintura – teto da Capela Sistina – e em outros meios de comunicação, confirmando que a crítica é muito importante.

Nas aulas de História, também estudamos algumas músicas que criticam fatos que aconteceram no Brasil e, além disso, analisamos algumas caricaturas que retratam os diferentes momentos da História do Brasil.

(...)

Análise do símbolo do Memorial da América Latina (Mão):

A mão espalmada é sinal de protesto, os dedos abertos significam o desespero dos povos latino-americanos. O mapa, em vermelho, com o sangue que escorre até o punho, significa o sofrimento, o suor, o sangue e a pobreza que marcam a história da América Latina.

(Daniela, Maria Carolina e Mariana)

Análise sobre o teto da Capela Sistina (Michelângelo):

Michelângelo era um moço que fazia esculturas. Ele tinha um dom maravilhoso e o usava muito bem. Um dia, ele foi obrigado, pelo Papa da Capela Sistina, a pintar o teto. Michelângelo não queria pintar mas, mesmo assim, foi obrigado e o fez. Ele pintou o surgimento do mundo, um anjo, um diabo etc.... O que mais marcou foi que ele fez um anjo e do lado um diabo, só que com a cara do Papa. O Papa ficou muito assustado e bravo com o que Michelângelo havia feito. Michelângelo fez aquilo porque teve de pintar sem vontade própria.

Crítica da história: Falta de Liberdade!!! Isso é uma coisa muito importante na vida de uma pessoa: TER LIBERDADE e, naquele momento, Michelângelo não teve liberdade e protestou contra isso.

(Roberta e Vinícius)

Análise sobre um comercial:
"Bráulio" (Prevenção sobre a AIDS)

Camisinha também tem bula

Como se usa a camisinha?
L.M.B., 14 anos, Recife, PE

• Dentro da caixinha de camisinha tem sempre um folhetinho com as instruções detalhadas de como usá-la e com observações importantes. A colocação é fácil, mas é também o ponto vital, onde muita gente se atrapalha.

1. Abra o envelope com cuidado para não furar a camisinha. Não use tesoura nem abra com o dente.

Essa doença "AIDS" é muito perigosa, não tem cura e é muito importante que a mídia fale bastante sobre o assunto, para esclarecer a população. Para o povo entender mais facilmente como prevenir essa doença, a agência de propaganda que o governo contratou deu um nome para o órgão sexual masculino: "Bráulio".

A propaganda criou muita polêmica e chocou a população, principalmente as pessoas que tinham esse nome. Por causa disso, hoje o nome foi mudado para "Cara" e "Meu". Nessa propaganda, o artista ficou conversando com o "Bráulio" e fala que ele tem de usar camisinha quando for fazer sexo. Essa propaganda é educativa e faz crítica àqueles que não se previnem contra essa doença.

(Guilherme, Sílvio, Thiago)

Texto sobre a importância da crítica:

A crítica está presente em caricaturas, na arquitetura, na propaganda, na pintura e nos meios de comunicação.

Ela é muito importante pois serve para melhorar as coisas; um pintor, quando é criticado, tenta melhorar naquele aspecto em que foi criticado.

Quando estudamos sobre caricatura, percebemos que o importante dela é a crítica. Percebemos crítica na MÃO que é símbolo do Memorial da América Latina, que tem o mapa dos países latino-americanos no centro, de cor vermelha por causa do sofrimento, da tristeza.

A propaganda do "Braúlio" também é uma crítica positiva porque tenta ensinar as pessoas a se precaverem contra a AIDS, usando camisinha.

O teto da Capela Sistina, pintado por Michelângelo, mostra uma crítica negativa (o diabo com cara do Papa) porque foi obrigado a pintar e gostava de fazer esculturas.

A crítica é boa porque, com ela, você se aprofunda no conhecimento e assim vai conhecendo mais. (Sílvio, Marcos, Guilherme e Leandro)

Avaliação

Gostamos muito dessa atividade e todos tiveram a idéia de criar "A Casa do Humor" porque esse assunto dava mais chance para ser pesquisado. Colecionamos caricaturas retiradas de jornais, revistas e livros. Analisamos a relação existente entre um texto e a caricatura (...) tivemos algumas dificuldades em entender alguns, porque eles referiam-se à política e usavam um vocabulário mais complicado.

Tivemos que lê-los em conjunto e, aos poucos, íamos percebendo a sua mensagem. Depois, ficava fácil de entender o que a caricatura representava.

Começamos a notar que alguns desenhos, além de conter um fundo de humor, também serviam para criticar certas atitudes dos políticos e, até aquele momento, só pensávamos em caricatura como brincadeira. (...)

No final do semestre, preparamos um questionário para podermos entrevistar algum profissional que trabalhasse com esse tipo de atividade.(...)

Quando voltamos das férias, o nosso grupo tinha aumentado; além do Fernando Miguel, três novos alunos vieram fazer parte do nosso grupo. Guilherme, Sílvio e, finalmente, Raphael, depois de ouvirem a nossa história, já começaram a participar das pesquisas que cresceram bastante porque também começaram a ser desenvolvidas por outros professores.

Em História, começamos a colecionar caricaturas referentes aos últimos vinte anos, principalmente aquelas que se referiam à política nesse período.

Apesar de animados, não conseguimos muita coisa, a não ser dos políticos atuais. Os antigos já não aparecem em revistas.

A nossa pesquisa foi, então, direcionada para os cantores e personalidades nacionais. Fizemos um trabalho sobre as principais personalidades da música brasileira e suas respectivas caricaturas.

Nas aulas de Artes, também selecionamos várias caricaturas e resolvemos montar um *book*, contendo todas elas.

Alguns papéis desempenhados pelos alunos da 6ª série:

BRAVO

ESTUDIOSO

BRIGUENTO

IRRITANTE

Algumas caricaturas do *book*:

Revista Veja

José Sarney caricatura feita por Lirouera

Revista Vejo

Fernando Henrique caricatura feita por Chico Caruso

Revista Veja

Veja 13/8/95

Veja 13/8/95

A mobilização popular foi essencial para que ocorresse a Abertura

Análise do texto e ilustração: "O tempo voa"

A caricatura apresenta o ministro Andrade Vieira e o seu jatinho particular. Ele usa seu avião porque tem medo de viajar em aviões da F.A.B.

O texto afirma que ele ficou muito popular por causa das "caronas" que oferece aos colegas. Que mordomia!

(Vinícius e Roberta)

O tempo voa

Andrade Vieira está se tornando o ministro mais popular entre seus colegas. Temendo enfrentar vôos mais longos em aviões da FAB, vários deles têm aceitado a oferta do titular da Agricultura e têm usado seu jatinho particular.

A Constituição de 1988 – Constituição cidadã – ainda não saiu do papel em múltiplos aspectos.

Um país adormecido

Embora favorável à política de privatização das empresas estatais, o deputado e ex-ministro Delfim Netto desconfia que o Governo Fernando Henrique esteja fazendo manobras diversionistas, para confundir a opinião pública, talvez, por adotar medidas privatizantes incorretas, pouco transparentes.

O comentário do ex-ministro resultou da dúvida que paira no espírito de muitos brasileiros, por ter o Presidente da República dito, inicialmente, que o País não venderia o patrimônio das estatais. Apenas para torná-las competitivas e porque precisa de recursos que atendam às necessidades sociais, aceitaria a participação de empresas privadas nacionais e estrangeiras, na área das estatais. Posteriormente, porém, revelou que venderia as empresas públicas de energia elétrica.

Delfim reconhece que a alienação de tais empresas constitui questão das mais complexas, em matéria de política de privatização. Lembra ele que as estatais de energia elétrica têm tríplice função: geram, transmitem e distribuem energia. Sem nenhum controle sobre a geração, ao contrário do que dizem os auxiliares do Presidente, será impossível pensar em qualquer controle sobre tarifas de energia. Destaca ainda o ex-ministro que, na Inglaterra, mesmo conduzida acertadamente, durante oito anos, pela ex-ministra Margaret Thatcher, a política de privatizações desandou nessa área e vem gerando conseqüências desastrosas para o país.

Pois é. Delfim acha que, por isso, o Governo talvez não consiga privatizar uma só estatal de energia. Quando mais não seja porque algumas dessas empresas – como a Hidrelétrica de Jupiá, que custou aproximadamente US$ 2,8 bilhões – devido à política de juros altos praticados no País, terão de ser vendidas a preços baixíssimos. A Usina de Jupiá sairia, calcula, por menos de US$ 500 milhões. Uma loucura escandalosa.

As privatizações estão sendo conduzidas com sinais claros de que muitos defensores da idéia agem como aves de rapina, à espera do esquartejamento do patrimônio do País. Um grupo defende a privatização das telecomunicações, alegando que com isso (contra a lógica e o precedente da companhia telefônica do Rio), haverá serviços de telefonia em todas as regiões pobres do Brasil. Não é o que entende o deputado Gerson Peres, do Pará, Estado que só passou a ter telefone no interior graças à Telebrás. Outro grupo, rearticulado, atuou na tentativa de reforma constitucional de 93/94 e amealhou recursos da ordem de US$ 100 milhões, para o lobby da venda das telecomunicações.

Algum dia talvez se instale no Congresso uma CPI para investigar a ação destes e outros grupos. Há quem pense que muitos novos anões serão descobertos. Só que, se a política de privatizações der os frutos secos que Delfim receia, não adiantará nada surgir, dentre os membros do atual Governo, alguém que faça um mea culpa tardio. Foi o que fez nos Estados Unidos o ex-secretário de Estado Robert McNamara, ao julgar, agora, "errada, totalmente errada" a política de guerra no Vietnã. Teria sido melhor que o governo Nixon, à época, não mentisse a seu povo. Pelo menos 58.175 jovens americanos não teriam morrido numa guerra inútil. A política de privatizações talvez não mate diretamente nenhum brasileiro, mas pode liquidar o País, transformando-o em colônia tecnológica. Acorda Brasil. Batam latas, brasileiros.

Rubens Azevedo Lima (interino)

Análise do texto "Um país adormecido" e caricatura correspondente

Delfim Neto desconfia da seriedade do governo F.H.C. em relação à política da privatização. Acha que houve uma mudança de atitude quando F.H.C. resolveu que venderia as empresas públicas de energia elétrica, tendo dito antes que o país não venderia o patrimônio das estatais.

A fruta bichada dá a entender que o governo está contaminado; não é tão sério como se imaginava. (Guilherme, Sílvio e Fernando)

Resolvemos que estava na hora de marcar a entrevista com o caricaturista para podermos saber mais coisas sobre o assunto. Reorganizamos o questionário que tínhamos preparado no fim do 1º semestre e criamos novas perguntas que responderiam nossas dúvidas sobre como é, qual a função e quais os tipos de caricaturas. Marcamos a entrevista para o dia 6 de setembro e o nosso convidado, Maurício Morini, que trabalha na Gazeta Mercantil, veio responder nossas perguntas.

Conclusão sobre o projeto:

Nós achamos que valeu muito termos pesquisado esse assunto, CARICATURA, porque ficamos sabendo de coisas novas, tivemos mais interesse em aprender a desenhar e entendemos o objetivo que a caricatura tem. Pudemos aprender fatos da história e da política do Brasil através delas, que apresentam o assunto, enfocando a crítica da situação demonstrada.

Aprendemos que criticar é necessário para que possamos dar a nossa opinião e tentar evoluir. A pesquisa sobre caricatura fez com que nós crescêssemos porque aprendemos a valorizar a crítica. O nosso relacionamento melhorou, em relação ao início do ano, porque ficamos sabendo que a caricatura não é uma ofensa, e sim uma crítica, e por isso não precisa haver brigas.

Socialização da pesquisa na Expo-Cultural:

Resolvemos começar a nos preparar para a apresentação da Expo-Cultural e decidimos expor a nossa história, dividindo-a em quatro momentos. Cada um deles ocupará uma parede de nossa sala, contando um pouco da nossa pesquisa: a caricatura como elemento de autoconhecimento; formas e traços: pesquisando a caricatura; fundamentações sobre caricatura e crítica e História do Brasil através da caricatura e música. (...)

Pretendemos também preparar um teste para os visitantes responderem; eles terão de identificar cinco ou seis caricaturas, reunidas num folheto, que fazem arte da exposição, e aquele que acertar a maior parte delas levará uma caricatura especial, de presente.

Esse projeto, batizado de "Caras do Brasil", foi apresentado na exposição cultural do final do ano, assim como o das outras classes, cada um com sua própria história e rumos diferentes, mas todos com alguma proposta interativa com o público, o que fazia parte da proposta comum. Mas como em 1995 a Escola fazia vinte anos de existência, esta também apresentou nesse dia o seu projeto, mostrando suas transformações durante esse período. E, da mesma forma que cada classe, também produziu um livro e uma instalação na feira: um "túnel do tempo", montado com vinte grandes painéis, cada um representando um ano de vida da Escola, com fatos e fotos de acontecimentos marcantes da história do Brasil e da história do Mundo e a história da Escola, aparecendo referências ao vivido em cada ano e às pessoas que faziam parte da equipe de trabalho, expondo, assim, a historicidade do Projeto da Escola[22]. A pesquisa, referente à História do Brasil, feita pela 6ª série em seu projeto, ajudou a compor o túnel.

Apesar da origem e caminhos diferentes em cada projeto, é possível identificar semelhanças entre alguns, como o caso do grêmio da 7ª série e o das caricaturas da 6ª. Ambos, aproveitando situações diferentes e específicas, deram grande destaque ao ato de criticar, de participar, saber discordar, mas também propuseram mudanças, articulando o individual e o coletivo. Aprendizado para a vida como cidadão crítico, com vistas à construção de uma sociedade mais democrática.

---

[22] Nesse momento, a "cultura da Escola" foi pesquisada e discutida de forma ainda mais intensa que em outros momentos, oferecendo a cada membro dessa comunidade acesso ao sentido histórico da estrutura da instituição e, portanto, revelando o horizonte temporal da interformação nesse espaço coletivo. No *Livro da Manhã*, no primeiro capítulo, abordo o ponto de vista de Bernard Honoré quanto à criação das condições que favorecem a formação, dentre elas: *descobrir a origem interformativa de toda prática*, que se nutre também do conhecimento do histórico da instituição onde se trabalha.

Uma escola que aprende e muda

As transformações na estrutura da escola prosseguiram. Com a criação das várias Rodas, oportunidades para um trabalho mais coletivo foram criadas, tanto para os alunos quanto para os educadores: três horas-aula de Roda para cada classe de alunos, a Roda dos Professores, a Roda dos Professores de Roda e o Núcleo Estratégico.

A preocupação com o desenvolvimento individualizado dos alunos levou a equipe de educadores a criar, a partir de 1998, uma nova estrutura curricular: a tradicional seriação dos oito anos do ensino fundamental foi substituída por três ciclos, cada um abrangendo dois ou três anos de modo a oferecer mais tempo aos alunos, em seus diferentes ritmos de aprendizagem, evitando a reprovação em razão dessas diferenças. Além disso, nas aulas de Português e Matemática, os alunos de cada ciclo eram divididos em grupos segundo suas necessidades específicas nessas áreas. Agrupamentos esses que iam sendo reavaliados e alterações podiam ser feitas na medida do desenvolvimento individual. Espaços para a padronização *e* espaços para a singularização.

Na nova estrutura, as Rodas de cada classe permaneceram, prosseguindo com o trabalho aí desenvolvido de dinâmica de grupo e elaboração dos Projetos. Paralelamente às alterações estruturais, a cada ano a equipe de professores se transformava um pouco, alguns professores saíam e outros entravam. Além deles, nova mudança na coordenação: Sílvia, que não poderia mais estar presente todas as manhãs na Escola, foi substituída por uma nova pessoa na função de coordenação, e passou a dar assessoria, ajudando na formação da nova coordenadora, enquanto desligava-me da Escola. Essas mudanças traziam o diferente ao mesmo tempo que possibilitava a continuidade. Já não era uma "escola-bombeiro" a seguir os focos de "incêndio", mas podia prever, refletir, garantir continuidades ao mesmo tempo que se transformava, em razão da rotina de repensar a prática, individual e coletivamente, numa autodeterminação que lida com os determinantes externos.

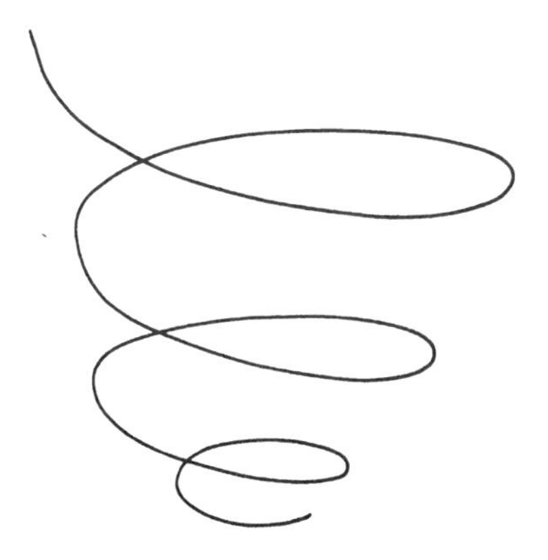

Com a nova estrutura, possibilitada pelos investimentos coletivos e individuais na formação dos professores, surgia nova necessidade de investimentos na formação das pessoas: novos assessores, novas parcerias, novos conflitos. Era necessário muita conversa, "dar voltas com" [cum+versare], para analisar, refletir e descobrir as novas metas e desafios. Provavelmente, esses educadores, ao avançarem em seus processos formativos, poderão participar da construção de ainda outras alterações na estrutura escolar, visando à criação de outras oportunidades formativas para os alunos e para eles próprios, num processo que pode se prolongar seguidamente, na expectativa de uma educação a serviço do humano e daquilo que é também uma característica do vivo, estar sempre em-processo-de-aprender.

Estrutura institucional em estreita ligação com a formação de seus atores, pois "não se pode reformar a instituição sem antes ter reformado os espíritos, mas não se pode reformar os espíritos sem antes as instituições terem sido reformadas", como diz Edgar Morin (1998).

Podemos estabelecer uma relação entre o desenvolvimento dos processos formativos individuais e grupais, tanto de alunos como de professores, e a construção da identidade da escola, cuja forma é periodicamente reposta? As reflexões de Ciampa (1998), acerca da identidade como um processo dinâmico que articula diferença e igualdade, podem ser transpostas para o nível institucional, ao entender o projeto da escola como sua identidade?

Pelo vivido na Escola, respondo que sim, na medida em que o projeto ia sendo reconstruído permanentemente como parte de sua própria condição de existir *na prática*. Identidade da Escola como metamorfose, pois a realidade é movimento, ao mesmo tempo que identidade é história. História de cada pessoa, de cada classe e do coletivo institucional. Escola que aprende e muda, alicerçada em sua memória e história e, por isso, menos vulnerável aos efeitos da moda. Estar mudando, mas permanecer a mesma, na medida em que haja aprendizados a partir de suas experiências, incluindo-as e transcendendo-as.

4

Rodas em Rede

As relações na escola são tecidas numa rede
cujos fios se entrelaçam.
Rede de conversas.
O que acontece a um fio
afetará os demais.
O que se passa numa sala de aula
afetará as demais[23]

Teias, tecidos e cestos

A natureza é feita de padrões. O arquiteto György Doczi, em seu livro *O poder dos limites,* mostra a existência de harmonias e proporções na natureza, salientando uma unidade dentro da diversidade de formas e de diferenças individuais nas várias espécies animais e vegetais. Destaca também padrões básicos de formação que operam dentro de limites restritos e criam variedades ilimitadas de formas e harmonias. Examina os padrões da Natureza que se encontram também nas artes, no comportamento animal, na cultura humana: no crescimento das plantas, na teia de aranha, nos insetos, no balanço de um pêndulo, no trabalho dos cesteiros, nas proporções do corpo humano, nas mandalas e até mesmo na construção de aviões. E percebe que as proporções existentes constituem *limitações partilhadas* que criam relações harmoniosas baseadas nas diferen-

---

[23] Escrevi estas linhas inspirada no discurso do chefe Seatle: "A terra é a nossa mãe. Tudo o que acontecer à terra, acontecerá aos filhos da terra. Se os homens cospem no solo, estão cuspindo em si mesmos. (...) Todas as coisas estão ligadas como o sangue une uma família. Há uma ligação em tudo".

ças e conclui que as restrições não são apenas limitadoras, mas também criativas. "Algo infinitamente maior do que nós se revela e, ainda assim, é parte de nós mesmos; o ilimitado emerge dos limites" (Doczi, 1990: 4).

Em que medida os limites existentes na rotina escolar, expressos nos rituais de encontro, em tempos e espaços definidos, podem ser uma porta para o ilimitado? A Roda, como um padrão de construção de conhecimentos e interformação do humano, pode propiciar a criatividade, a abertura para o novo, para o ilimitado? Com alguma ousadia eu respondo que sim. E me baseio na experiência vivida tanto como professora, relatada em *A Roda e o Registro* (Warschauer,1993), como em vários momentos da experiência como coordenadora pedagógica na escola a que me refiro nesse *Livro da Tarde*. Nessas experiências, o "ilimitado" se manifestava quando uma vivência compartilhada era repleta de sentido para as pessoas. Nessas preciosas ocasiões, percebia essa qualidade no brilho dos olhos dos alunos, dos professores e em minha própria emoção.

Quando falo em Rodas, entretanto, não me refiro à estrutura apenas, mas à qualidade da interação, às partilhas[24] que elas *facilitam*. Haver espaços e tempos definidos para o encontro das pessoas em círculo não é suficiente (e talvez nem estritamente necessário), apesar dessa forma ser facilitadora, mas é a *qualidade das trocas* estabelecidas no *processo partilhado* que propicia o desenvolvimento criativo individual e grupal: o cuidado mútuo, a escuta sensível, o acolher e ser acolhido, a paixão de aprender e ensinar, de ensinar e aprender, a paciência no falar e ouvir, a amorosidade na convivência, a tolerância nas diferenças, o prazer estético partilhado, o respeito durante os conflitos, a coragem de ver-se no outro, de olhar para ele e para si, o formar-se formando...

Se uma Roda já é uma rede de interações entre seus participantes, a inter-relação entre várias Rodas, pela existência de membros em comum, estabelece uma rede ainda mais complexa, cuja estrutura pode ser reorganizada constantemente porque está aberta a transformações, fruto das interações internas e externas. Essa rede não é uma estrutura cristalizada, mas representa um processo, uma jornada. Motivo pelo qual para falar dela é preciso contar sua história, narrar sua vida.

Cada Roda é o espaço em que seus participantes tramam sua história através das partilhas. Cada um, com sua história individual, seu processo identitário, suas características e talentos singulares, contribui na construção partilhada de uma história comum. Individualidades que, tal como a urdidura na tecela-

---

[24] No *Livro da Manhã*, no quatro capítulo, explicito o que estou entendendo por partilhas, assim como seu papel na formação.

gem ou no trançado de cestos, são a base sobre a qual a história partilhada é construída através da trama de suas vivências. Gosto da imagem do cesto, onde a urdidura, formada por fios radiais, sustenta a trama que é tecida em espiral. Uma jornada em comum que deixa marcas de seu trajeto espiralado no texto-tecido das histórias.

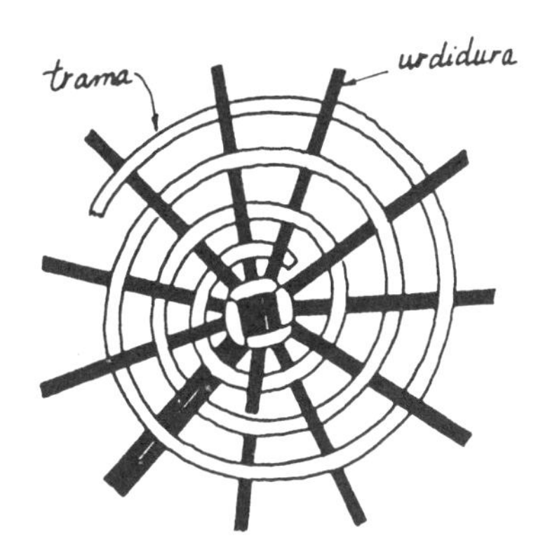

No capítulo anterior, mostrei alguns Livros da Classe como registros da história que cada classe viveu, marcas da trama tecida, principalmente nas Rodas, de sua jornada em comum. Como as Rodas são sistemas abertos e se cruzam umas com as outras, as tramas também se encontram em alguns pontos. Podemos identificar alguns desses cruzamentos:

- questionamento das regras e padronizações na vivência coletiva por professores quanto ao Caderno de Planejamento e Avaliações ou por alunos ante as regras da Escola a ponto de montar sua própria instituição, o Grêmio Estudantil e, para geri-la, perceber que também necessitavam de regras;
- a "voz" de um grupo de alunos de 2ª série, aparecendo no livro da 7ª, ao contar o debate das chapas para o grêmio;
- fragmentos da história do "Pré" narrados pelos alunos da 6ª série, no interesse em comum por peixes e aquário.

Assim, em vários momentos na Escola, cada Roda, como um sistema de interações, interagia com as outras Rodas. Rodas de Alunos, Roda de Professores, Roda de Professores de Roda, Roda do Núcleo Estratégico e Rodas de Pais[25] que se articulam entre si de maneira complexa, pois um professor, que ora é participante com seus pares na Roda de Professores, será o coordenador de outra Roda, numa classe de alunos. E essa mesma classe terá, em outro momento, um outro professor organizando seus trabalhos coletivos. A coordenadora pedagógica participa da Roda do Núcleo Estratégico mas coordena as Rodas de Professores e a Roda dos Professores de Roda. Para não falar dos outros espaços onde trocas acontecem cotidianamente, como na sala de professores.

Redes que se auto-alimentam do cruzamento das experiências de seus sistemas menores, as várias Rodas, e de outras experiências grupais vividas fora da

[25] Estas menos freqüentes e sem uma rotina que estruture e viabilize que os pais se apropriem desse espaço de construção coletivo de uma forma mais intensa.

Escola pelos educadores e alunos, que levam novos elementos para seu interior. Lembro aqui os sindicatos, os cursos de formação, entre outros. A Escola, como um sistema aberto, vive desequilíbrios que impulsionam sua reorganização interna. É a Escola como uma *organização que aprende*[26], sendo o aprendizado mobilizado pela rede de conversas.

O ambiente escolar, enquanto uma rede de interações, é um sistema social, assim como o familiar. É um ambiente formativo quando esta rede define um meio em que seus membros se realizam como seres humanos, isto é, se formam e se transformam enquanto realizam projetos de trabalho em sintonia com seus projetos existenciais. Projetos individuais e coletivos se realizando pelas redes de interformação. Vale enfatizar que a linguagem e a cooperação estão na base de sua constituição, pois são elas que tecem a *rede de conversas*[27] que alicerça o ambiente formativo, tal como o concebo. Ampliando esta rede, acrescento o ponto de vista do físico Fritjof Capra, cujas reflexões sobre o ser humano têm aberto novas vias para pensar e construir nossa humanidade. Ao referir-se à concepção de *autopoiese* social desenvolvida pelo alemão Niklas Luhmann, Capra fala do sistema familiar como um sistema social, como outros, definidos pela rede de conversas. Seria diferente o que se passa na escola?

> Um sistema familiar pode ser definido como uma rede de conversas que exibe circularidades inerentes. Os resultados de conversas dão origem a mais conversas, de modo que se formam laços de realimentação auto-amplificadores. O fechamento da rede resulta num sistema compartilhado de crenças, de explicações e de valores – um contexto de significados – continuamente sustentado por mais conversas.
>
> Os atos comunicativos da rede de conversas incluem a "autoprodução" dos papéis por cujo intermédio os vários membros da família são definidos e da fronteira do sistema da família. Uma vez que todos esses processos ocorrem no domínio social simbólico, a fronteira não pode ser uma fronteira física. É uma fronteira de expectativas, de confidências, de lealdade, e assim por diante. Tanto os papéis familiares como as fronteiras são continuamente mantidos e renegociados pela rede *autopoiética* de conversas (Capra, 1997: 172).

---

[26] No *Livro da Manhã*, no terceiro capítulo, abordo a questão da escola enquanto uma organização onde se aprende e que também aprende.

[27] No *Livro da Manhã*, no quarto capítulo, exponho o pensamento do biólogo Humberto Maturana a respeito do papel da linguagem, do conversar e da cooperação na sociedade humana.

O ambiente escolar, quando tecido por uma rede de conversas e cooperação, sobretudo quando seu tema é a análise das práticas e a resolução de problemas da vida da escola, torna-se um sistema social formativo e permite o trabalho coletivo na escola. Um ambiente que possibilita concretizar a tão propalada formação contínua dos professores centrada na própria organização-escola, pois, a formação contínua...

> passa pela consolidação de *redes de trabalho coletivo* e de partilha entre os diversos atores educativos, investindo as escolas como lugares de formação. A formação contínua deve estar finalizada nos "problemas a resolver", e menos em "conteúdos a transmitir", o que sugere a adoção de estratégias de formação-ação organizacional. (...) A aprendizagem em comum facilita a consolidação de dispositivos de colaboração profissional. Mas o contrário também é verdadeiro: *a concepção de espaços coletivos de trabalho* pode constituir um excelente instrumento de formação (Nóvoa, 1991b: 73, grifos meus).

Novas conversas, outros pontos de vista

Ao refletir sobre a escola como um ambiente formativo, precisamos conhecer o ponto de vista daquele que se forma, pois a formação *pertence* a ele. É preciso, portanto, ouvir a *sua voz*. Foi com essa intenção que propus uma conversa com algumas professoras para conhecer seus pontos de vista sobre como viveu sua formação naquele cotidiano escolar. Entrevistei-as entre 1998 e 1999, anos depois de minha saída da Escola, de modo que a conversa estabelecida não se encontrava mais imersa no contexto das antigas relações profissionais de coordenadora e professora.

Fiz o convite a quatro professoras que trabalharam na Escola num período que incluísse os anos de 1992 a 1997, de modo a terem acompanhado e participado das transformações a que me referi nos capítulos anteriores, além de terem coordenado as Rodas de Alunos e portanto participado também da Roda dos Professores de Roda, além da Roda das História de Vida, de que falo no capítulo que se segue. Duas delas já trabalhavam antes de minha entrada, Cristina e Valéria.

Cristina, a professora com quem estabeleci uma intensa parceria nos anos em que lá trabalhei, mantém um vínculo com a escola ainda hoje, dando assessoria à direção. Valéria trabalhou na Escola, desde 1988 até o final de 1998, quando se mudou para uma cidade do interior de São Paulo. Esteve, portanto, dez anos na Escola, atuando como professora de Ciências e posteriormente também como orientadora dessa área, ajudando na formação de outras professoras. Teve experiências docentes anteriores e simultâneas à sua participação na Escola. Atualmente, desde o início de 1999, é professora de Ciências numa escola da cidade para onde se mudou.

Stella entrou em 1992 e permanece até hoje como professora de Matemática e de Roda. Pelo seu interesse de trabalhar a informação ligada à formação, assumiu a primeira Roda de uma classe pouco após seu ingresso na Escola, fazendo questão de prosseguir com esta atribuição, principalmente com classes de 7ª e 8ª séries, até hoje, há oito anos, portanto. Suas experiências docentes anteriores eram como professora polivalente de 1ª à 4ª série, do Ensino Fundamental, em escolas da rede privada de ensino.

Silvinha trabalhou na escola de 1992 até 1997 com classes de "Pré" e 1ª série. Como professora polivalente, coordenava a Roda de suas classes, passando a participar da Roda dos Professores de Roda a partir de 1995, quando esta deixou de ser específica dos professores de 5ª a 8ª série. Sua experiência anterior era de 16 anos em turmas da Educação Infantil, tanto de classe popular quanto de classe média, completando 22 de trabalho docente, incluindo os seis anos na Escola.

Certamente que entrevistar apenas quatro professoras da Escola, num universo de mais ou menos vinte, não seria significativo se pretendesse mapear o que o vivido significou para todos aqueles que participaram daqueles anos de construção e reconstrução das dinâmicas de trabalho. Tive como intenção, apenas, enriquecer minhas reflexões acerca daquele *ambiente formativo*, descobrindo outros aspectos que meu olhar não permitia enxergar, ao mesmo tempo que verificar e explicitar a existência de grande diversidade de sentidos que as pessoas atribuem, a partir das vivências partilhadas e aparentemente comuns. Diversidade que advém da história de vida e de formação de cada uma, de seus projetos existenciais, de sua singular visão de mundo e de si própria. Certamente que outras entrevistas permitiriam ampliar ainda mais a *rede de sentidos* mobilizados pelo cotidiano de trocas e transformações daqueles anos. Uma oportunidade de pesquisa a ser explorada.

Como convite à conversa com cada uma, propus a reflexão sobre "O que foi formador na Escola para você?". No desenvolvimento das entrevistas, propositalmente sem uma estruturação prévia, fui destacando alguns aspectos sobre os quais gostaria de ouvir o ponto de vista de cada uma, sem romper com a espontaneidade, a informalidade e a abertura para ouvir sobre outros aspectos que aparentemente não se relacionavam à formação, pois queria manter na conversa espaços para a subjetividade e para o inesperado. Dentre os aspectos que fiz questão de abordar estão: o que significaram os registros da prática nos Cadernos de Planejamento e Avaliação e a leitura que as coordenadoras faziam dele, se percebia alguma relação entre a metodologia das Rodas e Projetos com sua própria formação e como viveu a relação pessoal-profissional naquele cotidiano de trabalho.

Após as quatro entrevistas, transcrevi o que cada uma disse, articulando suas falas em forma de um texto-depoimento. A seguir, enviei a elas os textos, pedindo que fizessem as alterações que julgassem necessárias, ou até os reescrevessem. Enviei junto o início do texto "Novas conversas, outros pontos de vista" para que soubessem o contexto no qual se inserem esses depoimentos neste trabalho de doutorado.

Quando recebi os depoimentos já revistos pelas autoras, analisei-os, verificando a aproximação dos pontos de vista quanto a alguns aspectos e a diferenciação quanto a outros, evidenciando as singularidades. A partir dessa análise, escrevi o texto que se segue, registrando as aproximações como se fossem "nós" da rede de significados em termos de oportunidades formativas naquele contexto escolar.

Mais alguns nós na rede de conversas

Valéria e Silvinha e Stella referem-se, durante a entrevista, *ao ambiente geral da escola*, além de alguns aspectos mais específicos. Inicio com essas referências mais amplas do contexto da escola.

> Na Escola havia lugar para o professor-pessoa, só lá encontrei isso. Por exemplo, os alunos chamando a professora pelo nome e não por "tia" ou "professora". Também na Roda de Professores havia espaço para o professor-pessoa.
>
> Nas outras escolas, até dava para agir sozinha, porque não havia o elo entre o que acontecia numa classe e na outra, não havia contexto de escola. Na Escola, com as trocas de experiências entre os professores, o trabalho individual era enriquecido. Um exemplo da troca entre professores, que ajudou muito, foi a escrita do perfil de um aluno para ser lido pelo professor do ano seguinte. Este, por sua vez, escrevia também no final do ano para o que viria.

Silvinha

A Escola sempre esteve aberta às contribuições que o professor poderia trazer e isso tornava o ambiente bastante receptivo. As idéias eram sempre ouvidas e as constantes trocas com os profissionais da escola enriqueceram minhas práticas.

A aceitação de minha postura, por muito tempo tímida, o incentivo constante e a receptividade da minha produção foram fundamentais para minha formação, não só da profissional que me tornei, mas também no meu amadurecimento como pessoa.

Nas reuniões, sentia que as críticas sempre eram construtivas, onde substituíamos o verbo julgar por avaliar e, nesta ação, percebíamos a valorização e o crescimento de todos. Era gratificante opinar num ambiente assim, onde sua opinião era sempre ouvida, acrescentada, ou mesmo argumentada, porém nunca descartada. Isso para mim é formador; me sentia importante naquele grupo...

Os ideais da Escola e os meus como educadora sempre estiveram em sintonia. A proposta sempre clara da escola fortalecia a união dos professores para a viabilização da proposta e concretização de um trabalho realmente educacional. Essa sintonia não existiu da mesma forma nas outras escolas em que trabalhei, porém contribuíram para a afirmação das minhas próprias questões como educadora.

No período em que trabalhei lá, pude acompanhar a intensificação das parcerias e com isso o crescimento na construção de cada professor. Nas parcerias trocávamos angústias, dificuldades, críticas e também acertos; trocas essas que me alimentavam na elaboração das estratégias de aula.

Nesse último ano [1998], houve um distanciamento do olhar da escola para a ação do professor. Havia outras questões mais emergentes como a estrutura dos ciclos. Isso inicialmente causou insegurança entre os professores, porém veio a fortalecer o trabalho, como um voto de confiança, pois a semente já tinha germinado e agora podia crescer sem olhares tão vigilantes.

Valéria

> O que foi extremamente formador foi o respeito da equipe e coordenação comigo e com todos, podíamos errar. Nunca formos culpados ou cobrados pelos erros. Sempre pudemos corrigi-los sem angústias. Uma das coordenadoras me dizia: "Você não comete erros, comete faltas e a falta você repõe".

Stella

Valéria refere-se ao não julgamento, à receptividade e ao respeito. Silvinha fala da existência de um espaço para o professor-pessoa e Stella destaca o respeito e uma outra visão do erro como características daquele ambiente de trabalho que favoreciam a formação. Ao analisar esses depoimentos, lembro-me do pesquisador francês René Barbier (1993), ao escrever sobre a *escuta sensível,* pois para ele esta começa por suspender qualquer juízo ou interpretação, à maneira rogeriana, e somente depois da instalação de uma confiança entre as pessoas é possível fazer alguma proposta interpretativa, oferecendo um sentido, mas nunca o impondo. Um sentido à disposição do sujeito *se* este o desejar, sabendo que cada pessoa é única e suas experiências são irredutíveis a um modelo. "Trata-se de entrar numa relação com a totalidade do outro, considerado em sua existência dinâmica. A pessoa só existe pela atualização de um corpo, de uma imaginação, de uma razão, de uma interação permanente" (Barbier, 1993: 212).

Apesar desses depoimentos das professoras e da intenção das coordenadoras e diretoras de um desenvolvimento pessoal e profissional numa perspectiva próxima à que se refere Barbier, no cotidiano nem sempre conseguimos agir assim e uma abordagem mais diretiva e o julgamento coexistem com a escuta sensível. É aí também que a *análise da prática* se faz preciosa, confrontando nossas intenções e atos, e tendo em vista que "o ser humano só pode se constituir como sujeito, só pode se apropriar de seu desejo de aprender se ele é reconhecido pelo outro, solicitado por ele e apoiado incansavelmente em seu desejo de existir" (Moll, 1996: 169), assim como "o professor é a pessoa e uma parte importante da pessoa é o professor" (Nias, J., apud Nóvoa, 1992a: 15).

Nessa percepção do contexto da escola, *a relação das professoras com a coordenação* foi um aspecto importante, referido explicitamente por Stella no trecho acima, mas também por Valéria e Cristina. Estas duas últimas falaram de como essa relação influenciava seu trabalho em sala de aula com os alunos.

O trabalho com as coordenadoras me ajudava a ver o aluno com outros olhos, isto é, através de suas potencialidades e habilidades e não através de suas limitações. Assim, a produção de cada aluno tornava-se mais significativa porque partia da realidade do aluno e se desenvolvia de acordo com suas necessidades, através de novos desafios. Cada coordenadora teve a sua marca, eu trabalhei nesta escola com quatro, uma mais interessante que a outra, aprendi com todas.

Valéria

Cristina

Também foi formativo para mim o apoio que você deu para os projetos. Eu já fazia com meus alunos em 1991, reservando uma de minhas aulas de História da semana para trabalhar com eles em pequenos projetos do interesse deles, mesmo que não tivessem nada a ver com História. A aceitação e força que me deu foi importante e pudemos em 1992 criar a primeira Roda na grade horária de todas as classes. Foi aí que fiz o projeto Rádio com os alunos da 7ª série...

Cristina identificou como formativo o apoio que dei enquanto coordenadora aos projetos com os alunos e explicita em que esses projetos foram formativos para ela.

Os projetos dão a possibilidade de interlocução com outro objeto de conhecimento, algo novo para o professor, que ele tem de pesquisar junto com os alunos. Isto causava ansiedade, mas ajudava o professor a perceber que se ele dominava os métodos de apreensão dos conhecimentos (métodos de pesquisa), ele também podia utilizá-los com objetos que não conhecia.

Foi bom me desvestir da autoridade da historiadora. Foi desestabilizador, mas foi bom. Isto ajuda o professor a aprender a aprender, pois quando ele já sabe, é mais difícil de ensinar o aluno a aprender a aprender. Tive de aprender a ler os interesses e motivações dos alunos e para isto precisava das outras inteligências, e as atividades não-verbais ajudaram nisso. Agora tenho uma visão mais integrada dos alunos, fruto tanto das vivências com os professores, como dos projetos com os alunos.

Quando não quis mais ser professora de Roda foi por uma opção de tempo, pois tive de reduzir minha carga horária na Escola em função da compatibilidade com o trabalho na outra escola. O mesmo aconteceu em 1998, quando tive de reduzir ainda mais, deixando a regência das aulas de história. Mas hoje sinto falta. Faz falta até para meu trabalho de apoio técnico pelo fato de não ter nenhum vínculo com sala de aula.

Cristina

Também as outras três entrevistadas se referiram aos *projetos*, destacando sua importância para sua própria formação, além da dos alunos. Depoimentos que evidenciam também as singularidades na vivência de cada uma.

Trabalhar com projetos é desenvolver um tema com várias ramificações. É uma maneira mais agradável de se aprender. É como uma rede de crochê, pois dá para trabalhar com Ciências, com Matemática e outras matérias, apesar de haver projetos relâmpagos. Depois dessa experiência, não dá para trabalhar tudo separadinho do tipo: "agora acabou a aula de Matemática e vamos trabalhar Português".

Os projetos são formadores porque o professor coloca muito dele ali na condução de tudo aquilo. Mas o professor tem de estar muito equilibrado para encaminhar o projeto, isto é, questionar-se sempre sobre que idéias está passando para os alunos.

Silvinha

Valéria

Sinto os projetos como um misto entre medo e coragem, ansiedade e tranqüilidade, fuga e enfrentamento. Há um trabalho de construção, de ensinar o reconhecimento de habilidades e convencer o aluno de que ele é capaz. Trabalhar com projetos é trabalhar com o interior das pessoas, na busca daquilo que nos interessa saber, na tentativa da mudança de alguns comportamentos e na busca de uma vida melhor. É muito envolvente, por isso, antes de assumir a Roda, temos de pensar e pensar, mas depois aceitar.

São tão envolventes que criou em mim o desejo de experimentar novos desafios. Hoje, após oito meses morando na cidade de Socorro, me sinto muito à vontade para falar o que penso na escola onde trabalho, para fazer minhas críticas e levar contribuições; e vejo muito trabalho pela frente.

Essa mudança de postura na minha comunicação foi algo bastante forte que se transformou em mim, talvez até pela necessidade da situação. Aqui as pessoas não me conhecem muito bem, então eu preciso me fazer percebida para que as pessoas lembrem-se de mim e me considerem nas contribuições que posso oferecer.

Iniciou-se um novo ciclo na minha vida, e agora desejo multiplicar minha experiência, fazer novas trocas e ampliar ainda mais meu projeto de vida: a busca de um mundo sempre melhor.

> Agora, após oito anos de Roda, não tenho mais angústia na gestação dos projetos. Sei que ele sai e posso tranqüilizar os professores novos que não tiveram essa experiência antes. Digo para eles: "organize, faça um cronograma, porque dá certo".

Stella

Enquanto Cristina destacou que os projetos propiciavam um contato com outros objetos de conhecimento que não aquele com o qual lidava, a História; Silvinha, que trabalhava com o Pré, percebia que eles possibilitavam um trabalho interdisciplinar, utilizando até uma metáfora para dizer isto: uma rede de crochê. Ela também percebia outras relações sendo estabelecidas naquele cotidiano, como a de uma classe com a outra, o que diz em trecho que transcrevi acima.

Já Valéria estabelece uma relação entre os projetos desenvolvidos com os alunos e seu próprio projeto de vida, pois "trabalhar com os projetos é trabalhar com o interior das pessoas, com a busca daquilo que nos interessa saber, na tentativa da mudança de alguns comportamentos na busca de uma vida melhor", sendo esta busca a que define como seu próprio projeto de vida. Identifica também transformações em sua própria pessoa através do trabalho no contexto da Escola, em que os projetos desempenhavam papel importante: sua timidez inicial foi sendo transformada pelo "incentivo constante e receptividade de minha produção [que] foram fundamentais para minha formação, não só da profissional que me tornei, mas também no meu amadurecimento como pessoa".

Após oito meses de trabalho numa outra escola, ao rever o texto da entrevista feita antes de se mudar para outra cidade, refere-se ainda com maior ênfase sobre essas transformações em si quanto à timidez e à "mudança de postura na minha comunicação", pois "eu preciso me fazer percebida para que as pessoas lembrem-se de mim e me considerem nas contribuições que posso oferecer". Vejo aí evidenciada uma autoconfiança que foi se tornando mais forte por aquelas oportunidades, ou melhor, pela maneira como as aproveitou.

Stella, por sua vez, fala das transformações em si quanto à ansiedade e insegurança inicial que os projetos provocavam. No processo vivido durante os oito anos em que assumiu a Roda dos alunos e os projetos ali elaborados, pôde transformar aquela sua ansiedade em potencial formativo para os outros professores, contando-lhes sua experiência. Oportunidade para a interformação.

O trabalho com os projetos, quando são a expressão das buscas dos alunos, não pode ser previsto de antemão e planejado pelo professor sem a espera do tempo dos alunos e de sua participação ativa. É, portanto, um trabalho com o imprevisto, com a incerteza. Também nesse sentido ele é formativo para o professor, cidadão de um mundo em que a incerteza está intensamente presente. Mas isso não quer dizer que a organização e até um cronograma, no momento em que o projeto ganha corpo, não sejam necessários. Apesar dos antagonismos, a organização e sistematização podem dialogar com a desordem e a espontaneidade.

E várias eram as oportunidades de diálogo no cotidiano da Escola, que facilitavam lidar com os antagonismos, que fazem parte das realidades complexas, e desenvolver um trabalho coletivo sem destruir as individualidades e singularidades. Dentre essas oportunidades, as Rodas são momentos privilegiados e foram identificadas pelas entrevistadas como formativas: a Roda de Alunos, a Roda de Professores, a Roda de Professores de Roda e até a Roda de Pais.

A Roda também é importante, pois ali, com as dinâmicas de grupo e os projetos, o professor pode negociar mais com os alunos. A Roda potencializa no professor a possibilidade de partilhar com os alunos o encaminhamento das aulas, a divisão de tarefas, a montagem dos conteúdos e até a escolha de estratégias para dar conta do trabalho.

Pelo fato de a Roda tirar o conteúdo da frente do professor, e fazer um trabalho com sua pessoa, ele pode transpor para sua prática de professor. E a Roda de Professores ajudava, pois era possível vivenciar ali, por exemplo, os mesmos "bodes expiatórios" que aparecem nas classes com os alunos.

Na Roda dos Professores de Rodas os professores podiam ver o coordenador no mesmo papel que ele desempenhava em classe com os alunos. Também foram formativas as atividades não-verbais propostas para os professores, no tempo da coordenação da Sílvia, porque não mobilizavam só o racional.

Cristina

A Roda para mim é ser parte de um grupo, e o grupo influenciando o modo individual de ser de cada um. Acho que mesmo com as várias Rodas, o grupo influencia mais o indivíduo do que o indivíduo influencia o grupo. Mas isso nunca cerceou o que eu queria fazer.

É muito difícil lidar com as diferenças. Por exemplo, uma vez, perto do Natal, eu falava que nesta festa se comemorava o nascimento de Jesus, sem colocar a minha religiosidade, só dizia o motivo da comemoração. Mas veio o pai de uma criança não-cristã me contestar. Foi aí que percebi que não dá para falar tudo o que se pensa. Outro exemplo: numa campanha para reunir bonecas e alimentos para crianças pobres, uma aluna trouxe uma boneca quebrada e queria dar restos de seu lanche, mas eu disse que não devemos dar restos para os pobres. E veio a mãe da criança me contestar dizendo para eu não interferir na maneira como ela educava sua filha. Isso mostra como é difícil lidar com as diferenças.

Na Roda dos Professores é mais fácil ouvir o que o outro está falando, porque se sabe qual é a sua ideologia. Senti falta da Roda de Pais de maneira mais sistemática para conhecer como eles pensavam. Seria importante um trabalho com os pais para formá-los, discutir preconceitos, como o caso de dar restos para os pobres. Sem isto, o professor pode ser ridicularizado por alguns pais. A Roda ajuda os professores porque aprendemos a ouvir vários pontos de vista, mesmo o daquela mãe que falava de dar restos aos pobres. Eu consegui ouvi-la.

Os professores que passaram pela Escola não vão se adaptar a outras realidades sem a semente da Roda, já ficou contaminado nele o "vamos sentar para conversar" em qualquer situação que apareça.

Silvinha

Stella

Cresci muito com as leituras e vivências como as que tivemos na escola, principalmente com as dinâmicas não-verbais. Psicodramas, danças, relaxamentos, trabalhos com sucata foram riquíssimos por proporcionarem um conhecimento que o pensamento não deixa aflorar, pois não passa pela razão. Vivenciar outras inteligências foi particularmente formador para mim, porque aprendi a "conversar" comigo mesma sem a ansiedade de comunicar as minhas conclusões, especulações sobre o assunto.

No início, participava dessas vivências por obrigação, porém, no decorrer do tempo, elas foram ganhando sentido e sendo incorporadas por mim até serem levadas para a sala de aula, principalmente na condução das Rodas com alunos. Por exemplo, propus na 6ª série a construção de bonecos para que fossem os intermediários nas questões sobre sexualidade, que parecia ser o tema que mais a mobilizava. Com essa atividade, ficou evidente que a maior questão não era essa e sim a necessidade de terem ídolos, e isso estava ligado às questões familiares. A partir dessa nova "leitura" do interesse deles, pude encaminhar o projeto da classe. Outro espaço formativo foi a Roda dos Professores de Roda. Nessa Roda, trocamos de papel, de professores viramos alunos, tendo a oportunidade de sentir o que o aluno sente com possíveis "leituras" equivocadas. Essa vivência é muito importante para a reflexão sobre essas Rodas com nossos alunos.

Cristina fala da relação entre as Rodas, mostrando que aquilo que o professor aprendia na Roda de alunos, por exemplo, "ao tirar o conteúdo da frente" e trabalhar sua pessoa, ele podia transferir para outros contextos de sua prática de professor, alimentando, por exemplo, a Roda dos Professores com suas experiências. Da mesma forma, o que aprende aí com os outros professores, por exemplo, com relação aos "bodes expiatórios", é conhecimento que o ajudará com seus alunos nas Rodas e aulas. Rodas em Rede.

Silvinha também identifica aprendizados seus nas Rodas de Professores, como o de ouvir, o que conseguiu fazer diante de uma mãe, apesar da grande discordância de pontos de vista. Também quando ela fala da "semente da Roda" que o professor levaria para outras escolas, está se referindo ao potencial formador da Roda que não se limita ao que se vive ali, mas contribuirá em suas experiências com outros grupos, para onde estenderá os fios de seus aprendizados.

Valéria concorda com isso, o que evidencia no que diz sobre sua experiência na escola onde trabalha atualmente. Nessa "semente da Roda" podemos incluir o aprendizado da força da cooperação, deslocando o raciocínio de que vence o mais forte pela competição. Cooperação e solidariedade que se aprendem pela experiência. Formação experiencial.

Stella identifica como formativo tanto as leituras que faziam na escola, que eram selecionadas pela ligação com o vivido, quanto as vivências, isto é, as oportunidades para a experiência direta que era oferecida pelas dinâmicas não-verbais, o que, aliás, também foi salientado por Cristina. Poderíamos entender as leituras a que se refere como atividades originalmente heteroformativas; entretanto, com a discussão e reflexão sobre a prática, elas adquiriam um sentido e assimilação significativa em seu processo de formação experiencial. Ligada a essas experiências, Stella também se refere ao trabalho consigo própria, "aprendi a conversar comigo mesma", o que significa dar passos em seu processo autoformativo.

Quanto à *escrita e os registros da prática*, pedi na entrevista que me contassem seu significado, e ouvi respostas bem diferentes, o que pode ser resultado das experiências pessoais anteriores quanto à escrita, mas também do papel que esta desempenha atualmente na vida de cada uma, com suas maneiras singulares de pensar e gerir as situações enfrentadas.

> Meus registros são pontuais, consigo através deles reconstruir o momento, mas não os sentimentos da época. Cheguei a fazer relatos mais detalhados, com balanços do vivido, mas deixei de fazê-los porque levantava aspectos emocionais e, naquela época, achava que deveria trabalhar na escola somente o meu lado profissional. Achava que tinha de separar o profissional do pessoal e aqueles registros expunham essa ligação. Sempre fiz registros em minha história, mas não registros narrativos. Anotava, por exemplo, as músicas ou poesias que me marcavam e esses registros contam minha história.

Cristina

Silvinha

Sempre gostei de escrever. Nas outras escolas onde trabalhei escrevia não só o planejamento, também descrevia as atividades que fazia, escrevia antes e depois das aulas. Mas só na Escola fiz anotações subjetivas. Lá era diferente porque havia leitor.

Valéria

Os registros sempre foram parte integrante da minha prática, os quais norteavam meu trabalho em sala, mas a introdução dos registros padronizados trouxe um aprimoramento e uma elaboração mais crítica, porque essa padronização destacava a objetividade das aulas e isso ajudou bastante na minha organização interna. As avaliações nem sempre puderam ser escritas, mas de alguma forma estavam presentes no planejamento posterior. Além disso, valorizaram a importância da comunicação, ampliando o pensamento individual para um coletivo, mobilizando no professor aspectos relacionados à organização, definição, objetividade e adaptação de estratégias. A rigidez inicial foi necessária para o posicionamento dos professores. Depois, esses registros tornaram-se presentes de forma mais espontânea e adaptada à realidade de cada professor.

Esse trabalho na comunicação, através dos registros, não só aperfeiçoou as trocas com a coordenação, como também fez um contraponto com minha comunicação com a classe.

Stella

Regularmente eu fazia registros da minha prática porque era um pedido da coordenação e não porque fosse um canal de reflexão para mim, prefiro refletir sem precisar escrever, ainda que acredite na função reflexiva do registro do professor. A velocidade do pensamento e a rede na qual ele se transforma para tentar obter respostas nem sempre é linear ou lógica, e é nessa rede que muitas vezes encontrava novas propostas ou soluções. Às vezes, valia-me até de exercícios de respiração para acalmar-me na volta para casa, dentro do carro. A escrita nessas ocasiões mais angustiava do que ajudava.

Os registros significavam uma interlocução com a coordenação e esta razão motivava-me a escrever a fim de manter uma parceria no trabalho com os alunos. É muito importante que a coordenadora esteja presente e seja parceira em encontros sistemáticos, quer por escrito ou não.

Outros registros, como os relatórios de alunos, também me ajudaram a manter uma interlocução com a coordenação sem interferir em minha autonomia.

Silvinha e Stella destacam a importância da interlocução com a coordenação ao se referirem à importância dos registros da prática para si. Os registros representaram, para elas, um caminho para essa interlocução, identificando-a como algo positivo e necessário. Também Valéria destacou isso, ao dizer que a valorização da comunicação entre ela e a coordenação ampliava o pensamento individual para um pensamento coletivo, na medida em que a troca estabelecida propiciava aprendizados quanto à "organização, definição, objetividade e adaptação de estratégias", que eram desafios para ela. E também contou que essa oportunidade de comunicação com a coordenação influenciava sua comunicação com os alunos em classe, fazendo um "contraponto". Novamente aqui vemos a interligação entre as oportunidades de diálogo, uma alimentando a outra. Rodas em Rede.

Enquanto Silvinha diz que os registros, da maneira como eram pedidos na Escola, fizeram surgir ali sua subjetividade, até então ausente em suas experiências de registros anteriores, Valéria aponta o inverso, contando que aprendia a ser mais objetiva que antes. Entendo que esses depoimentos mostram dois lados complementares mobilizados pelos registros da prática, mas em interação com a história pessoal de cada uma: a *subjetividade* e a *objetividade* que podem dialogar e interagir. Tornar a subjetividade mais objetiva *e* possibilitar que um relato objetivo da realidade seja permeado pela percepção mais global do indivíduo, não só através de seus canais racionais e lógicos.

No final de 1999, um ano após a entrevista inicial com Valéria, recebo uma carta sua, referindo-se à leitura do texto "Novas conversas, outros pontos de vista".[28] Sua carta mostra que outros "nós" de sentido estão sendo dados em outros contextos escolares e extra-escolares. Outras Rodas estão sendo compostas por outros grupos de pessoas, "outros nós". Rodas em Rede que se alastram.

Socorro, 14 de Dezembro de 1999.

Querida Cecília,

(...)

Percebi desde o início que minha proposta só teria eco depois de algo produzido, então me armei de tudo o que aprendi na Escola e com você e desenvolvi estratégias para um projeto já existente na escola intitulado SOS-AMBIENTE.

Este projeto teve como objetivo principal conscientizar nossos alunos quanto à degradação ambiental da nossa região, destacando sua importância como área de manancial.. No decorrer do projeto, tivemos oportunidade de experimentar a interdisciplinaridade em vários estudos do meio, caminhadas ecológicas para avaliação ambiental, plantio de árvores, priorizando sempre o estudo com significado e a participação individual dentro de um contexto social. Para finalizar o projeto, estivemos no Parque Estadual Intervales onde foi trabalhado um contraponto entre ambientes degradados já estudados e observados durante o ano e ambientes preservados, quando tivemos oportunidade de visitar cavernas, caminhar pela Mata Atlântica, brincar na água de suas cachoeiras, ouvir o canto de Arapongas, sentir o frescor da mata e a pureza da água que brotava das rochas.

[28] Enviei este texto às quatro entrevistadas quando terminei de escrevê-lo, com suas falas "costuradas" de maneira temática e conectadas às minhas, pois, afinal, este material pertence também a elas.

A concretização de um projeto é sempre gratificante, porém este foi especial para mim, porque houve pessoas que me confiaram um espaço que ainda não existia na escola e cada etapa dependia da minha própria iniciativa e os resultados alcançados resumiram questões que jamais seriam compreendidas apenas na verbalização.

Em vários momentos me peguei com falas suas, quando tentava me expressar sobre a importância das pautas, dos registros, dos objetivos claros, das estratégias direcionadas, então percebi o quanto isso também foi formador para mim.

Ao observar o grupo de alunos com que trabalhei, respeitando aquele ambiente em que estávamos, preocupados em guardar no bolso o papel da bala, acariciando uma estalactite sem quebrá-la, informando-se com os guias, pesquisando sobre temas de interesse e atuando com autonomia, o que até algum tempo atrás parecia fala de professor, pude concluir que uma escola sem um projeto é uma escola sem alma. (...)

Beijos,

Valéria

Após mais essas conversas, ouvindo os pontos de vista dessas professoras sobre sua formação no ambiente de trabalho, prosseguirei com a narrativa do vivido na Escola, falando agora de outra oportunidade de formação que foi oferecida nas Rodas de Professores durante o ano de 1997.

A Roda das Histórias de Vida

A Roda de Professores era semanal, como já foi dito, momento em que as questões do cotidiano da escola eram discutidas, seu projeto reavaliado, festas organizadas conjuntamente etc. Mas uma dessas Rodas, mensalmente, era reservada para atividades de formação dos educadores, na qual textos eram lidos e discutidos ou atividades práticas eram desenvolvidas, seguidas da reflexão sobre elas, como as vivências não-verbais referidas no capítulo anterior. Esses encontros mensais foram denominados, inicialmente, de "reuniões de estudo", conquista relatada do segundo capítulo deste *livro* quando falava sobre a *estrutura escolar e a formação*.

Nos anos de 1995 e 1996, não estava mais na coordenação pedagógica e não tinha contato direto com os professores; participava somente das reuniões do Núcleo Estratégico na função de assessora da Escola. Durante esses dois anos, levava um "olhar de fora" para as análises das questões institucionais e promovia sessões de estudo com os coordenadores e diretores, como foi o caso de dois cursos semestrais durante o ano de 1996. Mas, durante o ano de 1997, assumi a coordenação das reuniões mensais de estudos, retomando o contato direto com o grupo de professores. Foram nove encontros durante o ano, nos quais busquei desenvolver não um curso, em sintonia com uma prática heteroformativa, mas uma proposta de pesquisa e formação a partir da história de vida de cada um, na busca de estratégias autoformativas. Assim, constituímos o espaço da Roda das Histórias de Vida.

A proposta deste trabalho com os professores partiu, de um lado, da equipe do Núcleo que buscava uma nova divisão de funções entre seus participantes, visto que havia uma sobrecarga de atribuições em alguns membros, dentre elas a preparação e condução das reuniões de estudo. De outro, meu ingresso no doutorado em 1996 e os estudos que fazia desde então, sobre a autoformação, me desafiavam a desenvolver com os educadores um trabalho de formação baseado nesta perspectiva.

Os professores, as coordenadoras e diretoras da Escola, de certa forma, já caminhavam nessa direção, tanto em sua rotina de análise das práticas através da escrita e das partilhas da reflexão individual nas várias Rodas, quanto através das vivências e reflexões que vinham desenvolvendo nas reuniões de estudo, alimentadas também pelos estudos do Núcleo em 1996, de modo que já havia uma sensibilização para as questões da autoformação.

Minha proposta de formação a partir do trabalho com as histórias de vida foi bem acolhida pelos membros do Núcleo, que viram nela mais uma oportunidade para uma formação em direção à autonomia. Apesar do caminho já percorrido de formação dos educadores da Escola, percebiam que muitos professores ainda buscavam respostas prontas, vindas da coordenação pedagógica, para as questões suscitadas por sua prática docente, numa grande expectativa do poder do Outro sobre si e seu trabalho. Além dos professores novos, que não participaram das oportunidades de formação, oferecidas nos anos anteriores, a transformação de uma concepção e de práticas heteroformativas é algo não só lento, mas difícil, pois envolve construções teóricas e práticas feitas durante toda a história de vida pessoal e social...

Destaco dois aspectos quanto ao estabelecimento dessa proposta formativa na Escola. O primeiro é a ousadia e a abertura das diretoras da escola para um trabalho dessa natureza, já destacado anteriormente, engajando-se elas mesmas no processo de autoformação através do trabalho com suas histórias de vida. Isso demonstra, na prática, que entendiam o ambiente escolar como um espaço de formação não apenas para alunos e professores, mas também para todos os educadores, incluindo elas próprias, vendo-se como os demais em-processo-de-formação, o que é diferente de oferecer a estrutura de formação somente para *os outros*.

Desenvolver, sistematicamente, ações de formação em reuniões remuneradas é pouco comum nas escolas particulares, pois estas são concebidas geralmente como ambiente para a (in)formação de seus alunos, mas não de formação para todos, até mesmo dos educadores *enquanto trabalham*. A perspectiva da formação experiencial de adultos como um processo contínuo é ainda pouco difundida e praticada.

O segundo aspecto que destaco é que, apesar de ter encontrado uma boa oportunidade para avançar em meu trabalho de doutorado e prosseguir desenvolvendo uma prática formativa com aquela equipe, iniciada no tempo em que trabalhei como coordenadora, as condições não eram ideais, pois contava com um número muito grande de pessoas, vinte e cinco, em encontros de apenas duas horas, espaçados um mês do outro. Além disso, esse não poderia ser um trabalho optativo para os professores, pois esta reunião mensal já fazia parte do projeto de formação continuada da escola. A opção individual parecia ser importante no caso dessa perspectiva de formação que demanda uma disponibilidade e engajamento grande da pessoa de cada educador e não somente de seu "lado profissional". Apesar de meu entendimento de que o eu-pessoa caminha de "mãos dadas" com o eu-profissional, como sentira em minha história de vida e encontrava eco em leituras (Nóvoa, 1991b, 1992a, 1995b), não poderia generalizar este tipo de trabalho para aqueles que possivelmente não pensassem assim ou que preferissem não desenvolver este tipo de formação em seu ambiente de trabalho.

O respeito às possibilidades e desejos de cada um quanto ao investimento em *sua* formação era um ponto básico de minha proposta de trabalho. Provavelmente, muitas pessoas poderiam não estar prontas para pesquisar o próprio passado, para repensá-lo em profundidade, além da disponibilidade interna para isso variar muito de uma pessoa para a outra. Estar atenta para não só respeitar, mas também oferecer diferentes desafios às pessoas, de modo a tentar atender a essa diversidade e propiciar que elas aproveitassem aquelas oportunidades, na medida de seus próprios interesses e possibilidades, era meu próprio desafio como coordenadora daquele grupo.

Assim, organizei a proposta de trabalho sem estipular antecipadamente as atividades de cada um dos nove encontros do trabalho, pois achava importante estar atenta ao movimento do grupo, ao engajamento e interesse de cada integrante, à receptividade e às demandas. A avaliação, após cada encontro, ofereceria melhores condições para planejar o seguinte. Mas isso não quer dizer que não havia uma rotina de trabalho que o estruturasse.

A Roda era iniciada sempre por uma retomada do encontro anterior, relembrando o vivido e expondo nossas reflexões a esse respeito. Para facilitar isso, eu escrevia um texto, no qual registrava também alguns suportes teóricos que poderiam ajudar na compreensão do experienciado. A partilha deste texto poderia provocar novas questões, reflexões e conversas acerca do vivido em relação à teoria e vice-versa. E isso me parecia importante para uma progressiva construção da perspectiva de formação que entende que aquele que se forma é o sujeito dessa formação. Nessa auto-referencialidade, o distanciamento de si mesmo é propiciado pela ajuda do "olhar do outro", os parceiros do grupo, e também pela teoria. E esta me parecia fundamental para essa proposta de trabalho que articula pesquisa e formação. Pesquisa da própria história e de seus sentidos e formação de si próprio através dessa pesquisa.

Em meus textos e nas conversas com que iniciávamos cada encontro, eu podia contar os estudos que estava fazendo e me desafiavam neste trabalho de pesquisa-formação, assim como podia conhecer e aprender com as trocas, pois as vivências e os estudos de membros do grupo ajudavam-me a pensar na construção de caminhos para o *nosso* grupo. Pedi licença para gravar os encontros, o que me ajudaria a refletir melhor o vivido, sobretudo quando fosse escrever sobre esse trabalho na tese. Mas verbalizei meu compromisso de não divulgar nada de pessoal, a não ser que concordassem, o que envolveria uma consulta individual. Compromisso ético.

Ao ler a transcrição das fitas, ficou ainda mais evidente o quanto investíamos de tempo nas discussões sobre a melhor forma de encaminhar o trabalho. Isso não quer dizer que eu não levasse propostas de trabalho para cada encontro na forma de atividades, orais, escritas ou não-verbais, mas sim que abriam a discussão sobre como a viam e sentiam, para podermos adaptá-las. Pelo objetivo e concepção de formação, esse tempo não era perdido, pelo contrário, aquelas discussões e adequações das propostas que eu trazia para o encontro eram necessárias para darmos mais alguns passos em direção à partilha do poder de condução do trabalho coletivo e, portanto, também do individual.

Houve também alguns encontros em que ofereci possibilidades de opção, de modo a favorecer a identificação da atividade com os interesses de formação de cada um. Parecia-me necessário construirmos juntos, a cada passo, o nosso percurso, se pretendia o maior engajamento desses educadores num trabalho autoformativo. Finalizávamos cada encontro combinando uma tarefa para ser feita em casa e trazida no encontro seguinte. Essa tarefa era uma possibilidade de aprofundar individualmente a pesquisa sobre a própria história, a ser socializada e enriquecida com as trocas no grupo. Além disso, representava uma possibilidade de diminuir a distância entre um encontro e outro, pois mobilizava sua continuidade durante este período.

Inicio o próximo capítulo, narrando a história da Roda das Histórias de Vida, evidenciando as estratégias e dinâmicas vividas em nosso percurso. Em seguida, destacarei alguns aspectos e, ao analisá-los, aprofundarei o relato do vivido em algumas das dinâmicas, para ajudar a pensar sobre a complexidade, os antagonismos e algumas contribuições desse trabalho para o contexto daquele grupo e, eventualmente, de outros que procuram construir uma prática autoformativa na perspectiva das histórias de vida.

5

"Como me tornei o que sou?"

A história de nossas histórias

Nossa primeira Roda das histórias de vida foi em março, quando introduzi a proposta do trabalho acompanhada de reflexões sobre minha própria história, aproveitando para explicar a partir dela a pesquisa e a proposta de formação que fazia. No cabeçalho do texto da Roda nº 1 vinha o título que dei à proposta de formação que fazia: "A Roda de Professores: uma prática de autoformação assistida e partilhada". Iniciei o texto de abertura com um trecho de um texto sobre minha própria história de vida, no qual refletia sobre algumas lembranças de vivências na escola, acerca do ensino e aprendizagem da escrita[29]. A seguir, explicitava a proposta de trabalho, dando algumas indicações da abordagem de pesquisa-formação que iniciávamos.

A proposta que levei para essa primeira Roda foi, além da apresentar o trabalho que iniciávamos, confeccionar um brasão. Esta proposta é uma estratégia utilizada por um autor francês, Pascal Galvani (1995), que pertence ao Grupo de Pesquisa sobre a Autoformação (GRAF)[30], e vê o brasão como um método complementar às histórias de vida para explorar a autoformação na sua dimensão existencial. Para ele, fazer o brasão é meditar sobre as imagens que nos guiam, pois elas evocam os universos culturais que nos inspiram, as pessoas emblemáti-

[29] Este texto está no *Livro da Noite*, no primeiro capítulo, quando reflito sobre o processo de construção de minha autoria.

[30] Os membros do GRAF (Groupe de recherche sur l'autoformation) têm como representação comum a relação tripolar desenvolvida por Gaston Pineau (auto, hetero e ecoformação), inspirado em J.-J. Rousseau e E. Morin, conforme explicito no primeiro capítulo do *Livro da Manhã*.

cas, ou ainda sobre os meios naturais que nos recarregam de energia, sendo composto de elementos relativos aos três pólos da formação: si, os outros, as coisas.

Mas, segundo este autor, o brasão não é um dispositivo pedagógico, mas é algo que fazemos todos os dias, no lazer, no trabalho ou nos encontros, de modo que "fazer seu brasão e o partilhar com outros num grupo de pesquisa-formação é apenas retomar essa prática cotidiana, mas de maneira intensa e refletida" (Galvani, 1995: 107).

Inspirada nessa estratégia, adaptei o modelo proposto por Galvani, adequando-o aos objetivos e condições de nosso grupo, que era numeroso e dispúnhamos de pouco tempo. Pretendia que fosse uma oportunidade para que cada uma das vinte e três pessoas pudesse fazer o esforço de reflexão, aproximando-se de si mesma e valorizando-se, apoiada no simbolismo de nobreza inerente ao brasão, além de apresentar-se às outras pessoas de uma forma mais transparente e profunda, estabelecendo aí uma mais íntima relação. Nosso brasão tinha cinco espaços a serem preenchidos a partir das indicações (lema, símbolo, três dificuldades, duas qualidades, uma escolha), enquanto no original havia sete.

1 Lema
4 Dificuldades
2 Meios
1 Imagem
1 Símbolo
2 Referências
2 Qualidades
A Escolha

Essa simplificação do brasão não prejudicaria o objetivo de nosso trabalho, mas poderia viabilizar que todos apresentassem o seu brasão num tempo um pouco menor do que o requerido na proposta original, viabilizando a partilha com os outros, o que é fundamental num trabalho autoformativo. Através dessa atividade, pretendia, na prática, propiciar uma vivência dessa relação indivíduo-grupo, destacada no texto que escrevi para aquele nosso primeiro encontro:

Um primeiro aspecto que gostaria de destacar é que se autoformar não é formar-se só. O grupo é um catalizador de trocas múltiplas, "onde a dinâmica de um se nutre da dinâmica do outro". E, ao mesmo tempo que o grupo alimenta o movimento autoformador de cada participante, "as práticas de autoformação desenvolvem as ligações sociais" (Moisan, 1995: 17). Dessa forma, indivíduo e grupo se alimentam mutuamente.

O tempo disponível para um trabalho dessa natureza era de fato pouco. O planejamento das atividades para o primeiro encontro foi logo revisto, pois a discussão que se seguiu à leitura do texto e à minha apresentação inicial foi longa e rica. A grande participação de vários membros do grupo demonstrava não só o interesse, mas também a curiosidade e a ansiedade acerca da proposta. E poder conversar e relacionar com outras experiências de formação vividas por membros do grupo parecia ser fundamental para o necessário engajamento individual e da construção coletiva em que acreditava.

A confecção do brasão ficou como tarefa a ser realizada em casa e socializada no encontro do mês seguinte. Nessa ocasião, novamente iniciamos com a leitura de meu texto, que trazia algumas contribuições de estudiosos a respeito de aspectos tratados nas discussões do encontro anterior. Com a ajuda do que dizia Christine Josso a respeito do objetivo de seu trabalho de formação de adultos, através das histórias de vida, pudemos voltar a discutir o nosso, que causava ansiedade em muitas pessoas.

> Através do acompanhamento dos adultos-alunos, na sua aprendizagem da reflexibilidade (...) pretendemos pôr em evidência o que eles fizeram do que os outros quiseram que eles fossem – para retomar o discurso de Sartre. Ou seja, trabalhamos com eles para pormos em evidência o fato de que eles são os sujeitos mais ou menos ativos ou passivos da sua formação e de que podem dar-se a si próprios os meios de serem sujeitos cada vez mais conscientes (Josso, 1988: 39).

Rollo May (1982a), psicanalista que estudou a ansiedade, ajudou nas discussões sobre esse tema, no sentido de ir entendendo-a e encontrando recursos para enfrentá-la. May falava da existência de uma ansiedade normal, quando proporcional a uma ameaça real, mesmo que o indivíduo não identifique onde se encontra o perigo, destacando a importância da autopercepção para enfrentar o que chamou de luta interior que travamos diante da ansiedade, pois enquanto esta atua na direção de desorientar-nos e destruir a consciência de nós mesmos, a consciência, quanto mais forte for, melhor pode lutar e vencer a ansiedade.

Enquanto essas duas contribuições enfatizavam a *reflexão* como um caminho vital em nosso processo formativo em busca de uma maior autonomia, o texto poético de Maria Lúcia Almeida (1996), "Escritura", que transcrevi no texto da Roda 2, possibilitou retomarmos a discussão acerca da escrita e tratarmos do fato de que, apesar de ensinarmos nossos alunos a escrever, e cobrarmos sua escrita, nós mesmos escrevemos pouco, talvez em razão da ansiedade que causa, mobilizada tanto pelos sentimentos ligados ao nosso próprio processo de aprendizagem da escrita, quanto pelo confronto com o novo que ela mobiliza.

A leitura de um trecho de Jean Piaget (1978: 241), em que relata uma de suas antigas recordações (que descobriu ser falsa), nos ajudou a refletir sobre a questão da fidedignidade dos relatos de cenas vividas há muito tempo, um dos questionamentos de nosso grupo. Piaget contou em detalhes uma cena que envolvia sua babá em torno de seu segundo ano de vida com grande precisão visual. Entretanto, com quinze anos, soube que a babá havia mentido e que a cena não havia ocorrido daquela maneira. Diz que deve ter ouvido a narrativa dos fatos em que seus pais acreditavam e a teria projetado no passado. Comento em meu texto:

A terceira e última questão, que gostaria de resgatar de nosso encontro anterior, refere-se à dificuldade de lembrarmos com fidedignidade de fatos ocorridos há muito tempo. Isso não é um problema, na medida em que aquilo que lembramos, da forma como lembramos, é o que nos interessa trabalhar, pois *é ela* que nos formou, *é a partir dela* que construímos nossos significados, mesmo que seja falsa.

(...)

O sentimento de terem sido experiências reais poderia representar algo na vida de Piaget, antes de seus quinze anos. Dessa forma, este episódio faria parte de sua história de vida, construída, inclusive, de representações. E, após os quinze anos, sua história é acrescida de novas experiências, como a de que uma pessoa, tal como sua babá, talvez estimada e até fonte de segurança, fosse capaz de inventar tal história.

Com a apresentação dos brasões, novo confronto com a ansiedade e novas questões a serem discutidas. À medida que cada um apresentava seu brasão, mostrando-o e comentando-o, seja sobre o significado dos símbolos escolhidos, seja o que sentiu ao fazê-lo e o que estava sentindo ao apresentá-lo, íamos fixando-os num grande painel, que nos acompanhou por alguns encontros.

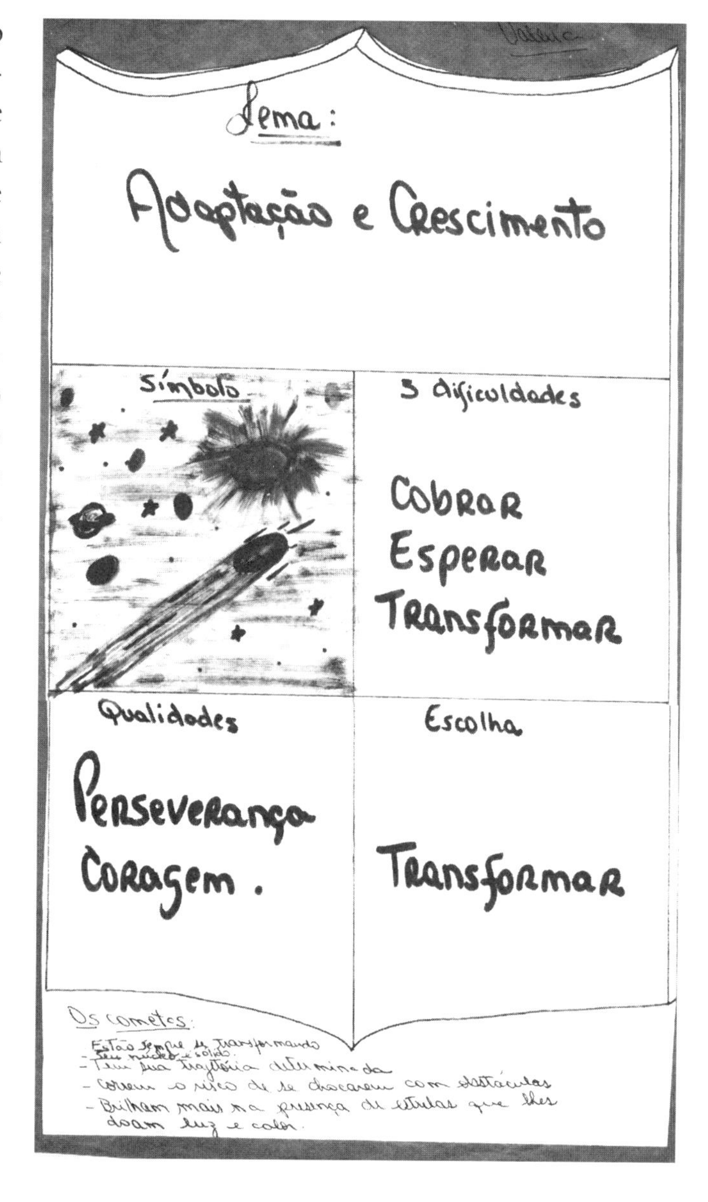

Como no texto que escrevi para a Roda 3 tratei de algumas questões levantadas durante a apresentação dos brasões, sirvo-me novamente de parte dele nesta narrativa.

Saí de nosso último encontro pensando nos vários "eus" que parecem habitar em nós. Vocês se lembram de quantas pessoas do grupo, ao se referirem à confecção do brasão, falaram de dificuldades para escolher sobre qual dos "eus" construiria o seu brasão: o "eu" pessoal, o "eu" profissional? Houve até um relato da intenção de fazer vários brasões, um de cada cor, representando cada um dos papéis exercidos nas várias situações de vida... Durante a socialização dos brasões também foi levantada a questão de que a escolha dos símbolos, lemas, dificuldades e qualidades que devem compor o brasão é muito relativa, pois depende muito do dia, do "astral" do momento de fazê-lo, com o que todos concordaram. Seria um sentimento da existência de muitas pessoas numa só? Muitos "eus" a nos compor? Houve até a substituição do próprio brasão por poema de outra pessoa, nada menos que de Fernando Pessoa, que é, inclusive, ele próprio, o representante de tantos outros "eus" por ele criados, seus heterônimos.

Eu também me incluo neste sentimento de multiplicidade, que, no início da estruturação desta proposta de trabalho na escola, foi acompanhada de dúvidas e ansiedades, em razão dos diferentes papéis que exerci (e alguns que ainda exerço) na escola: coordenadora, assessora e, agora, pesquisadora[31]. Além disso, tinha dúvidas quanto ao maior ou menor distanciamento que deveria manter do grupo, maior ou menor participação como pessoa, por exemplo, expondo ou não o meu próprio brasão. Mas fui me "localizando" e me formando neste "papel múltiplo" na medida em que vivia a multiplicidade, o "estar junto", mas com o olhar afastado, procurando perceber-me e ao grupo, numa proximidade-distância, agindo e imaginando a descrição daquela ação e vivência (o que ajuda a "ver de fora"). Imagino que, no momento dos relatos das histórias de cada um, estarei, ao mesmo tempo, vivendo uma identificação com os narradores das histórias e processando um esforço de distanciamento, movimento que mobilizará questões sobre o meu próprio processo de formação. Por isso, concordo com António Nóvoa quando diz que é impossível separar o "eu" profissional do "eu" pessoal, pois "a maneira como cada um de nós ensina está diretamente dependente daquilo que

[31] Aliás, "divisões internas" que já sentira como professora, há exatos dez anos, entre a Cecília-professora e a Cedibra-substituta. Situação que eu vivia com um misto de prazer e preocupação. Prazer pelo sentimento de liberdade, de não ficar amarrada a um papel rígido de professora, com o qual me identificava como pessoa, mas lamentava a rigidez. Preocupação por sentir as diferenças entre aquelas duas personagens, o que me levava a questionar: "Afinal, quem sou? Como sou? Esta divisão é de alguém 'normal'"?

somos como pessoa quando exercemos o ensino" (1992: 17). Assim, a maneira como pesquiso, deve também ser dependente da maneira que sou como pessoa e também da maneira como eu própria exerço o ensino. É impossível separar-me de minha maneira de ser pessoa[32].

O trabalho biográfico é interessante justamente por poder proporcionar a identificação das "transferências" de preocupações e de interesses ou dos quadros de referência do sujeito, presentes nos vários espaços de seu cotidiano (Moita, 1992: 115). A história de vida pode proporcionar a percepção de uma *lógica singular*, um *modo único de gerir os processos parciais de formação*, conceito este amplamente desenvolvido por Dominicé, para quem esses processos parciais são as "linhas de força, de componentes, de traços dominantes de uma história de vida" e é na confluência destes processos parciais que é possível ter acesso ao *processo global de formação*.

Convidei para a Roda de hoje uma professora-pesquisadora portuguesa, Maria da Conceição Moita, que, nas entrevistas com educadoras de infância, que lhe narraram suas histórias de vida, teve em vista esses processos parciais para a compreensão do processo global de formação. Suas questões iniciais foram: "Como se forma uma pessoa? Quais são as ligações que se podem encontrar entre a formação profissional (tomada no sentido de construção de uma identidade profissional) e a formação pessoal (tomada no sentido mais global)"? (Moita, 1992: 133).

Após discussões a respeito do ser pessoa e profissional, alimentadas pela leitura de trechos do texto de Conceição Moita, que seguia anexo, houve a leitura de cenas da história de vida de alguns membros do grupo e uma atividade com as fotos da infância, o mais próximo possível da cena relatada. As cenas e as fotos foram fruto de pesquisa individual, tarefa combinada no final da Roda 2.

[32] Hoje, olhando para a Cecília/Cedibra, entendo que a divisão era só aparente, uma estratégia criativa para me aproximar daqueles alunos na linguagem deles, a dramática, ampliando a minha, restrita à "escolar". Foi uma oportunidade para aprender com aquela classe a ousar, não ficando presa ao academicismo. Coragem que me foi necessária para escrever o livro/dissertação de mestrado, apresentando um texto *ao mesmo* tempo acadêmico e lúdico, teórico e prático, vivenciando a possibilidade de reunir aspectos contraditórios. Contradições que trazia em mim, mas que não significavam divisão e sim complementaridade.

Vários relatos das cenas foram emocionados, e a maioria sobre cenas da vida escolar. Relatá-los, no contexto de um grupo de formação de professores, promovia uma oportunidade de olhar de dois pontos de vista, o do aluno que fui e do professor que sou. E a partilha no grupo proporcionava um intercâmbio de pontos de vista, frutos da experiência profissional diversificada, das também diversas cenas relatadas e das maneiras de gerir os conflitos. Com a emoção, que parecia testemunhar a intensidade do vivido, esse encontro foi permeado por risos, que pareciam nascer da surpresa ante a descoberta de alunos que não se conheciam, mas estavam, em parte, presentes no dia-a-dia da escola, nos próprios colegas professores.

O momento das fotos foi ainda o de maior surpresa. Ali a descontração foi grande e a curiosidade enorme. Como dinâmica, coloquei as fotos em sigilo num envelope grande (já havia pedido que as trouxessem sem mostrar aos outros), misturei-as e depois as distribuí, propondo que descobrissem "quem era quem". Um momento de descontração, no qual o lúdico e a alegria pareciam acrescentar coragem para enfrentar os desafios e a ansiedade que este trabalho com as histórias de vida trazia. Uma das professoras, que estava com máquina fotográfica, decidiu registrar o momento e trouxe-nos as fotos na Roda 4. O painel com os brasões aparece ao fundo...

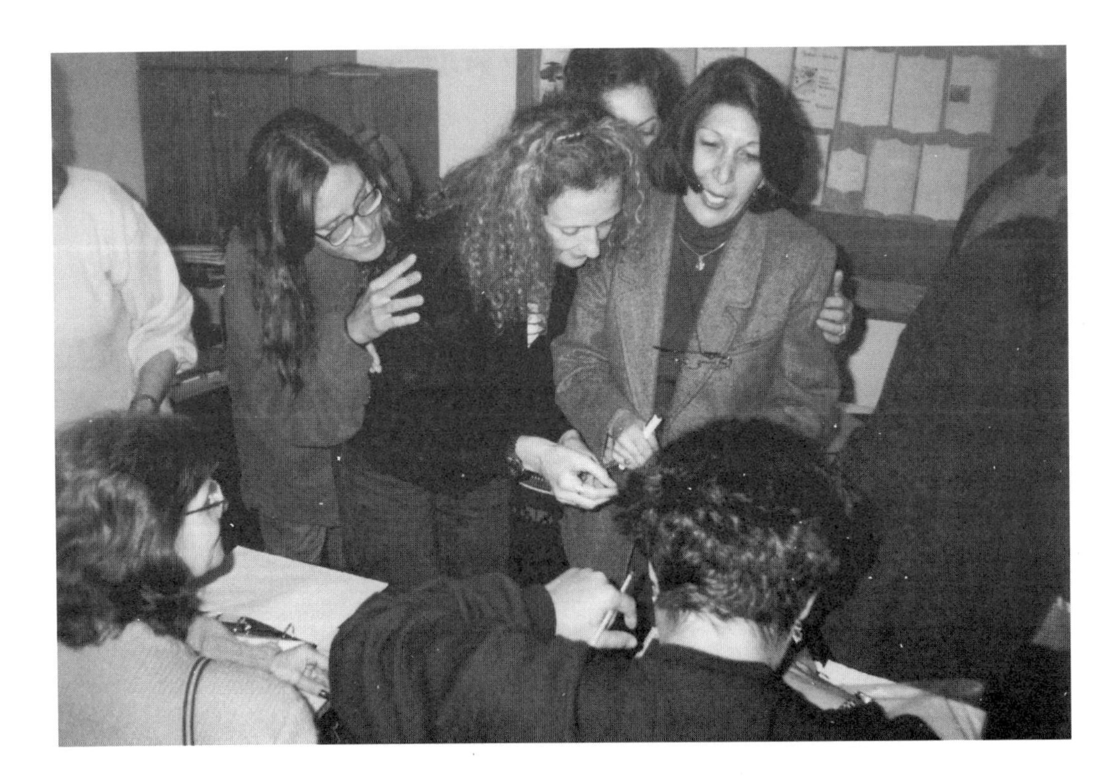

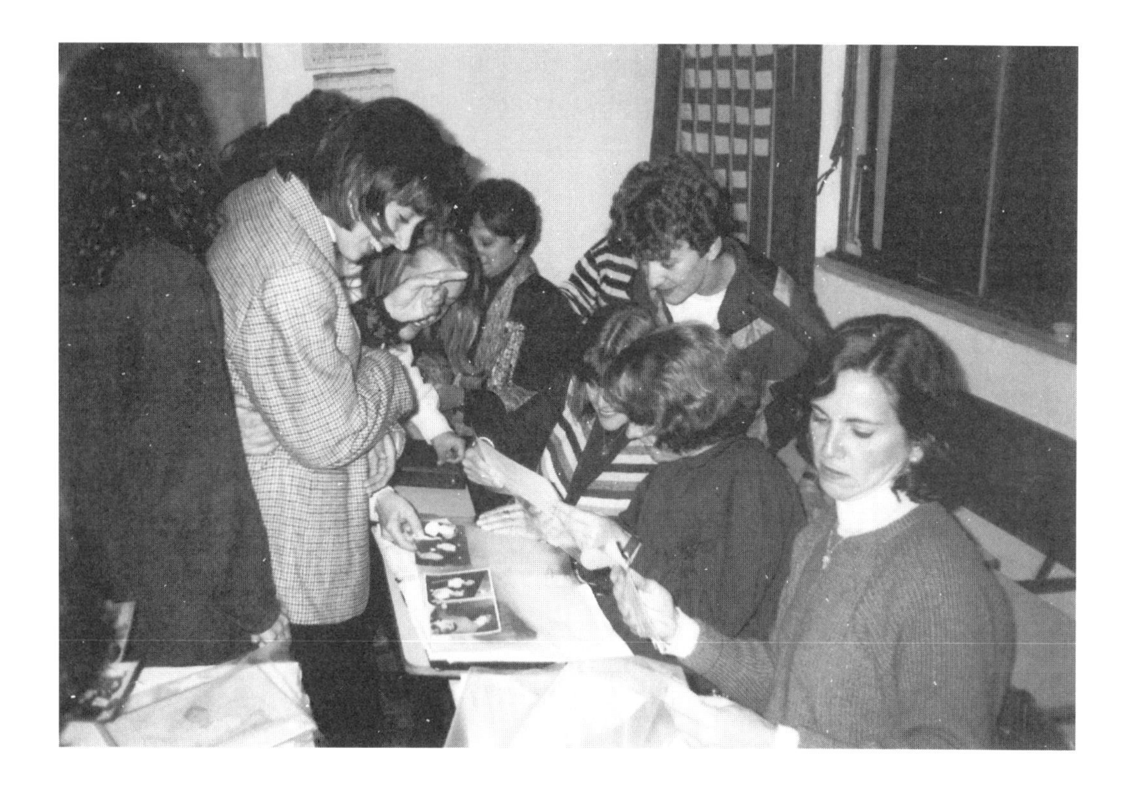

Na Roda 4, em junho, última do semestre, continuaríamos o trabalho com as cenas marcantes da vida, de modo que, como tarefa, propus que fizessem um inventário das cenas lembradas, dando um título a cada uma. Depois, identificassem quais foram significativas em sua formação e narrá-las, para partir para uma estruturação de seu percurso de formação. Outro caminho possível seria identificar em sua vida os acontecimentos que provocaram alguma transformação em seu rumo, delimitando diferentes etapas. No texto de Conceição Moita, ela narrava a história de uma educadora, Maria, e identificava esses acontecimentos na vida dela, nomeando-os acontecimentos-charneira[33], o que nos servia de inspiração.

Esta foi a primeira escolha que propus quanto à maneira de desenvolver o trabalho, tendo como intenção propiciar que algumas das diferenças individuais pudessem ser atendidas e refletissem numa singularização do trabalho. Não acompanhei de perto as escolhas, nem todo o trabalho que cada pessoa realizou,

[33] O termo charneira é muito utilizado na bibliografia portuguesa e francesa que consultei. Charneira é uma dobradiça, mas, figurativamente, no contexto do trabalho de formação com as histórias de vida, o termo é usado para designar a transição ou articulação entre duas etapas de vida, um divisor de águas.

pois entendia que a produção lhe pertencia, cabendo a mim a criação de condições para sua realização, tanto através do material teórico e do espaço para discussões, quanto da garantia de um clima de liberdade e não-controle, tão comum nas estratégias educativas atuais e fortemente presentes nos relatos das cenas escolares que ouvíramos. Para mim, como coordenadora do grupo, era esse um desafio difícil, pois também reconstruía meus modelos internalizados. Além disso, preocupava-me o fato de não ter o acesso que imaginava ser necessário ao processo que pretendia analisar na tese de doutorado... Como conciliar o ser pesquisadora *e* formadora nessa concepção de formação?

Eu mesma tive de fazer uma opção, e a fiz pelo *ser formadora*, por perceber que o modelo de pesquisadora em mim também precisaria ser revisto, mesmo que causasse grande ansiedade e sensação de vazio. Optar pela prática formadora significava, no contexto de minha história, aguardar que a reflexão sobre a prática indicasse os novos rumos de minha pesquisa.

Para conciliar uma proposta de pesquisa e a prática formativa, deveria enfrentar a ansiedade e a sensação de vazio que surgiam. Estava eu vivendo um processo semelhante ao que propunha aos professores do grupo: olhar minha história e identificar nela os modelos que tive e que ajudaram a construir-me como sou. Um passado que pode ser ressignificado e ajudar na construção de mim mesma como uma pessoa mais autônoma, podendo utilizar a criatividade como ingrediente do estar-em-processo-de-aprender.

As contribuições de Rollo May (1982a) quanto à ansiedade e o texto de Maria Lúcia Almeida (1996), "Escritura", que levei ao grupo na Roda 2, serviam também para mim, ao encarar minha própria ansiedade e as "regras" da pesquisa e da escrita acadêmica. "As regras aprisionam a criatividade, mas... elas existem e têm função. É preciso ouvir o que vem, pois em alguma regra, sua escrita rompe. (...) Escrita que emerge, busca, busco. Busca o outro. Senão: vazio" (Almeida: 76-78). Contribuições de Outros que alimentam a *autoformação assistida e partilhada* no grupo.

A distância que eu sentia entre ser pesquisadora e ser formadora relacionava-se com o questionamento do grupo acerca da identidade pessoal e profissional, como se a identidade não contivesse contradições e ambigüidades. Fazia parte de um pensamento do tipo "ou...ou", excludente, que não concilia os antagonismos. Questão essa suscitada pelas leituras que fazíamos e sobretudo pelo texto de Conceição Moita, que trazia explicitamente esse assunto, mostrando que

> a identidade pessoal e a identidade profissional constróem-se em interação. (...) Identidade pessoal/identidade profissional: uma grande quantidade de relações se

> estabelecem. Há nessas relações uma atividade de autocriação e de transformação vividas entre a tensão e a harmonia, a distância e a proximidade, a integração e a desintegração. A pessoa é o elemento central, procurando a unificação possível e sendo atravessada por múltiplas contradições e ambigüidades (1992: 138-39).

No texto da Roda 4, trouxe o pensamento de alguns pesquisadores que podiam subsidiar nossas reflexões sobre a importância da troca de experiências, como Maria Anita V. Martins, da PUC-SP, Pierre Dominicé, da Universidade de Genebra, e Ecléa Bosi, da Universidade de São Paulo. A discussão a partir do ponto de vista deles dava maior confiança em nosso trabalho de construção conjunta, baseada na troca de experiências, e alimentava as discussões acerca da pesquisa que empreendíamos, individual e coletivamente.

A pesquisa de Maria Anita Martins (1996) discutia a defasagem entre a produção acadêmica e o trabalho nas escolas de 1º grau, atribuindo como uma das causas desse descompasso a pouca troca de experiências e idéias entre os docentes desses níveis, bem como a ruptura entre ensino e pesquisa (1990). Pierre Dominicé propunha "devolver à experiência o lugar que merece na aprendizagem dos conhecimentos necessários à existência, tanto pessoal quanto social e profissional. (...) A noção de experiência mobiliza uma pedagogia interativa e dialógica" (Dominicé, 1990: 149-50).

Ecléa Bosi (1987) mostrava a importância da troca de experiências através da narrativa, referindo-se a Walter Benjamin, pois a narrativa é capaz de transmitir ensinamentos, justamente decorrentes desta troca de experiências, pois "o narrador tira o que narra da própria experiência e a transforma em experiência dos que o escutam" (Bosi, 1987: 43).

Na Roda 4, após a leitura e discussão a partir dos excertos desses pesquisadores, propus um trabalho a partir de cenas das histórias de vida de cada um, mas desta vez através de desenhos e com olhos fechados, para não censurar seu movimento e propiciar mais uma técnica de "escavação" na história, possibilitando novas descobertas. Propus um jogo imaginário, tal como o experimentara no grupo de formação de que participava há alguns anos[34], no qual pude experimentar, através de técnicas como aquela do desenho em grupo, a possibilidade de ressignificar cenas que mantínhamos imóveis, como que nos possuindo, atribuindo novos significados, em novos contextos. Contextos oferecidos

[34] Trata-se do grupo psicodramático coordenado por Alicia Fernández, ao qual me refiro no *Livro da Noite*, ao refletir sobre as experiências formativas em minha vida, e no *Livro da Manhã*, abordando sua fundamentação teórica e abordagem metodológica.

pelo olhar dos companheiros do grupo, que as enxergavam a partir de suas histórias de vida e maneiras singulares de gerir os conflitos, ampliando as possibilidades de movimento do autor do relato, que podia descobrir outras significações no contexto de sua própria história.

Infelizmente, a falta de tempo limitou a partilha dessa experiência e seu aprofundamento. Propus como tarefa para o encontro seguinte, dali a dois meses, após as férias de julho, a elaboração de uma linha do tempo de sua história de vida. Ela seria um instrumento que poderia, graficamente, ordenar espacialmente os acontecimentos e ajudar no momento posterior quando cada um faria a narrativa oral e depois escrita de sua história. No momento da narrativa, os tempos verbais e o sentido das palavras no contexto da narrativa dão a dimensão temporal que no gráfico não aparece, limitando-se à constatação do acontecimento. A narrativa dá a historicidade que permite ao seu autor tomar consciência do *processo* que lhe tem dado forma, de sua identidade em construção, em metamorfose.

A tarefa da linha do tempo seria feita em casa, mas propus ainda naquele encontro duas outras atividades: uma lista das pessoas que gostariam de participar de um pequeno grupo para as narrativas da história pessoal, que seria no segundo semestre, e uma avaliação dos quatro primeiros encontros do trabalho, identificando os momentos mais marcantes para si e suas expectativas para os próximos. A diversidade das avaliações demonstrou que cada um se apropriou dessas oportunidades de formação de maneira muito diferente, pois em sintonia com seus próprios desejos, necessidades, buscas, enfim, de acordo com o momento de seu processo *singular* de formação. Para evidenciar essa diversidade e ouvir a "voz" de algumas pessoas, seguem trechos dos textos de avaliação:

> Achei muito interessante todas as dinâmicas vivenciadas nesses encontros, contribuíram sem dúvida alguma para o meu crescimento como pessoa e profissional. É muito gostoso esse exercício de puxar o fio da nossa história, nunca se tem tempo nem disposição para isso se não formos incentivados ou motivados externamente.

> Bárbaros!! Levam ao autoconhecimento e a interpretação de alguns acontecimentos que se manifestam no dia-a-dia, na prática com os alunos, mas nós não tínhamos consciência.

Estes momentos têm me proporcionado não somente recordar o percurso de minha formação, mas revivê-lo e enxergá-lo com outros olhos. Alguns fatos considerados importantes foram relegados ou compreendidos e outros adormecidos brotaram com novos significados. Não foi fácil e muitas vezes me vi pensando que não havia nada tão marcante para relembrar. Nesse momento foi importante a troca da experiência com o outro.

Momentos marcantes: quando voltamos para trás, podemos relembrar o primeiro encontro, em que todos ainda pisavam em ovos e como o grupo foi crescendo e se expondo, participando ativamente do processo. Para mim o mais marcante foi o brasão, momento de reflexão e autoconhecimento, metas e conquistas e identificações. Super bom.

Como momento marcante tenho o terceiro encontro com as fotos e principalmente os relatos, pois através de muitas falas dos colegas eu pude me perceber como aluna com momentos parecidos vivenciados.

Rever minha formação tem dado um significado novo à minha prática – no brasão como no resgate de meus momentos, consigo construir uma imagem de mim, de uma formação, podendo atuar de forma cada vez mais consciente (isto para mim tem muito significado).

Às vezes eu falo demais e me exalto. Mas acho que você tem culpa nisso, pois convida a participar sempre, mesmo que apenas com um olhar. Uma sugestão: não leia os textos em aula, pois isso não é produtivo, pelo menos em minha experiência em sala de aula.

Os textos portugueses são um tanto rebuscados, tenho dificuldade em lê-los, ou melhor, tive de relê-los. Foi bom reavivar a memória lembrando os momentos difíceis. Foram eles que fizeram modificar minha conduta. As expectativas para as próximas Rodas: "como esse estudo nos ajudará na nossa prática". Dentro daquilo que você propõe, pode citar alguns exemplos práticos?

Foi uma oportunidade de "ser forçada" a recordar cenas boas ou não que permearam minha vida, mesmo porque é um exercício não muito praticado por mim. Como expectativa para os próximos encontros, espero que estes quatro sirvam de trampolim para entendermos e discutirmos o nosso trabalho pedagógico "aqui e agora".

Muito longe um encontro do outro. O assunto fica truncado. Difícil de ser retomado com a mesma intensidade com que foi interrompido.

Até o momento estou observando a sua proposta. Muita coisa já é de meu conhecimento, outras coisas não. A sua proposta de trabalho apresenta uma concepção diferente da minha em alguns pontos, não significa que seja ruim.

Nossos encontros têm sido interessantes e despertam um olhar para dentro de nós mesmos... Entretanto, sinto que há o perigo de estarmos lidando com coisas que, sem um necessário respaldo em outra área, que não a pedagógica, se torne ameaçador... Será que todos nós temos estrutura para lidar com os percalços dessa formação? Será que o grupo pode acolher tudo isso? Será que memória e esquecimento não são defesas? E após todo esse aflorar? Que rumo a pesquisa tomará?

Essa diversidade nos níveis de engajamento na proposta levou-me a pensar em caminhos diversificados para a continuidade do trabalho, oferecendo três opções de atividades sem escapar ao objetivo central de um trabalho de autoformação, isto é, poderia levar uma proposta de formação que não fosse através da narrativa de sua história de vida, visto que a autoformação pode ser entendida e desenvolvida segundo diferentes abordagens[35]. Dessa maneira, quem *desejasse* investir em sua formação, através da narrativa de sua história, poderia fazê-lo, junto a parceiros com a mesma opção, num grupo menos numeroso com um clima de maior intimidade, podendo aprofundar esse trabalho. E faria outras duas propostas a serem desenvolvidas em salas vizinhas, e no final nos reuniríamos todos para que cada grupo, ou indivíduo, contasse aos outros como foi seu trabalho, retomando o espírito coletivo e o eixo comum de nosso trabalho.

Como já havíamos combinado, no encontro de agosto trabalhamos com as narrativas orais em pequenos grupos, três a quatro pessoas em cada, de modo a viabilizar, no pouco tempo que tínhamos, que a maioria, pelo menos, tivesse a oportunidade de fazer a narrativa e ouvir a de outros. Além disso, a proposta dos pequenos grupos, montados a partir da lista de preferências que recebi, propiciava a diminuição de eventuais constrangimentos quanto a partilhar sua história junto a colegas de trabalho com quem não quisesse se expor dessa maneira.

Acompanhei somente algumas narrativas orais ao circular pelos grupos, que se distribuíram em várias salas da escola. Aproximando-me dos grupos, percebia um enorme envolvimento. A linha do tempo foi um apoio visual às narrativas, servindo como referencial da globalidade da história, dividida em etapas pelos acontecimentos que promoveram mudanças significativas em sua vida, os momentos-charneira[36]. A proposta seria de dar um título a cada etapa, de acordo com o sentido que ela teve na globalidade do percurso de vida, o que poderia ser feito com a ajuda do grupo.

Mas cada grupo desenvolveu seu trabalho segundo uma dinâmica própria, organizada por eles, adequando-a às expectativas e ao material disponível, pois nem todos tinham feito a linha do tempo, refletindo sobre seu percurso e as etapas de sua vida. Na grande Roda final, para avaliar o encontro, essas dinâmicas foram reveladas. A fita gravada permite ouvir novamente o que foi dito. Uma professora, por exemplo, contou:

---

[35] No *Livro da Manhã*, no primeiro capítulo, exponho as diferentes abordagens da autoformação referidas por Philippe Carré et al. (1997).

[36] Verificar a explicação do termo charneira na nota de rodapé 33.

Eu tinha identificado oito charneiras, mas vejo que na verdade são só três e o resto faz parte de um processo até chegar na charneira e eu sozinha não consegui ver isto. No grupo ficou mais claro para mim.

Outra participante de seu grupo contou que, em função disso, ficaram muito tempo discutindo sobre:

O que é um momento charneira, o porquê da transformação, se era só uma mudança ou se era uma charneira mesmo e o que provocou essa charneira, porque só identificá-las seria muito pouco. E nessa discussão levou-se muito tempo, então não teve muito tempo para colocações de outros componentes do grupo.

Já uma professora de outro grupo falou:

Na nossa dinâmica deu tempo, porque fomos pegando ganchos das datas. Eu tinha feito a linha do tempo e os outros iam entrando na minha linha, cada um foi contando naquela data o que aconteceu.

Um terceiro grupo contou como cada pessoa do grupo montou sua linha e elas trabalharam, comparando-as e percebendo o que havia de semelhante e diferente.

Karen foi fazendo todos os momentos da vida dela, eu fiz os que eu achei mais importantes, aqueles que eu achei que tinham provocado mais mudança mesmo e aí a gente começou a discutir um pouco o profissional...

Uma companheira de seu grupo completou:

> O nosso grupo partiu para a discussão da escolha profissional, depois a ligação dessa escolha com a vida pessoal, porque nós três temos vidas diferentes e foi legal porque a gente pôde perceber a semelhança de sentimentos, apesar de a vida pessoal de nós três ser tão diferente... A paixão pela profissão é muito forte e comum entre nós três, então foi bem legal a discussão, mas dá vontade de falar mais, de aprofundar mais... Você vai descobrindo muito da outra pessoa, a gente trabalha junto faz tanto tempo... E você vai conhecendo coisas que não sabia da vida da outra pessoa, é legal.

Pessoas de um terceiro grupo disseram:

> Eu lembrei de muita coisa quando ouvi a história dela...

> É, as identificações são interessantes... A gente vai lembrando através da história do outro, do que ele viveu, e percebendo que eu também senti isso quando eu estava para prestar vestibular... Isso é legal, saber que alguém sentiu o mesmo que eu, viveu próximo daquilo, lógico que diferente, mas próximo daquilo.

A diversidade, a criatividade e o prazer de contar sua história e ouvir a dos outros apareceram na intimidade dos pequenos grupos. Eu, que estava de fora, não conduzia mais o processo, mas podia observar melhor o envolvimento, que se nutria do espaço de liberdade e intimidade. Apesar de alguns terem se desviado da proposta metodológica, percebi que isso propiciou ampliar o engajamento individual e as ligações interpessoais. Percebo que esse momento ajudou a intensificar a confiança e até a alegria de participar desse trabalho de formação, para o qual alguns ainda estavam reticentes, fato que eu percebera na avaliação do primeiro semestre. Ampliava-se, assim, o interesse por continuar a descobrir os caminhos que trilhou, os sentimentos que teve como aluno, como lidou com as situações de escolha e conflitos, percebendo que a diversidade e as semelhanças podem repercutir na convivência com seus alunos, que são pessoas como ele, construindo sua história cheios de conflitos e contradições. Os sentimentos de ambos podem ser semelhantes, "próximos e diferentes", e, apesar do professor achar conhecer os alunos, por estarem juntos há muito tempo, eles podem ainda ir "conhecendo coisas que não sabia da vida da outra pessoa" e isso pode ser "legal".

Mesmo que não como eu planejara, essa experiência foi potencialmente formativa também do ponto de vista da formação profissional propriamente dita. Digo potencialmente pois a transposição para a relação professor-aluno não é imediata e dependerá, mais uma vez, do processo singular de formação, da reflexão sobre a prática, da sensibilidade, condições e disponibilidade de cada um. Para mim, como coordenadora daquele grupo, tive a oportunidade de constatar que *o espaço para a opção, para a liberdade e para a diversidade são muito importantes*, pois foi capaz de desfazer o clima de incômodo de falar de sua história pessoal no grupo, verbalizado pouco antes na sala dos professores (o que uma professora me revelara). O que vivenciamos foi o oposto, pois percebi um grande envolvimento nos vários grupos, onde a desenvoltura e a animação se fizeram presentes. Como educadora, levarei este aprendizado para outros grupos, de crianças, jovens ou adultos...

Como tarefa para a Roda 6, propus a produção de um texto, que poderia ser reescrito várias vezes, assim como propomos aos alunos na escola: a redação como oportunidade de diálogo com o professor e colegas, podendo ser transformada a partir das trocas. Assim, a redação "Como me tornei o que sou" não teria o caráter de um produto acabado, o que poderia inibir o movimento da escrita, sendo uma etapa de um processo.

Aproveitando o que aprendera no encontro anterior, apostei na idéia de proporcionar opções de trabalho e grupos menores, com a possibilidade de maior autonomia na escolha de seus rumos. Assim, fiz três propostas, todas relacionadas à autoformação, mas com diferentes abordagens e estratégias, e com diferentes níveis de exposição do eu-pessoa. Assim, haveria também a possibilidade de não precisar "ser forçada a recordar cenas boas ou não", como uma das professoras escrevera na sua avaliação do semestre. Cabe destacar, contudo, que isso é bastante subjetivo, pois, ao trabalhar com a própria formação, necessariamente seu eu-pessoa estará presente, ainda que não se tenha consciência disso nem seja verbalizado.

A proposta 1 foi de aprofundar o trabalho com a história de vida, retomando a linha do tempo, a redação "como me tornei o que sou", as cenas já relatadas e aprofundar as discussões a partir delas, caminhando para reescritas de seu texto de maneira a ir tomando consciência de seu processo de formação. Eu estaria acompanhando esse grupo.

A proposta 2 foi partir da leitura de um capítulo do livro *Meu professor inesquecível*, de Fanny Abramovitch, que acabara de ser lançado (São Paulo: Editora Gente, 1997), para em seguida escrever um texto, como um novo capítulo do livro, contando sua própria experiência junto a um professor inesquecível de sua história. Este livro foi levado ao grupo pela Cristina; eu não o conhecia, mas se relacionava com o tipo de pesquisa que vínhamos fazendo, pois cada capítulo trazia o relato de um escritor brasileiro sobre suas experiências, junto a algum professor marcante em sua história de vida escolar. Além da riqueza do material, a professora que o trouxe demonstrava, com esse ato, seu crescente envolvimento com nosso trabalho de formação, de modo que poder incorporá-lo no trabalho demonstraria, na prática, o que eu dizia na apresentação do trabalho em março: estaríamos juntos, construindo os rumos de nossos encontros.

A proposta 3 referia-se a fazer uma resenha de qualquer texto ou livro que julgasse importante para sua formação, mas sobre o qual ainda não tivera oportunidade de se debruçar. Poderia fazer essa resenha durante os próximos encontros e a partilharia no grupo.

Os próximos três encontros deram continuidade ao trabalho desses grupos, mas mantendo a rotina de uma Roda inicial e outra final, com todos juntos, para a socialização do vivido, o estabelecimento de relações entre as experiências dos grupos e a avaliação do encontro. Outra mudança foi no meu texto preparado a cada encontro. Aceitando a sugestão dada pelo professor Bruno, na avaliação do primeiro semestre, eu passei a levá-lo uma semana antes de nosso encontro, de modo a viabilizar sua leitura antecipada e apenas discuti-lo juntos na Roda inicial. Como o meu texto podia ser lido antes, e ele expunha minhas reflexões a partir do encontro anterior, poderia ajudar a diminuir alguma ansiedade ante o que viria. Assim, o texto da Roda 6 já expunha a proposta das opções que viriam:

Estamos iniciando uma etapa de aprofundamento sobre as histórias de formação. Histórias singulares, porque únicas. Por isso, é chegado o momento de uma opção individual. Cada um de nós encontra-se em um momento singular de relacionamento consigo próprio, com seu processo autoformativo. Apesar de minhas propostas de trabalho terem sido unificadas para todo o grupo, nas Rodas anteriores, as formas e intensidade variaram de uma pessoa para a outra. E ainda bem que isto ocorreu, pois é o sintoma das marcas de cada um terem sido preservadas. Nesta nova etapa, a diferenciação poderá crescer, já que farei propostas de trabalho diferentes, que cada um escolherá de acordo com a percepção interna do melhor caminho para seguir em sua prática autoformativa. Caminhos que podem levar a um olhar mais aprofundado sobre suas experiências formativas ao longo da vida, em busca de articulá-las ou a um investimento em lacunas teóricas de sua formação. Mas vale apontar aspectos semelhantes nas diferentes propostas: todas envolverão *escrita e partilha.*

Nos encontros que se seguiram, prosseguimos com a rotina combinada, iniciando com uma fala de cada um, expondo o que vinha fazendo em seu grupo. Só uma pessoa havia escolhido a proposta 3, da resenha, e tendo-a terminado e partilhado logo no primeiro dia, passou a trabalhar na proposta 2, do "professor inesquecível". À medida que as pessoas que trabalhavam nessa proposta terminavam a escrita do texto de seu próprio professor inesquecível, liam-no na Roda inicial ou final desses encontros, e, enquanto o grupo das histórias de vida (proposta 1) se reunia, eles prosseguiam seu trabalho, ou discutindo sobre seus professores inesquecíveis em pequenos grupos, ou individualmente, escolhendo um novo capítulo do livro para ler, ou ainda iniciando uma nova escrita cuja proposta seria "qual a relação entre meu professor inesquecível e a professora que sou".

Com isso, a diversificação se ampliava ainda mais e o meu não-controle também. Entretanto, as partilhas nas Rodas iniciais e finais significavam um espaço para cada um contar o que estava fazendo e manter a troca e o espaço coletivos.

Nos textos das Rodas 7 e 8, prossegui com reflexões sobre os encontros anteriores e comentários sobre os próximos passos, assim como acrescentei mais algumas contribuições de pesquisadores (e formadores) que trabalham com as histórias de vida, de modo a incentivar ou propiciar, a quem tivesse interesse, reflexões sobre o trabalho de formação do ponto de vista metodológico ou teórico, ampliando seus instrumentos de pesquisa. Seguem trechos desses textos.

A Roda de Professores: uma prática de autoformação assistida e partilhada

Roda nº 7 — 10 de Novembro de 1997 — coordenação: Cecília Warschauer

Mesmo se não temos o controle de todos os acontecimentos que fazem uma existência, nós podemos nos instituir como ator-autor do sentido e das lições que tiramos de nossas experiências.

O relato de vida não tem poder transformador em si, mas a metodologia do trabalho sobre o relato de vida pode ser a oportunidade de uma transformação segundo a natureza das tomadas de consciência e o grau de abertura à experiência das pessoas engajadas no processo.

Christine Josso

Para mim e, acredito, para o andamento do nosso trabalho de formação, o último encontro foi decisivo. E isso porque redefinimos algumas bases do trabalho, até então mais timidamente assumidas:

1º) Minha proposta não só teórica, porém mais prática de caminharmos na perspectiva da *pesquisa-formação*, de modo que os papéis de pesquisador e de "formandos" sejam vividos por todos nós, o que significa que podemos (e devemos) pensar *juntos* no encaminhamento do trabalho, ao mesmo tempo que eu também trago minha história a ser trabalhada no grupo. Isso não quer dizer que deixei de ser a coordenadora, mas que, apesar de sê-lo, não sou eu a definir, *sozinha*, os encaminhamentos, os tempos, os rumos... Acredito que, se pretendemos investir no "paradigma emergente"[37], as questões (e as práticas) relativas à *autoridade* e ao *poder* precisam ser revistas e reconstruídas.

[37] Segundo a terminologia de Boaventura de Souza Santos, utilizada no texto "Um discurso sobre as ciências na transição para uma ciência pós-moderna" (1988). Este texto encontra-se na pasta do grupo.

2º) Partimos de uma *opção*, da liberdade de trazer ou não a própria história de formação para este trabalho. E esta opção é essencial, principalmente no contexto de nosso trabalho: realizado no próprio local de exercício profissional. Assim, procurei pensar na possibilidade de outros caminhos que, embora todos investindo na formação pessoal-profissional, pudessem atender a diferentes necessidades, interesses e momentos pessoais. Foi assim que pensei nas três propostas de trabalho para aquele encontro. Imagino que, para os seguintes, cada um possa identificar o rumo mais adequado para si o que já será "em si", uma oportunidade de sintonia com o próprio processo, num investimento "de dentro para fora".

Gostaria ainda de registrar aqui alguns dos "resultados" daquele encontro. O grupo das "histórias de vida de formação", com seus 13 integrantes (incluindo a mim), iniciou o trabalho com a definição de algumas "regras", ou, como chamamos na ocasião, "cláusulas do contrato" que ali estabelecíamos. Esta foi uma necessidade nascida no grupo, a partir das discussões acerca das ansiedades que esta proposta de trabalho traz, acrescidas ao fato de se realizar na própria escola, sede de trabalho dos professores. Ficaram assim estabelecidas: 1º) franqueza; 2º) sigilo/ética; 3º) o objetivo ao ouvir o outro é olhar para o próprio percurso. A seguir, partimos para ouvir um dos relatos, que foi o eixo da discussão que se seguiu, em que lembranças de outras histórias foram aparecendo. Ao mesmo tempo que participava, fui escrevendo na lousa os temas transversais que "circulavam" nos relatos e na discussão:

- poder,
- ética,
- o papel da família de origem,
- o papel da mulher na sociedade.

O curioso é que, quando reunimos os três grupos para a socialização do que se passou em cada, esses temas também apareceram "entremeando" as reflexões nascidas dos textos sobre o "meu professor inesquecível"! Assim, parece-me, poderemos trabalhá-los simultaneamente com a formação individual... Mas esta é apenas uma especulação, pois teremos de prosseguir para descobrir...

Para "alimentar" o resgate das histórias de vida de formação, trouxe algumas questões tomadas "de empréstimo" de Christine Josso (1996). Algumas dão pistas para as reflexões no momento do trabalho individual...

– Tenho eu uma história?
– Vale a pena contá-la?
– O que os outros vão pensar de mim através do que eu conto?
– O que foi significativo em minha vida?
– O que contar de mim entre tudo o que é possível contar?
– O que eu desejo partilhar ou guardar para mim?
– O que farei eu de questões e da visão dos outros?
– Como dar conta do caminho interior que acompanha "os fatos" de minha vida?
– Como falar de si de maneira que seja interessante para todo mundo?
– Minha vida é como a de todo mundo, o que há de particular a contar?

A Roda de Professores: uma prática de autoformação assistida e partilhada

Roda nº 8 — 24 de Novembro de 1997 — coordenação: Cecília Warschauer

Os dados biográficos resultam de uma tomada de consciência, de uma espécie de maturação relacional que permite voltar à infância ou à adolescência. Esforçando-se por selecionar no seu passado educativo o que lhe parece ter sido formador na sua vida, o sujeito do relato biográfico põe em evidência uma dupla dinâmica: a do seu percurso de vida e a dos significados que lhe atribui; nunca se limita a fazer um simples balanço contabilístico de acontecimentos ou de determinados momentos.

Pierre Dominicé (1988)

Após um período em que nos dedicamos mais aos relatos de vida, acho que pode ser interessante partilhar com vocês um texto "teórico", principalmente porque ele discute alguns dos aspectos levantados nos dois últimos encontros, como, por exemplo, o papel da família de origem nas histórias de formação, os processos singulares de autonomização perante ela e também as dimensões relacionais nesse processo (temos resgatado, inclusive, nossas relações com os "professores inesquecíveis"). Trata-se de um texto de Pierre Dominicé, de quem já falamos um pouco em nossos primeiros encontros.

No último encontro, o nono, fizemos uma Roda de avaliação do processo coletivo durante o ano e, por escrito, do individual, seguindo um roteiro que acompanhava o meu texto. Mais uma vez, ao ler as avaliações, constatei a diversidade das vivências, e neste segundo semestre, devido às opções nas propostas de atividades, a diversificação foi ainda ampliada.

Quanto ao processo coletivo, destaco o que disse João, professor que há alguns anos coordenava a Roda de Alunos e se preocupava com a maneira de fazê-lo, por isso observava como as Rodas de Professores na Escola e aquelas de nosso trabalho eram conduzidas. Disse ter percebido a existência de um *espaço para a pessoa* e a manutenção do *foco da Roda*, isto é, foco sobre a pessoa na Roda, pois percebia que freqüentemente, nas Rodas de Alunos ou de Professores, a fala de uma segunda pessoa se sobrepunha à de uma que falara antes, sem haver uma compreensão de seu ponto de vista, do significado de sua fala. Disse ter percebido o cuidado que tive em manter o eixo da fala da pessoa que traz seus próprios significados para o grupo, sendo isto algo muito sutil, delicado e importante. Percebia também que essa condução do grupo, seguindo seu movimento, dava-lhe autonomia, não ficando só na intenção.

A fala desse professor mostra-me que, mesmo sem fazermos referências diretas à gestão da aula ou da prática pedagógica durante o nosso trabalho, ele aproveitou a oportunidade para formar-se naquilo que era a *sua* necessidade, naquilo que era tema de pesquisa para *sua* formação. Isso apesar de não se sentir à vontade para partilhar cenas de sua história de vida no grupo, o que poderia tê-lo levado a fechar-se e isolar-se. Mas participou das atividades e aproveitou esses encontros para a sua formação. Entendo que esse aprendizado que ele relata foi possível porque refletiu sobre a *vivência* que estava tendo, isto é, estava atento à teoria praticada, que estava em consonância com a professada (Serre, 1991). João mostrava, mais uma vez, que as vivências no cotidiano da Escola são importantes para a formação docente, assim como também Stella e Cristina as destacaram em suas entrevistas, apresentadas no capítulo anterior.

O difícil caminho da autoformação

Prosseguirei com uma análise do trabalho das "Rodas de Professores: uma prática de autoformação assistida e partilhada", identificando alguns aspectos das atividades desenvolvidas individual e coletivamente, mas também das avaliações individuais escritas no final de cada semestre.

Construir caminhos para a autoformação não é fácil, pois a formação é geralmente entendida como educação escolar e vivida como heteroformação, de modo que é preciso um esforço, às vezes muito grande, para tomar consciência e fazer deslanchar o movimento autoformativo. E aí se inscrevia o objetivo desse trabalho com os professores: ajudá-los em seu caminho de *apropriação do poder sobre sua formação*, o que não precisaria ser feito, necessariamente, através da escrita de sua história de vida naquele grupo, apesar de ser esta uma estratégia privilegiada. Tratava-se de criar diferentes oportunidades através de variadas estratégias que evidenciassem que nós temos um papel ativo na construção de nossa formação, o que pode ser percebido quando tomamos consciência *do que fizemos* com o que os outros quiseram ou não quiseram fazer de nós (Sartre).

Em função da diversidade dos processos de formação e dos níveis de sua apropriação, o aproveitamento de cada professor também foi diversificado, mas a grande maioria identificou avanços; desde aquele que percebeu que sua formação é um processo que não terminou com a saída da faculdade e passa a se preocupar em continuar aprendendo, até outros que tomam consciência de seu papel ativo na construção de si próprio, pois até então atribuíam um maior poder aos outros em sua formação. Vejamos alguns dos depoimentos que evidenciam esses avanços, registrados na avaliação final do trabalho:

Foi muito importante para o meu crescimento profissional participar de um grupo como esse. Primeiro me senti acolhido pelas pessoas e ao mesmo tempo desafiado por estar no meio de um grupo tão experiente. Como eu terminei a faculdade recentemente, não estava mais preocupado em aprender, mas apenas em transmitir. O grupo me ajudou a voltar a aprender.

No que diz respeito aos desenhos de cenas escolares, devo registrar que eles foram para mim extremamente significantes, pois possibilitaram que eu percebesse que uma marca que hoje tenho e atribuía ao meu marido já fazia parte de minha personalidade e da minha forma de encarar os desafios desde a minha adolescência.

> Sempre atribuí o meu papel de educadora à interferência familiar e cultural. É claro que tanto uma como outra foram importantes na minha escolha, mas a reconstrução de minha história deixou claro que, apesar dessa influência, a minha escolha sempre esteve ligada ao prazer que tenho em exercer este papel.

Uma das professoras, entretanto, apesar de identificar ganhos para si, a partir do trabalho realizado, demonstra na avaliação sua concepção de formação basicamente como heteroformação.

> Eu vivo um processo de formação há muito tempo, e em alguns momentos foram especiais. Tive oportunidade de estar com Madalena Freire, Paulo Freire, Moacir Gadotti, Maria José Valle Ferreira, Emília Ferreiro e outros. Mais tarde fiz um curso também com o Edmir Perroti que desenvolveu exatamente este tema: "O papel do mediador na nossa formação". Fiz também um curso de História Oral. Enfim, o que nós vivemos não foi nada de novo para mim. Mas posso dizer que lendo um de seus textos e ouvindo a Stella falar sobre sua vida e depois fazendo o meu relato, relembrei de dois fatos da minha vida que marcaram muito e consegui encontrar explicações para alguns procedimentos equivocados (hoje consigo ver isto) que realizei.

Outro aspecto de destaque foram as tentativas de *separação entre o eu-profissional e o eu-pessoal.* Evidentemente o fato desse grupo se reunir no espaço de atuação profissional e essa proposta de formação se inserir no Projeto da Escola, na medida em que este incluía a formação docente, poderia induzir a essa separação. Mas as leituras e a própria narrativa das histórias indicavam sua imbricação, de modo que foi sendo possível que vários membros do grupo fossem tomando consciência dela durante o processo de trabalho, com as atividades realizadas e as discussões que se seguiam.

Um dos momentos do trabalho em que essa separação apareceu foi quando discutíamos a proposta da redação "como me tornei o que sou". No momento de sua leitura no grupo, percebemos diferentes interpretações: "como me tornei o que sou, professora", "como me tornei *essa* professora que sou", "como me tornei a pessoa que sou (o que inclui ser professora)". Essas interpretações estavam, por sua vez, ligadas à subjetividade e singularidade de cada pessoa que interpretava a proposta, de modo que a discussão que se seguiu foi mais uma oportunidade para se evidenciar essa singularidade, assim como para respeitar a multiplicidade de pontos de vista e maneiras de encaminhar a *sua* formação.

Mas, desde a confecção dos brasões, essa questão estava presente nas discussões. Naquele momento inicial do trabalho, Cristina contou que pretendia fazer diferentes brasões, cada um com uma cor de papel diferente para representar "os vários personagens, os tipos que vivencio no dia a dia". E aí resolveu realizar somente o brasão de seu eu-profissional. Entretanto, ao apresentá-lo, estava presente inteira, isto é, sua pessoa aparecia, a pessoa que conhecíamos na escola e fora dela.

Sete meses depois, na Roda 8, Cristina explica a relação que via entre o ser pessoa e profissional, na intensa discussão acerca da proposta do texto "Como me tornei o que sou". Explicou que seu texto era sobre "como me tornei essa professora que sou", o que deixava transparecer sua intenção de enfocar seu ser profissional, o que não a impedia de ver com clareza a relação que este estabelecia com sua pessoa e com as cenas da história de vida que foram lembradas nas atividades das várias Rodas:

> Existem diferentes tipos de professor e na hora que você vai tentar entender como é, que você é esse tipo de professora que você é, tem de resgatar as cenas (de vida) que você elencou.

Seu texto, lido no pequeno grupo (proposta 1 da Roda 8), não era uma narrativa cronológica de sua história, mas iniciava se referindo a seus 15 anos *como professora*, listando as condições, que foi adquirindo durante esse período, para o exercício profissional. A seguir, referiu-se à sua atuação como diretora de uma escola pública, uma função que assumira fazia pouco tempo, percebendo a imbricação entre esses dois fazeres:

Hoje percebo que as mesmas condições necessárias para um bem-fazer no ensino de História são fundamentais no processo de educar educadores, sim, porque o papel de uma diretora de escola, mais do que representar autoridade, significa orquestrar a ação de várias pessoas, todos os que trabalham na instituição, com o propósito de bem-fazer o projeto pedagógico da instituição.

Em seguida, Cristina inicia a leitura de seu texto, trazendo sua pessoa, para entender a profissional que é:

Ao longo de meus 36 anos de encontros e desencontros com a vida, algumas condições foram sendo desenvolvidas, outras são quase intrínsecas à minha pessoa e um terceiro grupo está em fase de estruturação.

Prossegue a leitura, identificando essas condições e diz que todas advêm

de uma concepção democrática de relacionamento humano e de mundo, pois sempre acreditei que as pessoas só podem se destacar dos outros pela competência, pelo mérito, pela capacidade, nunca por fatores hereditários, dinheiro, relações sociais, domínio de poder, daí um elevadíssimo grau de exigência em tudo que faço.

A partir daí, passa a se referir a vivências pessoais de sua história de vida, como, por exemplo, a participação no movimento secundarista, relacionando-as com suas opções atuais de vida, como a de morar em lugar próximo à natureza, o que facilita a busca de uma paz interior. Vemos, nesse exemplo, o que diz António Nóvoa:

no professor, não é possível separar as dimensões pessoais e profissionais; a forma como cada um vive a profissão é tão (ou mais) importante do que as técnicas que

> aplica ou os conhecimentos que transmite; os professores constróem a sua identidade por referência a saberes (práticos e teóricos), mas também por adesão a um conjunto de valores etc. Donde a afirmação radical de que não há dois professores iguais e de que a identidade que cada um de nós constrói como educador baseia-se num equilíbrio *único* entre as características pessoais e os percursos profissionais. E a conclusão de que é possível desvendar o universo da pessoa por meio da análise da sua ação pedagógica: *Diz-me como ensinas, dir-te-ei quem és* (Nóvoa, 1995b: 33, grifos do autor).

Vemos a imbricação pessoal-profissional tanto ao observar a prática pedagógica de um professor, como também ao conhecer sua história de vida, pois, como diz Conceição Moita, "uma história de vida põe em evidência o modo como cada pessoa mobiliza os seus conhecimentos, os seus valores, as suas energias, para ir dando forma à sua identidade, num diálogo com os seus contextos" (Moita, 1992: 116). Assim um trabalho de formação de professores a partir da escrita de sua história de vida poderá permitir que cada um perceba como, permanecendo si próprio, se transforma ao longo da vida. Isto é, perceber sua formação e sua identidade como processos. Não dá para falar *o que sou* sem falar *como me tornei*, ou seja, contar a história de meu percurso de formação.

Esse aspecto da transformação também foi discutido durante a apresentação dos brasões quando alguns falaram da dificuldade de fazê-lo fiel a si, pois isto dependia de como estava se sentindo no momento de fazê-lo. Segue um trecho da conversa gravada em que falavam três dos integrantes do grupo:

> Ninguém vai com neutralidade. Quando você trata de você mesmo, depende muito do dia. Quando eu fiz, achei que estava bom, mas hoje quando olhei fiquei com vergonha porque estava parecendo muito propaganda da personalidade. Depende do astral.

> Acho que a impressão é que é algo estático: ah, esse é o meu brasão eterno. Mas amanhã pode não ser a mesma coisa. Experimentar esse momento que existe é perceber a possibilidade de transformação.

Cada vez que você vai refletir sobre o brasão ele se transforma, ele não é uma coisa estática. Você também está em transformação. Na medida em que você concretizou aquilo, a tendência é transformar.

Para enfrentar algumas das dificuldades desse caminho de autoformação, dentre elas a ansiedade, identifiquei alguns recursos que se fizeram presentes em diferentes momentos de nosso trabalho. Lembrando Rollo May (1982a), a ansiedade trava uma luta interior com a nossa consciência, podendo desorientar-nos, mas o humor, o lúdico e o uso de metáforas e analogias podem ser instrumentos para uma luta partilhada, o que facilita o caminho.

Lidar com as tensões provocadas pelo trabalho, com humor, foi algo que aconteceu em vários momentos. Se a ansiedade por vezes parecia escapar de nosso controle, da mesma forma o humor se instalava, mobilizando todo o grupo. Isto aconteceu em relatos de cenas escolares inusitadas ou ante a surpresa de ver a imagem que se fazia de uma colega de trabalho ser contestada pelas cenas de sua história de vida. Uma diretora e algumas professoras em especial acabavam, pela própria personalidade, fazendo seus relatos de uma maneira que criava um clima de soltura e prazer, chamando a alegria e risos em contraste à tensão e emoção suscitadas por algumas lembranças doloridas partilhadas no grupo. Uma oportunidade para olhar a situação dramática de outros pontos de vista.

Uma situação nunca vivida, foi estranho e gostoso ao mesmo tempo. Fazer vir à tona situações tristes, lembranças gostosas, me encheu de lágrimas e fez meu coração bater forte por várias vezes. Emocionante!

Como dizem Jorge G. da Cruz (1995) e Alicia Fernández (1995), o humor permite mover o mundo das significações congeladas, olhando-o de um outro lugar. É um exercício de inteligência que estimula a criatividade e a lucidez, o que é facilitado pela cumplicidade de um outro, que o ajuda a transformar um drama em coisa banal. É uma ferramenta contra a impaciência, contra a autoridade excessiva, contra nossa própria rigidez. Promove um distanciamento que viabiliza o pensamento e a aprendizagem[38].

Contei no grupo, na Roda 1, cenas de minha própria história dolorida com relação à escrita e do alívio que experimentara quando as registrei, momento em que não conseguia parar de rir. Também várias vezes em nosso grupo o riso era inevitável, tomando conta do ambiente, como, por exemplo, durante alguns relatos das cenas escolares e de textos do "professor inesquecível", facilitando o distanciamento necessário ao pensamento e um relaxamento da tensão provocada por algumas lembranças.

Quando estava no segundo grau, éramos uma turma muito produtiva, mas também turbulenta. Tínhamos um professor de Química – cujo nome me foge – sobre quem circulou a história de que teria medo, pavor de baratas. Inclusive contaram que ele teria pulado no colo do diretor de outro colégio por causa de uma. Ficamos loucas para conferir, embora também não fôssemos afeitas a baratas. As meninas que moravam mais perto do colégio recolheram – sabe Deus como – dezenas de baratas, que soltaram aos poucos, o mais discretamente possível na aula do professor. Eu morava longe, não havia trazido baratas, mas estava por dentro de tudo.

Baratas por toda a classe, foi grande a nossa surpresa ao ver o professor cruzar calmamente a sala – sem dizer palavra –, saiu e nos fechar lá dentro. Ficamos assim um tempinho, o suficiente para as baratas começarem a subir por nossas pernas.

Foi uma grande confusão. O professor só abriu a porta quando conseguiu (penso) parar de rir de nossa esperteza. Ele nem precisou dar bronca.

[38] No *Livro da Manhã*, no primeiro capítulo, refiro-me à alegria e ao humor como condições favoráveis à formação.

> Quando tomamos consciência de nossa história, passamos a ser capazes de reescrevê-la, de recriá-la. Na relação com os alunos é a mesma coisa. Hoje, quando me vejo "batendo papo" com eles me lembro da relação gostosa que tive com meus professores. Para mim é importantíssimo que os alunos tenham prazer em vir para a escola. Antes desse trabalho não tinha muito essa consciência, agora sei que não sou educadora por acaso e sei por que me preocupo tanto em promover situações lúdicas e gostosas entre os alunos (por ex.: lanche coletivo, semana da criança, dia do patins, shows etc.).

Nesse último depoimento, a professora destacava a consciência que adquiriu ante algumas situações de seu passado em relação ao que é hoje. Entendo que um trabalho de formação mais longo, que chegue à etapa de redigir a própria história de vida, pode propiciar a ampliação desse processo de conscientização.

O caráter lúdico esteve presente em muitos momentos, desde as atividades que facilmente identificamos como tal, pela presença de alguns elementos que o caracterizam, como as regras, até outras que embora não pareçam jogos podem ser entendidas como lúdicas. No primeiro grupo identifico o brasão, o desenho das cenas escolares a partir de um jogo de imaginação, com regras claras (desenhar de olhos fechados, depois admirá-lo como a uma obra de arte etc.), e a linha do tempo. Mas o trabalho como um todo, a Roda das Histórias de Vida, trazia algumas marcas desse caráter, na medida em que representava uma atividade significante e um "estar em jogo", em que a seriedade, a tensão, as regras, a alegria, a incerteza, a ordem e a desordem se faziam presentes ao mesmo tempo.

Segundo Johan Huizinga, o elemento de tensão confere um certo valor ético, na medida em que são postas à prova as qualidades do jogador, "sua força e tenacidade, sua habilidade e coragem e, igualmente, suas capacidades espirituais, sua 'lealdade'" (1999: 14). Em nosso grupo, a questão dos valores de cada um esteve presente, e de maneira muito forte nos dois primeiros encontros, quando construíamos as "regras" do trabalho. Este trecho da conversa na Roda 2 mostra isso:

Eu fiquei pensando a respeito da ansiedade. Na realidade, ela vem da entrega a cada novo trabalho que a Escola propõe. Tenho de aceitar ou não de verdade, porque a gente tem de ter um compromisso, saber se tem o vínculo com o grupo para ver se mergulha ou não. Preciso saber exatamente o que você vai querer, senão eu finjo que participo e eu posso fingir muito bem que participo.

Eu acho interessante isso da sinceridade. É um pouco complicado às vezes, pois deixa aquele que participou com sinceridade um pouco derrubado. "Poxa, eu falei tudo, eu contei tudo...". Não é todo mundo que faz isto.

Para mim é um compromisso.

Acho que é um estereótipo esse negócio de que tipo de participação eu devo ter, que tenho de falar necessariamente, pois há silêncios participativos.

É uma disponibilidade interna.

Sim, existe a possibilidade de cada um participar de um jeito diferente, como se sente à vontade. Hoje mesmo vimos um exemplo, no lugar de um dos brasões, ela apresentou uma poesia.

Também no momento em que se constituiu o pequeno grupo da proposta 1 na Roda 6, novas regras foram construídas, o que partiu de uma necessidade desse grupo ante a ansiedade que causava essa nova proposta, mesmo que essa fosse fruto de uma *opção* individual, visto que havia outras possibilidades de investimento na própria formação (propostas 2 e 3). Conto sobre isso no texto da Roda 7, que reproduzi no item acima, "a história de nossas histórias".

A questão da ética e dos valores apareceram também nos relatos das cenas da vida escolar e na redação "como me tornei o que sou". O texto abaixo, escrito por uma das professoras, é um exemplo disso. Sua leitura foi seguida de comentários da autora, a respeito da ousadia de um reverendo, e de outros integrantes do grupo, acerca de rótulos e preconceitos.

Questão semântica

Essa história aconteceu há muito tempo atrás, quase na época atemporal do "era uma vez".

Eu tinha dez anos e cursava a quarta série do primeiro grau. Estudava numa escola metodista, no bairro de Mirandópolis, dirigida por um pastor muito além da década em que estávamos. Tão além que aceitara minha matrícula e a de meus irmãos, bem como a de um colega, mesmo sabendo que nossas famílias (e nós) éramos espíritas kardecistas. Meu pai tinha escolhido esta escola justamente pela direção progressista, conhecida em todo o bairro.

Num determinado dia, não me lembro por qual razão, a escola seria visitada por pastores americanos. Para esse grande evento, as professoras de cada série deveriam fazer uma enquete, anotando a religião de cada um (trabalho sem muito sentido, pois todos eram metodistas, exceto eu e meu colega naquela classe).

Ao chegar nossa vez, respondemos que éramos espíritas. Dona Margareth, minha professora, arregalou seus olhos verdes, dizendo que isso estava muito errado e que, para evitar problemas, escreveria que éramos "crentes".

Não aceitei sua solução. E nem compreendia por que isso poderia causar problemas. Então, Dona Margareth explicou-me que isso era só uma "questão semântica", que o Deus que eu cultuava era o mesmo que os outros cultuavam, e que, se ela escrevesse "crente" em vez de "espírita", nada mudaria. Explicou à classe os diferentes nomes que as religiões assumiam etc. Mas eu não aceitava. Tive uma crise de choro. Saí da sala. Foi quando o Reverendo Lúcio me encontrou. Ficou sabendo do ocorrido e foi comigo para a classe.

Dona. Margareth, toda nervosa, explicou que não sabia por que eu não conseguia compreender que aquilo era só uma "questão semântica", que todos meus colegas haviam compreendido que o termo para designar minha religião pouco importava. O Reverendo Lúcio parou por um longo tempo e depois, numa sabedoria que me surpreende até hoje, pediu que a professora refizesse sua enquete, colocando o termo "espírita" diante do nome de todos meus colegas. Os protestos foram veementes, porém, a ordem foi cumprida. Depois, bondosamente, explicou:

Professora Margareth, trata-se somente de uma "questão semântica" ou agora a senhora acha diferente? Talvez agora todos tenham compreendido a recusa em aceitar outro nome para uma fé, para algo em que se acredita verdadeiramente.

E terminou o sermão improvisado agradecendo ao nosso mesmo Deus a oportunidade da lição.

Um dos aspectos potencialmente formativos das atividades lúdicas é o fato de serem um desafio à pessoa, que se movimenta para enfrentá-lo com um grupo, mobilizando suas múltiplas inteligências (Gardner, 1994). Além disso, o lúdico contribui para a prosperidade do grupo, seja pelo sentimento de cumplicidade que alimenta, através da experiência partilhada de momentos marcados por tensão, seriedade, alegria etc., seja pela aproximação de todos através de uma linguagem comum, visto que, como Huizinga destaca, o jogo tem uma significação primária, desde sempre presente na cultura. As grandes atividades arquetípicas da sociedade humana estiveram, desde o início inteiramente marcadas pelo jogo. Por exemplo,

> na criação da fala e da linguagem, brincando com essa maravilhosa faculdade de designar, é como se o espírito estivesse constantemente saltando entre a matéria e

> as coisas pensadas. Por detrás de toda expressão abstrata se oculta uma metáfora, e toda metáfora é jogo de palavras. Assim, ao dar expressão à vida, o homem cria um outro mundo, um mundo poético, ao lado do da natureza (Huizinga, 1999: 7).

O lúdico, portanto, está ligado à criatividade e é uma função vital para o indivíduo, como também para a sociedade, em razão de seu valor expressivo, de suas associações espirituais e sociais, tendo uma importante função cultural (Huizinga, 1999: 12).

Peter Woods, pesquisador inglês, ao justificar sua visão do ensino como arte, diz que é importante a disposição para jogar, o que se relaciona com o sentir-se livre para experimentar novas combinações, explorar as oportunidades à medida que vão surgindo e buscar soluções, algumas das quais é inevitável que fracassem. "Esta atitude lúdica estimula a imaginação educacional, aumentando a capacidade de ser e aproveitar oportunidades" (Woods, 1999: 37).

A linguagem analógica e a metáfora também são recursos preciosos para fazer frente aos desafios de um trabalho dessa natureza, pois permitem a transferência de um sentido a um outro sentido ou da significação de uma coisa a outra, propiciando pistas para a compreensão de algo que nos escapa. A analogia favorece a criatividade e a pesquisa de sentido, de modo que exige um esforço de reconhecimento e estímulo a novas aprendizagens (Serre, 1991).

Em vários momentos, em nosso grupo, utilizamos esse recurso para explicar aos outros o que queríamos dizer. Uma das participantes, por exemplo, na Roda 2, explica metaforicamente a ansiedade que sentiu em vários momentos do trabalho.

> A cada trabalho que a Escola propõe eu tenho de aceitar ou não. Então a ansiedade é para saber que tipo de trabalho a gente vai fazer, porque eu fico disposta depois da idéia comprada. A ansiedade é porque se é para entrar no barco é para navegar.

Eu, explicando de outra maneira o trabalho que propunha, refiro-me a âncoras que vamos jogando e que nos seguram em acontecimentos e sentidos atribuídos no passado. Poder voltar a eles, e transformar esses sentidos, é como retirar âncoras e poder seguir nossa jornada mais leves.

Na Roda 1, a imagem de um vulcão também foi útil para facilitar a compreensão do que eu queria dizer: os acontecimentos passados, que carregamos e

que buscam se exprimir, vêm à tona mais cedo ou mais tarde, de uma forma ou de outra. No final daquele encontro, uma das professoras entregou-me um desenho que fizera inspirada naquela imagem, acrescida de uma frase de um livro que estava lendo e que trazia consigo naquele momento, pois sentia completar a analogia do vulcão com o nosso trabalho.

Vulcão, âncoras, barco, dentre outras, ajudavam na construção do sentido do que fazíamos. Cenas de nossas vidas e imagens analógicas davam uma dimensão "corpórea", concreta, ao sentido do trabalho, facilitando sua compreensão.

As partilhas também ajudaram a enfrentar algumas das dificuldades desse trabalho, aprofundando e enriquecendo o olhar de cada um sobre seu próprio processo. Alguns dos depoimentos acima explicitam isso. As identificações com a história do outro foram freqüentes, assim como sua explicitação. Também nas apresentações dos brasões isto aconteceu várias vezes, a reflexão de um ajudando a do outro, além da cumplicidade por estarmos todos "no mesmo barco".

Entre a liberdade de formar-se e a institucionalização da formação

Este é mais um antagonismo com que deparei no contexto das experiências desta Escola. Se a institucionalização de estratégias de formação pode dificultar a implicação do sujeito como autor de sua formação, esperar que ele tome sempre a iniciativa pode restringir o conhecimento de outros caminhos para seu desenvolvimento, basta lembrar das precárias condições do trabalho docente. Atualmente, os professores se vêem submetidos a uma condição proletária, pelos baixos salários e a freqüente necessidade de jornadas duplas, dificultando a existência do tempo, da energia e de recursos financeiros para investir em sua formação contínua por conta própria. Portanto, pode ser oportuno que a instituição onde trabalha crie condições para esse investimento.

Alguns depoimentos dos professores mostraram a validade de ação de formação na escola. Por exemplo, na entrevista com Stella, em *Novas conversas, outros pontos de vista,* ela conta que participava inicialmente como obrigação das vivências não-verbais, mas depois passou a ser sua defensora, pelo sentido que ganhou em sua prática, em sua vida. No caso do trabalho com as histórias de vida aconteceu algo semelhante com Cristina, cuja participação inicial era reticente, com pouco envolvimento, pois acreditava, naquela época, que seu lado pessoal não deveria ser trazido ao ambiente de trabalho, assim como as emoções e sentimentos que o acompanham, e muito menos serem material de trabalho da formação *profissional.* Ela já falara a esse respeito quando se referia ao significado dos registros de sua prática na entrevista, relatada no capítulo anterior, justificando o fato de fazê-los de maneira esquemática, para não revelar aspectos pessoais.

Porém, ao prosseguir o trabalho com vivências não-verbais e com as histórias de vida, desenhando, escrevendo e partilhando no grupo o que pensava, foi progressivamente aproveitando as oportunidades e acrescentando um novo olhar sobre seu processo de formação. Depois, em 1998, quando finalizamos o ano e a proposta dessas Rodas na Escola, interessou-se em dar continuidade a esse trabalho, entrando num novo grupo que se formava, este fora da Escola, com o objetivo de aprofundar o trabalho formativo a partir da história de vida de cada um.

Outra professora escreve, na avaliação feita após a Roda 4, sobre a importância do estímulo externo para favorecer a formação:

> Achei muito interessante todas as dinâmicas vivenciadas nesses encontros; contribuíram sem dúvida para meu crescimento como pessoa e como profissional. É muito gostoso esse exercício de puxar o fio da nossa história, nunca se tem tempo nem disposição para isso se não formos incentivados ou motivados externamente.

Entretanto, ao encontrar na própria instituição de trabalho profissional uma oportunidade de pesquisar e formar-se a partir de sua história de vida, que abre chances preciosas de investimento na formação, é preciso levar em conta que esta situação traz implicações que devem ser consideradas, pois estão inscritas em relações de trabalho, e portanto de poder, o que pode interferir nas narrativas e nas possibilidades de reflexão e expressão, por mais que o ambiente institucional seja democrático.

Stella, Valéria e Silvinha destacaram a mesma característica do ambiente de trabalho da Escola. Expressando-se com palavras diferentes, as três falavam sobre um espaço de liberdade e aberto às diferenças, seja dizendo que não havia julgamento do tipo certo e errado (Stella), seja destacando a aceitação de como o professor é, valorizando-o e incentivando-o (Valéria), num contexto em que a conversa é a possibilidade de resolução dos problemas (Silvinha). Mas nada disso retira a dimensão do poder existente nas relações estabelecidas num ambiente de trabalho, o que certamente interfere na narrativa da história pessoal, pois

> as práticas discursivas nas quais se produzem e se medeiam as histórias pessoais não são autônomas. Estão, às vezes, incluídas em dispositivos sociais coativos e normativos do tipo religioso, jurídico, médico, pedagógico, terapêutico etc. Deve-se perguntar também, portanto, pela gestão social e política das narrativas pessoais, pelos poderes que gravitam sobre elas, pelos lugares nos quais o sujeito é induzido a interpretar-se a si mesmo, a reconhecer-se a si mesmo como o personagem de uma narração atual e possível, a contar-se a si mesmo de acordo com certos registros narrativos (Larrosa, 1994: 71-72).

A explicitação do que se costuma chamar de *contrato* neste tipo de trabalho pode ajudar a minimizar este efeito, mas não extingui-lo, pois haverá sempre uma ligação íntima entre o contexto de formação, o local de trabalho neste caso, e o que será trazido como material de pesquisa da história de vida. Mona Ditisheim (1984), pesquisadora canadense, referindo-se à sua prática de formação de professores a partir das histórias de vida, diz que "o trabalho de história de vida é determinado pelo que eu chamo de um contrato, que, implicitamente ou explicitamente, conscientemente ou inconscientemente, vai determinar as lembranças que vão emergir e o tipo de análise que será feita" (Ditisheim, 1984: 200), pois entende o relato de vida como o resultado de uma interlocução.

O papel do contrato é definir bem o contexto dessa interlocução. Entendo-o como a construção das margens dentro das quais o trabalho deverá caminhar, suas regras, que, partilhadas por todos, permitem seu desenvolvimento dentro das expectativas e limites estabelecidos. Margens que propiciam até mesmo a criatividade, "os limites são tão necessários quanto as margens dos rios sem as quais a água se dispersaria na terra e não haveria rio – isto é, o rio é o resultado da tensão entre a água corrente e as margens" (May, 1982b: 118).

Essa delimitação do espaço, tempo e regras do trabalho são algumas das condições do caráter lúdico, em seu sentido amplo, tal como abordado acima, pois criam um "intervalo" em nossa vida cotidiana, como diz Huizinga (1999: 12). E é esse intervalo, essa fronteira com relação à "vida real", que possibilitou "colocar-se em jogo", investindo na autoformação "dentro" da instituição de trabalho profissional. Portanto, apesar das considerações acima, a Roda das Histórias de Vida representou uma oportunidade a mais no contexto formativo que se pretendia oferecer aos professores e demais educadores da Escola.

Além disso, a ampliação dos espaços de liberdade, com a possibilidade da escolha individual do tipo de atividade que preferia para avançar em *sua* formação, era uma maneira de lidar com a aparente contradição entre a institucionalização da formação e a liberdade de formar-se. Saint-Éxupery escreveu sobre a complexa relação entre liberdade e constrangimento em *Cidadela*:

> Há um que diz: a liberdade é que é fértil, pois assegura ao homem o nascimento e as contradições nutritivas. Outro afirma: a liberdade é dissolvente; o que é fértil é o constrangimento, necessidade interior e princípio do cedro. E eis que derramam o sangue um contra o outro. Não lamentes que isto aconteça. Em semelhante gesto terás ao mesmo tempo dor de parto e torsão contra si mesmo e apelo a Deus. Diz-lhes, portanto, a cada um deles: tu tens razão. Porque eles têm razão. Mas leva-os a subirem mais alto à montanha. O sofrimento os obriga e lhes dá coragem para acometer o esforço de subir, que eles por si mesmo recusariam, tamanho esforço exige dos músculos e do coração. Porque tu foges para o alto, se os gaviões te ameaçam. Tu procuras lá no alto o sol, se porventura és árvore. E os teus inimigos colaboram contigo, porque não há inimigo algum no mundo. O inimigo o que faz é limitar-te, dar-te a tua forma e alicerçar-te.
>
> E lhes dizes: liberdade e constrangimento são dois aspectos da mesma necessidade, que é ser aquele e não outro. Livre de ser aquele, não livre de ser outro. Livre numa linguagem. Mas não livre de misturar a ela uma outra. Livre nas regras de determinado jogo de dados. Mas não livre de as corromper, preterindo essas regras em favor das de outro jogo (s.d.: 115).

Uma história sem fim

A experiência, nas Rodas das Histórias de Vida, trouxe muitos elementos para análise, alguns dos quais foram abordados acima. Mas a riqueza de abordagens de autoformação de professores, sobretudo com as histórias de vida, merece ser aprofundada. E para esse aprofundamento novas experiências são necessárias, novas conversas e reflexão partilhada com os integrantes dos grupos, com pesquisadores que têm avançado nesses caminhos. Pretendo, como continuidade de meu projeto pessoal e profissional, investir na organização de grupos de autoformação, dentro ou fora de instituições, ampliando em redes de interlocução, criando novas Rodas, para refletir e partilhar o vivido, assim como construir novos conhecimentos acerca da formação de professores, entendida como um caso particular da formação de adultos, na perspectiva do humano.

Uma primeira iniciativa nessa direção foi feita ainda em 1998, com um grupo de seis educadoras, que se interessaram pela abordagem das Histórias de Vida. Dentre elas, quatro haviam participado da Roda das Histórias de Vida na Escola e quiseram aprofundar o que viveram, conseguindo criar as condições em sua vida pessoal e profissional para encontros quinzenais, de três horas e meia, além das outras horas necessárias para o trabalho individual.

Por não se referir a uma experiência no ambiente escolar, objeto de análise desse *Livro da Tarde*, e haver novamente a necessidade de uma longa narrativa para dar sentido à análise comparativa com a experiência descrita acima, reservo este material para um registro futuro, afinal, nosso processo de formação é uma história sem fim e, em algum momento, precisamos encerrar um capítulo para contar a história vivida até ali. Escolhi este momento, deixando algumas pistas do próximo, indicadas acima.

Como vimos, a opção individual para a experiência autoformativa é algo importante, o que não quer dizer que a criação de condições, externas à pessoa, que favoreçam seu desenvolvimento de uma maneira mais consciente, não possa ser foco de investimentos institucionais. Pelo contrário, cabe a cada instituição, sobretudo as educacionais, preocupar-se com essas condições de autoformação contínua das pessoas que ali trabalham, incluindo as oportunidades de heteroformação, que ganham sentidos individuais, pois cada pessoa se apropriará das experiências e informações de uma maneira singular em seu movimento autoformativo. As idéias de padronização da aprendizagem, até mesmo de crianças, precisam ser revistas, assim como a valorização da subjetividade, da singularidade e da solidariedade, geralmente ocupando um lugar secundário. Como diz Félix Guattari,

> trata-se de se reapropriar de Universos de valor no seio dos quais processos de singularização poderão reencontrar consistência. Novas práticas sociais, novas práticas estéticas, novas práticas de si na relação com o outro, com o estrangeiro, com o estranho. (...) É exatamente na articulação: da subjetividade em estado nascente, do *socius*

> em estado mutante, do meio ambiente no ponto em que pode ser reinventado, que estará em jogo a saída das crises maiores de nossa época. (...) Toda uma catálise da retomada de confiança da humanidade em si mesma está para ser forjada passo a passo e, às vezes, a partir dos meios os mais minúsculos. (Guattari, 1990: 55-6).

Trata-se, portanto, de acreditar e investir no minúsculo, nas sutilezas das relações, no afeto e no respeito, retomando a confiança na humanidade e na criatividade como forças motrizes, capazes de transformar obstáculos em oportunidades. Confiança no Outro a partir da confiança de cada um em si mesmo, pela auto-estima e consideração de sua própria capacidade como força revolucionária.

As transformações minúsculas são poderosas, porque "a reconquista de um grau de autonomia criativa num campo particular invoca outras reconquistas em outros campos" (idem), ou ainda, poderíamos dizer que repercute em outros campos, assim como "um processo de formação, mesmo quando está mais ligado explicitamente a um domínio da vida, tem repercussões em todos os outros domínios" (Moita, 1992: 138). Transformar o relacionamento com *um* aluno, investir nas transformações de *uma* sala de aula, ou de *uma* escola, é agir na transformação da humanidade, pois "todas as coisas estão ligadas como o sangue une uma família. Há uma ligação em tudo", como disse o chefe Seatle.

E um trabalho com nossa história de vida pode revelar variadas ligações e surpresas, como a relevância do que apareceu aleatoriamente, mas sobretudo a descoberta de uma sabedoria interior à qual podemos ter acesso. Sabedoria como pesquisa de uma arte de viver (Josso, 1997a).

Quando você chega a uma certa idade, e você olha para sua vida passada,
Parece que ela teve uma ordem
Parece que ela foi composta por alguém.
E estes acontecimentos que, quando ocorreram,
Pareciam apenas acidentais, ocasionais,
Se revelam como elementos principais num enredo consistente.
Quem compôs este enredo?
Da mesma forma que os seus sonhos são compostos por aspectos de você,
mesmo inconscientemente,
Assim também toda a sua vida
Foi elaborada pela vontade de dentro de você.
Da mesma maneira que estas pessoas que se encontraram por acaso
Se tornaram agentes efetivos na estruturação de suas vidas...

Assim também você foi um agente na estruturação de outras...
E tudo se encaixa como uma grande sinfonia,
cada coisa influenciando e estruturando as outras.
É como se nossas vidas fossem um sonho
Sonhado por uma só pessoa
Um sonho em que todas as outras personagens também estão sonhando
E assim cada coisa se liga a todas as outras coisas
Impulsionadas pela vontade da natureza.

Arthur Schopenhauer[39]

[39] Referência ao ensaio "Sobre a aparente intencionalidade no destino do indivíduo", feita no vídeo *O Poder do Mito* de Joseph Campbel, veiculado pela TV Cultura.

"Amarrando as pontas"

Tecendo a Manhã

Um galo sozinho não tece uma manhã
Ele precisará sempre de outros galos.
De um que apanhe esse grito que ele
e o lance a outro; de um outro galo
que apanhe o grito que um galo antes
e o lance a outro; e de outros galos
que com muitos outros galos se cruzem
os fios de sol de seus gritos de galo,
para que a manhã, desde uma teia tênue,
se vá tecendo, entre todos os galos.

E se encorpando em tela, entre todos,
Se erguendo tenda, onde entrem todos,
Se entretendendo para todos, no toldo
(a manhã) que plana livre de armação.
A manhã, toldo de um tecido tão aéreo
que, tecido, se eleva por si: luz balão.

João Cabral de Melo Neto

Identifiquemos outra vez os fios lançados, sintetizando a tessitura das três meadas, cujas pontas soltas pedem um amarrilho.

O *Livro da Noite* pesquisa em minha história relações entre episódios, fragmentos aparentemente desconexos, vivências da aluna, traumas registrados num diário, bricolagens nas festas infantis, registros, Rodas, a enchente, o acidente. Construo significados que de tão individuais são, quem sabe, universais. Como adultos, podemos ressignificar nossa história; como educadores, interpretar as dificuldades, aprendendo o aprendizado, redescobrindo em nós mesmos os alunos que temos e que somos.

Como disse Drummond,

... Se de tudo fica um pouco,
mas por que não ficaria
um pouco de mim? No trem
que leva ao norte, no barco,
nos anúncios de jornal...

O *Livro da Manhã* pesquisa autores com quem me reconheci profissional, me instruí; mas não é um recenseamento estrito, levantamento ou memória, mas, outra vez, busca uma trama, em novo contexto, pesquisa, enfim. É como se fosse uma rede, contraditória às vezes, com vozes desconexas, sincopadas, com hiatos acidentais ou não. Não há hegemonias, porque não há mesmo. O *Livro da Manhã* engendra uma autoria pela colagem, minha colagem da lição dos outros. Foi parto difícil, porque para mim a teoria nasce da prática, mesmo que esta também necessite da teoria. E só se salva este almanaque de excertos por conta dos rodapés de novo tipo, que revelam a prática que os amarra.

Como disse Drummond,

... Mas de tudo, terrível, fica um pouco,
e sob as bibliotecas, os asilos, as igrejas triunfantes
e sob tu mesmo e sob teus pés já duros
e sob os gonzos da família e da classe,
fica sempre um pouco de tudo...

O *Livro da Tarde* trata da paixão, da arena de emoções, ritmo cardíaco da sucessão de tensão e distensão, da convivência escolar que nos energiza e consome. Grito e recolhimento, expressão sonora e silenciosa compreensão. Esse livro é o registro, o "caderninho" de que nos falou um dia Paulo Freire, que nos permite rever o jogo e o fogo do aprender, refletir sobre ele, mergulhar nele, sem nos queimar, ou sem nos queimar de novo. É diário de bordo, dados da experiência, prontuário de plantão, notas deixadas para depois, para mim mesma e para outros, mas a um só tempo planilha de teses e de hipóteses, percepções interpretadas, revelações esperadas e inesperadas. É nesse livro que se mostra como se forma de fato quem pretende formar e está formando, mas essa demonstração tem seus elementos no *Livro da Manhã*, seus primórdios no *Livro da Noite* e não está, na realidade, completamente escrita.

Como disse Drummond,

> *... Um pouco fica oscilando*
> *na embocadura dos rios*
> *e os peixes não o evitam,*
> *um pouco: não está nos livros.*

A *noite*, revelando da criança à criação, sua formação na vida e pela história. A *noite*, cheia de acidentes, metafóricos ou reais, mas com a natural continuidade da vida.

A *manhã*, revelando aquela que estuda e as suas referências, a formação na teoria e pelos outros. A *manhã*, com a lógica dos discursos, mas com as descontinuidades de um discurso para outro, como um almanaque.

A *tarde*, revelando a formadora em formação, na escola e pelo trabalho. A *tarde*, reunindo as lógicas da vida e do conhecimento, mas sabendo que foi preciso a noite e a manhã para o dia se resolver na tarde.

Acreditar na vida, em sua história, é o sentido do *Livro da Noite*, acreditar nas idéias, em sua força, é o sentido do *Livro da Manhã*, demonstrar que a escola é amplo espaço de formação, de uma forma que "não está nos livros", é o sentido do *Livro da Tarde*.

Referências bibliográficas

ALMEIDA, Maria Lúcia. "Frases-Poemas-Comentários". *E.PSI.B.A. Psicopedagogia – Revista da Escuela Psicopedagogica de Buenos Aires*, n. 4, pp. 75-9, 1996.

ALVES, Nilda. "Organização do trabalho na escola: formas convencionais e alternativas". In: BICUDO, M. A. & SILVA JR., C. (Orgs.), *Formação do educador*. v. 2. São Paulo: Editora UNESP, pp. 143-151, 1996.

ALVES, Rubem. *Conversa com quem gosta de ensinar*. São Paulo: Cortez/Autores Associados, 1991.

AMIGUINHO, Abílio. "Formação: da lógica escolarizante à articulação com os processo de mudança". *Aprender, Portalegre – (Portugal)*, n. 15, pp. 31-9, 1993.

ANCIAUX, Jean-Pierre. *L'entreprise apprenante – vers le partage des savoirs et des savoir-faire dans les organizations*. Paris: Les Éditions d'Organisation, 1994.

ASSMANN, Hugo. *Reencantar a educação – rumo à sociedade aprendente*. Petrópolis: Vozes, 1998.

BARBIER, René. "A escuta sensível em educação". *Cadernos Anped*, n. 5, pp. 187-216, set.-1993.

BARBOSA, Manuel. "A acção educativa perante o fim das certezas: oportunidade para mudar de registo epistemológico?". *Revista Portuguesa de Educação*, v. 10, n. 2, pp. 45-58, 1997.

BARROSO, João. *Para o desenvolvimento de uma cultura de participação na escola*. Lisboa: Instituto de Inovação Educacional, 1995.

_________. "Formação, projecto e desenvolvimento organizacional". In: CANÁRIO, Rui. (Org.) *Formação e situações de trabalho*. Porto: Porto Editora, pp. 61-78, 1997.

Benjamin, Walter. "O narrador: observações acerca da obra de Nicolau Lescov". In: Os Pensadores. v. XLVIII. São Paulo: Abril, pp. 63-82, 1975.

_________. *Obras escolhidas II: rua de mão única*. São Paulo: Brasiliense, 1987.

BERCOVITZ, Alain. "Le savoir est dans le discours partagé". *Éducation, Permanente*, n. 49-50, pp. 85-99, 1979.

BLANCHARD-LAVILLE, Claudine & FLABET, Dominique. (Org.) *Analyser les pratiques professionnelles*. Paris: L'Harmattan, 1998.

BOCHNIAK, Regina. *Questionar o conhecimento: interdisciplinaridade na escola*. São Paulo: Loyola, 1992.

BOFF, Leonardo. *Saber cuidar: ética do humano – compaixão pela Terra*. Petrópolis: Vozes, 1999.

BOLÍVAR, Antonio. "A escola como organização que aprende". In: CANÁRIO, Rui. (Org.) *Formação e situações de trabalho*. Porto: Porto Editora, pp. 79-100, 1997.

BOSI, Ecléa. *Memória e sociedade: lembranças de velhos*. São Paulo: T. A. Queiroz/Edusp, 1987.

BOUTINET, Jean-Pierre. *Anthropologie du projet*. Paris: PUF, 1999.

BYINGTON, Carlos Amadeu B. *Pedagogia simbólica: a construção amorosa do conhecimento do ser*. Rio de Janeiro: Rosa dos Ventos, 1996.

CAMPOS, Bártolo (Org.) *Investigação e Inovação para a Qualidade das Escolas*. Lisboa: Instituto de Inovação Educacional, 1996.

CANÁRIO, Maria Beatriz B. "Escolas profissionais: autonomia e projecto educativo". In: CANÁRIO, Rui. (Org.) *Inovação e projecto educativo de escola*. Lisboa: Educa, pp. 109-34, 1992.

CANÁRIO, Rui. "Centros de formação das associações de escolas: que futuro?". In: AMIGUINHO, A. & CANÁRIO, Rui. (Org.) *Escola e mudança: o papel dos centros de formação*. Lisboa: Educa, pp. 13-58, 1994.

_________. *Gestão da escola: como elaborar o plano de formação?* Lisboa: Instituto de Inovação Educacional, 1995.

_________. "A escola: o lugar onde os professores aprendem". *Actas do I Congresso Nacional de Supervisão*, Lisboa, 1999.

CAPRA, Fritjof. *A teia da vida – uma nova compreensão científica dos sistemas vivos*. São Paulo: Cultrix, 1997.

CAPRA, Fritjof & Steindl-Rast, David. *Pertencendo ao universo*. São Paulo: Cultrix/Amana, 1994.

CARRÉ, Philippe et al. *L'autoformation*. Paris: PUF, 1997.

CARVALHO, Edgar de Assis et al. *Ética, solidariedade e complexidade*. São Paulo: Palas Athena, 1998.

CASTRO, Gustavo et al. (Org.) *Ensaios de complexidade*. Porto Alegre: Sulina/Editora da UFRN, 1997.

CERTEAU, Michel de. *A invenção do cotidiano*. Petrópolis: Vozes, 1996.

CHARLOT, Bernard. *Du rapport au savoir: éléments pour une théorie*. Paris: Anthropos, 1997.

CIAMPA, Antonio da C. *A estória do Severino e a história da Severina: um ensaio de psicologia social*. São Paulo: Brasiliense, 1998.

CIFALI, Mireille. "Démarche clinique, formation et écriture". In: PAQUAY, L. et al. (Ed.) *Former des enseignants professionels. Quelles stratégies? Quélles compétences?* Bruxelles: De Boeck & Larcier S.A., pp. 120-135, 1996.

_________. "Publier, et après?". *Éducation Permanente Éducation Nationale*, n. 132, pp. 13-38, 1997.

_________. & DUMONT, Martine. "Écrire pour réflechir ensemble sur les situations d'enseignement et de formation". *Éducation Permanente Éducation Nationale*, n. 132, pp. 39-49, 1997.

CLOUZOT, Olivier & BLOCH, Annie. *Apprendre autrement: clés pour le développement personnel*. Paris: Les Éditions d'Organization, 1997.

COMTE-SPONVILLE, André. *Pequeno tratado das grandes virtudes*. São Paulo: Martins Fontes, 1995.

COSTA, Ana Cristina & CURADO, Ana Paula. *Projetos educativos de escola: concepções subjacentes*. Lisboa: Instituto de Inovação Educacional, 1995.

COUCEIRO, Maria do Loreto. "A prática das histórias de vida e formação: um processo de investigação e de formação". *Estado Actual da Investigação em Formação*. Lisboa: Sociedade Portuguesa de Ciências da Educação, pp. 355-62, 1994.

COURTOIS, Bernadette. "L'expérience formatrice: entre auto et écoformation". *Éducation Permanente Éducation Nationale*, n. 122, pp. 31-45, 1995.

COURTOIS, Bernadette & PINEAU, Gaston (Coord.) *La formation expérientielle des adultes*. Paris: La documentation française, 1991.

CRUZ, Jorge Gonçalves da. "Humor, esbozos y amagues". *E.PSI.B.A. Psicopedagogia. Revista da Escuela Psicopedagogica de Buenos Aires*, n. 2, pp. 4-6, 1995.

DEMO, Pedro. "Formação permanente de professores: educar pela pesquisa". In: MENEZES, L. C. (Org.) *Professores: formação e profissão*. Campinas, São Paulo: Autores Associados NUPES, pp. 265-97, 1996.

DITISHEIM, Mona. "Le travail de l'histoire de vie comme instrument de formation en éducation". *Éducation Permanente Éducation Nationale* n. 72-3, pp. 199-210, 1984.

DOCZI, György. *O poder dos limites: harmonias e proporções na natureza, arte & arquitetura*. São Paulo: Mercuryo, 1990.

DOMINICÉ, Pierre. "O processo de formação e alguns dos seus componentes relacionais". In: NÓVOA, A. & FINGER, M. (Org.) *O método (auto)biográfico e a formação*. Lisboa: Ministério da Saúde, pp. 131-153, 1988.

_________. *L'histoire de vie comme processus de formation.* Paris: Éditions L'Harmattan, 1990.

_________. "La formation expérientielle: un concept importé pour penser la formation". In: COURTOIS, B. & PINEAU, G. (Coord.) *La formation expérientielle des adultes.* Paris: La documentation française, pp. 53-58, 1991.

ECO, Umberto. *O nome da rosa.* Rio de Janeiro: Nova Fronteira, 1983.

_________. *Obra aberta.* São Paulo: Perspectiva, 1997.

ELIAS, Norbert. *A sociedade dos indivíduos.* Rio de Janeiro: Zahar, 1994.

ESTEVES, Manuela. "Alguns contributos para a discussão sobre a formação contínua de professores". *Inovação* (Lisboa), v. 4, n. 1, pp. 101-11, 1991.

FAZENDA, Ivani C. A. *Integração e interdisciplinaridade no ensino brasileiro.* São Paulo: Edições Loyola, 1979.

_________. (Org.) *Práticas interdisciplinares na escola.* São Paulo: Cortez, 1991.

_________. (Org.) *A Academia vai à escola.* Campinas: Papirus, 1995.

FERNÁNDEZ, Alicia. *A mulher escondida na professora.* Porto Alegre: Artes Médicas, 1994.

_________. "Grietas, poesía y humor...fisurando el aburrimiento". *E.PSI.B.A. Psicopedagogia. Revista da Escuela Psicopedagogica de Buenos Aires,* n. 2, pp. 7-16, 1995.

_________. "Pensar la alegría...aún la de pensar". *E.PSI.B.A. Psicopedagogia – Revista da Escuela Psicopedagogica de Buenos Aires,* n. 3, pp. 23-41, 1996a.

_________. "El autor". *E.PSI.B.A Psicopedagogia – Revista da Escuela Psicopedagogica de Buenos Aires,* n. 4, p. 80, 1996b.

FOERSTER, Heinz von. "Visão e conhecimento: disfunções de segunda ordem". In: SCHNITMAN, D. F. (Org.) *Novos Paradigmas, Cultura e Subjetividade.* Porto Alegre: Artes Médicas, pp. 59-74, 1996.

FIGUEIREDO, Carla & GÓIS, Eunice. *A avaliação da escola como estratégia de desenvolvimento da organização escolar.* Lisboa: Instituto de Inovação Educacional, 1995.

FREIRE, Madalena. "O fogo do educador". In: FREIRE, M. et al. *Avaliação e planejamento: a prática educativa em questão.* São Paulo: Publicação do Espaço Pedagógico, pp. 24-5, 1997.

_________. "Sobre rotina". In: FREIRE, M. (Org.) *Rotina: construção do tempo na relação pedagógica.* São Paulo: Publicação do Espaço Pedagógico, pp. 43-5, 1998.

FREIRE, Paulo. *Pedagogia do oprimido.* São Paulo: Paz e Terra, 1982.

_________. *Pedagogia da autonomia: saberes necessários à prática educativa.* São Paulo: Paz e Terra, 1997.

GALVANI, Pascal. *Autoformation et fonction de formateur.* Lyon: Chronique Sociale, 1991.

_________. "Le blason, élements pour une méthodologie exploratoire de l'autoformation". *Éducation Permanente Éducation Nationale,* n. 122, pp. 97-111, 1995.

GARCÍA, Carlos Marcelo. "A formação do professor: novas perspectivas baseadas na investigação do pensamento do professor". In: NÓVOA, A. (Coord.) *Os professores e a sua formação.* Lisboa: Dom Quixote, pp. 51-76, 1992.

GARDNER, Howard. *Estruturas da mente: a teoria das inteligências múltiplas.* Porto Alegre: Artes Médicas, 1994.

GERALDI, Corinta et al. "Refletindo com Zeichner: um encontro orientado por preocupações políticas, teóricas e epistemológicas". In: GERALDI, Corinta et al. *Cartografias do trabalho docente: professor(a)-persquisador(a).* Campinas(SP): Mercado das Letras/ALB-Faculdade de Educação da Unicamp, pp. 237-74, 1998.

GOODSON, Ivor F. "Dar voz ao professor: as histórias de vida dos professores e o seu desenvolvimento profissional". In: NÓVOA, A. (Org.) *Vidas de professores.* Porto: Porto Editora, pp. 63-78, 1992.

GUATTARI, Félix. *As três ecologias.* Campinas: Papirus, 1990.

GUIMARÃES ROSA, João. *Grande sertão: veredas.* São Paulo: Círculo do Livro, 1990.

GULLAR, Ferreira. "Traduzir-se". In: *Na vertigem do dia.* Rio de Janeiro: Civilização Brasileira, 1980.

HAMELINE, Daniel. "L'école, le pégagogue et le professeur". In: HOSSAYE, J. (Dir.) *La pédagogie: une encyclopédie pour aujourd'hui.* Paris: ESF, pp. 327-42, 1996.

HARGREAVES, Andy. *Os professores em tempos de mudança: o trabalho e a cultura dos professores na idade pós-moderna*. Portugal: Mc Graw-Hill, 1998.

HELLER, Agnes. *O cotidiano e a história*. São Paulo: Paz e Terra, 1992.

HESSE, Hermann. "Felicidade". In: *Felicidade*. Rio de Janeiro: Record, pp. 47-60, 1949.

HOLLY, Mary Louise. "Investigando a vida dos professores: diários biográficos". In: NÓVOA, A. (Org.) *Vidas de professores*. Porto: Porto Editora, pp. 79-110, 1992.

HONORÉ, Bernard. *Vers l'oeuvre de formation – l'ouverture à l'existence*. Paris: L'Harmattan, 1992.

HOUSSAYE, Jean. "Le triangle pédagogique, ou comment comprendre la situation pédagogique". In: HOSSAYE, J. (Dir.) *La pédagogie: une encyclopédie pour aujourd'hui*. Paris: ESF, pp. 13-24, 1996.

HUIZINGA, Johan. *Homo Ludens*. São Paulo: Editora Perspectiva, 1999.

JOSSO, Christine. "Da formação do sujeito... ao sujeito da formação". In: NÓVOA, A. & FINGER, M. (Org.) *O método (auto)biográfico e a formação*. Lisboa: Ministério da Saúde, pp. 35-50, 1988.

________. *Cheminer vers soi*. Lausanne: L'Age d'Homme, 1991a.

________. "L'expérience formatrice: un concept en construction". In: COURTOIS, B. & PINEAU, G. *La formation expérientielle des adultes*. Paris: La documentation française, 1991b.

________. "Cheminer vers soi: un processus-projet de connaissance de son existencialité". Contribuição ao Seminário do 3º Ciclo "História de vida e abordagens interdiciplinares", Universidade de Genebra, mar. 1996.

________. "Histoire de vie et sagesse ou la formation comme quête d'un art de vivre". In: BARBIER, R. (Dir.) *Éducation et sagesse* Paris: Albin Michel, 1997a.

________. "Les projets entre ouvertures à la vie et soutiens imaginaires de notre incompléude". In: COURTOIS, B. & JOSSO, M-C. (Dir.) *Le projet: nébuleuse ou galaxie?* Lausanne: Delachaux et Niestlé, 1997b.

________. "Les dimensions formatrices de l'écriture du récit de son histoire de vie". Mimeo. 1998.

JUNQUEIRA FILHO, Gabriel A. *Interdisciplinaridade na pré-escola: anotações de um educador "on de road"*. São Paulo: Pioneira, 1994.

KESSELMAN, Hernán et al. *Las escenas temidas del coordinador de grupos*. Buenos Aires: Ediciones Busqueda, 1984.

KRAMER, Sonia. "Leitura e escrita como experiência – seu papel na formação de sujeitos sociais". *Presença Pedagógica*, v. 6, n. 31, jan.-fev. 2000.

LARROSA, Jorge. "Tecnologias do eu e educação". In: SILVA, T. T. (Org.) *O sujeito da educação: estudos foucaultianos*. Petrópolis: Vozes, pp. 35-86, 1994.

LE BOTERF, Guy. *De la competénce – essai sur un attracteur étrange*. Paris: Les Éditions D'Organization, 1994.

LEFEBVRE, Henri. *Critique de la vie quotidienne III – de la modernité au modernisme (pour une metaphilosophie du quotidien)*. Paris: L'Arche, 1981.

LERBET, Georges. *L'école du dedans*. Paris: Hachette, 1992.

LIMA, Licínio. *Construindo modelos de gestão escolar*. Lisboa: Instituto de Inovação Educacional, 1996.

LÜDKE, Menga & ANDRÉ, Marli. *Pesquisa em educação – abordagens qualitativas*. São Paulo: EPU, 1986.

MACHADO, Nilson José. *Cidadania e educação*. São Paulo: Escrituras, 1997.

MARTINS, Joel & BICUDO, Maria Aparecida. *A pesquisa qualitativa em psicologia – fundamentos e recursos básicos*. São Paulo: Moraes/EDUC, 1989.

MARTINS, Maria Anita V. "Formação de Professores segundo os significados atribuídos por eles mesmos". In: BICUDI, M. A. & SILVA JR., C. (Org.) *Formação do educador*. v. 2 São Paulo: Editora UNESP, pp. 153-70, 1996.

MATURANA, Humberto. "Ontologia do conversar". In: MAGRO, C. et al. (Org.) *A ontologia da realidade*. Belo Horizonte: Ed. UFMG, pp. 167-81, 1997a.

________. "Biologia do fenômeno social". In: MAGRO, C. et al. (Org.) *A ontologia da realidade*. Belo Horizonte: Ed. UFMG, pp. 195-209, 1997b.

MAY, Rollo. *O homem a procura de si mesmo*. Petrópolis: Vozes, 1982a.

_________. *A coragem de criar*. Rio de Janeiro: Nova Fronteira, 1982b.

MEIRIEU, Philippe. *Aprender... sim, mas como?* Porto Alegre: Artes Médicas, 1998.

MOISAN, André. "Autoformation et organization apprenante". *Éducation Permanente Éducation Nationale*, n. 122, pp. 15-29, 1995.

MOITA, Maria da Conceição. "Percursos de formação e de trans-formação" In: NÓVOA, A. (Org.) *Vidas de professores*. Porto: Porto Editora, pp. 111-40, 1992.

MOLL, Jeanne. "Les enjeux de la relation". In: HOUSSAYE, J. (Dir.) *La pédagogie: une encyclopédie pour aujourd'hui*. Paris: ESF, pp. 165-77, 1996.

MOREIRA, Ana Angélica A. *O espaço do desenho: a educação do educador*. São Paulo: Loyola, 1984.

MORIN, Edgar. *O método II: a vida da Vida*. Lisboa: Publicações Europa-América, 1989.

_________. *O método I: a natureza da Natureza*. Lisboa: Publicações Europa-América, 1997.

_________. "Democracia cognitiva e reforma de pensamento", *O Estado de S. Paulo*, São Paulo, 5 set. 1998. Suplemento Cultural.

_________. *Complexidade e transdisciplinaridade: a reforma da universidade e do ensino fundamental*. Natal: Editora da UFRN, 1999.

NIAS, Jennifer. "Changing times, changing identities: Grieving for a Lost Self". In: BURGESS, R. (Ed.) *Educational Research and Evaluation* London: The Falmer Press, 1991.

NOBLIT, George. "Poder e desvelo na sala de aula". *Revista da Faculdade de Educação da Universidade de São Paulo*. v. 21, n. 2, pp. 119-37, jul.-dez, 1995. (Trad. Belmira Oliveira Bueno).

NÓVOA, António. "O passado e o presente dos professores". In: *Profissão professor*: (Org.) Porto: Editora, pp. 9-32, 1991a.

_________. "A Formação contínua entre a pessoa-professor e a organização-escola". *Inovação* (Lisboa), v. 4, n. 1, pp. 63-76, 1991b.

_________. "Os professores e as histórias da sua vida" In: (Org.) *Vidas de professores*. Porto: Porto Editora, pp. 11-30, 1992a.

_________. (Coord.) *Os professores e a sua formação*. Lisboa: Dom Quixote, 1992b.

_________. (Org.) *As organizações escolares em análise*. Lisboa: Dom Quixote, 1995a.

_________. "Diz-me como ensinas, dir-te-ei quem és e vice-versa". In: FAZENDA, I. (Org.) *A pesquisa em educação e as transformações do conhecimento*. Campinas: Papirus, pp. 29-41, 1995b.

_________. "Profissão professor: um caminho de identidade e formação" (filme-vídeo). São Paulo: Scholar Fornecedora, 1996. 90 min, color son, NTSC.

_________. *Histoire & comparaison (Essais sur l'éducation)*. Lisboa: Educa, 1998.

ORLANDI, Eni Puccinelli. *As formas do silêncio: no movimento dos sentidos*. Campinas: Editora da Unicamp, 1995.

PARO, Vitor Henrique. *Administração escolar*. São Paulo: Cortez/Ed. Associados, 1988.

PATTO, Maria Helena. *A produção do fracasso escolar: histórias de submissão e rebeldia*. São Paulo, 1987. (Tese Livre Docência) – Instituto de Psicologia Universidade de São Paulo.

PENA-VEGA, Alfredo & NASCIMENTO, Elimar P. *O pensar complexo: Edgar Morin e a crise da modernidade*. Rio de Janeiro: Garamond, 1999.

PERRENOUD, Philippe. *Enseigner – agir dans l'urgence, décider dans l'incertitude*. Paris: ESF 1996.

_________. *Práticas pedagógicas, profissão docente e formação: perspectivas sociológicas*. Lisboa: Dom Quixote, 1997.

_________. *Pedagogia diferenciada: das intenções à ação*. Porto Alegre: Artmed, 2000.

PETRAGLIA, Izabel C. *Interdisciplinaridade: o cultivo do professor*. São Paulo: Pioneira, 1993.

PIAGET, Jean. *A formação do símbolo na criança: imitação, jogo e sonho, imagem e representação*. Rio de Janeiro: Zahar,1978.

PICONEZ, Stela C. B. "Estágios supervisionados na habilitação específica de segundo grau para o magistério". *Boletim Edm-Feusp (São Paulo)*, v. 7, n. 26-27, pp. 15-21, out.-mar.1988-89.

PINEAU, Gaston & Marie-Michèle. *Produire sa vie: autoformation et autobiographie*. Paris: Edilig, 1983.

PINEAU, Gaston. *Temps et contretemps*. Montréal: Saint-Martin, 1987.

_________. "Formation expérientielle et théorie tripolaire de la formation". In: COURTOIS, B. & PINEAU, G. (Coord.) *La formation expérientielle des adultes.* Paris: La Documentation Française, pp. 29-40, 1991.

_________. "Vers un paradigme de recherche-formation en réseau". *Estado Actual da Investigação em Formação.* Lisboa: Sociedade Portuguesa de Ciências da Educação, pp. 13-30, 1994.

PINEAU, Gaston. et al. *De l'air: essai sur l'écoformation.* Paris, Paídeia, 1992.

PORTELLI, Patricia. "Un réseau d'échanges réciproques de savoirs: un lieu de pratiques sociales d'autoformation individuelle et collective?" *Éducation Permanente Éducation Nationale,* n. 122, pp. 63-77, 1995.

RICOEUR, Paul. *O si-mesmo como um outro.* Campinas: Papirus, 1991.

_________. *Tempo e narrativa.* t. III. Campinas: Papirus, 1997.

ROUSSEAU, Jean-Jacques. *Emílio ou da educação.* São Paulo: Martins Fontes, 1995.

SAINT-EXUPÉRY, Antoine. *Cidadela.* São Paulo, Lisboa. Quadrante Aster.

SANCHES, Andreia. "Aprender à volta de uma mesa – Teresa Vasconcelos (DEB) lembra as responsabilidades públicas face ao ensino pré-escolar". *O Público* (Lisboa), pp. 22-3, 8 dez. 1997.

SANTO, Ruy Cezar E. *Pedagogia da transgressão.* Campinas: Papirus, 1996.

_________. *O renascimento do sagrado na educação.* Campinas: Papirus, 1998.

SANTOS, Boaventura de S. "Um discurso sobre as Ciências na transição para uma ciência pós-moderna". *(Estudos Avançados, USP),* n. 2, v. 2, pp. 46-71, 1988.

SARTRE, Jean-Paul. "O existencialismo é um humanismo". In: *Os Pensadores* v. XLV. São Paulo, pp. 8-38, 1973.

SCHÖN, Donald. *The reflective practitioner: how professionals think in action.* New York: Basic Books, 1983.

_________. *Educating the reflective practitioner.* San Francisco: Jossey-Bass, 1987.

_________. (Ed.) *The reflective turn: case studies in and on educational practice.* New York: Teachers College, 1991.

_________. "Formar professores como profissionais reflexivos". In: NÓVOA, A. (Coord.) *Os professores e a sua formação.* Lisboa: Dom Quixote, pp. 77-91, 1992.

SEMEGHINI, Idméa. "A escola inclusiva investe nas potencialidades do aluno: tópicos para a reflexão com a comunidade". In: BAUMEL, R. C. SEMEGHIMI, I. (Org.) *Integrar Incluir: desafio para a escola atual.* São Paulo: FEUSP, pp. 13-32, 1998.

SERRE, Fernand. "Efficacité dans l'action". In: COURTOIS, B. & PINEAU, G. (Coord.) *La formation expérientielle des adultes.* Paris: La Documentation Française, pp. 291-304, 1991.

SNYDERS, Georges. *A alegria na escola.* São Paulo: Manole, 1988.

_________. *Alunos felizes: reflexão sobre a alegria na escola a partir de textos literários.* São Paulo: Paz e Terra, 1993.

SOARES, Magda. *Metamemória-memórias: travessia de uma educadora.* São Paulo: Cortez, 1991.

TRINCA, Ana Maria T. & WARSCHAUER, Cecília. "Reflexões a respeito de uma 'História sem Fim'". *Revista Brasileira de Pesquisa em Psicologia (São Caetano do Sul),* n. 2 (02), pp. 7-13, 1990.

VASCONCELOS, Teresa. *Ao redor da mesa grande – a prática educativa de Ana.* Porto: Porto Editora, 1997.

WARSCHAUER, Cecília. *A Roda e o Registro: uma parceria entre professor, alunos e conhecimento.* São Paulo: Paz e Terra, 1993.

_________. "Nossas escritas na escola e as escritas da escola em nós". *E.PSI.B.A. Psicopedagogia. – Revista da Escuela Psicopedagogica de Buenos Aires,* n. 5, pp. 42-8, 1997.

_________. "Histórias de vida em formação: uma nova perspectiva para a formação de adultos...". *E.PSI.B.A. Psicopedagogia. Revista da Escuela Psicopedagogica de Buenos Aires* n. 7, pp. 70-4, 1998. (Entrevista com Christine Josso).

WATZLAWICK, Paul & KRIEG, Peter. *O olhar do observador.* Campinas: Editorial Psi II, 1995.

WILBER, Ken. *Une brève histoire de tout.* Québec: Mortagne, 1997.

WOODS, Peter. *Investigar a arte de ensinar.* Porto: Porto Editora, 1999.

ZABALZA, Miguel. *Diários de aula.* Porto: Porto Editora, 1994.

ZEICHNER, Kenneth M. *A formação reflexiva de professores: idéias e práticas.* Lisboa: Educa, 1993.

IMPRESSÃO E ACABAMENTO:
YANGRAF FONE/FAX:
218.1788